百衲本

五代史記

（宋）歐陽修撰

國家圖書館出版社

圖書在版編目(CIP)數據

百衲本五代史記 /(宋)歐陽修撰 .—北京:國家圖書館出版社,2014. 9
(2024.7 重印)

(百衲本二十四史)

ISBN 978-7-5013-5413-9

Ⅰ. ①百… Ⅱ. ①歐… Ⅲ. ①中國歷史—五代(907~960)—紀傳體 Ⅳ. ①K243. 104. 2

中國版本圖書館 CIP 數據核字(2014)第 148373 號

書　　名　百衲本五代史記
著　　者　(宋)歐陽修撰
叢 書 名　百衲本二十四史
責任編輯　陳　卓
重印編輯　張珂卿

出版發行　國家圖書館出版社(北京市西城區文津街 7 號　100034)
(原書目文獻出版社　北京圖書館出版社)
010-66114536　63802249　nlcpress@ nlc.cn(郵購)
網　　址　http://www.nlcpress.com
印　　裝　河北三河弘翰印務有限公司
版次印次　2014 年 9 月第 1 版　2024 年 7 月第 3 次印刷

開　　本　710×1000　1/16
印　　張　29. 5
書　　號　ISBN 978-7-5013-5413-9
定　　價　100. 00 圓

百衲本二十四史影印出版說明

『二十四史』是中國古代各朝被政府納爲正統的二十四部史書的總稱，其上起《史記》，下迄《明史》，記載了從傳説中的五帝時代到清朝初年約四千餘年中政治、經濟、文化等諸多方面的歷史，是我國古代最權威、最詳細的史學著作。

清代最通行的『二十四史』，是乾隆年間刊行的『欽定武英殿本二十四史』，即『殿本』。殿本版式疏朗，刻印精良，但是校勘不够審慎，存在誤字、衍字、缺字甚至整段文字脱失的情况。而且，由於殿本的編纂官皆屬御用史官，不得不爲帝王所左右，史實記録上存在竄改等原因造成的缺憾。晚清時，又出現了由各省官書局刊刻的局本，廣爲流傳，但仍以殿本爲依據，存在不少問題。

二十世紀二十年代起，張元濟先生耗費巨資搜訪宋元善本，通過采用當時最先進的攝影製版技術，歷經多年努力，至一九三六年，終於出齊了整套影印版的『二十四史』。因各書底本多殘缺不全，不得不通過許多版本相互參校、補綴而成，猶如僧侣之『百衲衣』，故名之曰『百衲本二十四史』。其中除《舊五代史》《元史》《明史》以明清時的版本作爲底本外，均以宋元版爲主要底本。百衲本對殿本、局本中的謬誤多有匡正，其對歷史研究的功績有目共睹，影響深巨，被史學界一致公認爲『中國最佳全本正史』，是中國史學史上的一座豐碑，具有極高的版本價值、研究價值和收藏價值。

百衲本二十四史自問世以來，曾數次被影印出版，其中的宣紙綫裝本，因價格不菲，不便學者購藏利用。而縮印本則多存在質量問題，其中質量較好的，當數二十世紀五十年代北京商務印書館的精裝二十四册本。但年代既久，流傳亦少，已屬罕見。爲滿足文史工作者的研究需求，也讓更多的文史愛好者接觸到百衲本二十四史，我社决定將之再度影印出版。

本次影印，將每部正史單獨製作，采取每頁分上下雙欄的形式印製，并爲每部正史編製了分卷目録。需要説明的是，此次我社在編製目録時，爲更好地反映百衲本原貌，充分體現其與殿本、局本等其他系統傳本的差异，原則上均依原書卷端著録，部分保留了原書中使用的簡體字、俗體字及异體字等。對原書中有目無傳或有傳無目等情況，不予改動，僅對極個別處出現的明顯衍、漏、誤字等情況進行了修改。不當之處，請讀者批評指正。

國家圖書館出版社

二〇一四年七月

百衲本五代史記目録

五代史記序

建安陳　師錫

孟子曰三代之得天下也以仁其失天下也以不仁自生民巳來一治一亂旋相消長未有去仁而興積仁而亡者甚哉五代不仁之極也其禍敗之復殄滅剥喪之威亦其效耳夫國之所以存者以有民民之所以生者以有君方是時上之人以倏烈自任刑戮相高兵革不休夷滅構禍置君猶易吏變國若傳舍生民膏血塗草野骸骼暴原隰君民相賊如蟊蠹草木幾何其不胥為夷也逮

皇天悔禍

真人出寧易暴以仁轉禍以德民咸保其首領收其族屬各正性命豈非天邪方夷夏相蹂兵連亂結非無忠良豪傑之士竭謀單智以緩民之死乃堙沒而無聞矣否閉極而泰道升

聖人作而萬物覩指揮中原兵不頓刃向之滔天巨猾搖毒煽禍以害斯人者蹈鼎鑊斧鑕之不暇豈非人邪天與人相為表裏和同於無間聖人知天之所助人之所歸國之所恃以為固者仁而巳非特三代然也堯舜之盛唐漢之興秦隋之暴魏晉之亡南北之亂莫不由此也五代距今百有餘年故老遺俗往往垂絕無能道說者史官秉筆之士或文采不足以耀無窮道學不足以繼述作使五十有餘年閒廢興存亡之迹姦臣賊子之罪忠臣義士之節不傳於後世來者無所考焉惟

廬陵歐陽公慨然以此自任蓋潛心累年而後成書其事迹實錄詳於舊記而褒貶義例仰師春秋由遷固而來未之有也至於論朋黨宦女忠孝兩全義子降服豈小補哉豈小補哉

五代史記目録

歐陽　脩　撰
徐　無黨　注

歸厚　歸弁　王重師　徐懷玉

第二十三

梁臣傳第十一

楊師厚　王景仁　賀瓌　王檀

馬嗣勳　王虔裕　謝彥章

第二十四

唐臣傳第十二

郭崇韜　安重誨

第二十五

唐臣傳第十三

周德威　符存審　史建瑭子匡翰　王建及

元行欽　安金全　袁建豐　西方鄴

第二十六

唐臣傳第十四

符習　烏震　孔謙　張延朗

李嚴　李仁矩　毛璋

第二十七

唐臣傳第十五

朱弘昭附馮贇　劉延朗　康思立　康義誠

藥彥稠

第二十八

唐臣傳第十六

豆盧革　盧程　任圜　趙鳳　李襲吉

張憲　蕭希甫　劉贊　何瓚

第二十九

晉臣傳第十七

桑維翰　景延廣　吳巒

第三十

漢臣傳第十八

蘇逢吉　史弘肇　楊邠　王章　劉銖

李業　聶文進　後贊　郭允明

第三十一

周臣傳第十九

王朴　鄭仁誨　扈載

第三十二

死節傳第二十

王彥章　裴約劉仁贍附

第三十三

死事傳第二十一

張源德　夏魯奇　姚洪　王思同

張敬達　翟進宗　沈斌　王清

史彥超　孫晟

第三十四

一行傳第二十二

鄭遨　張薦明　石昂　程福贇

李自倫

第三十五

唐六臣傳第二十三

第六十
職方考第三
第六十一
吳世家第一
第六十二
南唐世家第二
第六十三
前蜀世家第三
第六十四
後蜀世家第四
第六十五
南漢世家第五
第六十六
楚世家第六
第六十七
吳越世家第七
第六十八
閩世家第八
第六十九
南平世家第九
第七十
東漢世家第十
第七十一
十國世家年譜第十一

第七十二
四夷附録第一
第七十三
四夷附録第二
第七十四
四夷附録第三

五代史記目録卷終

徐無黨曰凡諸國名號梁本紀自封梁王以後始稱梁唐本紀自封晉王以後始稱晉自建國號唐以後始稱唐各從其實也自傳而下於未封王建國之前或稱梁稱晉稱唐者史官從後而追書也唐嘗稱晉而石敬瑭又稱晉李昪又稱唐劉龑已稱漢而劉旻又稱漢王建已稱蜀而孟知祥又稱蜀石晉自爲一代不待别而可知唐漢蜀則加東南前後以别其世家梁初嘗封汴東平南唐初嘗稱齊三號當時已不顯著故皆略而不道五代亂世名號交雜而不常史家撰述隨事爲文要於理通事見而已覽者得以詳焉

五代史記卷第一

梁本紀第一

歐陽脩撰　徐無黨註

本紀因舊以為名本原其所始起而紀次其事以時也即位以前其事詳原本其所自來故曲而備之見其起之有漸有暴也即位以後其事略居尊任重所責者大故所書者簡惟簡乃可立法

太祖神武元聖孝皇帝姓朱氏宋州碭山午溝里人也其父誠以五經教授鄉里生三子曰全昱存溫（更諱其書名義在稱王註中）誠卒三子貧不能為生與其母傭食蕭縣人劉崇家全昱無他材能然為人頗長者存溫勇有力而溫尤兇悍唐僖宗乾符四年黃巢起曹濮存溫亡入賊中巢攻嶺南

大二刁九の
小一刁一十久

存戰死巢陷京師以溫為東南面行營先鋒使攻陷同州以為同州防禦使是時天子在蜀諸鎮會兵討賊（諸鎮記當時語也唐謂節度使所治軍州為藩鎮故有州鎮藩鎮語）溫數為河中王重榮所敗屢請益兵於巢巢中尉孟楷抑而不通溫客謝瞳說溫曰黃家起於草莽幸唐衰亂直投其隙而取之爾非有功德興王之業也此豈足與共成事哉今天子在蜀諸鎮之兵日集以謀興復是唐德未厭於人也且將軍力戰於外而庸人制之於內此章邯所以背秦而歸楚也溫以為然乃殺其監軍嚴實自歸于河

中因王重榮以降都統王鐸承制拜溫左金吾衛大將軍河中行營招討副使天子賜溫名全忠中和三年三月拜全忠汴州刺史宣武軍節度使四月諸鎮兵破巢復京師巢走藍田七月丁卯全忠歸于宣武是歲黃巢出藍田關陷蔡州節度使秦宗權叛附于巢遂圍陳州徐州時溥（凡稱某州某人者皆其節度使）為東南面行營兵馬都統會東諸鎮兵以救陳陳州刺史趙犨亦乞兵于全忠溥雖為都統而不親兵四年全忠乃自將救犨率諸鎮兵擊敗巢將黃鄴尚讓等犨以全忠

大二刁五三
小十七

為德始附屬焉是時河東李克用下兵太行度河出洛陽與東兵會擊巢巢已敗去全忠及克用追敗之于鄢城巢走中牟又敗之于王滿巢走封丘又大敗之巢挺身東走至泰山狼虎谷為時溥追兵所殺九月天子以全忠為檢校司徒同中書門下平章事封沛郡侯光啓二年三月進爵王義成軍亂逐其節度使安師儒推牙將張驍為留後師儒來奔殺之遣朱珍李唐賓陷滑州以胡真為留後十二月徙封吳興郡王自黃巢死秦宗權稱帝陷陝洛懷孟唐許汝鄭

州遣其將秦賢盧瑭張晊攻汴賢軍板橋晊
軍北郊瑭軍萬勝環汴為三十六柵王顧兵
少不敢出（始而称名既而称爵既而称帝漸也爵至王而後称著其逼者）乃遣
朱珍募兵於東方而求救于兗鄆三年春珍
得萬人馬數百匹以歸乃擊賢板橋拔其四
柵又擊瑭萬勝瑭敗投水死宗權聞瑭等敗
乃自將精兵數千柵北郊五月兗州朱瑾鄆
州朱宣來赴援（流俗本宣從王者非）王置酒軍中中席
王陽起如廁以輕兵出北門襲晊而樂聲不
輟晊不意兵之至也兗鄆之兵又從而合擊
遂大敗之斬首二萬餘級宗權與晊夜走過
鄭屠其城而去宗權至蔡復遣張晊攻汴王
聞晊復來登封禪寺後岡望晊兵過遣朱珍
躡之戒曰晊見吾兵必止望其止當速返毋
與之鬬也已而晊見珍在後果止珍即馳還
王令珍引兵蔽大林而自率精騎出其東伏
大冢間晊止而食食畢拔旗幟馳擊珍珍兵
小却王引伏兵橫出斷晊軍為三而擊之晊
大敗脫身走宗權怒斬晊而河陽陝洛之兵
為宗權守者聞蔡精兵皆已殲於汴因各潰

去故諸葛爽將李罕之取河陽張全義取
洛陽以來附十月天子使來賜王紀功碑
朱宣朱瑾兵助汴已破宗權東歸王移檄
兗鄆誣其誘汴亡卒以東乃發兵攻之取
其曹州濮州遂遣朱珍攻鄆州大敗而還
十二月天子使來賜王鐵券及德政碑淮
南節度使高駢死揚行密入揚州天子以
王兼淮南節度使王乃表行密為副使以
行軍司馬李璠為留後璠之揚州行密不
納文德元年正月王如淮南至宋州而還
是時秦宗權陷襄州以趙德諲為節度使
德諲叛于宗權以來附天子因以王為蔡
州四面行營都統以德諲為副三月庚子
僖宗崩天雄軍乱因其節度使樂彥真其
子相州刺史從訓攻魏來乞兵遣朱珍助
從訓攻魏而魏軍殺彥真從訓戰死魏人
立羅弘信珍乃還張全義取河陽逐李罕
之罕之奔于河東李克用遣兵圍河陽全
義來求救遣丁會牛存節救之擊敗河東
兵于沇河五月行營討蔡州圍之百餘日不

克是時時溥已爲東南面都統又以王統行營
而溥猶稱都統王乃上書論溥討蔡無功而不
落都統且欲激怒溥以起兵端初高駢死淮南
亂楚州刺史劉瓚來奔納之及王兵攻蔡不克
還欲攻徐乃遣朱珍將兵數千以東聲言送瓚
還楚州溥怒論已又聞珍以兵來果出兵拒之
珍戰于吳康大敗之取其豐蕭二縣遂攻宿州
下之珍屯蕭縣別遣龐師古攻徐州龍紀元年
正月師古敗溥于呂梁淮西牙將申叢執秦宗
權折其足將檻送京師別將郭璠殺叢聚宗權

以來獻王遣行軍司馬李璠獻俘于京師表郭
璠淮西留後三月天子封王爲東平王七月朱
珍殺李唐賓王如蕭縣執珍殺之遂攻徐州冬
大雨水不能軍而旋初秦宗權遣其弟宗衡掠
地淮南是歲宗衡爲其將孫儒所殺儒攻楊行
密于揚州淮南大亂行密走宣州儒入揚州大
順元年春遣龐師古攻孫儒于淮南大敗而還
四月宿州將張筠以宿州復歸于時溥王自將
攻之不克初黃巢敗走李克用追之至于冤朐
不及而旋過汴駐軍于北郊王邀克用置酒上

源驛夜以兵攻之克用踰城而免訟其事于京
師天子知曲在汴而和解之至是宰相張濬私
與汴交王厚之以賂濬爲汴請伐河東唐諸大
臣皆以爲不可興師濬挾汴力請益堅天子不
得已許之五月以濬爲太原四面行營都統王
爲東南面招討使然王不親兵以兵二千屬濬
而已濬屯于陰地河東叛將馮霸殺潞州守將
李克恭來降遣葛從周入潞州李克用遣康君
立攻之從周走河陽九月王如河陽十月天子
以王兼宣義軍節度使遂如滑州假道于魏以

攻河東且責其軍須亦所以怒魏爲兵端也魏
人果以謂非兵所當出而辭以糧乏皆不許於
是攻魏十一月張濬之師大敗于陰地二年正
月王及魏人戰于內黃大敗之屠故元城羅弘
信來送款十月克宿州十一月曹州將郭紹賓
殺其刺史郭饒來降十二月丁會敗朱瑾于金
鄉景福元年二月攻鄆州前軍朱友裕敗于斗
門王軍後至又敗而還冬友裕取濮州遂攻徐
州二年四月龐師古克徐州殺時溥王如徐州
以師古爲留後遂攻兗鄆乾寧元年二月王及

朱宣戰于漁山大敗之二年八月又敗宣于梁
山十一月又敗之于鉅野兗鄆求救于河東李
克用發兵救之假道于魏既而魏人擊之克用
怒大舉攻魏羅弘信求救遣葛從周救魏是
歲李克用封晉王三年五月戰于洹水擒克用
子落落送于魏殺之七月鳳翔李茂貞犯京師
天子出居于華州王請以兵赴難天子優詔止
之又請遷都洛陽不許四年正月龐師古克鄆
州王如鄆州以朱友裕爲留後遂攻兗州朱瑾
奔于淮南以葛從周爲兗州留後九月攻淮南
龐師古出清口葛從周出安豐王軍屯于宿州
楊行密遣朱瑾先擊清口師古敗死從周亟返
兵至于溮河瑾又敗之王懼馳歸光化元年三
月天子以王兼天平軍節度使四月遣葛從周
攻晉之山東取邢洺磁三州襄州趙匡凝自其
父德諲時來附匡凝又與楊行密李克用通而
其事泄七月遣氏叔琮康懷英攻匡凝取其泌
隨鄧三州（曾三異校定曰三異案唐書地理志唐州天祐三年朱全忠徙治泌陽表更名泌州則是天祐二年唐州舊名猶在至三年始更爲泌光化之初未當有泌州之名今書爲泌則誤也）匡
凝請和乃止十二月李罕之以潞州來降二年

幽州劉仁恭攻魏羅紹威來求救王救魏敗仁
恭于内黄四月遣氏叔琮攻晉太原不克七月
李克用取澤潞十一月保義軍亂殺其節度使
王珙推其牙將李璠爲留後其將朱簡殺璠來
降以簡爲保義軍節度使三年四月遣葛從周
攻劉仁恭之滄州取其德州及仁恭戰于老鵶
堤大敗之八月晉取洺州王如洺州復取之是
時鎮定皆附于晉遂攻鎮州破臨城王鎔來送
款進攻定州王郜奔于晉其將王處直以定州
降唐宦者劉季述作亂天子幽于東宮天復元

年正月護駕都頭孫德昭誅季述天子復位封王
爲梁王遣張存敬攻王珂于河中出含山下晉
絳二州王珂求救于晉晉不能救乃來降三月
大舉攻晉氏叔琮出太行取澤潞葛從周張存
敬侯言張歸厚及鎮定之兵皆會于太原圍之
不克遇雨而還五月天子以王兼河中尹護國
軍節度使六月晉取慈隰自劉季述等已誅宰
相崔胤外與梁交欲假梁兵盡誅宦者而鳳翔
李茂貞邠寧王行瑜等皆遣子弟以精兵宿衛
天子宦官韓全誨等亦因恃以爲助天子與胤

討事官者屬耳頗聞之乃選美女內之宮中陰令伺察其實久之果得胤奏謀所以誅官者之說全誨等大懼日夜相與涕泣思圖胤以求全胤知謀泄事急即矯爲制召梁兵入誅官者十月王以宣武宣義天平護國兵七萬至于河中取同州遂攻華州韓建出降全誨等聞梁王兵且至即以岐邠宿衛兵劫天子奔于鳳翔王乃上書言胤所以召之之意天子怒罷胤相責授工部尚書詔梁兵還鎮王引兵去攻邠州屯于三原邠州節度使楊崇本以邠寧慶衍四州降崔胤奔于華州二年春王退軍于河中晉攻晉絳遣朱友寧擊敗晉軍于蒲縣取汾慈隰遂圍太原不克而還汾慈隰復入于晉四月友寧引兵西至興平及李茂貞戰于武功大敗之王兵犯鳳翔茂貞數出戰輒敗遂圍之十一月鄜坊李周彝以兵救鳳翔王遣孔勍襲鄜州虜周彝之族徙于河中周彝乃降是時岐兵屢敗而圍久城中食盡自天子至後宮皆凍餒三年正月茂貞殺韓全誨等二十人囊其首示梁軍約出天子以爲解甲天子出幸梁軍遣使者馳召崔

胤胤託疾不至王使人戲胤曰吾未識天子懼其非是子來爲我辨之天子還至興平胤率百官奉迎王自爲天子執轡且泣且行十餘里止之人見者咸以爲忠已天子至自鳳翔素服哭于太廟而後入殺宦者七百餘人二月甲戌天子賜王回天再造竭忠守正功臣以輝王祚爲諸道兵馬元帥王爲副元帥王乃留子友倫爲護駕指揮使（曾三異校定曰三異案家人傳友倫乃王兄存之子其後中書上議亦皆謂之皇姪）以爲天子衛引兵東歸天子餞于延喜樓賜揚柳枝五曲初梁兵已西青州王師範遣其將劉鄩襲據梁兗州王已還梁四月如鄆州遣朱友寧攻青州師範敗之于石樓友寧死九月楊師厚敗青人于臨朐取其棣州師範以青州降而鄩亦降友倫擊鞠墮馬死王怒以爲崔胤殺之遣朱友謙殺胤于京師（曾三異校定曰三異案家人傳殺崔胤者朱友諒非友謙）其與友倫擊鞠者皆殺之自天子奔華州王請遷都洛陽雖不許而王命河南張全義修洛陽宮以待天祐元年正月王如河中遣牙將寇彥卿如京師請遷都洛陽并徙長安居人以東天子行至陝州王朝于行在先如東都

是時六軍諸衛兵已散亡其從以東者小黃門
十數人打毬供奉内園小兒等二百餘人行至
穀水王教醫官許昭遠告其謀亂悉殺而代之
然後以聞由是天子左右皆梁人矣四月甲辰
天子至自西都是時晉王李克用岐王李茂貞
楚王趙匡凝蜀王王建吳王楊行密（晉三異叙定曰三異
案克用本紀及茂貞傳建行密世家皆書其在唐所授獨匡凝不書其在唐此乃闕文）閩梁遷
天子洛陽皆欲舉兵討梁王大懼六月楊崇本
復附于岐王乃以兵如河中聲言攻崇本遣朱
友恭氏叔琮蔣玄暉等行弒昭宗崩十月王朝

于京師殺朱友恭氏叔琮十一月攻淮南取其
光州攻壽州不克而旋二年二月遣蔣玄暉殺
德王裕等九王于九曲池六月殺司空裴贄等
百餘人七月天子使來賜王迎鑾紀功碑王欲
代唐使人諭諸鎮襄州趙匡凝以爲不可遣楊
師厚攻之取其唐鄧復郢隨均房七州王如襄
州軍于漢北九月師厚破襄州匡凝奔于淮南
師厚取荊南荊南留後趙明奔于蜀遂出光州
以攻壽州不克天子卜祀天于南郊王怒以爲
蔣玄暉等欲祈天以延唐天子懼改卜郊十一

月辛巳天子封王爲魏王相國揔百揆以宣武
宣義天平護國天雄武順佑國河陽義武昭義
武寧保義忠武昭武定泰寧平盧匡國鎮國荊
南忠武二十一軍爲魏國備九錫王怒不受十
二月天子以王爲天下兵馬元帥王益怒遣人
告樞密使蔣玄暉與何太后私通殺玄暉而焚
之遂弒太后于積善宮又殺宰相柳璨太常卿
張廷範車裂以徇天子詔以太后故停郊三年
春魏州羅紹威謀殺其牙軍來假兵以虞變王
爲發兵北攻劉仁恭之滄州兵過魏而紹威已

殺牙軍其兵之在外者皆叛據貝衛澶博州王
以兵悉殺之遂攻滄州軍于長蘆劉仁恭求救
于晉晉人取潞州王乃旋軍

五代史記卷第一

五代史記卷第二

梁本紀第二

開平元年春正月壬寅天子使御史大夫薛貽矩來勞軍宰相張文蔚率百官來勸進夏四月壬戌更名晃甲子皇帝即位 自即位以後大事則書變古則書非常則書意有所示則書後有所因則書非此五者則否 戊辰大赦 赦文皆曰大赦天下此書大見其志之欲遠及也不曰天下實有所不及也 改元國號梁封唐主為濟陰王 謂天子為唐主錄其本語如此 升汴州為開封府建為東都以唐東都為西都廢京兆府為雍州 州縣廢置見職方考惟京都則書 賜東都酺一日契丹阿保機使袍笏梅老來 夷狄來不言朝不責其礼不言貢不貴其物故書曰來五代乱世著其屢來以見夷狄之來不來不因治乱而乱世屢來不足貴也 五月丁丑朔以唐相張文蔚楊涉為門下侍郎御史大夫薛貽矩為中書侍郎同中書門下平章事戊寅渤海契丹遣使者來 夷狄君臣姓名官爵或書或否不必備或因其舊史之詳略但書其來以示意爾 乙酉兄全昱為廣王子友文博王 友文非子而書子語在家人傳 友珪郢王友璋福王友貞均王友徽建王姪友諒衡王友能惠王友誨邵王甲午改樞密院為崇政院太府卿敬翔為使是月潞州行營都指揮使李思安及晉人戰敗績 我敗曰敗績彼敗曰敗之文理宜然巳晃行營故戰不言地 六月甲寅平

盧軍節度使韓建守司徒同中書門下平章事秋七月己亥追尊祖考為皇帝妣為皇后皇高祖黯謚曰宣元廟號肅祖祖妣范氏謚曰宣僖曾祖茂琳謚曰光獻廟號敬祖祖妣楊氏謚曰光孝祖信謚曰昭武廟號憲祖祖妣劉氏謚曰昭懿考誠謚曰文穆廟號烈祖祖妣王氏謚曰文惠八月丁卯同州蚜蚄蟲生隰州黃河清 於此書見不為瑞也 九月括馬冬十月己未講武于繁臺十一月壬寅赦亡命背軍髠黥刑徒 於好殺之世小赦必書見其亦有愛人之意也

二年春正月丁酉渤海遣使者來己亥卜郊于西都弑濟陰王 弑臣子之大惡也書濟陰王從其實書弑正梁罪名 二月辛未契丹阿保機遣使者來三月壬申朔如西都 幸已至也如往而未至之辭書如則在道有事可以書 丙子如懷州 五代乱世兵無虛日不可悉書故用兵無勝敗攻城無得失皆不書其命大將與天子有所如自著大事亦此如懷澤者以兵方攻潞州也 丁丑如澤州戊寅封鴻臚卿李崧介國公為二王後 梁嘗更戊曰武而舊史悉復為戊 壬午匡國軍節度使劉知俊為潞州行營招討使癸巳改卜郊張文蔚薨夏四月癸卯楊涉罷吏部侍郎于兢為中書侍郎翰林學士承旨禮部侍郎張策為刑

部侍郎同中書門下平章事壬子至溪州五月己丑潞州行營都虞候康懷英及晉人戰于夾城敗績（築城圍潞戰于城中故書地）戊戌立唐三廟契丹遣使者來六月壬寅忠武軍節度使劉知俊爲西路行營招討使以伐岐（用兵之名有四兩相攻曰攻以大加小曰伐加有罪曰討天子自往曰征隨事爲文不得不異非有褒貶也）己酉殺右金吾衛上將軍王師範滅其族（當殺曰伏誅不當殺者以兩相殺爲文）丙辰劉知俊及岐人戰于漠谷敗之秋九月丁丑如陝州（以晉人攻晉絳故也）博王友文留守東都冬十月丁未至自陝州十一月癸巳張策罷左僕射楊涉同中書門下平章事十二月己亥以介國公爲三恪酅國公萊國公爲二王後

三年春正月甲戌如西都復然燈以祈福（然燈風俗相傳自天子至于庶人舉天下同其奢樂而風俗敝之大者故錄其詔意則其失可知）庚寅享于太廟辛卯有事于南郊（祀天于南郊書曰有事錄當時語）大赦丙申羣臣上尊號曰睿文聖武廣孝皇帝二月壬戌講武于西杏園甲子延州高萬興叛于岐來降（唐末之乱彊弱相并或去彼來此不可爲常難於遽責至此乃書曰叛始正其定分也）三月辛未渤海國王大諲譔遣使者來甲戌如河中（以高萬興降劉知俊兵攻鄜延故也）山南東道節度使楊師厚爲潞州

四面行營招討使劉知俊取丹州夏四月丙午知俊克延鄜坊三州（易得曰取難得曰克文理宜然尔）五月己卯至自河中殺佑國軍節度使王重師六月庚戌劉知俊執佑國軍節度使劉捍叛附于岐（以身歸曰降以地歸曰附亦文理宜然尔知俊爲忠武軍節度使以同州附岐今直書知俊叛而不言地蓋忠武已見上文）辛亥如陝州（以劉知俊叛故也）乙卯冀王友謙爲同州東面行營招討使劉知俊奔于岐丹州軍亂逐其刺史宋知誨秋七月商州軍亂逐其刺史李稠稠奔于岐乙丑克丹州執其首惡王行思（初不知首惡之人故直曰軍乱既克而推得之也克丹州無主將姓名行思無官爵又不見伏誅曰皆舊史失亡）乙亥至自陝州甲申襄州軍亂殺其留後王班（智不足以衛身才不足以治衆而見殺不書死之而以被殺爲文見死得其死者士之大節不妄以予人）房州刺史楊虔叛附于蜀八月辛亥降死罪囚辛酉均州刺史張敬方克房州執楊虔閏月癸酉契丹遣使者來己卯閱稼于西苑九月壬寅行營招討使左衛上將軍陳暉克襄州執其首惡李洪（命暉討乱舊史失不書至此始見既克而推得其首惡故初亦且書軍乱）丁未保義軍節度使王檀爲潞州東面行營招討使辛亥韓建楊涉罷太常卿趙光逢爲中書侍郎翰林學士承旨工部侍郎杜曉爲戶部侍郎同中

書門下平章事辛酉貢李洪楊虔伏誅冬十一月甲午日南至告謝于南郊南至不必書因其以至日告謝而書告謝主用至日故書之不曰有事于南郊亦從其本語蓋比南郊礼差簡己酉搜訪賢良鎮國軍節度使康懷英伐岐十二月懷英克寧慶衍三州及劉知俊戰于昇平敗績

四年春正月壬辰朔始用樂自唐末之乱礼樂亡至此始用樂故書丁未講武于榆林二月己丑閱稼于穀水秋八月丙寅如陝州以岐人晉人攻夏州故也河南尹張宗奭留守西都辛未護國軍節度使楊師厚爲西路行營招討使以伐岐九月己丑至自陝州辛亥搜訪賢良冬十一月己丑寧國軍節度使王景仁爲北面行營招討使以伐趙趙王王鎔北平王王處直叛附于晉晉人救趙十二月癸酉頒律令格式

乾化元年春正月丁亥王景仁及晉人戰于栢鄉敗績庚寅赦流罪以下囚求危言正諫癸巳天雄軍節度使楊師厚爲北面行營招討使夏四月壬申契丹阿保機遣使者來五月甲申朔大赦改元癸巳幸張宗奭第秋八月戊辰閱稼于榆林渤海遣使者來戊寅大閱于興安鞠場

九月辛巳朔御文明殿入閤御殿而云入閤録其本語書之以見礼失事在李琪列傳此礼其後屢行皆不書一書以見其失足矣庚子如魏州以晉人攻魏故也張宗奭留守西都冬十月丙子大閱于魏東郊十一月高萬興取鹽州壬辰至自魏州乙未回鶻吐蕃遣使者來

二年春二月丁巳光祿卿盧玭使于蜀甲子如魏州亦以晉人及鎮定攻相魏也張宗奭留守西都次白馬殺左散騎常侍孫騭右諫議大夫張衍兵部郎中張儁戊寅如貝州三月丙戌屠棗彊書屠者其酷之甚者丁未復如魏州夏四月己巳至自魏州下書如西都則此至東都可知戊寅如西都五月丁亥德音降死罪已下囚德音赦之小者從其本名以著其實罷役徒禁屠及捕生渤海遣使者來是月薛貽矩薨六月疾革郢王友珪反叛者背此而附彼猶臣於人也反自下謀上惡逆之大者也日月之書不書雖無義例而事亦有不得而日反非一朝一夕不能得其日故反者皆不日戊寅皇帝崩年六十一不書崩處以異於得其終者乾化二年十一月友珪葬之河南伊闕縣號宣陵以不得其死故不書葬

嗚呼天下之惡梁久矣自後唐以來皆以爲僞也至予論次五代獨不僞梁而議者或譏予大失春秋之旨以謂梁負大惡當加誅絶而反進之是獎簒也非春秋之志也予應之曰是春秋

之志爾曾桓公弑隱公而自立者宣公弑子赤而自立者鄭厲公逐世子忽而自立者衛公孫剽逐其君衎而自立者聖人於春秋皆不絕其爲君此予所以不僞梁者用春秋之法也然則春秋亦獎篡乎曰惟不絕四者之爲君於此見春秋之意也聖人之於春秋用意深故能勸戒切爲言信然後善惡明夫欲著其罪於後世在乎不没其實其實嘗爲君矣書其爲君其實篡也書其篡各傳其實而使後世信之則四君之罪不可得而掩爾使爲君者不得掩其惡然後人知惡名不可逃則爲惡者庶乎其息矣是謂用意深而勸戒切爲言信而善惡明也桀紂不待貶其王而萬世所共惡者也春秋於大惡之君不誅絕之者不害其襃善貶惡之旨也惟不没其實以著其罪而信乎後世與其爲君而不得掩其惡以息人之爲惡能知春秋之此意然後知予不僞梁之旨也

五代史記卷第二

五代史記卷第三

梁本紀第三

末帝太祖第三子友貞也（末非謚號從其本語）爲人美容貌沈厚寡言雅好儒士太祖即位封均王爲左天興軍使東京馬步軍都指揮使乾化二年六月太祖遇弑友珪自立殺博王友文以弑帝之罪歸之以王爲東京留守開封尹敬翔爲中書侍郎同中書門下平章事戶部尚書李振爲崇政院使明年友珪改元曰鳳曆二月駙馬都尉趙巖至東都王私與之謀遣馬慎交之魏州見楊師厚計事師厚遣小校王舜賢至洛陽告左龍虎統軍袁象先使討賊是時懷州龍驤屯兵叛方捕索之王乃僞爲友珪詔書發左右龍驤在東都者皆還洛陽因激怒之曰天子以懷州屯兵叛追汝等欲盡坑之諸將皆泣莫知所爲王曰先皇帝經營王業三十餘年今日尚爲友珪所殺汝等安所逃死乎因出太祖畫像示諸將而泣曰汝能趨洛陽擒逆賊則轉禍爲福矣軍士皆呼萬歲請王爲主王乃遣人趣象先等庚寅象先等以禁兵討賊友珪死杜曉見殺象

先遣趙巖持傳國寶至東都請王入洛陽王報曰夷門太祖所以興王業也北拒幷汾東至淮海國家藩鎮多在東方命將出師利於便近是月皇帝即位于東都即位大事失其日而書是月見乱之甚於東都終上文也復稱乾化三年復博王友文官爵三月丁未更名鍠夏五月楊師厚取滄州秋九月甲辰御史大夫姚洎爲中書侍郎同中書門下平章事冬十二月晉人取幽州

四年夏四月丁丑貶于兢爲萊州司馬武寧軍節度使蔣殷反天平軍節度使牛存節討之

貞明元年春正月存節克徐州蔣殷自燔死故不書伏誅三月丁卯趙光逢罷平盧軍節度使賀德倫爲天雄軍節度使命官不書非常而有故則書此書爲天雄軍乱張本分其相澶衛州爲昭德軍宣徽使張筠爲節度使己丑天雄軍亂賀德倫叛附于晉軍乱書首惡不書而書德倫叛責貴者深也德倫不可加以首惡而可責其不死以叛張彦实首惡而畧不書彦、纖者德倫可以誅而不誅故以德倫獨任其責邠州李保衡叛于岐來附夏六月庚寅朔晉王李存勗入于魏州遂取德州冬十月辛亥康王友孜反伏誅反者不日誅反者有日故書十一月乙丑改元耀州温昭圖叛于岐來附是歲更名瑱舊史失其日月

二年春二月丙申楊涉罷三月鎮南軍節度使劉鄩及晉人戰于故元城敗績奔于滑州晉人取衛州惠州挺生都將李霸反伏誅夏六月挺生都將張温叛降于晉秋七月晉人取相州張筠奔于京師安國軍節度使閻寶叛附于晉八月丁酉太子太保致仕趙光逢爲司空兼門下侍郎同中書門下平章事九月晉人取滄州横海軍節度使戴思遠奔于京師晉人克貝州守將張源德死之書死得其死也冬十月丁酉中書侍郎鄭珏同中書門下平章事

三年夏四月辛卯右千牛衛大將軍劉琢使于契丹冬十二月宣義軍節度使賀瓌爲北面行營招討使己巳如西都卜郊晉人取楊劉

四年正月不克郊己卯至自西都夏四月己酉尚書吏部侍郎蕭頃爲中書侍郎同中書門下平章事己巳趙光逢罷冬十二月庚子朔賀瓌殺其將謝彦章孟審澄侯温裕癸亥瓌及晉人戰于胡柳敗績是歲泰寧軍節度使張守進叛于晉亳州團練使劉鄩爲兗州安撫制置使以討之舊史不書亡其月日故書于歲末爲明年克兗州張本

五年春正月晉軍于德勝（用兵無勝敗不書此梁晉得失所繫故書也）秋八月乙未朔開封尹王瓚爲北面行營招討使冬十月劉鄩克兗州張守進伏誅十二月晉人取濮陽天平軍節度使霍彥威爲北面行營招討使

六年夏四月己亥降死罪以下囚乙巳尚書左丞李琪爲中書侍郎同中書門下平章事河中節度使朱友謙襲同州殺其節度使程全暉叛附于晉泰寧軍節度使劉鄩討之秋七月陳州妖賊毋乙自稱天子九月庚寅供奉官郎公遠爲契丹歡好使冬十月毋乙伏誅

龍德元年春趙將張文禮殺其君鎔來乞師不許（文禮初爲鎔養子號王德明此書張文禮者從舊史）三月丁亥朔禁私度僧尼陳州刺史惠王友能反夏五月丙戌朔德音改元降流罪已下囚秋赦友能降封房陵侯天平軍節度使戴思遠爲北面行營招討使冬十月思遠及晉人戰于戚城敗績

二年春正月思遠襲魏州取成安秋八月滑州兵馬留後段凝攻衛州執其刺史李存儒戴思遠克淇門共城新鄉

三年春三月潞州李繼韜叛于晉來附夏閏四月唐人取鄆州（晉未即位已自與梁爲敵國至其建號於梁無所利害故不書唐建號而書唐人者因事而見爾）五月庚申宣義軍節度使王彥章爲北面行營招討使取德勝南城秋八月段凝爲北面行營招討使先鋒將康延孝叛降于唐冬十月甲戌宣義軍節度使王彥章及唐人戰于中都敗績死之（凡官皆不重書此書者嫌彥章已罷招討使而與唐戰蓋罷使而別將兵以戰也）唐人取曹州盜竊傳國寶奔于唐戊寅皇帝崩（年三十六）梁亡（書曰梁亡見唐莊宗之立速也四月莊宗立稱唐十月梁始亡見唐不待滅梁而立）

五代史記卷第三

五代史記卷第四
唐本紀第四
莊宗光聖神閔孝皇帝其先本號朱邪蓋出於
西突厥至其後世別自號曰沙陀而以朱邪為
姓唐德宗時有朱邪盡忠者居於北庭之金滿
州貞元中吐蕃贊普攻陷北庭徙盡忠於甘州
而後屬之其後贊普為回鶻所敗盡忠與其子
執宜東走贊普怒追之及于石門關盡忠戰死
執宜獨走歸唐居之鹽州以隸河西節度使范
希朝希朝徙鎮太原執宜從之居之定襄神武

川之新城其部落萬騎皆驍勇善騎射號沙陀
軍執宜死其子曰赤心懿宗咸通十年神策大
將軍康承訓統十八將討龐勛於徐州以朱邪
赤心為太原行營招討沙陀三部落軍使以從
破勛功拜單于大都護振武軍節度使賜姓名
曰李國昌以之屬籍沙陀素彊而國昌恃功益
橫恣懿宗患之十三年徙國昌雲州刺史大同
軍防禦使國昌稱疾拒命國昌子克用尤善騎
射能仰中雙鳧為雲州守捉使國昌已拒命克
用乃殺大同軍防禦使段文楚據雲州自稱留

後唐以太僕卿盧簡方為振武節度使會幽并
兵討之簡方行至嵐州軍潰由是沙陀侵掠代
北為邊患矣明年僖宗即位以謂前太原節度
使李業遇沙陀有恩而業已死乃以其子鈞為
靈武節度使宣慰沙陀六州三部落使（六州三部落皆不見其名數據唐書除使有此語爾）以招緝之拜克用大同軍防禦使
居父之國昌出擊党項吐渾赫連鐸襲破振武
克用聞之自雲州往迎國昌而雲州人亦閉關
拒之國昌父子無所歸因掠蔚朔間得兵三千
國昌入保蔚州克用還據新城僖宗乃拜鐸大

同軍使以李鈞為代北招討使以討沙陀乾符
五年沙陀破遮虜軍又破岢嵐軍而唐兵數敗
沙陀由此益熾北據蔚朔南侵忻代嵐石至于
太谷焉廣明元年招討使李琢會幽州李可舉
雲州赫連鐸擊沙陀克用與可舉相拒雄武軍
其叔父友金以蔚朔州降于琢克用聞之遽還
可舉追至藥兒嶺大敗之琢軍夾擊又敗之于
蔚州沙陀大潰克用父子亡入達靼克用少驍
勇軍中號曰李鴉兒其一目眇及其貴也又號
獨眼龍其威名蓋於代北其在達靼久之鬱鬱

唐本紀四

不得志又常懼其圖己因時時從其羣豪射獵或掛針于木或立馬鞭百步射之輒中羣豪皆服以為神黃巢已陷京師中和元年代北起軍使陳景思發沙陀先所降者與吐渾安慶等萬人赴京師行至絳州沙陀軍亂大掠而還景思念沙陀非克用不可將乃以詔書召克用於達靼承制以為代州刺史鴈門以北行營節度使率蕃漢萬人出石嶺關過太原求發軍錢節度使鄭從讜與之錢千緡米千石克用怒縱兵大掠而還二年十一月景思克用復以步騎萬七千赴京師三年正月出于河中進屯乾坑巢黨驚曰鴉兒軍至矣二月敗巢將黃鄴於石隄谷三月又敗趙璋尚讓於良田坡橫尸三十里是時諸鎮兵皆會長安大戰渭橋賊敗走入城克用乘勝追之自光泰門先入戰望春宮昇陽殿巢敗南走出藍田關京師平克用功第一天子拜克用檢校司空同中書門下平章事河東節度使以國昌為鴈門以北行營節度使十月國昌卒十一月遣其弟克脩攻昭義孟方立取其澤潞二州方立走山東以邢洺磁三州自別為

唐本紀四

昭義軍（昭義軍在唐時跨山東西管五州至是澤潞入于晉邢洺磁孟氏據之故當時有兩昭義）黃巢南走至蔡州降秦宗權遂攻陳州四年克用以兵五萬救陳州出天井關假道河陽諸葛爽不許乃自河中渡河四月敗尚讓於太康又敗黃鄴于西華巢且走且戰至中牟臨河未渡而克用追及之賊衆驚潰比至封丘又敗之巢脫身走克用追之一日夜馳二百里至于寃朐不及而還過汴州休軍封禪寺朱全忠饗克用於上源驛夜酒罷克用醉臥伏兵發火起侍者郭景銖滅燭匿克用牀下以水醒面而告以難會天大雨滅火克用得從者薛鐵山賀回鶻等隨電光縋尉氏門出還軍中七月至于太原訟其事于京師請加兵於汴遣弟克脩將兵萬人屯于河中以待僖宗和解之用破巢功封克用隴西郡王光啓元年河中王重榮與宦者田令孜有隙徙重榮兗州以定州王處存為河中節度使詔克用以兵護處存之鎮（克用不僭號故不稱王）重榮使人紿克用曰天子詔重榮俟克用至與處存共誅之因僞為詔書示克用曰此朱全忠之謀也克用信之八上表請討全忠僖宗不許克

用大怒重榮旣不肯從僖宗還邠州朱玫鳳翔
李昌符討之克用反以兵助重榮敗玫于沙苑
遂犯京師縱火大掠天子出居于興元克用退
屯河中朱玫亦反以兵追天子不及得襄王熅
迫之稱帝屯于鳳翔僖宗念獨克用可以破玫
而不能使也當破黃巢長安時天下兵馬都監
楊復恭與克用善乃遣諫議大夫劉崇望以詔
書召克用且道復恭意使進兵討玫等克用陽
諾而不行明年孟方立死弟遷立大順元年克
用擊破孟遷取邢洺磁三州乃遣安金俊攻赫

連鐸於雲州幽州李匡威救鐸戰於蔚州金俊
大敗於是匡威鐸及朱全忠皆請因其敗伐之
昭宗以克用破黃巢功高不可伐下其事臺省
四品官議議者多言不可宰相張濬獨以謂沙
陀前逼僖宗幸興元罪當誅可伐軍容使楊復
恭克用所善也亦極諫以爲不可昭宗然之詔
諭全忠等全忠陰賂濬使持其議益堅昭宗不
得已以濬爲太原四面行營兵馬都統韓建爲
副使是時潞州將馮霸叛降于梁梁遣葛從周
入潞州唐以京兆尹孫揆爲昭義軍節度使克

用遣李存孝執揆于長子又遣康君立取潞州
十一月濬及克用戰于陰地濬軍三戰三敗濬
建遯歸克用兵大掠晉絳至于河中赤地千里
克用上表自訴其辭慢侮天子爲之引咎優詔
荅之二年二月復拜克用河東節度使隴西郡
王加檢校太師兼中書令四月攻赫連鐸于雲
州圍之百餘日鐸走吐渾八月大蒐于太原出
晉絳掠懷孟至于邢州遂攻王鎔于鎮州克用
柵常山西以十餘騎渡滹沱覘敵遇大雨平地
水深數尺鎭人襲之克用匿林中禱其馬曰吾

世有太原者馬不嘶馬偶不嘶以免前軍李存
孝取臨城進攻元氏李匡威救鎔克用還軍邢
州景福元年王鎔攻邢州李存信李嗣勳等敗
鎔于堯山二月會王處存攻鎔戰于新市爲鎔
所敗八月李匡威攻雲州以牽克用之兵克用
潛入于雲州返出擊匡威匡威敗走十月李存
孝以邢州叛二年存孝求援於王鎔克用出兵
井陘擊鎔且以書招鎔而急攻其平山鎔懼遂
與克用通和獻帛五十萬匹出兵助攻邢州乾
寧元年三月執存孝殺之冬攻幽州李匡儔弃

城走追至景城見殺以劉仁恭爲留後二年河中王重盈卒其諸子珂珙爭立克用請立珂鳳翔李茂貞邠寧王行瑜華州韓建請立珙昭宗初兩難之乃以宰相崔胤爲河中節度使既而許克用立珂茂貞等怒三鎮兵犯京師聞克用亦起兵乃皆罷去六月克用攻絳州斬刺史王瑶瑶珙弟助珙以爭者七月至于河中同州王行約奔于京師陽言曰沙陀十萬至矣謀奉天子幸邠州茂貞假子閻圭亦謀劫幸鳳翔京師大亂昭宗出居于石門克用軍留月餘不進昭

宗遣延王戒丕丹王允兄事克用且告急八月克用進軍渭橋以爲邠寧四面行營都統昭宗還京師十一月克用擊破邠州王行瑜走至慶州見殺克用還軍雲陽請擊茂貞昭宗慰勞克用使與茂貞解仇以紓難拜克用忠正平難功臣封晉王是時晉軍渭北遇雨六十日或勸克用入朝克用未決都押衙蓋寓曰天子還自石門寢未安席若晉兵渡渭人情豈復能安勤王而已何必朝哉克用笑曰蓋寓猶不信我況天子乎乃收軍而還三年正月昭宗復以張濬爲

相克用曰此朱全忠之謀也乃上表曰若陛下朝以濬爲相則臣將暮至闕廷京師大恐濬命遽止朱全忠之攻兗鄆也克用遣李存信假道魏州以救朱宣等存信屯于莘縣軍士侵掠魏境羅弘信伏兵攻之存信敗走洺州克用自將擊魏戰于洹水亡其子落落六月破魏成安洹水臨漳等十餘邑十月又敗魏人于白龍潭進攻觀音門全忠救至乃解四年劉仁恭叛晉克用以兵五萬擊仁恭戰于安塞克用大敗光化元年朱全忠遣葛從周攻下邢洺磁三州克用

遣周德威出青山口遇從周于張公橋德威大敗冬潞州守將薛志勤卒李罕之據潞州叛附于朱全忠二年全忠遣氏叔琮攻破承天軍又破遼州至于榆次周德威敗之于洞渦秋李嗣昭復取澤潞三年嗣昭敗汴軍于汴河復取洺州朱全忠自將圍之嗣昭走至青山口遇汴伏兵嗣昭大敗秋嗣昭取懷州是歲汴人攻鎮定鎮定皆絕晉以附于朱全忠天復元年全忠封梁王梁王攻下晉絳河中執王珂以歸晉失三與國乃下意爲書幣聘梁以求和梁王以爲晉

弱可取乃曰晉雖請盟而書辭慢因大舉擊晉四月氏叔琮入天井張文敬入新口葛從周入土門王處直入飛狐侯言入陰地叔琮取澤潞其別將白奉國破承天軍遼州守將張鄂汾州守將李瑭皆迎梁軍降晉人大懼會天大雨霖梁兵多疾皆解去五月晉復取汾州誅李瑭六月周德威李嗣昭取慈隰二年進攻晉絳大敗于蒲縣梁軍乘勝破汾慈隰三州遂圍太原克用大懼謀出奔雲州又欲奔匈奴未決梁軍大疫解去周德威復取汾慈隰三州四年梁遷唐都於洛陽改元曰天祐克用以謂劫天子以遷都者梁也天祐非唐號不可稱乃仍稱天復五年會契丹阿保機於雲中約為兄弟六年梁攻燕滄州燕王劉仁恭來乞師克用恨仁恭反覆欲不許其子存勗諫曰此吾復振之時也今天下之勢歸梁者十七八彊如趙魏中山莫不聽命是自河以北無為梁患者其所憚者惟我與仁恭耳若燕晉合勢非梁之福也夫為天下者不顧小怨且彼常困我而我急其難可因以德而懷之是謂一舉而兩得此不可失之機也克

用以為然乃為燕出兵攻破潞州梁圍乃解去以李嗣昭為潞州留後七年梁兵十萬攻潞州圍以夾城遣周德威救潞州軍于亂柳冬克用疾是歲梁滅唐克用復稱天祐四年五年正月辛卯克用卒年五十三子存勗立葬克用於鴈門

嗚呼世久而失其傳者多矣豈獨史官之繆哉李氏之先蓋出於西突厥本號朱邪至其後世別自號曰沙陀而以朱邪為姓拔野古為始祖其自序云沙陀者北庭之磧也當唐太宗時破西突厥諸部分同羅僕骨之人於此磧置沙陀府而以其始祖拔野古為都督其傳子孫數世皆為沙陀都督故其後世因自號沙陀然予考于傳記其說皆非也夷狄無姓氏朱邪部族之號耳拔野古與朱邪同時人非其始祖而唐太宗時未嘗有沙陀府也唐太宗破西突厥分其諸部置十三州以同羅為龜林都督府僕骨為金微都督府拔野古為幽陵都督府未嘗有沙陀府也當是時西突厥有鐵勒延陀阿史那之類為最大其別部有同羅僕骨拔野古等以十

數蓋其小者也又有處月處密諸部又其小者也朱邪者處月別部之號耳太宗二十二年已降拔野古其明年阿史那賀魯叛至高宗永徽二年處月朱邪孤注從賀魯戰于牢山爲契苾何力所敗遂沒不見後百五六十年憲宗時有朱邪盡忠及子執宜見於中國而自號沙陀以朱邪爲姓矣蓋沙陀者大磧也在金莎山之陽蒲類海之東自處月以來居此磧號沙陀突厥而夷狄無文字傳記朱邪又微不足録故其後世自失其傳至盡忠孫始賜姓李氏李氏後大而夷狄之人遂以沙陀爲貴種云

五代史記卷第四

五代史記卷第五

唐本紀第五

存勗克用長子也初克用破孟方立于邢州還軍上黨置酒三垂崗伶人奏百年歌至于衰老之際聲甚悲坐上皆悽愴時存勗在側方五歲克用慨然捋鬚指而笑曰吾行老矣此奇兒也後二十年其能代我戰于此乎存勗年十一從克用破王行瑜遣獻捷于京師昭宗異其狀貌賜以鸂鶒卮翡翠盤而撫其背曰兒有奇表後當富貴無忘予家及長善騎射膽勇過人稍習春秋通大義尤喜音聲歌舞俳優之戲天祐五年正月即王位于太原叔父克寧殺都虞候李存質侍臣史敬鎔告克寧謀叛二月執而殺之且以先王之喪叔父之難告周德威德威自亂柳還軍太原梁夾城兵聞晉有大喪德威軍且去因頗懈王謂諸將曰梁人幸我大喪謂我少而新立無能爲也宜乘其怠擊之乃出兵趨上黨行至三垂崗歎曰此先王置酒處也會天大霧晝暝兵行霧中攻其夾城破之梁軍大敗凱旋告廟九月蜀王王建岐王李茂貞及楊崇本

攻梁大安晉亦遣周德威攻其晉州敗梁軍于神山六年劉知俊叛梁來乞師王自將至陰地關遣周德威攻晉州敗梁軍于蒙阬七年冬梁遣王景仁攻趙趙王王鎔來乞師諸將皆疑鎔詐未可出兵王不聽乃救趙八年正月敗梁軍于栢鄉斬首二萬級獲其將校三百人馬三千匹進攻邢州不下留兵圍之去攻魏別遣周德威徇梁夏津高唐攻博州破東武朝城遂擊黎陽臨河淇門掠新鄉共城燕王劉守光聞晉攻梁深入乃大治兵聲言助晉王患之乃旋師七

月會趙王王鎔于承天軍劉守光稱帝于燕九年正月遣周德威會鎮定以攻燕守光求救於梁梁軍攻趙屠棗彊李存審擊走之八月朱友謙以河中叛于梁來降梁遣康懷英討友謙友謙復臣于梁而亦陰附于晉十年十月劉守光請降王如幽州守光背約不降攻破之十一年殺燕王劉守光于太原用其父仁恭于鴈門（剖心以祭墓也）於是趙王王鎔北平王王處直奉冊推王爲尚書令始建行臺七月攻梁邢州戰于張公橋晉軍大敗十二年魏州軍亂賀德倫以魏博

二州叛于梁來附王入魏州行至永濟誅其亂首張彥以其兵五百自衛號帳前銀槍軍六月王兼領魏博節度使取德州七月取澶州劉鄩軍于洹水王率百騎覘其營遇鄩伏兵圍之數重決圍而出亡七八騎八月梁復取澶州晉軍與鄩對壘于莘晉軍數挑戰鄩閉壁不出十三年正月王留李存審于莘聲言西歸鄩聞晉王且去即引兵擊魏攻城東王行至貝州返擊鄩大敗之追至于故元城又敗之鄩走黎陽三月攻梁衛州降其刺史米昭克磁州殺其刺史靳

昭四月克洺州八月圍邢州降其節度使閻寶梁張筠弃相州戴思遠弃滄州而逃遂取兩州而貝州人殺梁守將張源德以城降契丹寇蔚州執振武節度使李嗣本十四年契丹寇新州遂寇幽州李嗣源擊走之冬梁謝彥章軍于楊劉十二月攻楊劉王自負葭以堙塹遂破之十五年正月梁晉相距于楊劉彥章決河水以隔晉軍六月渡水擊彥章破其四寨八月大閱于魏合盧龍橫海昭義安國及鎮定之兵十萬馬萬匹軍于麻家渡謝彥章軍于行臺十二月進軍

臨濮梁軍追之戰于胡柳晉軍大敗周德威死之梁軍暮休于土山晉軍復擊大敗之遂軍德勝爲夾寨十六年正月王兼領盧龍軍節度使梁王瓚攻德勝南城不克十月廣德勝北城十二月敗梁軍于河南十七年朱友謙襲同州梁遣劉鄩擊友謙李存審敗梁軍于同州十八年正月魏州僧傳眞獻唐受命寶　趙將張文禮弒其君鎔文禮來請命二月以文禮爲鎮州兵馬留後三月河中節度使朱友謙昭義軍節度使李嗣昭橫海軍節度使李存審義武軍節度使王處直安國軍節度使李嗣源鎮州兵馬留後張文禮領天平軍節度使閻寶大同軍節度使李存璋振武軍節度使李存進匡國軍節度使朱令德請王即皇帝位王三辭友謙等三請王曰予當思之八月遣趙王王鎔故將符習及閻寶史建瑭等攻張文禮於鎮州建瑭取趙州張文禮卒其子處瑾閉城拒守九月建瑭戰死十月梁戴思遠攻德勝北城李嗣源敗之于戚城王處直叛附于契丹其子都幽處直以來附十二月契丹寇涿州遂寇定州十九年正月敗

契丹于新城望都追奔至于幽州三月閻寶敗于鎮州以李嗣昭代之四月嗣昭戰死以李存進代之八月梁取衛州九月存進敗鎮人于東垣存進戰死十月李存審克鎮州王兼領成德軍節度使

同光元年春三月李繼韜以潞州叛附于梁夏四月己巳皇帝即位大赦改元國號唐行臺左丞相豆盧革爲門下侍郎右丞相盧程爲中書侍郎同中書門下平章事中門使郭崇韜昭義監軍張居翰爲樞密使 樞密使唐故以宦者爲之其職甚微至此始參用士人而與宰相權任均矣故與宰相並書 以魏州爲東京太原爲西京鎮州爲北都閏月追尊祖考爲皇帝妣爲皇后曾祖執宜祖妣崔氏皆謚曰昭烈廟號懿祖祖國昌祖妣秦氏皆謚曰文景廟號獻祖考謚曰武廟號太祖立廟于太原自唐高祖太宗懿宗昭宗爲七廟 追尊祖考則立廟可知故皆不書廟此書者以立高祖已下四廟故也此大事也舊史失其日 壬寅李嗣源取鄆州 後唐太祖置義兒軍如李嗣昭等甚衆初皆賜姓名而不全若子故書李嗣源者書其所賜姓名爾不以子書也與友文從珂異 五月辛酉梁人取德勝南城六月及王彥章戰于新壘敗之是月盧程罷秋八月梁人克澤州 唐末

澤潞皆屬晉梁初已得澤州至此又屬晉而梁克之中間不見晉得澤州年月蓋舊史闕不書五代之亂戰爭攻取彼此得失不常多類此也守將裴約死之九月戊辰李嗣源及王彥章戰于遞坊敗之冬十月壬申如鄆州以襲梁掩其不備疾馳而入之故曰襲文理宜然無襃貶也甲戌取中都丁丑取曹州己卯滅梁敬翔自殺翔爲梁臣梁所以亡唐翔之謀爲多梁之亡也翔雖死之不書死而書自殺死大節也見不輕予人也丙戌貶鄭珏爲萊州司戶參軍蕭頃登州司戶參軍殺李振趙巖張漢傑朱珪滅其族己丑德音降死罪囚流已下原之十一月乙巳復北都爲鎮州太原爲北都丙辰復汴州爲宣武軍丁巳尚書左丞趙光胤爲中書侍郎禮部侍郎韋說同中書門下平章事戊午新羅國王金朴英遣使者來辛酉復永平軍爲西都甲子如洛京洛京從當時語十二月庚午朔至自汴州辛巳李繼韜伏誅繼韜之弟繼達殺其兄繼儔于潞州繼儔以被殺書非不予其死蓋繼達殺兄自當著其罪不與書弒君者同壬辰畋于伊闕

二年春正月河南尹張全義及諸鎮進暖殿物己酉求唐官書者凡書過惡辭無譏貶者直書其實而自見也庚戌新羅國王金朴英及其泉州節度使王逢規皆遣使者來乙卯渤海國王大諲譔使大禹謨來庚

申如河陽迎皇太后也太后曹氏莊宗母也莊宗即位遣盧程奉冊爲皇太后舊史實錄皆无奉冊月日故不書辛酉至自河陽丁卯七廟神主至自太原祔于太廟朝獻于太微宮戊辰享于太廟二月己巳朔有事于南郊大赦癸酉羣臣上尊號曰昭文睿武光孝皇帝戊寅幸李嗣源第癸未立劉氏爲皇后五代十三君立后者七辭有不同立得其正者曰以某妃夫人某氏爲皇后其不正者直曰立某氏爲皇后嫌與得正同爾無褒貶也三月己酉党項來庚戌賜從平汴州及入洛南郊立仗軍士等功臣庚申工部郎中李途爲檢視諸陵使唐諸帝陵也潞州將楊立反夏五月壬寅教坊使陳俊爲景州刺史內園栽接使儲德源爲憲州刺史命官不書此書其甚也丙辰渤海國王大諲譔遣使者來丙寅李嗣源克潞州不書命將舊史闕六月丙子楊立伏誅己丑封回紇王仁美爲英義可汗秋七月己酉如雷山賽天神夷狄之事也八月大雨霖河溢九月壬子置水于城門以禳熒惑本紀書灾不書異熒惑爲罰水非礼書尔見其有懼禍之意而不知畏天以修德水旱風蝗之類害物者灾也故書其變逆常理不知所以然者異也以其不可知故不書尔甲寅幸郭崇韜第丙辰黑水遣使者來冬十月癸未左熊威軍將趙暉妻一產三男子此亦变異而書者重人事故謹之後世以此爲善祥故於亂世書以見不

然十一月癸卯畋于伊闕丙午至自伊闕（書至見其留四日而荒甚）丁巳回鶻使都督安千想來十二月庚午及皇后幸張全義第

三年春正月庚子如東京毀即位壇爲鞠場二月己巳聚鞠于新場乙亥射鴈于王莽河辛巳突厥渾解樓渤海國王大諲譔皆遣使者來射鴈于北郊乙酉射鴨于郭泊庚寅射鴈于北郊三月乙未寒食望祭于西郊（俚俗之祭也非礼故書）庚申至自東京辛酉改東京爲鄴都以洛京爲東都夏四月乙亥及皇后幸郭崇韜朱漢賓第旱庚

寅趙光胤薨五月丁酉皇太妃薨廢朝五日（太祖正室於莊宗爲嫡母書太妃及輟朝見亂世礼壞而恩薄）己酉黑水女眞皆遣使者來六月辛未宗正卿李紓爲昭宗少帝改卜園陵使（少帝濟陰王也梁嘗謚曰哀皇帝唐人謂之少帝從其本意語）括馬秋七月壬寅皇太后崩（不書冊皇太后已見上注）八月癸未殺河南縣令羅貫九月庚子魏王繼岌爲西川四面行營都統郭崇韜爲招討使以伐蜀自六月雨至于是月丁巳射鴈于尖山冬十月壬午奚吐渾突厥皆遣使者來戊子葬貞簡太后於坤陵十一月丁未高麗遣使者來己酉王衍降（唐兵入蜀不攻不戰君臣迎降故直書其實以見下書殺衍爲殺降）郭崇韜殺王宗弼及其弟宗渥宗訓滅其族十二月己卯畋于白沙癸未至自白沙閏月辛亥封弟存美爲邕王存霸永王存禮薛王存渥申王存乂睦王存確通王存紀雅王

四年春正月壬戌降死罪以下囚甲子魏王繼岌殺郭崇韜及其三子于蜀（實皇后劉氏作教與繼岌使殺崇韜而書繼岌殺者繼岌將兵在外后教非天子命可止而不止）戊寅契丹使梅老鞋里來庚辰殺其弟睦王存乂及河中護國軍節度使李繼麟滅其族乙酉沙州曹義金遣使者來丙戌回鶻阿咄欲遣使者來

丁亥殺李繼麟之將史武薛敬容周唐殷楊師太王景來仁白奉國皆滅其族二月己丑宣徽南院使李紹宏爲樞密使癸巳鄴都軍將趙在禮反于貝州（反者皆不書日獨在礼書日推迹其心可知爾其事具本傳蓋在礼初無乱心以是日見迫而反爾雖加以大惡之名猶原其本心而異於他反者於此見凡書人善惡不妄加之也如此）甲午畋于冷泉趙在禮陷鄴都武寧軍節度使李紹榮討之邢州軍將趙太反東北面招討使李紹眞討之甲辰成德軍節度使李嗣源討趙在禮三月趙太伏誅李嗣源反博州守將翟建自稱刺史甲子殺王衍滅其族（許其不死降而殺之又滅

其葬於殺非罪此爲甚而書無異辭者前書衍降義自見也乙丑如汴州壬申汶滎澤龍驤指揮軍使姚彥溫以前鋒軍叛降于李嗣源嗣源入于汴州甲戌至自萬勝帝至萬勝鎮聞嗣源已入汴州乃還從馬直指揮使郭從謙反夏四月丁亥朔皇帝崩年四十三帝尸爲伶人焚之明宗入洛得其骨燼天成元年七月葬之河南新縣號雍陵至晉避廟諱更曰伊陵其不書葬與梁太祖同

五代史記卷第五

大六十七
小九十

十

雯之

五代史記卷第六

唐本紀

明宗聖德和武欽孝皇帝世本夷狄無姓氏父霓爲鴈門部將生子邈佶烈以騎射事太祖爲人質厚寡言執事恭謹太祖養以爲子賜名嗣源梁攻兖鄆朱宣朱瑾來乞師太祖遣李存信將兵三萬救之存信留莘縣不進使嗣源別以兵三千先擊梁兵梁兵解去存信留莘縣久之爲羅弘信所襲存信敗走嗣源獨殿而還太祖以嗣源所將騎五百號橫衝都光化三年李嗣

大三百三十四
小五个

雯之

昭攻梁邢洺出青山遇葛從周兵嗣昭大敗走梁兵追之嗣源從間道後至謂嗣昭曰爲公一戰乃解鞍礪鏃憑高爲陣左右指畫梁追兵望之莫測嗣源急呼曰吾取葛公士卒可無動乃馳騎犯之出入奮擊嗣昭繼進梁兵解去嗣源身中四矢太祖解衣賜藥以勞之由是李橫衝名重四方梁晉相拒于柏鄉梁龍驤軍以赤白馬爲兩陣旗幟鎧仗皆如馬色晉兵望之皆懼莊宗舉鍾以飲嗣源曰卿望梁家赤白馬懼乎雖吾亦怯也嗣源笑曰有其表爾翌日歸吾

麃也莊宗大喜曰卿當以氣呑之因引鍾飲釂奮檛馳騎犯其白馬挾二裨將而還梁兵敗以功拜代州刺史莊宗攻劉守光嗣源及李嗣昭將兵三萬別出飛狐定山後取武嬀儒三州莊宗已平魏州因徇下磁相拜相州刺史昭德軍節度使久之徙鎮安國契丹攻幽州莊宗遣嗣源與閻寶等擊走之同光元年徙鎮横海是時梁唐相拒于河上李繼韜以潞州叛降梁莊宗有憂色召嗣源帳中謂曰繼韜以上黨降梁而梁方急攻澤州吾出不意襲鄆州以斷梁右臂可

乎嗣源對曰夾河之兵久矣苟非出奇則大計不決臣請獨當之乃以步騎五千涉濟至鄆州鄆人無備遂襲破之即拜天平軍節度使蕃漢馬步軍副都揔管梁軍攻破德勝南柵莊宗退保楊劉王彥章急攻鄆州莊宗悉軍救之嗣源爲前鋒擊梁軍追至中都擒彥章及梁監軍張漢傑彥章雖敗而段凝悉將梁兵屯河上莊宗未知所嚮諸將多言乘勝以取青齊嗣源曰彥章之敗凝猶未知使其聞之遲疑定計亦須三日縱使料吾所向亟發救兵必渡黎陽數萬之

衆舟檝非一日具也此去汴州不數百里前無險阻方陣而行信宿可至汴州已破段凝豈足顧哉而郭崇韜亦勸莊宗入汴莊宗以爲然遣嗣源以千騎先至汴州攻封丘門王瓚開門降莊宗後至見嗣源大喜手攬其衣以頭觸之曰天下與爾共之拜中書令二年莊宗祀天南郊賜以鐵券五月破楊立于潞州六月徙鎮宣武兼蕃漢内外馬步軍揔管冬契丹侵漁陽嗣源敗之于涿州三年徙鎮成德莊宗幸鄴請朝行在不許貞簡太后疾請入省又不許太后崩請

赴山陵許之而契丹侵邊乃止十二月遂朝于洛陽

天成元年（實同光四年而書天成元年者大赦改元文見下可知莊宗本紀自書同光四年各從其所稱既曰改元不嫌二號也）郭崇韜朱友謙皆以讒死嗣源以名位高亦見疑忌趙在禮反於魏大臣皆請遣嗣源討賊莊宗不許羣臣屢請莊宗不得已遣之三月壬子嗣源至魏屯御河南在禮登樓謝罪甲寅軍變嗣源入于魏與在禮合夕出止魏縣丁巳以其兵南遣石敬瑭將三百騎爲先鋒嗣源行過鉅鹿掠小坊馬二千匹以益

軍壬申入汴州四月丁亥莊宗崩己丑入洛陽甲午監國朝羣臣于興聖宮乙未中門使安重誨爲樞密使殺元行欽及租庸使孔謙壬寅左驍衛大將軍孔循爲樞密使丙午始奠于西宮曰始奠見其緩也自己丑入洛至此二十日矣皇帝即位于柩前柩前即位嗣君之礼也反逆之臣自立而用嗣君之礼書從其實而不變文者蓋先已書反正其罪矣此書其實者見其猶有自愧之心而欲逃大惡之名也易斬縗以袞冕既用嗣君之礼矣遽釋縗而服冕故書以見其情詐壬子魏王繼岌薨諸王薨不書此書者見明宗擧兵實反會從謙弑逆遂託赴難爲名及即位時莊宗元子猶在則其辭屈矣甲寅大赦改元渤海國王大諲譔使大陳林來是月張居翰罷

大一百七十六 小一百八十五 五代史六 四 愛之

五月丙辰朔太子賓客鄭珏工部尚書任圜爲中書侍郎同中書門下平章事戊辰趙在禮爲義成軍節度使在礼始乱宜誅而明宗因之以反命以方鎮報其功也故書六月丁酉汴州控鶴軍亂指揮使張諫殺其權知州事高逖己亥諫伏誅秋七月庚申安重誨殺殿直馬延于御史臺門御史臺所以糾百官之不法殺人于臺門惡其甚契丹使梅老述骨來渤海使大昭佐來己卯貶豆盧革爲辰州刺史韋說敘州刺史甲申流革于陵州說于合州八月乙酉朔陜石縣民高存妻一產三男子丁酉以象笏三十二賜百

唐本紀六

官之無笏者是時朝廷衰弱之甚故書閱稼于冷泉宮己亥契丹犯邊丁未平盧軍節度使霍彥威殺其登州刺史王公儼甲寅醫官張志忠爲太原少尹九月己未幸至德宮及袁建豐第冬十月丁亥雲南山後兩林百蠻都鬼主右武衛大將軍李卑晚使大鬼主傳能何華來辛丑契丹使沒骨餒來告阿保機哀廢朝三日旱辛亥雨二年春正月癸丑朔更名亶癸亥端明殿學士兵部侍郎馮道太常卿崔協爲中書侍郎同中書門下平章事二月壬午朔新羅使張芬來西

大二百九十二 小一百九十 五代史六 五 愛之

川節度使孟知祥殺其兵馬都監李嚴丙申赦京師囚郭從謙爲景州刺史既而殺之從謙弑君不討而命以官故書與在礼同罪宜誅而書殺者明宗亦同罪不得行誅故以兩相殺書之戊戌山南東道節度使劉訓爲南面招討使以伐荆南是時荆南自絕於中国而附吳不足以有罪不書討而書伐見非内臣不責其叛三月壬子朔幸會節園羣臣買宴遊幸若不過度則小事也皆不書惟莊宗及晉帝之世則書者若其過度耳明宗於五代爲勤儉之君遊幸無過度此書以著買宴見君臣之失矣盧臺亂殺其將烏震新羅使林彥來夏四月庚寅盧臺軍將龍晊等伏誅六月丙戌任圜罷庚子幸白司馬坡祭突厥神夷狄之事也秋七月甲子隨州

唐本紀六

刺史西方鄴取夔忠萬州癸酉殺豆盧革韋說
八月乙酉牂柯使宋朝化及昆明使者來九月
庚午党項使如連山來壬申契丹使梅老來冬
十月乙酉如汴州宣武軍節度使朱守殷反馬
步軍都指揮使馬彥超死之己丑守殷自殺不書
克汴州者天子自以兵討未嘗攻戰直入其城也佗自殺不書爲書克州此不書克州故書自殺乙
未殺太子少保致仕任圜實安重誨矯詔殺之不書重誨殺者明宗
知而不責又下詔書誣圜以罪故以明宗自殺書之辛丑德音釋繫囚是月
傳箭于霍彥威夷狄之事也十一月乙亥契丹使梅
老來十二月己丑回鶻西界吐蕃遣使者來申

大三百卅七 小八十九　五代史六　六　愛之

辰畋于東郊丙午追尊祖考爲皇帝妣爲皇后
高祖聿謚曰孝恭廟號惠祖祖妣劉氏謚曰孝恭鄴
曾祖教謚曰孝質廟號毅祖祖妣張氏謚曰孝
毅順祖琰謚曰孝靖廟號烈祖祖妣何氏謚曰
孝靖穆考謚曰孝成廟號德祖祖妣劉氏謚曰孝
成懿立廟于應州三年春正月丁巳契丹陷平
州二月辛巳吐渾都督李紹虜來乙未孔循罷
戊戌回鶻使李阿山來三月丁未朔御札求直
言己未鄭珏罷癸亥成德軍節度使王建立爲
尚書右僕射同中書門下平章事西方鄴克歸

唐本紀六

州戊辰宣徽南院使范延光爲樞密使夏四月戊
寅延光罷乙酉達靼遣使者來義武軍節度使
王都反壬寅歸德軍節度使王晏球爲北面行
營招討使五月契丹禿餒入于定州辛酉右衛
上將軍趙敬怡爲樞密使封回鶻可汗王仁裕
爲順化可汗秋七月己未殺齊州防禦使曹廷
隱八月盧龍軍節度使趙德鈞執契丹首領惕
隱赫邈慶州防禦使竇廷琬反冬十月靜難軍
節度使李敬周討之丁巳突厥使張慕晉來十
一月壬午吐渾使念九來甲午王建立罷十二

大三百二十 小六十　五代史六　七　愛之

月李敬周克慶州竇廷琬伏誅辛亥幸康義
誠第
四年春正月壬辰回鶻使掣撥都督來二月癸
卯王晏球克定州王都自焚故不書伏誅辛酉晏球獻馘
俘趙敬怡薨丁卯崔協薨庚午至自汴州三月
丙戌殺姪從璨夏四月契丹寇雲州癸丑契丹
使撩括梅里來求禿餒殺之甲寅端明殿學士
尚書兵部侍郎趙鳳爲門下侍郎兼工部尚書
同中書門下平章事五月己巳朝羣臣賀朔不曰
視朝而曰賀朔著非礼視朝常事自不書爾五月賀朔出於道家之說自唐以來用之書之見亂世率非

唐本紀六

礼之不急者此礼其後屢行皆不復書者與入閤同 乙酉追謚少帝曰昭宣
光烈孝皇帝契丹寇雲州秋七月壬申殺右金
吾衛上將軍毛璋八月乙巳黑水使骨至來丁
未吐渾首領念公山來乙卯党項折遇明來己
未高麗王建使張彬來九月癸巳殺供奉官烏
昭遇冬十二月辛丑殺西平縣令李商
長興元年春正月丁卯閱馬于苑辛卯宣徽南
院使朱弘昭爲大内留守二月戊戌黑水兀兒
遣使者來乙巳天雄軍節度使石敬瑭爲御營
使癸丑朝獻于太微宫甲寅享于太廟乙卯有

事于南郊大赦改元三月庚寅立淑妃曹氏爲
皇后夏四月戊戌安重誨使河中衙内指揮使
楊彦溫逐其節度使從珂壬寅西京留守索自
通侍衛步軍指揮使藥彦稠討之辛亥自通執
彦溫殺之彦溫雖有罪有命獲而勿殺自通擅殺之故不書誅而書殺 戊午羣
臣上尊號曰聖明神武文德恭孝皇帝辛酉吐
蕃首領于撥葛來五月丁丑回鶻使薛栗祖來
庚辰回鶻使安黑連來秋七月壬午訪莊宗子
孫瘞所莊宗子孫而不知瘞所見明宗舉兵不顧禍害所羅者可哀也於此始求之見事緩
而無恩也 八月乙未忠武軍節度使張延朗爲三司

使三司使始於此而今遂因之 壬寅殺捧聖都軍使李行德十
將張儉滅其族吐渾來附封子從榮爲秦王戊
申海州將王傳極殺其刺史陳宣叛于吳來降
乙卯吐渾康合畢來丙辰封子從厚爲宋王九
月壬戌吐蕃使王滿儒來東川節度使董璋反
甲申成德軍節度使范延光爲樞密使丁亥石
敬瑭爲東川行營都招討使冬十月丁酉始藏
冰甲辰驍衛上將軍致仕張筠進助軍粟乙巳
董璋陷閬州殺節度使李仁矩指揮使姚洪死
之孟知祥反十一月庚申朔秦王從榮受冊謁

于太廟冊礼廢於乱世至此始一行之故書 丙戌契丹東丹王突欲
來奔夷狄不可以礼義責故不曰叛于契丹 十二月丁未二王後祕
書丞酅國公楊仁矩卒廢朝一日丁巳回鶻順
化可汗王裕使翟末斯來安重誨討董璋不命將名
直以樞密使往 沙州曹義金遣使者來
二年春正月戊辰党項使折七移來庚辰達怛
使列六薛孃居來二月丁酉幸安元信第戊戌
突厥使杜阿熟吐渾使康萬琳來辛丑安重誨
罷三月趙鳳罷丁亥太常卿李愚爲中書侍郎
同中書門下平章事夏四月甲辰宣徽北院使

趙延壽爲樞密使甲寅董璋陷遂州武信軍
節度使夏魯奇死之乙卯以旱赦流罪以下囚
閏五月丁酉殺太子太師致仕安重誨及其妻
張氏子崇贊崇緒秋八月己未契丹使邪姑兒
來九月丁亥放五坊鷹隼冬十一月戊申吐蕃
遣(使者)來辛丑旌表棣州民邢釗門閭(干戈之世王道息而礼義
亡民猶有自知孝悌而時君旌表猶有勸民之意故兩善而書之)十二月甲寅朔除
鐵禁初稅農具錢(至今因之故書)己未西涼府遣使者
來己巳回鶻使安求思來辛未渤海使文成角
來党項寇方渠

三年春正月庚子契丹使拽骨來己酉渤海回
鶻皆遣使者來二月己卯靜難軍節度使藥彥
稠及党項戰于牛兒谷敗之三月甲申契丹遣
使者來夏四月庚申新羅遣使者來五月己丑
二王後詹事司直楊延紹襲封酅國公丙午孟
知祥攻董璋陷綿州六月甲寅封王建爲高麗
國王大義軍使孟知祥殺董璋陷東川達靼首
領頡哥以其族來附秋八月己卯吐蕃遣使者
來冬十月庚申幸石敬瑭第

四年春正月庚寅端明殿學士兵部侍郎劉昫

爲中書侍郎同中書門下平章事二月戊午孟
知祥使朱滉來(十国外而不書此書者知祥本唐臣而反至此改過自歸絶之則嫌不許
其自新録之則尚冀其遷善然其來也臣礼不備故如夷狄書之)三月甲辰追冊晉
國夫人夏氏爲皇后夏五月戊寅封子從珂爲
潞王(從珂非子而書子與梁博王友文同)從益許王姪從溫兗王從
璋洋王從敏涇王丙戌契丹使述骨卿來秋七
月乙未回鶻都督李未來獻白鶻命放之八月
戊申大赦九月戊戌趙延壽罷山南東道節度
使朱弘昭爲樞密使冬十月庚申范延光罷三
司使馮贇爲樞密使壬申幸士和亭得疾(書得疾爲
從榮事詳之)十一月壬辰秦王從榮以兵入興聖宮
不克伏誅(君病不侍疾以兵求立罪當誅故書伏誅其意以謂帝崩矣懼不得立而率兵自助
非反故不書反)乙未侍衛親軍都指揮使康義誠殺三
司使孫岳戊戌皇帝崩于雍和殿(年六十七清泰元年葬河
南洛陽縣號徽陵雖得其死而爲賊所葬故亦不書葬)

嗚呼自古治世少而亂世多三代之王有天下
者皆數百年其可道者數君而已況於後世邪
況於五代邪予聞長老爲予言明宗雖出夷狄
而爲人純質寬仁愛人於五代之君有足稱也
嘗夜焚香仰天而祝曰臣本蕃人豈足治天下

世亂久矣願天早生聖人自初即位減罷宮人伶官廢內藏庫四方所上物悉歸之有司廣壽殿火災有司理之請加丹雘喟然歎曰天以火戒我豈宜增以侈邪歲嘗旱已而雪暴坐庭中詔武德司宮中無埽雪曰此天所以賜我也數問宰相馮道等民間疾苦聞道等言穀帛賤民無疾疫則欣然曰吾何以堪之當與公等作好事以報上天吏有犯贓輒寘之死曰此民之蠹也以詔書褒廉吏孫岳等以風示天下其愛人恤物蓋亦有意於治矣其即位時春秋已高

不邇聲色不樂遊畋在位七年於五代之君最爲長世兵革粗息年屢豐登生民實賴以休息然夷狄性果仁而不明屢以非辜誅殺臣下至於從榮父子之間不能慮患爲防而變起倉卒卒陷之以大惡帝亦由此飲恨而終當是時大理少卿康澄上疏言時事其言曰爲國者有不足懼者五深可畏者六三辰失行不足懼天象變見不足懼小人訛言不足懼山崩川竭不足懼水旱蟲蝗不足懼也賢士藏匿深可畏四民遷業深可畏上下相徇深可畏廉恥道消深可

畏毀譽亂真深可畏直言不聞深可畏也識者皆多澄言切中時病若從榮之變任圜安重誨等之死可謂上下相徇而毀譽亂真之敝矣然澄之言豈止一時之病凡爲國者可不戒哉

五代史記卷第六

五代史記卷第七

唐本紀第七

愍皇帝明宗第五子從厚也爲人形質豐厚寡言好禮明宗以其貌類己特愛之天成二年以檢校司徒拜河南尹判六軍諸衛事加檢校太保同中書門下平章事從厚妃孔循女也安重誨怒循以女妻從厚三年罷循樞密使出從厚爲宣武軍節度使明年徙鎮河東長興元年封從厚宋王徙鎮成德二年徙鎮天雄累加兼中書令四年十一月秦王從榮伏誅明宗病甚遣宦者孟漢瓊召

王于鄴而明宗崩秘其喪六日十二月癸卯朔發喪于西宮皇帝即位于柩前羣臣見於東階復于喪位丙午成服于西宮（二代五君於此始見嗣君即位服喪之事先君得其終嗣君得其始而免禍亂於臣民於篡亂之世稀見之事也故特詳言之）庚戌登光政門樓存問軍民辛亥殺司衣王氏癸丑始聽政乙卯殺司儀康氏丁巳馮道爲大行皇帝山陵使戶部尚書韓彥惲爲副中書舍人王延爲判官禮部尚書王權爲禮儀使兵部尚書李鏻爲鹵簿使御史中丞龍敏爲儀仗使左僕射權判河南府盧質爲橋道頓遞使丁卯禫

應順元年春正月壬申朔視朝于廣壽殿（著非礼也）乙亥契丹使都督沒辭于來戊寅大赦改元用樂回鶻可汗王仁美遣使者來沙州瓜州遣使者來乙未朱弘昭馮贇獻錢助作山陵閏月丙午冊皇太后（不書姓氏不曰冊某人爲太后者母尊不可斥其事自見於傳也）甲寅冊太妃王氏北京留守石敬瑭獻銀絹助作山陵二月庚寅視作山陵鳳翔節度使潞王從珂反辛卯西京留守王思同爲西面行營都部署靜難軍節度使藥彥儔爲副三月丙辰思同兵潰嚴衛指揮使尹暉羽林指揮使楊思權以

其軍叛降于從珂辛酉殺侍衛親軍都指揮使朱弘實癸亥河陽三城節度使康義誠爲鳳翔行營都招討使王思同爲副西京副留守劉遂雍叛降于從珂思同奔歸于京師不克死之丁卯京城巡檢使安從進叛殺馮贇朱弘昭自殺從進傳其二首于從珂戊辰如衛州（不書帝崩者當於廢帝紀書弑鄂王也）

廢帝鎮州平山人也本姓王氏其世微賤母魏氏少寡明宗爲騎將過平山掠得之魏氏有子阿三已十餘歲明宗養以爲子名曰從珂及長

狀貌雄偉謹信寡言而驍勇善戰明宗甚愛之自晉兵戰梁于河上從珂常立戰功莊宗呼其小字曰阿三不徒與我同年其敢戰亦類我同光二年爲衛州刺史突騎指揮使戍于石門明宗討趙在禮自魏反兵而南從珂率戍兵自曲陽盂縣馳出常山以追明宗明宗之南也兵少得從珂兵在後而軍聲大振明宗入立拜從珂河中節度使封潞王是時明宗春秋已高王於諸子次最長樞密使安重誨患之乃矯詔河中裨將楊彥溫使圖之王閱馬于黃龍莊彥溫即閉門

拒之王止于虞鄉以聞明宗召王還京師居之清化里第重誨數請行軍法明宗不聽後重誨見殺乃起王爲左衛大將軍西京留守長興三年爲鳳翔節度使王子重吉自明宗時典禁兵爲控鶴指揮使愍帝即位朱弘昭馮贇用事乃罷重吉兵職出爲亳州團練使又徙王爲北京留守不降制書而宣授又以李從璋爲代初安重誨得罪罷河中以從璋爲代而重誨見殺故王益自疑遂據城反愍帝遣王思同會諸鎮兵討之思同戰敗走諸鎮兵皆潰

清泰元年三月丁巳王以兵東庚申次長安西京副留守劉遂雍叛于唐來降甲子次華州執藥彥稠丙寅次靈寶河中安彥威陝州康思立叛于唐來降己巳次陝康義誠叛于唐來降殺宣徽使孟漢瓊愍帝出居于衛州夏四月壬申入京師馮道率百官迎王于蔣橋王辭不見入哭于西宮遂見羣臣道拜王答拜入居于至德宮癸酉以太后令降天子爲鄂王命王監國乙亥皇帝即位丙子率河南民財以賞軍丁丑借民房課五月以賞軍戊寅弒鄂王（義與弒齊陰王同）慈

州刺史宋令詢死之乙酉大赦改元戊子殺康義誠及藥彥儔（義誠叛于愍帝罪宜曰誅而與廢帝同惡相殺故書曰殺）五月丙午端明殿學士左諫議大夫韓昭胤爲樞密使莊宅使劉延朗爲樞密副使庚戌馮道罷天雄軍節度使范延光爲樞密使甲寅賜勸進選人宗子官六月庚辰幸范延光及索自通第秋七月辛亥太常卿盧文紀爲中書侍郎同中書門下平章事己巳立沛國夫人劉氏爲皇后八月辛未尚書左丞姚顗爲中書侍郎同中書門下平章事許御署官選（御署官疑是廢帝初舉兵時所置之官以其非）

吏部正授故須有白方得選此於事無勸戒不必書以舊史不詳故存所不知慎傳疑也九月契丹寇邊冬十月戊寅李愚劉昫罷十二月乙亥雄武軍節度使張延朗爲中書侍郎同中書門下平章事契丹寇雲州庚寅幸龍門旱

二年春二月甲戌范延光罷己丑追尊魯國太夫人魏氏爲皇太后非嫡母故詳其爵氏三月辛丑忠武軍節度使趙延壽爲樞密使夏五月辛卯宣徽南院使劉延皓爲樞密使契丹寇邊六月癸未羣臣獻添都馬都者軍伍之名秋七月丁酉回鶻可汗王仁美使其都督陳福海來劉延皓罷九月己酉刑部尚書房暠爲樞密使乙卯渤海遣使者來

三年春正月乙未百濟遣使者來丁未封子重美爲雍王三月丙午翰林學士禮部侍郎馬胤孫爲中書侍郎同中書門下平章事河東節度使石敬瑭反夏五月乙卯建雄軍節度使張敬達爲太原四面都招討使義武軍節度使楊光遠爲副戊申先鋒指揮使安審信叛降于石敬瑭己酉振武戍將安重榮叛降于石敬瑭壬子天雄軍屯駐捧聖都虞候張令昭逐其節度使劉延皓六月癸亥以令昭爲右千牛衛將軍權知

天雄軍事僞命官不書以此書以者明令昭猶可以甲戌宣武軍節度使范延光爲天雄軍四面招討使秋七月戊申克魏州壬子張令昭伏誅癸丑彰聖指揮使張萬迪叛降于石敬瑭八月戊午契丹使梅里來九月甲辰張敬達及契丹戰于太原敗績契丹圍敬達于晉安戊申如河陽冬十月壬戌括馬籍民爲兵十一月戊子盧龍軍節度使趙德鈞爲行營都統丁酉契丹立晉閏月甲子楊光遠殺張敬達以其軍叛降于契丹敬達不書死之而書殺者敬達大將宜以義責光遠而誅之雖不果而見殺猶爲得死乃諷光遠殺己以叛故書之如其志甲戌契丹

及晉人至于潞州丁丑至自河陽辛巳皇帝崩年五十一帝自焚死晉高祖命葬其燼骨於徽陵域中

嗚呼君臣之際可謂難哉蓋明者慮於未萌而前知暗者告以將及而不懼故先事而言則雖忠而不信事至而悔其可及乎重誨區區獨見潞王之禍而謀之不臧至於殞身赤族其隙自茲及愍帝之亡也究於徽陵其土一壠路人見者皆爲之悲使明宗爲有知其有媿於重誨矣哀哉

五代史記卷第七

五代史記卷第八

晉本紀

高祖聖文章武明德孝皇帝其父臬捩鷄本出於西夷自朱邪歸唐從朱邪入居陰山其後晉王李克用起於雲朔之間臬捩鷄以善騎射常從晉王征伐有功官至洺州刺史臬捩鷄生敬瑭其姓石氏不知得其姓之始也敬瑭爲人沈厚寡言明宗愛之妻以女是爲永寧公主由是常隷明宗帳下號左射軍莊宗已得魏梁將劉鄩急攻清平莊宗馳救之兵未及陣爲鄩所掩敬瑭以十餘騎橫槊馳擊取之以旋莊宗拊其背而壯之手啗以酥啗酥夷狄所重由是名動軍中十五年莊宗戰于胡柳前鋒周德威戰死敬瑭以左射軍從明宗復擊敗梁兵明宗戰胡盧套長楊村爲梁兵所敗敬瑭常脫明宗於危趙在禮之亂明宗討之至魏而兵變明宗初欲自歸于天子明已所以不反者敬瑭獻計曰豈有軍變於外上將獨無事者乎且猶豫者兵家大忌不如速行願得騎兵三百先攻汴州夷門天下之要害也得之可以成事明宗然之與之驍

騎三百渡黎陽爲前鋒明宗遂入汴莊宗自洛後至不得入而兵皆潰去莊宗西還明宗以敬瑭爲前鋒趣汜水且收其散卒莊宗遇弒明宗入立拜敬瑭保義軍節度使賜號竭忠建策興復功臣兼六軍諸衛副使在陝爲政以廉聞是時諸侯多不奉法鄧州陶玘亳州李鄴皆以贓汙論死明宗下詔書褒廉吏晉州安崇阮洺州張萬進耀州孫岳等以諷天下而以敬瑭爲首天成二年十月從幸汴州爲御營使拜宣武軍節度使侍衛親軍馬步軍都指揮使六軍副使如故改賜耀忠匡定保節功臣三年四月徙鎮天雄拜同中書門下平章事與唐尹五月拜駙馬都尉董璋反東川爲行營都招討使不克而還復兼六軍諸衛副使徙鎮河陽三城未行而契丹吐渾突厥皆入寇是時秦王從榮統六軍敬瑭疑其必及禍不欲爲其副乃自請行及制出不落副使輒復辭行明宗數責大臣問誰可行者范延光趙延壽等卒以敬瑭爲請乃拜河東節度使大同彰國振武威塞等軍蕃漢馬步軍揔管落六軍副使乃行明年明宗崩愍帝即

位加中書令三月徙鎮成德淸泰元年五月復鎮太原來朝京師潞王從珂反於鳳翔愍帝出奔遇敬瑭于道敬瑭殺帝從者百餘人幽帝于衛州而去廢帝即位疑敬瑭必反

天福元年五月徙鎮天平敬瑭果不受命謂其屬曰先帝受吾太原使老焉今無故而遷是疑吾反也且太原地險而粟多吾當內檄諸鎮外求援於契丹可乎桑維翰劉知遠等共以爲然乃上表論廢帝不當立請立許王從益爲明宗嗣廢帝下詔削奪敬瑭官爵命張敬達等討

之敬瑭求援於契丹九月契丹耶律德光入自鴈門與唐兵戰敬達大敗敬瑭夜出北門見耶律德光約爲父子十一月丁酉皇帝即位於廢帝本紀書契丹立晉據所見也於此書皇帝即位以自立爲文原其心也晉高祖之反無契丹之助亦必自立蓋其志在於爲帝故使自任其惡也國號晉以幽涿薊檀順瀛漠蔚朔雲應新嬀儒武寰州入于契丹己亥大赦改元掌書記桑維翰爲翰林學士尚書禮部侍郎知樞密使事閏月丙寅翰林學士承旨尚書戶部侍郎趙瑩爲門下侍郎桑維翰爲中書侍郎同中書門下平章事兼樞密使甲戌趙德鈞及

其子延壽叛于唐來降契丹鏁之以歸己卯次河陽節度使萇從簡叛于唐來降是日廢帝由在辛巳至自太原盧文紀姚顗罷甲申大赦殺張延朗劉延朗赦房暠十二月乙酉如河陽追降王從珂爲庶人王從珂從晉人本語丁亥司空馮道兼門下侍郎同中書門下平章事己丑曹州指揮使石重立殺其刺史鄭玩辛卯御札求直言癸巳鎮州牙內都虞候祕瓊逐其節度副使李彥琦同州裨將門鐸殺其將楊漢賓庚子天平軍節度使王建立殺其副使李彥贇阜

二年春正月癸亥安遠軍節度使盧文進叛降于吳丁卯天雄軍節度使范延光殺齊州防禦使祕瓊戊寅兵部侍郎李崧爲中書侍郎同中書門下平章事樞密使封唐宗室子爲公及隋酅公爲二王後以周介公備三恪唐宗室子史失其名書之以見二王後三恪猶存不必著其人也二月丁酉契丹使皇太子解里來三月庚辰如汴州夏四月丁亥赦因獨民租賦趙瑩使于契丹辛卯宣武軍節度使楊光遠進助國錢契丹使宮苑使李司興來五月壬戌御札求直言丁丑追尊祖考爲皇帝妣爲皇后

高祖璟謚曰孝安廟號靖祖祖妣秦氏謚曰孝安曾祖郴謚曰孝簡廟號肅祖祖妣安氏謚曰孝簡恭祖昱謚曰孝平廟號睿祖祖妣米氏謚曰孝平獻考紹雍謚曰孝元廟號獻祖祖妣何氏謚曰孝元懿六月癸未契丹使夷離畢來天雄軍節度使范延光反丁酉傅前于義成軍節度使符彥饒丁未楊光遠爲魏府四面行營都部署東都巡檢張從賓反留守判官李遐死之奉國都指揮使侯益護聖都指揮使杜重威討之從賓寇河陽殺皇子重乂寇河南殺皇子重信

秋七月從賓陷汜水關殺巡檢使宋廷浩壬子右衛大將軍尹暉叛奔于吳不克伏誅右監門衛大將軍婁繼英叛降于張從賓義成軍亂殺戍將侍衛馬步軍都指揮使白奉進甲寅戍將奉國指揮使馬萬執符彥饒歸于京師命殺之于赤岡（彥饒雖有縱軍之罪被誣以反而見殺故不書誅曰命殺嫌萬擅殺）乙卯楊光遠爲魏府行營都招討使辛酉杜重威克汜水關（張從賓投河死故不書伏誅）壬申楊光遠克博州丙子安州屯防指揮使王暉殺其節度使周瓌右衛大將軍李金全討之（金全未至而暉走見殺故不書暉反不書克安州不書伏誅）

八月丙申靜難軍節度使安叔千進添都馬乙巳赦非死罪囚及張從賓符彥饒王暉餘黨九月楊光遠進粟冬十月辛巳禁造甲兵

三年春二月戊戌諸鎮皆進物以助國（殘民以獻其上君臣同欲賄賂公行至此而不勝其多矣故摠言諸鎮此後不復書矣）三月壬戌回鶻可汗王仁美使翟全福來丁丑禁私造銅器秋七月辛酉以皇業錢作受命寶（作寶不必書皇業錢者私錢也天子畜私錢故書）八月戊寅馮道及左僕射劉昫爲契丹冊禮使壬午澶州刺史馮暉降丙戌許御署官選己丑蠲水旱民稅辛丑歸伶官于契丹（高祖以父事契丹其有所求不曰與而曰歸者若輸之也）九月己酉赦范延光（初延光請降高祖不許延光遂堅壁攻之久不克卒悔而赦之故不書降）己未歸靜難官劉守威金吾勘契官王殷司天雞叫學生殷暉于契丹于闐使馬繼榮來回鶻使李萬金來己巳赦魏州蠲民稅是月宣徽南院使劉處讓爲樞密使冬十月戊寅契丹使中書令韓頻來奉冊曰英武明義皇帝庚辰升汴州爲東京以洛陽爲西京雍州爲晉昌軍戊子右金吾衛大將軍馬從斌使于契丹己未契丹使梅里來戊戌大赦庚子封李聖天爲大寶于闐國王十一月辛

亥升廣晉府爲鄴都壬戌除鑄錢令十二月丙子封子重貴爲鄭王

四年春正月盜發唐愍皇帝墓愍帝附于明宗徽陵域中無陵名故曰墓晉高祖即位追謚爲愍皇帝五代諸帝謚號不可爲法皆不足道惟愍帝宜書者嫌嘗降爲鄂王也而国亡礼闕舊史實録皆無奏謚上册月日故雖當書而不得因書而見於此爾辛亥澶州防禦使張從恩爲樞密副使旌表深州民李自倫門閭三月乙巳回鶻使其都督拽里敦來丙辰頒調元曆靈州戍將王彦忠以懷遠城反己未彦忠降供奉官齊延祚殺之夏四月辛巳封回鶻可汗王仁美爲奉化可汗甲申廢樞密使秋七月丙辰復禁鑄錢閏月壬申桑維翰罷八月己亥朔河決博平西戎寇涇州彰義軍節度使張彦澤敗之執其首領野離羅蝦獨九月丁丑契丹使粘木孤來癸未封李從益爲郇國公以奉唐後丙戌高麗王建使其廣評侍郎邢順來冬十二月乙亥立唐高祖太宗莊宗明宗愍帝廟于西京戊子契丹使遙折來吐蕃罷延族來附

五年春正月丁卯朔德音除民公私債己丑回鶻使石海金來夏四月甲子契丹興化王來五月丙戌安遠軍節度使李金全叛附于唐六月癸卯李昇遣其將李承裕入于安州金全奔于唐安遠軍節度使馬全節及承裕戰敗之丁巳克安州承裕奔于雲夢全節執而殺之秋八月丁酉閱稼于西郊己未西京留守楊光遠殺太子太師范延光九月丁卯翰林學士承旨戶部侍郎和凝爲中書侍郎同中書門下平章事辛巳閱稼于沙臺冬十月丁未契丹使舍利來十一月丙子冬至始用二舞

六年春正月戊寅封唐叔虞爲興安王臺駘爲昌寧公二月戊申停貢宴錢三月除民二年至四年以前稅見時斂重而民不堪夏四月己未契丹使述括來五月吐渾首領白承福來秋七月壬午突厥使薛同海來八月壬辰如鄴都開封尹鄭王重貴留守東京宣徽南院使張從恩東京內外兵馬都監壬寅大赦甲寅光祿卿張澄使于契丹九月乙亥前安國軍節度使楊彦詢使于契丹丁丑吐渾使白可久來河決中都入于沓河冬十月河決滑濮鄆澶州山南東道節度使安從進反十一月丁丑西京留守高行周爲南

西軍前都部署以討之十二月丙戌朔鄭王重貴爲廣晉尹徙封齊王先鋒都指揮使郭海金及安從進戰于唐州敗之成德軍節度使安重榮反天平節度使杜重威爲鎮州行營招討使丙申契丹遣使者來戊戌杜重威及安重榮戰于宗城敗之

七年春正月丁巳克鎮州安重榮伏誅赦廣晉庚午契丹使達剌來三月歸德軍節度使安彥威塞決河于滑州閏月天興蝗大食麥夏五月乙巳尊皇太妃劉氏爲太后（高祖所生母也）六月丙辰吐渾使念醜漢來乙丑皇帝崩于寶昌殿（年五十一）

五代史記卷之八

五代史記卷第九

晉本紀第九

出帝父敬儒高祖兄也爲唐莊宗騎將早卒高祖以其子重貴爲子高祖六子五皆早死而重貴幼故重貴得立重貴少而謹厚善騎射高祖使博士王震教以禮記久之不能通大義謂震曰此非我家事也高祖爲契丹所立謀以一子留守太原契丹使盡出諸子自擇之指重貴曰此眼大者可也遂拜金紫光祿大夫行太原尹北京留守知河東節度事天福二年九月召拜左金吾衛上將軍三年冬爲開封尹封鄭王加太尉同中書門下平章事六年高祖幸鄴留守東京已而爲廣晉尹徙封齊王

七年六月乙丑高祖崩皇帝即位于柩前庚午使右驍衛將軍石德超以御馬二疋祭于相州之西山（夷狄之禮也）如京使李仁廓使于契丹契丹使梅李來丙子馮道爲大行皇帝山陵使門下侍郎竇貞固爲副太常卿崔棁爲禮儀使戶部侍郎呂琦爲鹵簿使御史中丞王易簡爲儀仗使（舊史實錄無橋道頓遞使疑不置或闕書漢高祖亦然）己卯四方館使朱

崇節右金吾衛大將軍梁言使于契丹秋七月
壬辰皇祖母劉氏崩輟視朝三日高祖所生母也高祖時尊爲皇
太后矣其崩也喪葬不用后礼見恩礼之薄不書曰皇太后者於帝爲祖母也曰崩正其名也丁酉
使石德超撲馬于相州之西山前已備見故文省庚子大
赦甲辰契丹使通事來八月戊午高行周克襄
州安從進自焚死故不書伏誅庚申天平軍節度使景延廣義
成軍節度使李守貞彰德軍節度使郭謹進錢
粟助作山陵甲子契丹使郎五來庚午葬皇祖
母於魏縣癸酉契丹使其客省使張九思來九
月辛丑李守貞爲大行皇帝山陵都部署冬十
月己未契丹使舍利來庚午回鶻遣使者來十
一月契丹使大卿來庚寅葬聖文章武孝皇帝
于顯陵陵在河南壽安縣五代之乱至此七君而不得其死者五明宗雖善終而愍帝不克葬至
廢帝時始克葬故皆不書至此始見子得葬其父故并祔廟詳書之己亥牛羊使董
殺使于契丹庚子祔高祖神主于太廟辛丑蠲
高祖靈車所過民租之半十二月庚午北京留
守劉知遠進百頭穹廬穹廬夷狄之用也契丹于越使
令骨支來辛未又使野里巳來丙子于闐使都
督劉再昇來沙州曹元深瓜州曹元忠皆遣使
附再昇以來旱蝗

八年春正月契丹于越使烏多奧來二月壬子
景延廣爲御營使己未如東京赦廣晉府囚庚
申次澶州赦囚乙丑至自鄴都庚午寒食望祭
顯陵于南莊焚御衣紙錢焚衣野祭之類皆閭巷人之事也用之天子見
礼樂壞甚三月己卯朔趙瑩罷晉昌軍節度使桑維翰
爲侍中辛丑引進使大府卿孟承誨使于契丹
蝗夏四月庚午董殺使于契丹供奉官張福率
威順軍捕蝗于陳州五月泰寧軍節度使安審
信捕蝗于中都丁亥追封皇伯敬儒爲宋王癸
卯馮道罷甲辰以旱蝗大赦六月庚戌祭蝗于
皐門癸亥供奉官七人帥奉國軍捕蝗于京畿
辛未括借民粟殺藏粟者秋七月甲午冊皇太
后丁酉射于南莊契丹使梅里等來甲辰供奉
官李漢超帥奉國軍捕蝗于京畿八月丁未朔
募民捕蝗易以粟辛亥檢民青苗九月戊寅尊
秦國夫人安氏爲皇太妃丙申幸大年莊及景
延廣第冬十月戊申立馮氏爲皇后馮氏於帝爲叔母壬
子畋于近郊幸沙臺丙寅契丹使通事劉亂來
庚午括借民粟十一月己卯董殺使于契丹甲
申幸八角閱馬牧乙未契丹使梅里來戊戌齋

州刺史楊承祚奔于青州辛丑高麗使其廣評侍郎金仁逢來十二月癸丑給事中邊光範登州刺史郭彥威使于契丹甲寅高麗使太相來平盧軍節度使楊光遠反淄州刺史翟進宗死之

開運元年春正月甲戌朔契丹寇滄州己卯陷貝州庚辰歸德軍節度使高行周爲北面行營都部署契丹入鴈門寇代州辛巳殿直王班使于契丹至于鄴都不得進而復（晉自高祖以父事契丹甚謹而歲時遣使舊史實録皆不書至出帝立使者旁午不絕不可勝數故其官卑者皆畧而不書班以不得進故書）

大饑壬午前靜難軍節度使李周留守東京景延廣爲御營使乙酉北征丙戌契丹寇黎陽辛卯講武于澶州契丹屯于元城趙延壽寇南樂甲午劉知遠爲幽州道行營招討使括馬丙申契丹寇黎陽辛丑劉知遠及契丹偉王戰于秀容敗之博州刺史周儒叛降于契丹二月戊申前軍都虞候李守貞及契丹戰于馬家渡敗之癸丑北面行營都虞候馬全節及契丹戰于北平敗之三月癸酉及契丹戰于戚城契丹去（戰而兩各傷失收兵徐去晉不能追故以自去爲文）己丑冀州刺史白從暉及

契丹戰于衡水敗之癸巳籍民爲武定軍夏四月契丹陷德州汾河巡檢使梁進敗之取德州甲寅至自澶州赦京師己未馬全節及契丹戰于定豐敗之辛酉率借民財五月戊寅李守貞討楊光遠丁亥鄴都留守張從恩爲貝州行營都部署辛卯李守貞爲青州行營都部署六月克淄州丙午復置樞密使丁未侍中桑維翰爲中書令充樞密使丙辰河決滑州環梁山入于汶濟秋七月辛未朔大赦改元己丑太子太傅劉昫守司空兼門下侍郎同中書門下平章事

八月辛丑朔劉知遠爲北面行營都統順德軍節度使杜威爲都招討使戊辰旌表陳州項城民史仁誦門閭九月丙子契丹寇遂城樂壽代州刺史白文珂及契丹戰于七里烽敗之冬十月庚戌武寧軍節度使趙在禮爲北面行營副都統鄴都留守馬全節爲招討使十二月己亥朔射兔于皁門丁巳楊承勳囚其父光遠以降殺之（出帝已許其不死既而命李守貞自殺之故不書伏誅）閏月乙酉德音赦青州囚契丹寇恒州

二年春正月契丹陷泰州壬子馬全節及契丹

戰于榆林兩軍皆潰戊午幸南莊張從恩留守東都辛酉高行周爲御營使乙丑北征契丹去二月己巳幸黎陽橫海軍節度使田武爲東北面行營都部署以備契丹（曰以備契丹嫌契丹去而命將）丙子大閱于戚城丙戌閱馬於鐵丘丙申端明殿學士尚書戶部侍郎馮玉爲戶部尚書樞密使三月戊戌契丹陷祁州刺史沈斌死之丁未畋于戚城庚戌馬全節克泰州辛亥易州戍將孫方諫及契丹諧里戰于狼山敗之甲寅杜威克滿城乙卯克遂城庚申杜威及契丹戰于陽城敗之追奔至于衞村又敗之夏四月戊寅勞旋于戚城己卯勞旋于王莽河甲申至自澶州赦左右軍因庚寅大賞軍功五月丙申朔大赦丙午幸南莊六月丁卯射于繁臺幸杜威第旱秋八月甲子朔廢二舞丙寅和凝罷馮玉爲中書侍郎同中書門下平章事辛未閱馬于茂澤陂丁丑括馬九月己亥閱馬于萬龍岡幸李守貞第冬十月丁丑高麗使其廣評侍郎韓玄珪禮賓卿金廉等來戊寅射兔于硯臺戊子高麗使其兵部侍郎劉崇珪內軍卿朴藝言來十一月戊戌

封王武爲高麗國王己巳射兔于皐門幸沙臺十二月丁丑臘畋于郊丁亥桑維翰罷開封尹趙瑩爲中書令李崧守侍中樞密使

三年春二月丙子回鶻使突厥陸來壬午射鴨于板橋幸南莊夏六月孫方諫以狼山叛附于契丹丙寅契丹寇邊己丑李守貞爲行營都部署義成軍節度使皇甫遇爲副河決漁池大饑羣盜起秋七月大雨水河決楊劉朝城武德八月辛酉河溢歷亭九月河決澶滑懷州辛丑行營馬軍排陣使張彥澤及契丹戰于新興敗之癸卯劉知遠及契丹戰于朔州敗之大雨霖河決臨黃冬十月河決衞州丙寅河決原武辛未杜威爲北面行營都招討使李守貞爲兵馬都監十一月永靜軍節度使梁漢璋及契丹戰于瀛州敗績契丹寇鎮定十二月己未杜威軍于中渡壬戌奉國都指揮使王淸及契丹戰于滹沱敗績死之（戰將殁於陣守將殁於城而不書死者以其志未可知也或欲走而不得或欲降而未暇遷以被殺爾若不走不降而死節明者自書死如淸是已）杜威李守貞張彥澤以其軍叛降于契丹庚午射兔于沙臺壬申張彥澤犯京師殺開封尹桑維翰契丹滅晉（出帝）

雖存而晉則亡已故書滅

嗚呼余書封子重貴爲鄭王又書追封皇伯敬儒爲宋王者豈無意哉禮兄弟之子猶子也重貴書子可矣敬儒出帝父也書曰皇伯者何哉出帝立不以正而絶其所生也蓋出帝於高祖得爲子而不得爲後者高祖自有子也方高祖疾病抱其子重睿寘於馮道懷中而託之出帝豈得立邪晉之大臣旣違禮廢命而立之以謂出帝爲高祖子則得立爲敬儒子則不得立於是深諱其所生而絶之以欺天下爲真高祖子也禮曰爲人後者爲其父母服使高祖無子出帝得爲後而立以正則不待絶其所生以爲欺也故余書曰追封皇伯敬儒爲宋王者以見其立不以正而滅絶天性臣其父而爵之以欺天下也

五代史記卷第九

五代史記卷第十

漢本紀第十

高祖睿文聖武昭肅孝皇帝姓劉氏初名知遠其先沙陀部人也其後世居于太原知遠弱不好弄嚴重寡言面紫色目多白睛凜如也與晉高祖俱事明宗爲偏將明宗及梁人戰德勝晉高祖馬甲斷梁兵幾及知遠以所乘馬授之復取高祖馬殿而還高祖德之高祖留守北京知遠爲押衙潞王從珂反愍帝出奔高祖自鎭州朝京師遇愍帝于衞州止傳舍知遠遣勇士石敢袖鐵槌侍高祖以虞變高祖與愍帝議事未決左右欲兵之知遠擁高祖入室敢與左右格鬬而死知遠即率兵盡殺愍帝左右留帝傳舍而去廢帝入立高祖復鎭河東已而有隙高祖將舉兵知遠與桑維翰等爲高祖謀畫贊成之高祖即位於太原以知遠爲侍衞親軍都虞候領保義軍節度使契丹耶律德光送高祖至潞州臨決指知遠曰此都軍甚操剌（世俗謂勇猛爲操剌録其本語）無大故勿弃之天福二年遷侍衞馬步軍都指揮使領忠武軍節度使已而以杜重威代知遠

領忠武從知遠領歸德知遠恥與重威同制杜
門不出高祖怒欲罷其兵職宰相趙瑩以爲不
可高祖乃遣端明殿學士和凝就第宣諭知遠
乃受命五年徙鄴都留守九月朝京師高祖幸
其第六年拜河東節度使北京留守七年高祖
崩知遠從高祖起太原有佐命功自出帝立與
契丹絕盟用兵北方常疑知遠勳位已高幸晉
多故而有異志每優尊之拜中書令封太原王
幽州道行營招討使又拜北面行營都統開運
二年四月封北平王三年五月加守太尉然王
未嘗出兵契丹寇澶州別遣偉王攻鴈門敗之
于秀容八月殺吐渾白承福等族取其貲鉅萬
良馬數千
四年契丹犯京師出帝北遷王遣牙將王峻奉
表契丹耶律德光呼之爲兒賜以木拐虜法
貴之如中國几杖非優大臣不可得峻持拐
歸虜人望之皆避道峻還爲王言契丹必不
能有中國乃議建國二月戊辰河東行軍司馬
張彥威等上牋勸進辛未皇帝即位稱天福十
二年天福晉高祖年號也天福止八年改元開運至此四年矣漢雖建國而未有國號又稱晉年號

捨開運而追續天福爲十二年初无義理但書其實尒磁州賊首梁暉取相州
來歸变來降曰來歸哀斯人也是時天下无主得其主則往歸之與乎撥于彼而來於此者異矣漢
高祖非有德之君惶惶斯人之无所歸者猶得而歸也故曰歸武節都指揮使史弘
肇取代州殺其刺史王暉晉州將藥可儔殺其
守將駱從朗及括錢使諫議大夫趙熙來歸辛
巳陝州留後趙暉潞州留後王守恩來歸三月
丙戌朔蠲河東雜稅辛卯延州軍亂逐其節度
使周密壬辰丹州指揮使高彥詢以其州來歸
壬寅契丹遯聞漢起太原畏而去故與自去異其文遯者退避之稱以其將蕭
翰爲宣武軍節度使守汴州夏四月巳未右都
押衙楊邠爲樞密使蕃漢兵馬都孔目官郭威
權樞密副使契丹陷相州殺梁暉癸亥立魏國
夫人李氏爲皇后甲子河東節度判官蘇逢吉
觀察推官蘇禹珪爲中書侍郎同中書門下平
章事乙丑侍衛親軍步軍都指揮使史弘肇取
潞州戊辰奉國指揮使武行德以河陽來歸史
弘肇取澤州丙子契丹耶律德光卒于欒城契
丹入于鎮州五月甲午太原尹劉崇爲北京留
守丙申如東京蕭翰遯歸于契丹以郇國公李
從益知南朝軍國事戊申次絳州刺史李從朗

漢本紀十

來歸六月丙辰次河陽殺李從益及其母于京
師甲子至自太原戊辰改國號漢（高祖初建国元國號蓋其制詔
皆元明文故闕不書然稱天福十二年則国乃號晉可知但元明據故慎於所疑亦此書改国號漢則未改之
前宜有所稱此可以推知也）赦罪人蠲民稅于闐遣使者來是
夏劉昫薨秋閏七月乙丑禁造契丹服器天雄
軍節度使杜重威反（杜重威於晉出帝時避出帝名去重至漢而復之）天
平軍節度使高行周為鄴都行營都部署以討
之庚辰追尊祖考為皇帝妣為皇后高祖湍諡
曰明元廟號文祖祖妣李氏諡曰明貞曾祖昂
諡曰恭僖廟號德祖祖妣楊氏諡曰恭惠祖僎

五代史十　四

諡曰昭憲廟號翼祖祖妣李氏諡曰昭穆考琠
諡曰章聖廟號顯祖妣安氏諡曰章懿以漢高
皇帝為高祖光武皇帝為世祖皆不祧八月護
聖指揮使白再榮逐契丹以鎮州來歸丙申安
國軍節度使薛懷讓殺契丹之將劉鐸入于邢
州九月甲戌吏部尚書竇貞固守司空兼門下
侍郎翰林學士中書舍人李濤為中書侍郎同
中書門下平章事庚辰北征冬十月甲申次韋
城赦河北十一月壬申杜重威降十二月癸巳
至自鄴都乾祐元年春正月乙卯大赦改元己

漢本紀十

未更名暠丁丑皇帝崩于萬歲殿（年五十四）
隱帝高祖第二子承祐也高祖即位拜右衛上
將軍大內都點檢魏王承訓長而賢高祖愛之
方屬以為嗣承訓薨高祖不豫悲哀疾劇乃以
承祐屬諸將相宰相蘇逢吉曰皇子承祐未封
王請亟封之未及封而高祖崩祕不發喪殺杜
重威
乾祐元年二月辛巳封承祐周王是日皇帝即
位于柩前壬辰右衛大將軍鳳翔巡檢使王景
崇及蜀人戰于大散關敗之癸巳大赦三月壬

五代十　五

戌竇貞固為大行皇帝山陵使吏部侍郎段希
堯為副太常卿張昭為禮儀使兵部侍郎盧價
為鹵簿使御史中丞邊蔚為儀仗使丁丑李濤
罷護國軍節度使李守貞反陷潼關夏四月辛
巳陝州兵馬都監王玉克潼關壬午永興軍將
趙思綰叛附于李守貞客省使王峻帥師屯于
關西（峻不命為將又不令討賊但令以兵實關西下又乃見命將）楊邠為中書
侍郎兼吏部尚書同中書門下平章事郭威為
樞密使鎮寧軍節度使郭從義為永興軍兵馬
都部署戊子保義軍節度使白文珂為河中兵

馬都部署河決原武五月己未回鶻遣使者來乙亥魏州内黄民武進妻一産三男子河決滑州魚池旱蝗秋七月戊申朔彰德軍節度使王繼弘殺其判官張易鸜鴿食蝗丙辰禁捕鸜鴿庚申郭威同中書門下平章事癸亥契丹寇鄭州剌史王彥徽來奔庚午殺成德軍副使張鵬乙亥王景崇叛附于李守貞八月壬午郭威討李守貞九月西面行營都虞候尚弘遷及趙思綰戰敗績冬十月甲申吐蕃使斯漫篤蘭氈襲斯來十一月甲寅殺太子太傅李崧滅其族壬申葬睿文聖武昭肅孝皇帝于睿陵（在河南告城縣）十二月己卯彰武軍節度使高允權殺太子太師致仕劉景巖

二年（隱帝即位至此宜改元而不改元具周顯德二年注而帝名承祐年名乾祐卒国臣民共稱而不改避當時莫大之失本紀无譏者但書其實後世自見也）春正月乙巳朔赦囚二月丙子蠲民紐配租夏五月李守貞之將周光遜降乙丑趙思綰降六月辛卯回鶻首領楊彥珣來西凉府遣使者來蝗秋七月丁巳郭威殺華州留後趙思綰于京兆甲子克河中（守貞自焚死故不書伏誅）八月郭從義殺前永興巡檢喬守溫丙戌

郭威使來獻俘冬十月契丹寇趙魏羣臣進添都馬契丹陷内丘己丑郭威及宣徽南院使王峻伐契丹十一月契丹遯

三年春正月西面行營都部署趙暉克鳳翔（景崇自焚死故不書伏誅）丙午郭威進添都馬壬子趙暉獻馘俘二月甲戌旌表穎州汝陰民魏溫門閭三月己酉寒食望祭于南御園夏四月壬午郭威以樞密使爲天雄軍節度六月癸卯河決原武秋八月達靼來附冬十一月丙子殺楊邠及侍衛親軍都指揮使史弘肇三司使王章皆滅其族郭威反庚辰義成軍節度使宋延渥叛附于威壬午威犯封丘泰寧軍節度使慕容彥超軍于七里店癸未勞軍于北郊甲申勞軍于劉子陂慕容彥超及郭威戰敗績開封尹侯益叛降于威郭允明反乙酉皇帝崩（年二十周廣順元年葬之許州陽翟縣號潁陵爲賊所葬故不書）蘇逢吉自殺漢亡（自隱帝崩後四十二日周太祖始即位而断自帝崩書漢亡者見帝崩而漢亡矣其太后臨朝湘陰公嗣立皆周所假託非誠實所以破其姦故書曰漢亡見周之立遲也遲而難於自立則猶有自媿之心焉）

嗚呼人君即位稱元年常事爾古不以爲重也孔子未修春秋其前固已如此雖暴君昏主妄

庸之史其記事先後遠近莫不以歲月一二數
之乃理之自然也其謂一爲元亦未嘗有法蓋
古人之語爾（古謂歲之一月亦不云一而曰正月國語言六呂曰元間大呂周易列六爻曰初九大抵古人言數多不云一不獨謂年爲元也）及後世曲學之士始謂孔
子書元年爲春秋大法遂以改元爲重事自漢
以後又名年以建元而正僞紛雜稱號遂多不
勝其紀也五代亂世也其事無法而不合於理
者多矣皆不足道也至其年號無錯以惑後世
則不可以不明梁太祖以乾化二年遇弑明年
末帝已誅友珪黜其鳳曆之號復稱乾化三年
尚爲有說至漢高祖建國黜晉出帝開運四年
復稱天福十二年者何哉蓋以其愛憎之私爾
方出帝時漢高祖居太原常憤憤下視晉而晉
亦陽優禮之幸而未見其隙及契丹滅晉漢未
嘗有赴難之意出帝已北遷方陽以兵聲言追
之至土門而還及其即位改元而黜開運之號
則其用心可知矣蓋其於出帝無復君臣之義
而幸禍以爲利者其素志也可勝歎哉夫所謂
有諸中必形於外者其見於是乎

五代史記卷之十

漢本紀十

五代史記卷第十一

周本紀第十一

太祖聖神恭肅文武皇帝姓郭氏邢州堯山人
也父簡事晉爲順州刺史劉仁恭攻破順州簡
見殺子威少孤依潞州人常氏潞州留後李繼
韜募勇敢士爲軍卒威年十八以勇力應募爲
人負氣好使酒繼韜特奇之威嘗游于市市有
屠者常以勇服其市人威醉呼屠者使進几割
肉割不如法叱之屠者披其腹示之曰爾勇者
能殺我乎威即前取刀刺殺之一市皆驚威頗
自如爲吏所執繼韜惜其勇陰縱之使亡已而
復召置麾下繼韜叛晉附于梁後莊宗滅梁繼
韜誅死其麾下兵悉隸從馬直威以通書筭補
爲軍吏好讀閫外春秋略知兵法後爲侍衛軍
吏漢高祖爲侍衛親軍都虞候尤親愛之後高
祖所臨鎮嘗以威從契丹滅晉漢高祖起兵太
原即皇帝位拜威樞密副使乾祐元年正月高
祖疾大漸以隱帝託威及史弘肇等隱帝即位
拜威樞密使是歲三月河中李守貞永興趙思
綰鳳翔王景崇相次反隱帝遣白文珂郭從義

周本紀十一

常思等分討之乆皆無功隱帝謂威曰吾欲煩
公可乎威對曰臣不敢請亦不敢辭惟陛下命
乃加拜威同中書門下平章事使西督諸將威居
軍中延見賓客褒衣博帶及臨陣行營幅巾短
後與士卒無異上所賜予與諸將會射恣其所
取其餘悉以分賜士卒將士皆懽樂威至河中自
柵其城東思柵其南文珂柵其西調五縣丁二
萬人築連壘以護三柵諸將皆謂守貞窮寇破
在旦夕不宜勞人如此威不聽已而守貞數出
兵擊壞連壘威輒補之守貞輒復出擊每出必

有亡失乆之城中兵食俱盡威曰可矣乃治攻
具為期日四面攻之破其羅城守貞與妻子自
焚死思綰景崇相次降隱帝勞威以玉帶加撿
校太師兼侍中威辭曰臣事先帝見功臣多矣
未嘗以玉帶賜之因言臣幸得率行伍假漢威
靈以破賊者豈特臣之功皆將相之賢有以安
朝廷撫内外而饋餉以時故臣得以專事征伐
隱帝以威為賢於是悉召楊邠史弘肇蘇逢吉
禹珪竇貞固王章等皆賜以玉帶威乃受威又
推功大臣請加爵賞於是加貞固司空逢吉司

徒禹珪邠左右僕射已而又曰此特漢廷親近
之臣耳漢諸宗室天下方鎮外暨荆浙湖南皆
未及也由是濫賞遍于天下是冬契丹寇邊威
以樞密使北伐至魏州契丹遁三年二月師還
四月拜威鄴都留守天雄軍節度使仍以樞密
使之鎮宰相蘇逢吉以謂樞密使不可以藩鎮
兼領與史弘肇等固爭乆之卒以樞密使行詔
河北諸州皆聽威節度隱帝與李業等謀已殺
史弘肇等詔鎮寧軍節度使李弘義殺侍衛步
軍指揮使王殷于澶州又詔侍衛馬軍指揮使

郭崇殺威及宣徽使王峻于魏詔書先至澶州
弘義恐事不果反以詔書示殷殷與弘義遣人告
威已而詔殺威峻使者亦馳騎至威匿詔書召
樞密使院吏魏仁浦謀於卧内仁浦勸威反教
威倒用留守印更為詔書詔威誅諸將校以激
怒之將校皆憤然效用十一月丁丑威遂舉兵
渡河隱帝遣開封尹侯益保大軍節度使張彥
超客省使閻晉卿等率兵拒威又遣内養鸗脱
覘威所嚮鸗脱為威所得威乃附脱奏請縛李
業等送軍中隱帝得威奏以示業等業等皆言威

反狀已白乃悉誅威家屬于京師庚辰威至滑州義成軍節度使宋延渥叛于漢來降壬午犯封丘甲辰及泰寧軍節度使慕容彥超戰于劉子陂彥超敗奔于兖州郭允明反弒隱帝于趙村丙戌威入京師縱火大掠戊子率百官朝太后于明德門請立嗣君太后下令文武百寮六軍將校議擇賢明以承大統庚寅威率百官詣明德門請立武寧軍節度使贇為嗣遣太師馮道迎贇于徐州辛卯請太后臨朝聽政以王峻為樞密使翰林學士尚書兵部侍郎范質為副使十二月甲午朔威北伐契丹軍于滑州癸丑至澶州而旋王峻遣郭崇以騎七百逆劉贇于宋州殺之其將鞏廷美楊溫為贇守徐州戊午次皐門漢宰相竇貞固蘇禹珪來勸進庚申太后制以威監國

廣順元年春正月丁卯皇帝即位大赦改元國號周己巳上漢太后尊號曰昭聖皇太后戊寅漢劉崇自立于太原（吳蜀諸国自立皆絕而不書此書與其不臣于周語在十国年譜論）己卯馮道為中書令二月辛丑西州回鶻使都督來丁未契丹兀欲遣使裊骨支來癸丑寒食望祭于蒲池（蒲池佛寺名也）丁巳尚書左丞田敏使于契丹回鶻使摩尼來三月甲戌武寧軍節度使王彥超克徐州（鞏廷美楊溫不書死之語在贇傳）夏四月甲午立夫人董氏為德妃五月辛未追尊祖考為皇帝妣為皇后高祖璟謚曰睿和廟號信祖妣張氏謚曰睿恭曾祖諶謚曰明憲廟號僖祖祖妣申氏謚曰明孝祖蘊謚曰翼順廟號義祖祖妣韓氏謚曰翼敬考謚曰章肅廟號慶祖妣王氏謚曰章德六月辛亥范質及戶部侍郎判三司李穀為中書侍郎同中書門下平章事竇貞固蘇禹珪罷癸丑范質參知樞密院事丁巳宣徽北院使翟光鄴為樞密副使秋七月戊寅幸王峻第八月壬寅契丹來歸趙瑩之喪冬十月丙午漢人來討（討加有罪漢之於周義所得誅）攻自晉州（云自晉州者見漢兵嘗誅罪人于京師自晉州而入耳攻城無得失不書此書者所以著漢來討）十一月王峻及建雄軍節度使王彥超拒之十二月慕容彥超反

二年春正月甲子侍衛步軍都指揮使曹英為兖州行營都部署庚午高麗王昭使其廣評侍郎徐逢來二月庚寅府州防禦使折德扆克岢嵐軍三月丁巳朔寒食望祭于郊戊辰內客省

使鄭仁誨爲樞密副使翟光鄴罷夏五月庚申東征李穀留守東都鄭仁誨爲大内都點檢癸亥次曹州赦流罪以下囚乙亥克兗州彥超投井死故不書伏誅壬午赦兗州六月乙酉朔幸曲阜祠孔子庚子至自兗州秋九月乙丑太僕少卿王演使于高麗契丹寇邊

三年春正月乙卯麟州刺史楊重訓叛于漢來附閏月丙戌回鶻使獨呈相温來二月甲子貶王峻爲商州司馬三月甲申封榮爲晉王不書子者榮於礼不得爲子不書子則當書其本姓又不書者周人所共諱丙戌鄭仁誨罷巳丑棣州團練使王仁鎬爲右衛大將軍樞密副使夏六月大雨水秋七月契丹盧臺軍使張藏英來奔九月吐渾党富達等來冬十月庚申馮道爲奉迎神主使十一月癸未党項使吳帖磨五等來十二月戊申四廟神主至自西京迎之于西郊祔于太廟壬申殺天雄軍節度使王殷乙亥享于太廟

顯德元年春正月丙子朔有事于南郊大赦改元羣臣上尊號曰聖明文武仁德皇帝戊寅罷鄴都丙戌鎮寧軍節度使鄭仁誨爲樞密使壬

辰端明殿學士戶部侍郎王溥爲中書侍郎同中書門下平章事王仁鎬罷是日皇帝崩于滋德殿年五十一書是日連上文嫌无崩日

五代史記卷第十一

五代史記卷第十二

周本紀第十二

世宗睿武孝文皇帝本姓柴氏邢州龍岡人也柴氏女適太祖是爲聖穆皇后后兄守禮子榮幼從姑長太祖家以謹厚見愛太祖遂以爲子太祖後稍貴榮亦壯而器貌英奇善騎射略通書史黃老性沉重寡言太祖爲漢樞密使榮爲左監門衛大將軍太祖鎮天雄榮領貴州刺史天雄軍牙内都指揮使乾祐三年冬周兵起魏犯京師留榮守魏太祖入立拜澶州刺史鎮寧軍節度使檢校太傅同中書門下平章事榮素爲樞密使王峻所忌廣順三年正月來朝不得留旣而峻有罪誅三月拜榮開封尹封晉王是冬卜以來年正月朔旦有事于南郊而太祖遇疾不能視朝者久之

顯德元年正月丙子郊僅而成禮卽以王判内外兵馬事壬辰太祖崩祕不發喪丙申發喪皇帝卽位于柩前（於書封晉王正其非子矣其餘假竊嗣君之禮不待譏貶而可知故皆無異辭）右監門衛大將軍魏仁浦爲樞密副使二月庚戌回鶻遣使者來丁卯馮道爲大行皇帝山陵使太常卿田敏爲禮儀使兵部尚書張昭爲鹵簿使御史中丞張煦爲儀仗使開封少尹權判府事王敏爲橋道頓遞使漢人來討攻自潞州三月辛巳大赦癸未鄭仁誨留守東京乙酉如潞州以攻漢（不曰伐曲在周不可以大小爲言故用兩相攻爲文）壬辰次澤州閲兵于北郊癸巳及劉旻戰于高原敗之（與其不免于周不與其稱帝故書姓名）追及于高平又敗之丁酉幸潞州己亥侍衛馬軍都指揮使樊愛能步軍都指揮使何徽伏誅壬寅天雄軍節度使符彥卿爲河東行營都部署夏四月乙卯葬神聖文武恭肅孝皇帝于嵩陵（在鄭州新鄭縣）汾州防禦使董希顔叛于漢來附丙辰遼州刺史張漢超叛于漢來附辛酉取嵐憲州壬戌立衛國夫人符氏爲皇后取石沁州乙丑馮道薨庚午赦潞州流罪以下囚如太原忻州監軍李勍殺其刺史趙皐叛于漢來附五月丙子代州守將鄭處謙叛于漢來附契丹救漢丁酉回鶻使因難敵略來符彥卿及契丹戰于忻口敗績先鋒都指揮使史彥超死之六月乙巳班師乙丑次新鄭遂拜嵩陵庚午至自太原秋七月庚辰閲稼于南御

莊癸巳樞密院直學士工部侍郎景範爲中書
侍郎同中書門下平章事魏仁浦爲樞密使冬
十月甲辰殺左羽林大將軍孟漢卿
二年五代亂世以嗣君即位者五而改元不依古者四梁末帝晉出帝即位踰年宜改元而不改又
明年然後改漢隱帝周世宗皆仍稱先帝年号終其世不改而本紀無譏者但書其實自見其失也春
二月御札求直言夏五月辛未宣徽南院使向
訓鳳翔節度使王景伐蜀甲戌大毀佛寺禁民
親無侍養而爲僧尼及私自度者秋九月丙寅
朔頒銅禁閏月癸丑向訓克秦州冬十月辛未
取成州戊寅高麗使王子太相融來取階州十

大三十八小九十二　五代十二　二　滂

一月乙未朔李穀爲淮南道行營都部署以伐
唐戊申王景克鳳州十二月丙戌鄭仁誨薨
三年春正月增築京城庚子向訓留守東京壬
寅南征辛亥侍衛親軍都指揮使李重進及唐
人戰于正陽敗之甲寅重進爲淮南道行營都
招討使二月丙寅幸下蔡浮橋壬申克滁州甲
戌李景來求成不荅壬午景使其臣鍾謨來奉
表丙戌取揚州辛卯取泰州三月庚子內外馬
步軍都頭袁彥爲竹龍都部署是月取光舒常
州書是月見取三州不同日夏四月常泰州復入于唐五月乙

周本紀十二

卯至自淮南赦京師囚六月壬申德音赦淮南
囚秋七月皇后崩揚光舒滁州復入于唐八月
乙丑課民種木及韭九月丙午端明殿學士左
散騎常侍王朴爲尚書户部侍郎樞密副使冬
十月辛酉葬宣懿皇后于懿陵十一月庚寅廢
諸祠不在祀典者乙巳殺李景之臣孫晟書殺景臣
而不書晟死盡已深罪周殺忠臣則晟之死節自著
四年春正月己丑朔赦非死罪囚二月甲戌王
朴留守東京乙亥南征三月丁未克壽州不書劉仁
贍降事見死節傳蓋仁贍實不降故書周自克之尓克者難取之名也壽難取則見仁贍之節著不書死
之者仁贍自以病死以其至死守節故列之死節傳夏四月己巳至自壽州

大七十九小四十二　五代十二　四　成

己卯放降卒八百歸于蜀癸未追冊彭城郡夫
人劉氏爲皇后五月丙申殺密州防禦使侯希
進秋八月乙亥李穀罷王朴爲樞密使癸未蜀
人來歸我濮州刺史胡立冬十月己巳王朴留
守東京三司使張美爲大內都點檢壬申南征
十二月乙卯泗州守將范再遇叛于唐以其州
來降庚申濠州團練使郭廷謂以其州來降身居
其地而來降者書附再遇廷謂雖以地降既降而不居其地故不書附而書降廷謂不書叛事見南唐世
家丁丑取泰州

周本紀十二

五年春正月丁亥，取海州。壬辰，取靜海軍。丁未，克楚州，守將張彥卿、鄭昭業死之。自四年十二月辛酉攻之，彥卿等堅守四十餘日乃克之，其不走不降可知，故予其死。本紀書死者十餘人，宋令詢及李遐、彥卿、昭業，皆以事迹不完，不能立傳，然所貴者死爾，本紀著其大節可矣。二月甲寅，取雄州。丁卯，如揚州。癸酉，如瓜洲。三月壬午朔，如泰州。丁亥，復如揚州。辛卯，幸迎鑾。己亥，克淮南十有四州，以江爲界。并前所得通十四州耳，書之見其本志所止。三月辛亥，李景來貢宴。四月庚申，祔五室神主于新廟。壬申，至自淮南。回鶻、達靼遣使來。六月辛未，放降卒四千六百于唐。秋七月乙酉，水部員外郎韓彥卿市銅于高麗。丁亥，頒均田圖。九月，占城國王釋利因德縵使莆訶散來。冬十月丁酉，括民租。十一月庚戌，作通禮正樂。十二月丙戌，罷州縣課戶俸戶。

六年春正月，高麗王昭遣使者來。辛酉，女眞使阿辨來。三月己酉，甘州回鶻來獻玉，却之。庚申，王朴薨。丙寅，宣徽南院使吳延祚留守東京。癸酉，停給銅魚。甲戌，北征。是月，吳延祚爲左驍衛上將軍、樞密使。夏四月壬辰，取乾寧軍。辛丑，取益津關以爲霸州。癸卯，取瓦橋關以爲雄州。州縣

廢置不書，此書重復中國故地。世宗下三關，瓦橋、益津以建州，及見淤口關止置寨，故舊史、實錄皆曰關，不書遂不見其取得時日，今信安軍是也。五月乙巳朔，取瀛州。復中國故地，故不書契丹。甲戌，至自雄州。六月癸未，立皇后符氏。符氏無國爵，不曰立符氏爲皇后，嫌同於不正也。蓋其位先定而後娶，故書曰立皇后符氏，文理宜然，無褒貶也。封子宗訓爲梁王，宗讓燕國公。戊子，占城使莆訶散來。己丑，范質、王溥參知樞密院事，魏仁浦同中書門下平章事。癸巳，皇帝崩于滋德殿。年三十九。

恭皇帝，世宗第四子宗訓也。世宗即位，大臣請封皇子爲王，世宗謙抑久之，及北取三關，遇疾還京師，始封宗訓梁王，時年七歲。

顯德六年六月癸巳，世宗崩。甲午，皇帝即位于柩前。癸卯，范質爲大行皇帝山陵使，翰林學士竇儼爲禮儀使，兵部尚書張昭爲鹵簿使，御史中丞邊歸讜爲儀仗使，宣徽南院使判開封府事昝居潤爲橋道頓遞使。秋七月丁未，戶部尚書李濤爲山陵副使，度支郎中盧億爲判官。八月庚寅，封弟熙讓爲曹王，熙謹紀王，熙誨蘄王。壬寅，高麗遣使者來。九月丙寅，左驍衛大將軍戴交使于高麗。冬十一月壬寅，葬睿武孝文皇

帝于慶陵（在鄭州管城縣）高麗遣使者來七年春正月甲辰遜于位

宋興（五代之亡所書不同隨事爲文爾梁亡見唐之速漢亡見周之遲也唐欺天下以討賊周欺天下以立贊故書梁亡見唐之立速則知其志不在討賊也漢亡見周之立遲則知立贊者僞也唐亡無辭莊宗之弑唐已亡矣而明宗又稱唐愍帝之奔唐又亡矣而廢帝又稱唐其亡也不可以屢書故不書也晉亡曰契丹滅晉明言以深戒周曰遜于位遜順也能順乎天命也）

嗚呼五代本紀備矣（備謂喪亂之事無所不有）君臣之際可勝道哉梁之友珪反唐戕克寧而殺存乂從璨則父子骨肉之恩幾何其不絕矣太妃薨而輟朝立劉氏馮氏爲皇后則夫婦之義幾何其不乖

而不至於禽獸矣寒食野祭而焚紙錢居喪改元而用樂殺馬延及任圜則禮樂刑政幾何其不壞矣至於賽雷山傳箭而撲馬則中國幾何其不夷狄矣可謂亂世也歟而世宗區區五六年間取秦隴平淮右復三關威武之聲震懾夷夏而方內延儒學文章之士考制度脩通禮定正樂議刑統其制作之法皆可施於後世其爲人明達英果論議偉然即位之明年廢天下佛寺三千三百三十六是時中國乏錢乃詔悉毀天下銅佛像以鑄錢甞曰吾聞佛說以身世爲妄而以利人爲急使其真身尚在茍利於世猶欲割截況此銅像豈其所惜哉由是羣臣皆不敢言甞夜讀書見唐元稹均田圖慨然歎曰此致治之本也王者之政自此始乃詔頒其圖法使吏民先習知之期以一歲大均天下之田其規爲志意豈小哉其伐南唐問宰相李穀以計策後克淮南出穀疏使學士陶穀爲贊而盛以錦囊甞置之坐側其英武之材可謂雄傑及其虛心聽納用人不疑豈非所謂賢主哉其北取

三關兵不血刃而史家猶譏其輕社稷之重而僥倖一勝於倉卒殊不知其料彊弱較彼我而乘述律之殆得不可失之機此非明於決勝者孰能至哉誠非史氏之所及也

五代史記卷第十二

五代史記卷第十三

梁家人傳第一

嗚呼梁之惡極矣自其起盜賊至於亡唐其遺毒流于天下天下豪傑四面並起孰不欲戡刃於賀然卒不能少挫其鋒以得志梁之無敵於天下可謂虎狼之強矣及其敗也因於一二女子之娛至於洞賀流腸刲若羊豕禍生父子之間乃知女色之能敗人矣自古女禍大者亡天下其次亡家其次亡身身苟免矣猶及其子孫雖遲速不同未有無禍者也然原其本末未始

不起於忽微易坤之初六曰履霜堅冰至家人之初九曰閑有家悔亡其言至矣可不戒哉梁之家事詩所謂不可道者至於唐晉以後親疎嫡庶亂矣作家人傳

文惠皇后王氏

梁太祖母曰文惠皇后王氏單州單父人也其生三子長曰廣王全昱次曰朗王存其次太祖后少寡携其三子傭食蕭縣人劉崇家太祖壯而無賴縣中皆厭苦之崇患太祖慵墮不作業數加笞責獨崇母憐之時時自爲櫛沐戒家人

曰朱三非常人也宜善遇之黄巢起太祖與存俱亡爲盜從黄巢攻廣州存戰死居數歲太祖背巢降唐反以破巢遂鎮宣武乃遣人以車馬之蕭縣迎后於崇家使者至門后惶恐走避謂劉氏曰朱三落魄無行作賊死矣何以至此邪使者具道太祖所以然后乃驚喜泣下與崇母俱載以歸封晉國太夫人太祖置酒太夫人前舉觴爲壽歡甚太祖啓曰朱五經平生讀書不登一第有子爲節度使無忝於先人也后惻然良久曰汝能至此可謂英特然行義未必得如

先人也太祖莫知其故后曰朱二與汝俱從黄巢獨死蠻嶺其孤皆在午溝汝今富貴獨不念之乎太祖泣涕謝罪乃悉召存諸子以歸太祖剛暴多殺戮后每誡之多賴以全活大順二年秋后疾卜者曰宜還故鄉乃歸卒於午溝太祖即位立四廟追尊皇考爲穆皇帝后曰文惠皇后

元貞皇后張氏

太祖元貞皇后張氏單州碭山縣渠亭里富家子也太祖少以婦聘之生末帝太祖貴封魏國夫人后賢明精悍動有禮法雖太祖剛暴亦畏

畏之太祖每以外事訪之后言多中太祖時時暴怒殺戮后嘗救護人賴以獲全太祖嘗出兵行至中途后意以爲不然馳一介召之如期而至郴王友裕攻徐州破朱瑾於石佛山瑾走友裕不追太祖大怒奪其兵友裕惶恐與數騎亡山中久之自匿於廣王后陰使人教友裕脫身自歸友裕晨馳入見太祖拜伏庭中泣涕請死太祖怒甚使左右捽出將斬之后聞之不及履走庭中持友裕泣曰汝束身歸罪豈不欲明非反乎太祖意解乃免太祖已破朱瑾納其妻以

歸后迎太祖於封丘太祖告之后遽見瑾妻瑾妻再拜后亦拜瑾妻悽然泣下曰兗鄆與司空同姓之國昆仲之間以小故興干戈而使吾姒至此若不幸汴州失守妾亦如此矣言已又泣太祖爲之感動乃送瑾妻爲尼后嘗給其衣食司空太祖時檢校官也天祐元年后以疾卒太祖即位追冊爲賢妃初葬開封縣潤色鄉末帝立追謚曰元貞皇太后祔于宣陵后已死太祖始爲荒淫卒以及禍云

昭儀陳氏

昭儀陳氏宋州人也少以色進太祖已貴嬪妾數百而昭儀專寵太祖嘗疾昭儀與尼數十人晝夜爲佛法未嘗少懈太祖以爲愛已尤寵之開平三年度爲尼居宋州佛寺

昭容李氏

昭容李氏亦以色進尤謹愿未嘗去左右太祖病晝寢方寐棟折獨李氏侍側遽牽太祖衣太祖驚走棟折寢上太祖德之拜昭容皆不知其所終

德妃張氏

末帝德妃張氏其父歸霸事太祖爲梁功臣帝爲王時以婦聘之帝即位將冊妃爲后妃請待帝郊天而帝卒不得郊貞明五年妃病甚帝遽冊爲德妃其夕薨年二十四

次妃郭氏

次妃郭氏父歸厚事梁爲登州刺史妃少以色進梁亡唐莊宗入汴梁故妃妾皆號泣迎拜賀王友雍妃石氏有色莊宗召之石氏慢罵莊宗殺之次以召妃妃懼而聽命已而度爲尼賜名誓正居于洛陽初莊宗之入汴也末帝登建國

樓謂控鶴指揮使皇甫麟曰吾晉世讎也不可俟彼刀鋸卿可盡我命無使我落讎人之手麟與帝相持慟哭是夕進刃於帝麟亦自剄莊宗入汴命河南張全義葬其尸藏其首於太社晉天福三年詔太社先藏罪人首級許親屬收葬乃出末帝首遣右衛將軍安崇阮與妃同葬之妃卒洛陽

○太祖二兄曰全昱曰存八子長曰友裕次曰友珪友璋友貞友雍友徽友孜其一養子曰友文開平元年五月乙酉封友文爲博王友珪郢

王友璋福王友貞均王友雍賀王友徽建王友裕前即位卒追封郴王而康王友孜末帝即位封友璋初爲壽州團練使押左右番殿直監豐德庫友珪時爲鄭州留後末帝時爲忠武軍節度使徙鎮武寧及友雍友徽皆不知其所終

廣王全昱

廣王全昱太祖即位封太祖與仲兄存俱亡爲盜全昱獨與其母猶寄食劉崇家太祖已貴乃與其母俱歸宣武領山南西道節度使以太師致仕太祖將受禪有司備禮前殿全昱視之顧

太祖曰朱三爾作得否太祖宴居宮中與王飲博全昱酒酣取骰子擊盆而迸之呼太祖曰朱三爾碭山一百姓遭逢天子用汝爲四鎮節度使於汝何負而滅他唐家三百年社稷吾將見汝赤其族矣安用博爲太祖不悅罷會全昱亦不樂在京師嘗居碭山故里三子皆封王友諒衡王友能惠王友誨邵王乾化元年升宋州爲宣武軍以友諒爲節度使友諒進瑞麥一莖三穗太祖怒曰今年宋州大水何用此爲乃罷友諒居京師太祖臥病全昱來視疾與太祖相持

慟哭太祖爲釋友諒使與東歸貞明二年全昱以疾薨徙衡王友諒嗣封廣王友能爲宋滑二州留後陳州刺史所至爲不法姦人多依倚之而陳俗好淫祠左道其學佛者自立一法號曰上乘晝夜伏聚男女雜亂妖人母乙董乙聚衆稱天子建置官屬友能初縱之乙等攻劫州縣末帝發兵擊滅之自康王友孜謀反伏誅末帝始疎斥宗室宗室皆反仄貞明四年友能以陳州兵反犯京師至陳留兵敗還走陳州後數月降末帝赦之降爲房陵侯友誨爲陝州節度使

欲以州兵爲亂末帝召還京師與友諒友能皆
被幽囚梁亡莊宗入汴皆見殺

郇王存 子友寧 友倫

郇王存初與太祖俱從黃巢攻廣州存戰死存
子友寧友倫友寧字安仁幼聰敏喜慍不形於
色太祖以爲軍校善用弓劒遷衙内制勝都指
揮使龔州刺史太祖圍鳳翔遣友寧東備宣武
王師範襲梁圍齊州友寧引兵擊之奪馬千匹
斬首數千級太祖奉昭宗還京師拜友寧建武
軍節度使賜號迎鑾毅勇功臣太祖復遣攻師

範圍博昌屠之清河爲之不流戰於石樓兵敗
友寧墮馬見殺友倫幼亦明敏通論語小學曉
音律存已死太祖以友倫爲元從馬軍指揮使
表右威武將軍燕人攻魏内黃友倫以前鋒夜
渡河奪馬千匹李罕之以潞州降梁晉人攻潞
友倫以兵入潞州取罕之以歸累遷檢校司空
領藤州刺史太祖圍鳳翔晉人襲梁友倫以兵
三萬至攀山晉人乃却友倫西會太祖於鳳翔
昭宗還長安拜友倫寧遠軍節度使太祖東歸
留友倫宿衞伺察昭宗所爲友倫擊鞠墜馬死

太祖大怒以兵七萬至河中昭宗涕泣不知所
爲將奔太原不果宰相崔胤遣人止太祖太祖
以爲友倫胤等殺之奏請誅胤等昭宗未從乃
遣友諒至京師以兵圍開化坊殺胤及京兆尹
鄭元規皇城使王建勳飛龍使陳班閤門使王
建襲客省使王建乂前左僕射張濬太祖即位
已封宗室中書上議故皇兄存皇姪建武軍節
度使友寧寧遠軍節度使友倫皆當封於是追
封存郇王友寧安王友倫密王

郴王友裕

郴王友裕字端夫幼善騎射從太祖征伐能以
寬厚得士卒心太祖與晉圍黃鄴於西華鄴卒
荷稍登城罵敵晉王使胡騎連射不能中太祖
顧友裕一發中之軍中皆大讙呼晉王喜遺友
裕良弓百矢太祖鎮宣武以爲衙内都指揮使
景福元年太祖攻鄆友裕以先鋒次斗門鄆兵
夜擊之友裕敗走太祖從後來不知友裕之敗
也前軍遇敵多死太祖至村落間始與友裕相
得是時朱宣在濮州太祖乃遣友裕先以二百
騎前太祖後至與友裕相失太祖卒與敵遇敗

而走敵兵追之甚急前至大溝幾不免賴溝中
有積薪馬乃得過梁將李璠等死者十餘人多
友裕取濮州遂圍時溥於徐州朱瑾以兵二萬
救溥友裕敗瑾于石佛山瑾走都虞候朱友恭
譖之太祖以爲瑾可追而友裕不追太祖大怒
奪其兵屬龐師古以友裕屬吏使者誤致書於
友裕友裕惶恐不知所爲賴張皇后教之得免
權知許州許州近蔡苦於大寇居民殘破友裕
招撫流散增户三萬餘遷諸軍都指揮使與平
兖鄆還領許州崔洪奔淮南友裕引兵定蔡州

市不易肆太祖兼鎮護國軍以友裕爲留後遷
忠武軍節度使太祖攻鳳翔未下去攻邠州友
裕破靈臺良原下隴州楊崇本以邠州降後崇
本復叛太祖遣友裕攻之屯于永壽友裕以疾卒

愽王友文

愽王友文字德明本姓康名勤幼美風姿好學
善談論頗能爲詩太祖養以爲子太祖領四鎮
以友文爲度支鹽鐵制置使太祖用兵四方友
文征賦聚斂以供軍實太祖即位以故所領宣
武宣義天平護國四鎮征賦置建昌宮總之以

友文爲使封愽王太祖幸西都友文留守東京
庶人友珪者太祖刱鎮宣武略地宋亳間與逆
旅婦人野合而生也長而辯黠多智愽王友文
多材藝太祖愛之而年又長太祖即位嫡嗣未
立心嘗獨屬友文太祖自張皇后崩無繼室諸
子在鎮皆邀其婦入侍友文妻王氏有色尤寵
之太祖病久王氏與友珪妻張氏嘗專房侍疾
太祖病少間謂王氏曰吾知終不起汝之東都
召友文來吾與之決蓋心欲以後事屬之乃謂
敬翔曰友珪可與一郡趣使之任乃以友珪爲

萊州刺史太祖素剛暴既病而喜怒難測是時
左降者必有後命友珪大懼其妻張氏曰大家
以傳國寶與王氏使如東都召友文君今受禍
矣夫婦相對而泣左右勸友珪曰事急計生何
不早自爲圖友珪乃易衣服微行入左龍虎軍
見統軍韓勍計事勍夜以牙兵五百隨友珪雜
控鶴衛士而入夜三鼓斬關入萬春門至寢中
侍疾者皆走太祖惶駭起呼曰我疑此賊久矣
恨不早殺之逆賊忍殺父乎友珪親吏馮廷諤
以劒犯太祖太祖旋柱而走劒擊柱者三太祖

儐仆于牀廷諤以劒中之洞其腹腸胃皆流友珪以裀褥裹之寢中秘喪四日乃出府庫大賚羣臣及諸軍遣受旨丁昭溥矯詔馳至東都殺友文又下詔曰朕艱難創業踰三十年託于人上忽焉六載中外叶力期于小康豈意友文陰畜異圖將行大逆昨二日夜甲士突入大內賴友珪忠孝領兵勦戮保全朕躬然而疾恙震驚彌所危殆友珪克平兇逆厥功靡倫宜委權主軍國然後發喪乾化二年六月既望友珪於柩前即皇帝位拜韓勍忠武軍節度使以末帝爲汴州留後河中朱友謙爲中書令友謙不受命而懷州龍驤軍三千劫其將劉重霸據懷州自言討賊三年正月友珪祀天於洛陽南郊改元曰鳳歷太祖外孫袁象先與駙馬都尉趙巖等謀與末帝討賊二月象先以禁兵入宮友珪與妻張氏趨北垣樓下將踰城以走不果使馮廷諤進刃其妻及已廷諤亦自殺末帝即位復友文官爵廢友珪爲庶人

康王友孜

康王友孜目重瞳子嘗竊自負以爲當爲天子

貞明元年末帝德妃薨將葬友孜使刺客夜入寢中末帝方寐夢人害己既寤聞榻上寶劒鎗然有聲躍起抽劒曰將有變邪乃索寢中得刺客手殺之遂誅友孜明日謂趙巖張漢傑曰幾與卿輩不相見由此遂疎弱宗室而信任趙張以至於敗亡

嗚呼春秋之法是非與奪之際難矣哉或問梁太祖以臣弑君友珪以子弑父一也與弑即位踰年改元春秋之法皆以君書而友珪不得列于本紀何也且父子之惡均而奪其子是與其父也豈春秋之旨哉予應之曰梁事著矣其父之惡不待與奪其子而後彰然末帝之志不可以不伸也春秋之法君弑而賊不討者國之臣子任其責予於友珪之事所以伸討賊者之志也

五代史記卷之十三

五代史記卷第十四

唐太祖家人傳第二

正室劉氏　次妃曹氏

太祖正室劉氏代北人也其次妃曹氏太原人也太祖封晉王劉氏封秦國夫人自太祖起兵代北劉氏嘗從征伐爲人明敏多智略頗習兵機嘗教其侍妾騎射以佐太祖太祖東追黃巢還軍過梁館于封禪寺梁王邀太祖入城置酒上源驛夜半以兵攻之太祖左右有先脫歸者以難告夫人夫人神色不動立斬告者陰召大將謀保軍以還遲明太祖還與夫人相持慟哭因欲舉兵擊梁夫人曰公本爲國討賊今梁事未暴而遽反兵相攻天下聞之莫分曲直不若斂軍還鎮自訴于朝太祖從之其後太祖擊劉仁恭敗歸梁遣氏叔琮康懷英等連歲攻晉圍太原晉兵屢敗太祖憂窘不知所爲大將李存信等勸太祖亡入北邊收兵以圖再舉太祖然之入以語夫人夫人問誰爲此謀者曰存信也夫人罵曰存信代北牧羊兒耳安足與計成敗邪且公嘗笑王行瑜棄邠州走卒爲人擒今乃

自爲此乎昔公亡在達靼幾不能自脫賴天下多故乃得南歸今屢敗之兵散亡無幾一失其守誰肯從公北邊其可至乎太祖大悟而止已而亡兵稍稍復集夫人無子性賢不妬忌常爲太祖言曹氏相當生貴子宜善待之而曹氏亦自謙退因相得甚歡曹氏封晉國夫人後生子是謂莊宗太祖奇之曹氏由是專寵太祖性暴怒多殺人左右無敢言者惟曹氏從容諫譬往往見聽及莊宗立事曹氏尤謹其救趙破燕取魏博與梁戰河上十餘歲歲嘗馳省其母至三四人皆稱其孝莊宗即位冊尊曹氏爲皇太后而以嫡母劉氏爲太妃太妃往謝太后太后有慙色太妃曰願吾兒享國無窮使吾獲沒于地以從先君幸矣復何言哉莊宗滅梁入汴使人迎太后歸洛居長壽宮而太妃獨留晉陽同光三年五月太妃薨七月太后薨謚曰貞簡葬于坤陵而太妃無謚葬魏縣太妃與太后甚相愛其送太后于洛也涕泣而別歸而相思慕遂至不起太后聞之欲馳至晉陽視疾及其卒也又欲自往葬之莊宗泣諫羣臣交章請留乃止而太后自

太妃卒悲哀不飲食逾月亦崩

皇后劉氏

莊宗神閔敬皇后劉氏魏州成安人也莊宗正
室曰衛國夫人韓氏其次燕國夫人伊氏其次
后也初封魏國夫人后父劉叟黃鬚善醫卜自
號劉山人后生五六歲晉王攻魏掠成安裨將
袁建豐得后納之晉宮貞簡太后教以吹笙歌
舞既笄甚有色莊宗見而悅之莊宗已爲晉王
太后幸其宮置酒爲壽自起歌舞太后歡甚命
劉氏吹笙佐酒酒罷去留劉氏以賜莊宗先時

莊宗攻梁軍於夾城得符道昭妻侯氏寵專諸
宮宮中謂之夾寨夫人莊宗出兵四方常以侯
氏從軍其後劉氏生子繼岌莊宗以爲類己愛
之由是劉氏寵益專自下魏博戰河上十餘年
獨以劉氏從劉氏多智善迎意承旨其佗嬪御
莫得進見其父聞劉氏已貴詣魏宮上謁莊宗
召袁建豐問之建豐曰臣始得劉氏於成安北
塢時有黃鬚丈人護之及出劉叟示建豐建豐
曰是也然劉氏方與諸夫人爭寵以門望相高
因大怒曰妾去鄉時略可記憶妾父不幸死於

亂兵妾時環尸慟哭而去此田舍翁安得至此
因命笞劉叟于宮門莊宗已即皇帝位欲立劉
氏爲皇后而韓夫人正室也伊夫人位次在劉
氏上以故難其事而未發宰相豆盧革樞密
使郭崇韜希旨上章言劉氏當立莊宗大悅同
光二年癸未皇帝御文明殿遣使冊劉氏爲皇
后皇后受冊乘翟車鹵簿鼓吹見於太廟韓夫人
等皆不平之乃封韓氏爲淑妃伊氏爲德妃莊
宗自滅梁志意驕怠宦官伶人亂政后特用事
於中自以出於賤微踰次得立以爲佛力又好

聚斂分遣人爲商賈至於市肆之間薪芻果茹
皆稱中宮所賣四方貢獻必分爲二一以上天
子一以入中宮宮中貨賄山積惟寫佛書饋賂
僧尼而莊宗由此亦佞佛有胡僧自于闐來莊
宗率皇后及諸子迎拜之僧遊五臺山遣中使
供頓所至傾動城邑又有僧誠惠自言能降龍
嘗過鎮州王鎔不爲之禮誠惠怒曰吾有毒龍
五百當遣一龍揭片石常山之人皆魚鱉也會
明年滹沱河大水壞鎮州關城人皆以爲神莊
宗及后率諸妃拜之誠惠端坐不起由是士無

貴賤皆拜之獨郭崇韜不拜也是時皇太后及
皇后交通藩鎮太后稱誥令皇后稱教命兩宮
使者旁午於道許州節度使溫韜以后佞佛因
請以私第爲佛寺爲后薦福莊宗數幸郭崇韜
元行欽等私第常與后俱其後幸張全義第酒
酣命后拜全義爲養父全義曰遣姬妾出入中
宮問遺不絕莊宗有愛姬甚有色而生子后心
患之莊宗燕居宮中元行欽侍側莊宗問曰爾
新喪婦其復娶乎吾助爾聘后指愛姬請曰帝
憐行欽何不賜之莊宗不得已陽諾之后趣行

欽拜謝行欽再拜起顧愛姬肩輿已出宮矣莊
宗不樂稱疾不食者累日同光三年秋大水兩
河之民流徙道路京師賦調不充六軍之士往
往殍踣乃預借明年夏秋租稅百姓愁苦號泣
于路莊宗方與后荒于畋遊十二月己卯臘畋
于白沙后率皇子後宮畢從歷伊闕宿龕澗癸
未乃還是時大雪軍士寒凍金鎗衛兵萬騎所
至責民供給壞什器撤廬舍而焚之縣吏畏懼
亡竄山谷明年三月客星犯天庫有星流于天
棓占星者言御前當有急兵宜散積聚以禳之

宰相請出庫物以給軍莊宗許之后不肯曰吾
夫婦得天下雖因武功蓋亦有天命命既在天
人如我何宰相論于延英后於屏間耳屬之因
取粧奩及皇幼子滿喜置帝前曰諸侯所貢給
賜已盡宮中所有惟此耳請鬻以給軍宰相惶
恐而退及趙在禮作亂出兵討魏始出物以賚
軍軍士負而詬曰吾妻子已餓死得此何爲莊
宗東幸汴州從駕兵二萬五千及至萬勝不得
進而還軍士離散所亡太半至罌子谷道路隘狹
莊宗見從官執兵仗者皆以好言勞之曰適報

魏王平蜀得蜀金銀五十萬當悉給爾等對曰
陛下與之太晚得者亦不感恩莊宗泣下因顧
內庫使張容哥索袍帶以賜之容哥對曰盡矣
軍士叱容哥曰致吾君至此皆由爾輩因抽刀
逐之左右救之而免容哥曰皇后惜物不以給
軍而歸罪於我事若不測吾身萬段矣乃投水
而死郭從謙反莊宗中流矢傷甚臥絳霄殿廊
下渴欲得飲后令宦官進飡酪不自省視莊宗
崩后與李存渥等焚嘉慶殿擁百騎出師子門
后於馬上以囊盛金器寶帶欲於太原造寺爲

尼在道與存渥姦及至太原乃削髮爲尼明宗入立遣人賜后死晉天福五年追謚曰神閔敬皇后自唐末喪亂后妃之制不備至莊宗時後宮之數尤多有昭容昭儀昭媛出使御正侍真懿才咸一瑤芳懿德宣一等其餘名號不可勝紀莊宗遇弑後宮散走朱守殷入宮選得三十餘人號國夫人夏氏以嘗幸於莊宗守殷不敢留明宗立悉放莊宗時宮人還其家獨夏氏無所歸乃以河陽節度使夏魯奇同姓也因以歸之後嫁契丹突欲李贊華贊華性酷毒喜殺人婢妾微過常加刲灼夏氏懼求離婚乃削髮爲尼以卒而韓淑妃伊德妃皆居太原晉高祖反時爲契丹所虜

○唐自朱邪得姓而爲李氏得國而爲晉得天下而爲唐其始出於夷狄而終以亂亡故其世次不可詳見其可見者曰太祖四弟八子五孫三世而絕太祖四弟曰克讓克脩克恭克寧皆不知其父母名號

克讓

克讓少善騎射爲振武軍校從討王仙芝以功拜金吾衛將軍留京師李氏自憲宗時以部族歸唐唐處之河西嘗遣一子宿衛京師賜第於親仁坊其後太祖起兵雲中殺唐守將段文楚唐發兵討太祖遣王處存以兵圍親仁坊捕宿衛子克讓克讓與其僕何相溫石的歷等十餘騎彎弧躍馬突圍而出處存以千餘人追至渭橋克讓等射殺百餘人追兵乃止克讓奔于鴈門明年太祖復歸唐克讓還宿衛京師黃巢犯長安克讓守潼關爲賊所敗奔于南山匿佛寺爲寺僧所殺

克脩

克脩字崇遠從討龐勛以功拜朔州刺史太祖鎮鴈門以爲奉誠軍使從入關討黃巢爲先鋒遷左營軍使潞州孟方立遷于邢州晉取潞州表克脩昭義軍節度使數出山東擊方立又與李罕之攻寇懷孟之間其後太祖自將擊方立還軍過潞克脩性儉嗇供饋甚薄太祖大怒詬而擊笞之克脩慙憤發疾卒二子嗣弼嗣肱嗣弼爲涿州刺史天祐十九年契丹攻破涿州嗣弼歿于虜嗣肱少有膽略從周德威數立戰功

爲馬步軍都虞候李存審敗梁軍于胡壁嗣肱獲梁將一人梁太祖圍潞縣嗣肱從存審救潞梁軍解去嗣肱功爲多超拜蔚州刺史鴈門以北都知兵馬使累遷澤代二州刺史新州王郁叛晉亡入契丹山後諸州皆叛嗣肱取媯儒武三州拜新州刺史山北都團練使同光元年春卒于官

克恭

克恭初爲決勝軍使克脩卒以克恭代爲昭義軍節度使克脩爲人簡儉潞人素安其政且哀其見咎以死克恭驕橫暴恣不法又不習軍事由是潞人皆怨克恭選後院勁兵五百人獻于太祖行至銅鞮其將馮霸以其徒叛太祖遣李元審討之戰于沁水元審大敗被傷奔入潞州牙將安居受亦叛殺克恭及元審使人召馮霸霸不受命居受懼而出奔行至長子爲野人所殺傳首于馮霸霸乃入潞州自稱留後以附于梁

克寧

克寧爲人仁孝居諸兄弟中最賢事太祖小心不懈太祖與赫連鐸李可舉戰雲蔚間後奔達

靼入破黃巢克寧未嘗不從行太祖鎮太原以爲內外制置蕃漢都知兵馬使檢校太保振武軍節度使軍中之事無大小皆決克寧太祖病召莊宗侍側屬張承業與克寧曰以亞子屬公等太祖崩莊宗告於克寧曰兒年孤稚未通庶政雖有先王之命恐不足以當大事叔父勳德俱高先王嘗任以政矣敢以軍府煩季父以待兒之有立克寧曰吾兄之命以兒屬我誰敢易之因下而北面再拜稱賀莊宗乃即晉王位初太祖起於雲朔之間所得驍勇之士多養以爲子而與英豪戰爭卒就霸業諸養子之功爲多故尤寵愛之衣服禮秩如嫡諸養子麾下皆有精兵恃功自恣自先王時常見優假及新王立年少或託疾不朝或見而不拜養子存顥存實于克寧曰兄亡弟及古之道也以叔拜姪理豈安乎人生富貴自當取之克寧曰吾家三世父慈子孝先王土宇苟有所歸吾復何求也克寧妻孟氏素剛悍存顥等各遣其妻入說孟氏孟氏數以迫克寧克寧仁而無斷惑於羣言遂至於禍都虞候李存質得罪於克寧克寧殺之而與張

承業李存璋有隙又求兼領大同軍節度使於
是幸臣史敬鎔見太后告克寧與存顥謀執王
及太后以降梁莊宗乃召承業存璋告之曰季父
所爲如此柰何然骨肉不可自相魚肉吾當避
賢路以紓禍於吾家承業等請誅克寧乃伏兵
於府置酒大會克寧旣至執而殺之

太祖子 存美 存乂 存霸 存礶 存禮 存紀 存渥

太祖子八人莊宗長子也次曰存美存霸存禮
存渥存乂存礶存紀同光三年十二月辛亥詔
封存美等七人爲王蓋存霸存渥存紀與莊宗

同母也存美存乂存礶存禮不知其母名氏號
位存美封邕王存霸永王存禮薛王存渥申王
存乂睦王存礶通王存紀雅王存乂歷建雄保
大二軍節度使娶郭崇韜女是時魏州妖人楊
千郎用事自言有墨子術能役使鬼神化丹砂
水銀莊宗頗神之拜千郎檢校尚書郎賜紫其
妻出入宮禁承恩寵而士或因之以求官爵存
乂及存渥等往往朋淫于其家及崇韜被族莊
宗遣宦官陰察外議以爲如何而宦官因欲盡
誅崇韜親黨以絕後患乃誣言存乂過千郎酒

酣攘臂號泣爲婦翁稱寃言甚怨望莊宗大
怒以兵圍其第而誅之并誅千郎存霸歷昭義
天平河中三軍節度使存渥義成天平二軍節
度使皆居京師食其俸祿而已趙在禮作亂乃
遣存霸於河中李嗣源兵反嚮京師莊宗再幸
汜水從存霸北京留守存渥河中節度使宣麻
未訖郭從謙反攻興教門存渥從莊宗拒賊莊
宗中流矢崩存渥與劉皇后同奔于太原行至
風谷爲部下所殺存霸聞京師亂亦自河中奔
太原比至麾下皆散走惟使下康從弁不去存

霸乃剪髮衣僧衣謁符彥超曰願爲山僧冀公
庇護彥超欲留之爲軍衆所殺存紀存礶聞郭
從謙反奔于南山匿民家明宗詔河南府及諸
道諸王出奔所至送赴闕如不幸物故者收瘞
以聞存紀等所匿民家以告安重誨重誨謂霍
彥威曰二王逃難主上尋求恐其失所今上旣
監國典喪此禮如何彥威曰上性仁慈不可聞
奏宜密爲之所以安人情乃即民家殺之存美
素病風居太原與存禮皆不知其所終

莊宗五子 繼岌 繼蟾 繼潼 繼嶢 繼嵩

莊宗五子長曰繼岌其次繼潼繼嵩繼蟾繼嶢繼岌母曰劉皇后其四皆不著其母名號莊宗即位繼岌爲北都留守判六軍諸衛事遷檢校太尉同中書門下平章事豆盧革爲相建言唐故事皇子皆爲宮使因以鄴宮爲興聖宮以繼岌爲使同光三年封魏王是歲伐蜀以繼岌爲西南行營都統郭崇韜爲都招討使工部尚書任圜翰林學士李愚皆參軍事九月戊申將兵六萬自鳳翔入大散關軍無十日之糧而所至州鎮皆迎降遂食其粟至興州蜀將程奉璉以

五百騎降因以其兵修閣道以過唐軍王衍將兵萬人屯利州分其半逆戰于三泉爲先鋒康延孝所敗衍懼斷吉柏江浮橋奔歸成都唐軍自文州間道以入十月己酉繼岌至綿州衍上牋請降丙辰入成都王衍乘竹輿至昇仙橋素衣牽羊草索繫首肉袒銜璧輿櫬羣臣衰絰徒跣以降繼岌下而取璧崇韜解縛焚櫬自出師至降衍凡七十五日兵不血刃自古用兵之易未有如此然繼岌雖爲都統而軍政號令一出崇韜初莊宗遣宦者供奉官李從襲監中軍高

品李廷安呂知柔爲典謁從襲等素惡崇韜又見崇韜專任軍事益不平之及破蜀蜀之貴臣大將自王宗弼已下皆爭以蜀寶貨妓樂奉崇韜父子而魏王所得匹馬束帛唾壺麈柄而已崇韜日決軍事將吏賓客趨走盈庭而都統府惟大將晨謁牙門闃然由是從襲等不勝其憤已而宗弼率蜀人見繼岌請留崇韜鎮蜀從襲等因言崇韜有異志勸繼岌爲備繼岌謂崇韜曰陛下倚侍中如衡華尊之廟堂之上期以一天下而制四方必不棄元老於蠻夷之地此

事非予敢知也莊宗聞崇韜欲留蜀亦不悅遣宦者向延嗣趣繼岌班師延嗣至成都崇韜不出迎及見禮益慢延嗣怒從襲等因告延嗣崇韜有異志恐危魏王延嗣還具言之劉皇后涕泣請保全繼岌莊宗遣宦官馬彥珪往視崇韜去就是時兩川新定孟知祥未至所在盜賊聚山林崇韜方遣任圜等分出招集恐後生變故師未即還而彥珪將行見劉皇后曰臣見延嗣言蜀中事勢已不可禍機之作間不容髮安能三千里往覆稟命乎劉皇后以彥珪語告莊宗

莊宗曰傳言未審豈可使令果決皇后以不得
請因自爲教與繼岌使殺崇韜明年正月崇韜
留任圜守蜀以待知祥之至崇韜期班師有日
彥珪至蜀出皇后教示繼岌繼岌曰今大軍將
發未有釁端豈可作此負心事從襲等泣曰今
有密敕王苟不行使崇韜知之則吾屬無類矣
繼岌曰上無詔書但皇后手教安能殺招討使
從襲等力爭繼岌不得已而從之詰旦從襲以
都統命召崇韜繼岌登樓以避之崇韜入升階
繼岌從者李環撾碎其首繼岌遂班師二月軍至

泥溪先鋒康延孝叛據漢州繼岌遣任圜討平
之四月辛卯至興平聞明宗反兵入京師繼岌
欲退保鳳翔至武功李從襲勸繼岌馳趣京師
以救內難行至渭河西都留守張籛斷浮橋繼
岌不得度乃循河而東至渭南左右皆潰從襲
謂繼岌曰大事已去福不可再王宜自圖繼岌
徘徊泣下謂李環曰吾道盡途窮子當殺我環
遲疑久之謂繼岌乳母曰吾不忍見王王若無
路求生當踣面以俟繼岌面榻而臥環縊殺之
任圜從後至葬繼岌華州之西南繼岌少病閹

無子明宗已即位圜率征蜀之師二萬至京師
明宗撫慰久之問圜繼岌何在圜具言繼岌死
狀同光三年詔以皇子繼嵩繼潼繼蟾繼嶢皆
爲光祿大夫檢校司徒蓋其皆幼故不封當莊
宗遇弒時太祖子孫在者十有一人明宗入立
其四人見殺其餘皆不知所終太祖之後遂絕

梁唐家人傳皆先兄弟而後諸子兄弟之子各
從其父此理之常也至莊宗七弟所書事迹不
以長幼爲次者各因其死之先後
而書之便於述事亦無定法也

五代史記卷之十四

五代史記卷第十五

唐明宗家人傳第三

皇后曹氏　皇后夏氏

明宗三后一妃和武憲皇后曹氏生晉國公主昭懿皇后夏氏生秦王從榮愍帝宣憲皇后魏氏潞王從珂母也淑妃王氏許王從益之慈母也曹氏夏氏皆不見其世家夏氏無封爵明宗未即位前卒明宗天成元年封楚國夫人曹氏爲淑妃追封夏氏晉國夫人長興元年立淑妃爲皇后而夏氏所生二子皆已王乃追冊爲皇后謚曰昭懿

皇后魏氏

魏氏鎮州平山人也初適平山民王氏生子十歲矣明宗爲騎將掠平山得其子母以歸居數年魏氏卒葬太原其子是爲潞王從珂明宗時從珂已王乃追封魏氏爲魯國夫人廢帝即位追尊魏氏爲皇太后議建陵寢而太原石敬瑭反乃於京師河南府東立寢宮清泰二年六月丙寅遣工部尚書崔居儉奉上皇太后寶冊謚曰宣憲

曹皇后　魏皇后

淑妃王氏

淑妃王氏邠州餅家子也有美色號花見羞少賣梁故將劉鄩爲侍兒鄩卒王氏無所歸是時明宗夏夫人已卒方求別室有言王氏於安重誨者重誨以告明宗而納之王氏素得鄩金甚多悉以遺明宗左右及諸子婦人人皆爲王氏稱譽明宗益愛之而夫人曹氏爲人簡質常避事由是王氏專寵明宗即位議立皇后而曹氏當立曹氏謂王氏曰我素多病而性不耐煩妹當代我王氏曰后帝匹也至尊之位誰敢干之乃立曹氏爲皇后王氏爲淑妃妃事皇后亦甚謹每帝晨起盥櫛服御皆妃執事左右及罷朝帝與皇后食妃侍食徹乃退未嘗少懈皇后心亦益愛之然宮中之事皆主於妃明宗病妃與宦者孟漢瓊出納左右遂專用事殺安重誨秦王從榮皆與焉劉鄩諸子皆以妃故封拜官爵愍帝即位冊尊皇后爲皇太后妃爲皇太妃初明宗後宮有生子者命妃母之是爲許王從益從益乳母司衣王氏見明宗已老而秦王握兵心欲自託爲後計乃曰兒思秦王是時從益已

王淑妃

四歲又數數從益自言求見秦王明宗遣乳嫗將兒往來秦府遂與從榮私通從榮因使王氏伺察宮中動靜從榮已死司衣王氏以謂秦王實以兵入宮衛天子而以反見誅出怨言愍帝聞之大怒賜司衣王氏死而事連太妃由是心不悅欲遷之至德宮以太后素善妃懼傷其意而止然待之甚薄廢帝入立嘗置酒妃院妃舉酒曰願辭皇帝爲比丘尼帝驚問其故曰小兒處偶得命若大兒不容則死之日何面見先帝因泣下廢帝亦爲之悽然待之頗厚石敬瑭兵犯京師廢帝聚族將自焚妃謂太后曰事急矣宜少回避以俟姑夫太后曰我家至此何忍獨生妹自勉之太后乃與帝俱燔死而妃與許王從益及其妹匿於鞠院以免晉高祖立妃自請爲尼不可乃遷于至德宮晉遷都汴以妃子母俱東置於宮中高祖皇后事妃如母天福四年九月癸未詔以郇國三千戶封唐許王從益爲郇國公以奉唐祀服色旌旗一依舊制太常議立莊宗明宗愍帝三室以至德宮爲廟詔立高祖太宗爲五廟使從益歲時主祠出帝即位妃

王淑妃

母子俱還洛陽契丹犯京師趙延壽所尚明宗公主已死耶律德光乃爲延壽娶從益妹是爲永安公主公主不知其母爲誰妻亦養於妃妃至京師主婚禮德光見明宗畫像焚香再拜顧妃曰明宗與我約弟兄爾吾嫂也已而斬之曰今日乃吾婦也乃拜從益爲彰信軍節度使從益辭不之官與妃俱還洛陽德光北歸留蕭翰守汴州漢高祖起太原翰欲北去乃使人召從益委以中國從益子母逃於徽陵域中以避使者使者迫之以東遂以從益權知南朝軍國事從益御崇元殿翰率契丹諸將拜殿上晉羣臣拜殿下羣臣入謁太妃妃曰吾家子母孤弱爲翰所迫此豈福邪禍行至矣乃以王松趙上交爲左右丞相李式翟光鄴爲樞密使燕將劉祚爲侍衛親軍都指揮使翰留契丹兵千人屬祚而去漢高祖擁兵而南從益遣人召高行周武行德等爲拒行周等皆不至乃與王松謀以燕兵閉城自守妃曰吾家亡國之餘安敢與人爭天下乃遣人上書迎漢高祖高祖聞其嘗召行周而不至遣郭從義先入京師殺妃母子妃臨

王淑妃

死呼曰吾家母子何罪何不留吾兒使每歲寒食持一盂飯洒明宗墳上聞者悲之從益死時年十七

皇后孔氏

愍帝哀皇后孔氏父循橫海軍節度使后有賢行生四子愍帝即位立爲皇后未及冊命而難作愍帝出奔后病子幼皆不能從廢帝入立后及四子皆見殺晉高祖立追謚曰哀

明宗子

從璟

明宗四子曰從璟從榮從厚從益從璟初名從審爲人驍勇善戰而謙退謹敕從莊宗戰數有功爲金槍指揮使明宗軍變于魏莊宗謂從璟曰爾父於國有大功忠孝之心朕自明信今爲亂軍所逼爾宜自往宣朕意毋使自疑從璟馳至衛州爲元行欽所執將殺之從璟呼曰我父爲亂軍所逼公等不亮其心我亦不能至魏願歸衛天子行欽釋之莊宗憐其言賜名從璟以爲己子從莊宗如汴州將士多亡於道獨從璟不去左右或勸其逃禍從璟不聽莊宗聞明宗

已渡黎陽復欲遣從璟通問行欽以爲不可遂殺之明宗即位贈太保

嗚呼無父烏生無君烏以爲生而世之言曰爲忠孝者不兩全夫豈然哉君父人倫之大本忠孝臣子之大節豈其不相爲用而又相害者乎抑私與義而已耳蓋以其私則兩害以其義則兩得其父以兵攻其君爲其子者從父乎從君乎曰身從其居志從其義可也身居君所則從君居父所則從父其從於君者必辭其君曰子不可以射父願無與兵焉則又號泣而呼其父

曰盍捨兵而歸我君乎君敗則死之父敗則終喪而事君其從於父者必告之曰君不可以射也盍捨兵而歸吾君乎君敗則死之父敗則待罪於君赦己則終喪而事之古之知孝者莫如舜知義者莫如孔孟其於君臣父子之際詳矣使其不幸而遭焉其亦如是而已矣從璟之於莊宗知所從而得其死矣哀哉

秦王從榮

秦王從榮天成元年以檢校司徒兼御史大夫拜天雄軍節度使同中書門下平章事三年徙

秦王從榮

鎮河東長興元年拜河南尹兼判六軍諸衛事從璟死從榮於諸皇子次最長又握兵柄然其爲人輕儁而鷹視頗喜儒學爲歌詩多招文學之士賦詩飲酒故後生浮薄之徒日進諛佞以驕其心自將相大臣皆患之明宗頗知其非而不能裁制從榮嘗侍側明宗問曰爾軍政之餘習何事業對曰有暇讀書與諸儒講論經義爾明宗曰經有君臣父子之道然須碩儒端士乃可親之吾見先帝好作歌詩甚無謂也汝將家子文章非素習必不能工傳於人口徒取笑也

吾老矣於經義雖不能曉然尚喜屢聞之其餘不足學也是歲秋封從榮秦王故事諸王受封不朝廟而有司希旨欲重其禮乃建議曰古者因禘嘗而發爵祿所以示不敢專今受大封而不告廟非敬順之道也於是從榮朝服乘輅車具鹵簿至朝堂受冊出載冊以車朝于太廟京師之人皆以爲榮三年加兼中書令有司又言故事親王班宰相下今秦王位高而班下不稱於是與宰相分班而居右四年加尚書令食邑萬戶大僕少卿何澤上書請立從榮爲皇太子

秦王從榮

是時明宗已病得澤書不悅顧左右曰羣臣欲立太子吾當養老於河東乃召大臣議立太子事大臣皆莫敢可否從榮入白曰臣聞姦人言欲立臣爲太子臣實不願也明宗曰此羣臣之欲爾從榮出見范延光趙延壽等曰諸公議欲立吾爲太子是欲奪吾兵柄而幽之東宮耳延光等患之乃加從榮天下兵馬大元帥有司又言元帥或統諸道或專一面自前世無天下大元帥之名其禮無所考按請自節度使以下凡領兵職者皆具櫜鞬以軍禮庭參其兼同中書

門下平章事者初見亦如之其後許如客禮凡元帥府文符行天下皆用帖又升班在宰相上從榮大宴元帥府諸將皆有頒給控鶴奉聖嚴衛指揮使人馬一匹絹十匹其諸軍指揮使人絹十匹都頭已下七匹至三匹又請嚴衛捧聖千人爲牙兵每入朝以數百騎先後張弓挾矢馳走道上見者皆震慴從榮又命其寮屬及四方游士試作征淮檄陳己所以平一天下之意言事者請爲諸王擇師傅以加訓導宰相難其事因請從榮自擇從榮乃請翰林學士崔梲刑

部侍郎任贊爲元帥判官明宗曰學士代予言不可也從榮出而恚曰任以元帥而不得請屬寮非吾所諭也將相大臣見從榮權位益隆而輕脫如此皆知其禍而莫敢言者惟延光延壽陰有避禍意數見明宗涕泣求解樞密二人皆引去而從榮之難作十一月戊子雪明宗幸宮西士和亭得傷寒疾己丑從榮與樞密使朱弘昭馮贇入問起居於廣壽殿帝不能知人王淑妃告曰從榮在此又曰弘昭等在此皆不應從榮等去乃遷於雍和殿宮中皆慟哭至夜半後帝蹶然自興於榻而侍疾者皆去顧殿上守漏宮女曰夜漏幾何對曰四更矣帝即唾肉如肺者數片溺涎液斗餘守漏者曰大家省事乎曰吾不知也有頃六宮皆至曰大家還魂矣因進粥一器至旦疾少愈而從榮稱疾不朝初從榮常忌宋王從厚賢於己而懼不爲嗣其平居驕矜自得及聞人道宋王之善則愀然有不足之色其入問疾也見帝已不知人既去而聞宮中哭聲以謂帝已崩矣乃謀以兵入宮使其押衙馬處鈞告弘昭等欲以牙兵入宿衛問何所

可以居者弘昭等對曰宮中皆王所可居王自擇之因私謂處鈞曰聖上萬福王宜竭力忠孝不可草草處鈞具以告從榮從榮還遣處鈞語弘昭等曰爾輩不念家族乎弘昭贇及宣徽使孟漢瓊等入告王淑妃以謀之曰此事須得侍衛兵爲助乃召侍衛指揮使康義誠謀於竹林之下義誠有子在秦王府不敢決其謀謂弘昭曰僕爲將校惟公所使爾弘昭大懼明日從榮遣馬處鈞告馮贇曰吾今日入居興聖宮又告義誠義誠許諾贇即馳入內見義誠及弘昭漢瓊等坐中興殿閤議事贇責義誠曰主上所以畜養吾徒者爲今日爾今安危之機間不容髮柰何以子故懷望使秦王得至此門主上安所歸乎吾輩復有種乎漢瓊賊命不足惜吾自率兵拒之即入見曰從榮反兵已攻端門宮中相顧號泣明宗問弘昭等曰實有之乎對曰有之明宗以手指天泣下良久曰義誠自處置毋令震動京師潞王子重吉在側明宗曰吾與爾父起微賤至取天下數救我危窘從榮得何氣力而作此惡事爾亟以兵守諸門重吉即以控鶴兵

守宮門是日從榮自河南府擁兵千人以出從榮家屬其衆而正直之士多見惡其尤所惡者劉贊王居敏而所昵者劉陟高輦從榮兵出陟輦並轡耳語行至天津橋南指日景謂輦曰明日而今誅王居敏矣因陣兵橋北下據胡牀而坐使人召康義誠而端門已閉叩左掖門亦閉而於門隙中見捧聖指揮使朱弘實率騎兵從北來即馳告從榮從榮驚懼索鐵猒心自調弓矢皇城使安從益率騎兵三百衞之從榮兵射之從益稍却弘實騎兵五百自左掖門出方渡

河而後軍來者甚衆從榮乃走歸河南府其判官任贊已下皆走出定鼎門牙兵劫嘉善坊而潰從榮夫妻匿牀下從益殺之明宗聞從榮已死悲咽幾墮于榻絕而蘇者再遂道率百寮入見明宗曰吾家事若此慚見羣臣君臣相顧泣下沾襟從榮二子尚幼皆從死後六日而明宗崩

明宗姪

從璨

明宗兄弟皆不見于世家而有姪四人曰從璨

從璋從溫從敏從璨初爲右衞大將軍安重誨用事自諸王將相皆下之從璨爲人剛猛不能少屈而性倜儻輕財好施重誨忌之明宗幸汴州以從璨爲大內皇城使嘗於會節園飲酒酣戲登御榻重誨奏其事貶房州司户參軍賜死重誨見誅詔復其官贈太保

從璋

從璋字子良少善騎射莊宗時將兵戍常山聞明宗兵變于魏乃亦起兵據邢州明宗即位以爲捧聖左廂都指揮使改皇城使領饒州刺史

拜彰國軍節度使從鎮義成明宗幸汴州從璋欲率民爲貢獻其從事諫以爲不可從璋怒引弓欲射之坐罷爲右驍衞上將軍居久之出鎮保義從河中長興四年夏封洋王晉高祖立從鎮威勝降封隴西郡公從璋爲人貪鄙自鎮保義始折節自脩在南陽頗有遺愛天福二年卒年五十一

從溫

從溫字德基初爲北京副留守歷安國忠武義武成德武寧五節度使封兗王晉高祖立復爲

忠武軍節度使從溫爲人貪鄙多作天子器服以自僭宗族賓客諫之不聽其妻關氏大呼于牙門曰從溫欲反而造天子服器從溫大恐乃悉毀之明宗諸子八人至晉出帝時六已亡歿惟從溫從敏在太后常曰吾惟有一兄豈可繩之以法從溫由此益驕嘗誣親吏薛仁嗣爲盜悉籍沒其家貲數千萬仁嗣等詣闕自訴事下有司從溫具伏出帝懼傷太后意釋之而不問開運二年徙河陽三城卒于官是時從璋子重俊爲虢州刺史坐贓亦以太后故罪其判官高獻而已重俊復爲商州刺史坐與其妹姦及殺其僕孫漢榮掠其妻賜死

從敏

從敏字叔達爲人沉厚寡言善騎射初從莊宗爲馬步軍都指揮使兼行軍司馬明宗入立遷皇城使保義軍節度使與討王都歷鎮横海義武成德歸德保義昭義河陽封涇王漢高祖時爲西京留守封秦國公周廣順元年卒贈中書令謚曰恭惠

五代史記卷第十五

五代史記卷第十六

唐廢帝家人傳第四

皇后劉氏

廢帝皇后劉氏父茂威應州渾元人也后爲人彊悍廢帝素憚之初封沛國夫人廢帝即位立爲皇后其弟延皓少事廢帝爲牙將廢帝即位拜宮苑使宣徽南院使清泰二年爲樞密使天雄軍節度使延皓爲人素謹厚及貴而改節以后故用事受賕掠人園宅在鄴下不恤軍士軍士皆怨捧聖都虞候張令昭以其屯駐兵逐延皓延皓走相州是時石敬瑭已反方用兵而令昭之亂作令昭乃閉城遣其副使邊仁嗣請已爲節度使廢帝以令昭爲右千牛衛將軍權知天雄軍府事已而遣范延光討之令昭敗走邢州追至沙河斬之屯駐諸軍亂者三千餘人皆死有司請以延皓行軍法廢帝以后故削其官爵而已

廢帝二子曰重吉重美一女爲尼號幼澄皆不知其所生廢帝鎮鳳翔重吉爲控鶴指揮使與尼俱留京師控鶴親兵也愍帝即位不欲重吉

掌親兵乃出重吉爲亳州團練使居幼澄於禁中又徙廢帝北京廢帝自疑乃反愍帝遣人殺重吉于宋州幼澄亦死

重美

重美幼而明敏如成人廢帝即位自左衛上將軍領成德軍節度使兼河南尹判六軍諸衛事改領天雄軍節度使同中書門下平章事封雍王石敬瑭反廢帝欲北征重美謂宜持重固請毋行廢帝心憚敬瑭初不欲往聞重美言以爲然而劉延皓與劉延朗等迫之不已廢帝遂如

河陽留重美守京師京師震恐居民皆出城以藏竄門者禁止之重美曰國家多難不能與民爲主而欲禁其避禍可乎因縱民出及晋兵將至劉皇后積薪于地將焚其宫室重美曰新天子至必不露坐但佗日重勞民力取怨身後耳后以爲然廢帝自焚后及重美與俱死

嗚呼家人之道不可不正也夫禮者所以别嫌而明微也甚矣五代之際君君臣臣父父子子之道乖而宗廟朝廷人鬼皆失其序斯可謂亂世者歟自古未之有也唐一號而三姓周一號而

二姓唐太祖莊宗爲一家明宗愍帝爲一家廢帝爲一家周太祖爲一家世宗爲一家别其家而同其號者何哉唐從其號見其盜而有也周從其號與之也而别其家者昭穆親疎之不可亂也號可同家不可以不别所以别嫌而明微也梁博王友文之不别何哉著禍本也梁太祖之禍自友文始存之所以戒也

五代史記卷第十六

五代史記卷第十七

晉家人傳第五

高祖皇后李氏

高祖皇后李氏唐明宗皇帝女也后初號永寧公主清泰二年封魏國長公主自廢帝立常疑高祖必反三年公主自太原入朝千春節辭歸留之不得廢帝醉語公主曰爾歸何速欲與石郎反邪既醒左右告之廢帝大悔公主歸以語高祖高祖由是益不自安高祖即位公主當爲皇后天福二年三月有司言皇太妃尊號已正請上寶册太妃高祖庶母劉氏也高祖以宗廟未立謙抑未皇七年夏五月高祖已病乃詔尊太妃爲皇太后然卒不奉册而高祖崩故后訖高祖世亦無册命出帝天福八年七月册尊皇后爲皇太后太后爲人彊敏高祖常嚴憚之出帝馮皇后用事太后數訓戒之出帝不從乃及于敗開運三年十二月耶律德光已降晉兵遣張彥澤先犯京師以書遺太后具道已降晉軍且曰吾有梳頭妮子竊一藥囊以奔于晉今皆在否吾戰陽城時亡奚車一乘在否又問契丹

李皇后

先爲晉獲者及景延廣桑維翰等所在太后與帝聞彥澤至欲自焚嬖臣薛超勸止之及得德光所與書乃滅火出上苑中帝召當直學士范質謂曰杜郎一何相負昔先帝起太原時欲擇一子留守謀之北朝皇帝皇帝以屬我我素以爲其所知卿爲我草奏具言之庶幾活我子母質爲帝草降表曰孫男臣重貴言頃者唐運告終中原失馭數窮否極天缺地傾先人有田一成有衆一旅兵連禍結力屈勢孤翁皇帝救患摧剛興利除害躬擐甲冑深入寇場犯露蒙霜度鴈門之險馳風擊電行中冀之誅黃鉞一麾天下大定勢凌宇宙義感神明功成不居遂興晉祚則翁皇帝有大造於石氏也旋屬天降鞠凶先君即世臣遵承遺旨纂紹前基諒闇之初荒迷失次凡有軍國重事皆委將相大臣至於擅繼宗祧既非禀命輕發文字輒敢抗尊自啓釁端果貽赫怒禍至神惑運盡天亡十萬師徒望風束手億兆黎庶延頸歸心臣負義包羞貪生忍恥自貽顛覆上累祖宗偷度朝昏苟存視息翁皇帝若惠顧疇昔稍霽雷霆未賜靈誅不絕

五代史十七

李皇后

先祀則百口荷更生之德一門銜無報之恩雖所顧焉非敢望也臣與太后妻馮氏於郊野面縛俟命次又爲太后表曰晉室皇太后新婦李氏妾言張彥澤傳住見等至伏蒙皇帝阿翁降書安撫者妾伏念先皇帝頃在并汾適逢屯難危同累卵急若倒懸智勇俱窮朝夕不保皇帝阿翁發自冀北親抵河東跋履山川踰越險阻立平巨孽遂定中原救石氏之覆亡立晉朝之社稷不幸先帝厭代嗣子承祧不能繼好息民而反虧恩義兵戈屢動駟馬難追戚實自貽咎將

誰執今穹旻震怒中外攜離上將牽羊六師解甲妾舉宗負釁視景偷生惶惑之中撫問斯至明宣恩旨曲示含容慰諭丁寧神爽飛越豈謂已垂之命忽蒙更生之恩省罪責躬九死未報今遣孫男延煦延寶奉表請罪陳謝以聞德光報曰可無憂管取一喫飯處四年正月丁亥朔德光入京師帝與太后肩輿至郊外德光不見館于封禪寺遣其將崔延勳以兵守之是時雨雪寒凍皆苦飢太后使人謂寺僧曰吾嘗於此飯僧數萬今日豈不相憫邪寺僧辭以虜意難測不

敢獻食帝陰祈守者乃稍得食辛卯德光降帝爲光祿大夫檢校太尉封負義侯遷於黃龍府德光使人謂太后曰吾聞重貴不從母教而至于此可求自便勿與俱行太后荅曰重貴事妾甚謹所失者違先君之志絕兩國之歡然重貴此去幸蒙大惠全生保家母不隨子欲何所歸於是太后與馮皇后皇弟重睿皇子延煦延寶等舉族從帝而北以宮女五十宦者三十東西班五十醫官一控鶴官四御廚七茶酒司三儀鸞司三六軍士二十人從衞以騎兵三百所經

州縣皆故晉將吏有所供饋不得通路傍父老爭持羊酒爲獻衞兵推隔不使見帝皆涕泣而去自幽州行十餘日過平州出榆關行砂磧中飢不得食遣宮女從官採木實野蔬而食又行七八日至錦州虜人迫帝與太后拜阿保機畫像帝不勝其辱泣而呼曰薛超誤我不令我死又行五六日過海北州至東丹王墓遣延煦拜之又行十餘日渡遼水至勃海國鐵州又行七八日過南海府遂至黃龍府是歲六月契丹國母徙帝太后于懷密州州去黃龍府西北一千

五百里行過遼陽二百里而國母爲永康王所囚永康王遣帝太后還止遼陽稍供給之明年四月永康王至遼陽帝白衣紗帽與太后皇后詣帳中上謁永康王止帝以常服見帝伏地雨泣自陳過咎永康王使人扶起之與坐飲酒奏樂而永康王帳下伶人從官望見故王皆泣下悲不自勝爭以衣服藥餌爲遺五月永康王上陘取帝所從行宦者十五人東西班十五人及皇子延煦而去永康王妻兄禪奴愛帝小女求之帝辭以尚幼永康王馳一騎取之以賜禪奴

陘虜地尤高涼虜人常以五月上陘避暑八月下陘至八月永康王下陘太后自馳至霸州見永康王求於漢兒城側賜地種牧以爲生永康王以太后自從行十餘日遣與延煦俱還遼陽明年乃漢乾祐二年其二月從帝太后于建州自遼陽東南行千二百里至建州節度使趙延暉避正寢以館之去建州數十里外得地五十餘頃帝遣從行者耕而食之明年三月太后寢疾無醫藥常仰天而泣南望戟手罵杜重威李守貞等曰使死者無知則已若其有知不赦爾於地下八月疾亟謂帝曰我死焚其骨送范陽佛寺無使我爲虜地鬼也遂卒帝與皇后宮人宦者東西班皆被髮徒跣扶舁其柩至賜地焚其骨穿地而葬焉周顯德中有中國人自契丹亡歸者言見帝與皇后諸子皆無恙後不知其所終

安太妃

安太妃代北人也不知其世家爲敬儒妻生出帝封秦國夫人出帝立尊爲皇太妃妃老而失明從出帝北遷自遼陽徙建州卒於道中臨卒謂帝曰當焚我爲灰南向颺之庶幾遺魂得反中國也既卒砂磧中無草木乃毁奚車而焚之載其燼骨至建州李太后亦卒遂并葬之

出帝皇后馮氏

出帝皇后馮氏定州人也父濛爲州進奏吏居京師以巧佞爲安重誨所喜以爲鄴都副留守高祖留守鄴都得濛驩甚乃爲重胤娶濛女後封吳國夫人重胤早卒后寡居有色出帝悅之高祖崩梓宮在殯出帝居喪中納之以爲后是日以六軍仗衛太常鼓吹命后至西御莊見于高

馮皇后

祖影殿羣臣皆賀帝顧謂馮道等曰皇太后之命與卿等不任大慶羣臣出帝與皇后酣飲歌舞過梓宮前酹而告曰皇太后之命與先帝不任大慶左右皆失笑帝亦自絶倒顧謂左右曰我今日作新女壻何似生后與左右皆大笑聲聞于外后既立專內寵封拜宮官尚宮知客等皆爲郡夫人又用男子李彥弼爲皇后宮都押衙其兄玉執政內外用事晉遂以亂契丹犯京師暴帝之惡于天下曰納叔母於中宮亂人倫之大典后隨帝北遷哀帝之辱數求毒藥欲與

三五八小九个　五代史十七　七

帝俱飲以死而藥不可得後不知其所終

〇晉氏始出夷狄而微終爲夷狄所滅故其宗室次序本末不能究見其可見者曰高祖二叔父一兄六弟七子二孫而有略有詳非惟禍亂多故而失其事實抑亦無足稱焉者然粗存其見者以備其闕云二叔父曰萬友萬詮兄曰敬儒弟曰敬威敬德敬殷敬贇敬暉重胤子曰重貴重信重乂重英重進重睿重杲孫曰延煦延寶孝平皇帝生孝元皇帝萬友萬詮孝元皇帝生高祖萬友生敬威敬贇萬詮生敬暉而敬儒

敬威

敬德敬殷重胤皆不知其於高祖爲親疎也高祖孝元皇帝第二子也而敬儒爲兄疑其長子也則於高祖屬長而親然贈官反最後於諸弟而高祖世獨不得追封此又可疑也重胤高祖弟也亦不知其爲親疎然高祖愛之養以爲子故於名加重而下齒諸子高祖叔兄與弟敬殷子重進皆前卽位卒而敬威敬德重胤重英高祖反時死高祖少子曰馮六未名而卒而舊說以重睿爲幼子者非也石氏世事軍中萬友萬詮職卑不見天福二年正月萬友自故金紫光

三四三小八个　五代史十七　八

祿大夫檢校司徒兼御史大夫上柱國贈太師萬詮亦自金紫光祿大夫檢校司空兼御史大夫上柱國贈太傅出帝天福八年五月追封皇叔祖萬友爲秦王萬詮加贈太師追封趙王

敬威

敬威字奉信唐廢帝時爲彰聖右第三都指揮使領常州刺史聞高祖舉兵太原謂人曰生而有死人孰能免吾兄方舉大事吾不可偷生取辱見笑一時遂自殺敬德時爲沂州馬步軍指揮使以高祖反誅天福二年正月贈敬威敬德

皆爲太傅兼贈敬殷以檢校太子賓客亦贈太傅而不及敬儒七年正月追封敬威廣王敬德福王敬殷通王皆贈太尉敬儒始以故金紫光祿大夫檢校尚書左僕射兼御史大夫上柱國贈太傅而獨不得封出帝天福八年五月加贈三皇叔皆爲太師而皇伯敬儒始追封宋王亦加贈太師

敬贇

敬贇字德和少無賴竄身民間高祖使人求得之補大原牙將即位以爲飛龍皇城使累遷曹

州防禦使天福五年冬拜河陽三城節度使敬贇性貪暴高祖爲擇賢佐吏輔之而敬贇亦憚高祖嚴未嘗敢犯法歲餘徙鎮保義出帝時加同中書門下平章事始漸驕恣帝嘗遣使者至必問曰小姪安否陝人苦其暴虐召還京師以其皇叔不能責也斥其元從都押衙蘇彦存鄭溫遇以警之契丹犯邊敬贇從出帝幸澶淵使以兵備汶陽守麻家渡未嘗見敵皆無功開運元年七月復出爲威勝軍節度使歲餘出帝以曹州爲威信軍授敬贇節度使在曹貪暴尤甚

父之召還張彦澤兵犯京師敬贇夜走踰城東垣墮沙濠溺死時年四十九

韓王敬暉

韓王敬暉字德昭爲人厚重剛直勇而多智高祖尤愛之高祖時爲曹州防禦使以廉儉見稱卒于官贈太傅天福八年加贈太師追封韓王子曦嗣

○高祖李皇后生楚王重信其諸子皆不知其母當高祖起太原重英爲右衛大將軍重胤爲皇城副使居京師聞高祖舉事匿民家井中捕得誅之

并族其家天福二年正月高祖爲二子發哀皆贈爲太保并贈重進以故左金吾衛將軍贈太保七年正月皆加贈太傅追封重英虢王重胤郯王重進夔王出帝天福八年五月皆加贈太師

楚王重信

楚王重信字守孚爲人敏悟多智而好禮天福二年二月以左驍衛上將軍拜河陽三城節度使有善政高祖下詔褒之是歲范延光反詔前靈武節度使張從賓發河陽兵討延光從賓亦反重信見殺時年二十高祖欲贈重信太尉大

臣引漢故事皇子無爲三公者高祖曰此兒爲善被禍吾哀之甚自我而已豈有例邪乃贈太尉七年正月加贈太師追封沂王出帝天福八年五月易封楚王

壽王重乂

壽王重乂字弘理爲人好學頗知兵法高祖即位拜左驍衛大將軍高祖幸汴州以爲東都留守張從賓反攻河陽見殺時年十九贈太傅天福七年正月加贈太尉追封壽王出帝天福八年五月加贈太師皆無子

重睿

重睿爲人貌類高祖高祖卧疾宰相馮道入見卧内重睿尚幼高祖呼出使拜道於前因以宦者抱持寘道懷中高祖雖不言左右皆知其以重睿託道也高祖崩晉大臣以國家多事議立長君而景延廣已陰許立出帝重睿遂不得立出帝以重睿爲檢校太保開封尹以左散騎常侍邊蔚權知開封府事開運二年五月拜重睿雄武軍節度使歲餘從鎮忠武皆不之鎮契丹滅晉重睿從出帝北遷後不知其所終

重杲

陳王重杲高祖幼子也小字馮六未名而卒贈太傅追封陳王賜名重杲出帝天福八年五月加贈太師

延煦 延寶

延煦延寶高祖諸孫也出帝以爲子開運二年秋以延煦爲鄭州刺史延煦少不能視事以一宦者從之又選尚書郎路航爲知州事宦者遂專政事每詬辱航出帝召航還已而徙延煦齊州防禦使三年拜鎮寧軍節度使是時河北用

兵天下旱蝗民餓死者百萬計而諸鎮爭爲聚斂趙在禮所積鉅萬爲諸侯王最出帝利其貲乃以延煦娶在禮女在禮獻絹三千匹前後所獻不可勝數三年五月遣宗正卿石光贊以聘幣一百五十牀迎于其第出帝宴在禮萬歲殿所以賜予甚厚君臣窮極奢侈時人以爲榮在禮謂人曰吾此一婚其費十萬十一月徙延煦鎮保義自延煦爲齊州防禦使而延寶代爲鄭州刺史及契丹滅晉出帝與太后遣延煦延寶齎降表玉璽金印以歸契丹而延寶時亦爲威

延昫

信軍節度使矣契丹得璽以為製作非工與前史所傳者異命延昫等還報求真璽出帝以狀荅曰頃潞王從珂自焚於洛陽玉璽不知所在疑已焚之先帝受命命玉工製此璽在位羣臣皆知之乃已後延昫等從出帝北遷不知其所終

○嗚呼古之不幸無子而以其同宗之子為後者聖人許之著之禮經而不諱也而後世閭閻鄙俚之人則諱之諱則不勝其欺與偽也故其苟偷竊取嬰孩襁褓諱其父母而自欺以為我生之子曰不如此則不能得其一志盡愛於我而

三千小九十 五代史十七 十三 祥

其心必二也而為其子者亦自諱其所生而絕其天性之親反視以為叔伯父以此欺其九族而亂其人鬼親疏之屬（一作序） 凡物生而有知未有不愛其父母者使是子也能忍而真絕其天性歟曾禽獸之不若也使其不忍而外陽絕之是大偽也夫閭閻鄙俚之人之慮於事者亦已深矣然而苟竊欺偽不可以為法者小人之事也惟聖人則不然以謂人道莫大於繼絕此萬世之通制而天下之公行也何必諱哉所謂子者未有不由父母而生者也故為人後者必有所生之父有所後之父此理之自然也何必諱哉其簡易明白不苟不竊不欺不偽可以為通制而公行者聖人之法也又以謂為人之後者所承重故加其服以斬而不絕其所生之親者天性之不可絕也然而恩有屈於義故降其服以朞服外物也可以降而父母之名不可改故著於經曰為人後者為其父母服自三代以來有天下國家者莫不用之而晉氏不用也出帝之於敬儒絕其父道臣而爵之非特以其義不當立不得已而絕之蓋亦習見閭閻鄙俚之所為也

二〇九九 十四 方

五代干戈賊亂之世也禮樂崩壞三綱五常之道絕而先王之制度文章掃地而盡於是矣如寒食野祭而焚紙錢天子而為閭閻鄙俚之事者多矣而晉氏起於夷狄以篡逆而得天下高祖以耶律德光為父而出帝於德光則以為祖而稱孫於其所生父則臣而名之是豈可以人理責哉

五代史記卷第十七

五代史記卷第十八

漢家人傳第六

皇后李氏

高祖皇后李氏晉陽人也其父爲農高祖少爲軍卒牧馬晉陽夜入其家劫取之高祖已貴封魏國夫人生隱帝開運四年高祖起兵太原賞軍士帑藏不足充欲斂於民后諫曰方今起事號爲義兵民未知惠而先奪其財殆非新天子所以救民之意也今後宮所有請悉出之雖其不足士亦不以爲怨也高祖爲改容謝之高祖即位立爲皇后高祖崩隱帝冊尊爲皇太后帝年少數與小人郭允明後贊李業等游戲宮中后數切責之帝曰國家之事外有朝廷非太后所宜言也太常卿張昭聞之上疏諫帝請親近師傅延問正人以開聰明帝益不省其後帝卒與允明等謀議遂至於亡初帝與允明等謀誅楊邠史弘肇等議已定入白太后太后曰此大事也當與宰相議之李業從旁對曰先皇帝平生言朝廷大事勿問書生太后深以爲不可帝拂衣而去曰何必謀於閨門邠等死周高祖起

兵鄉京師慕容彥超敗於劉子陂帝欲出自臨兵太后止之曰郭威本吾家人非其危疑何肯至此今若按兵無動以詔諭威威必有說則君臣之際庶幾尚全帝不從以出遂及於難周太祖入京師舉事皆稱太后誥已而議立湘陰公贇爲天子贇未至太祖乃請太后臨朝已而太祖出征契丹軍士擁之以還太祖請事太后爲母太后誥曰侍中功烈崇高德聲昭著翦除禍亂安定邦家謳歌有歸歷數攸屬所以軍民推戴億兆同歡老身未終殘年屬此多難唯以衰朽託於始終載省來牋如母見待感認深意涕泗橫流於是遷后於太平宮上尊號曰昭聖皇太后顯德元年春崩隱帝在位舊史實錄皆無冊皇后事帝立三年崩時年二十蓋未嘗立后也

高祖二弟 崇 信　高祖三子 承訓 承祐 承勳

高祖二弟三子弟曰崇曰信子曰承訓承祐承勳崇子曰贇高祖愛之以爲已子乾祐元年拜贇徐州節度使承訓早卒追封魏王承祐次立是謂隱帝承勳爲開封尹周太祖已敗漢兵于北郊隱帝遇弒太祖入京師以謂漢大臣必相推戴及見宰相馮道等道殊無意太祖不得已見道

猶下拜道受太祖拜如平時徐勞之曰公行良
苦太祖意色皆沮以謂漢臣未有推立己意又
難於自立因白漢太后擇立漢嗣而宗室河東
節度使崇許州節度使信皆高祖之弟徐州節度
使贇開封尹承勳皆高祖之子文武百辟其擇
嗣君以承天統於是周太祖與王峻入見太后
言開封尹承勳高祖皇帝之子宜立太后以承
勳久病不任為嗣太祖與羣臣請見承勳視起
居太后命以臥榻舁承勳出見羣臣羣臣視之

五代史十八　二

信然乃共奏曰徐州節度使贇高祖愛之以為
子宜立為嗣乃遣太師馮道率羣臣迎贇道揣
周太祖意不在贇謂太祖曰公此舉由衷乎太
祖指天為誓道既行謂人曰吾平生不為謬語
人今謬語矣道見贇傳太后意召之贇行至宋
州太祖自澶州為兵士擁還京師王峻慮贇左
右生變遣侍衛馬軍指揮使郭崇以兵七百騎衛
贇崇至宋州贇登樓問崇所以來之意崇曰澶
州軍變懼未察之遣崇護衛非惡意也贇召崇
崇不敢進馮道出與崇語崇乃登樓見贇已而

奪贇部下兵太祖以書召道先歸留其副趙上
交王度奉贇入朝太后道乃先還贇謂道曰寡
人此來恃者以公三十年舊相是以不疑道默
然贇客將賈貞等數目道欲圖之贇曰勿草草
事豈出於公耶道已去郭崇幽贇于外館殺賈
正及判官董裔牙內都虞候劉福孔目官夏昭
度等太祖已監國太后乃下誥曰比者樞密使
郭威志安宗社議立長君以徐州節度使贇高祖
近親立為漢嗣乃自藩鎮召赴京師雖誥命已
行而軍情不附天道在北人心靡東適當改卜

五代史十八　四

之初俾膺分土之命贇可降授開封儀同三司
檢校太師上柱國封湘陰公贇以幽死初贇自
徐州入也以都押牙鞏庭美教練使楊溫守徐
州庭美等聞贇不得立乃閉城拒命太祖拜王
彥超徐州節度使下詔諭庭美等許以刺史并
詔贇赦庭美等廣順元年二月彥超克徐州庭
美等皆見殺承勳廣順元年以病卒追封陳王
○嗚呼予既悲湘陰公贇之事又嘉庭美楊溫
之所為贇於漢非嫡長特以周氏移國畏天下
而難之故假贇以伺間爾當是之時天下皆知

贇之必不立也然庭美温之區區爲贇守孤城以死其始終之迹何媿於死節之士哉然予考於實錄二人之死狀不明夫二人之事固知其無所成其所重者死爾然史氏不著不知其何以死也當王彥超之攻徐州也周嘗遣人招庭美等予得其詔書四皆言庭美等嘗已送款於周後懼罪而復叛然庭美等款狀亦不見是皆不可知也夫史之闕文可不慎哉其疑以傳疑則信者信矣予固嘉二人之忠而悲其志然不得列於死節之士者惜哉

蔡王信

蔡王信高祖之從弟也高祖鎮太原以信爲興捷軍都指揮使領義成軍節度使徙領許州高祖寢疾隱帝當立爲嗣楊邠等受顧命不欲信在京師乃遣信就鎮信涕泣而去信所至黷貨好行殺戮軍士有犯法者信召其妻子對之刲剔支解使自食其肉血流盈前信命樂飲酒自如也楊邠等死信大喜謂其寮佐曰吾嘗爲天無賴而使我鬱鬱於此者三年矣主上孤立幾落賊手諸公可以勸我一杯矣已而聞難作信

憂不能食周太祖軍變於澶州王峻遣前申州刺史馬鐸以兵巡檢許州信乃自殺周太祖即位追封蔡王 傳先贇而後信亦便於述事尓

慶元五年魯郡曾　三異　校定

五代史記卷第十八

五代史記卷第十九

周太祖家人傳第七

皇后柴氏

太祖一后三妃聖穆皇后柴氏邢州堯山人也與太祖同里遂以歸焉太祖微時喜飲博任俠不拘細行后常諫止之太祖狀貌奇偉后心知其貴人也事之甚謹及太祖即位后已先卒乃下詔故夫人柴氏追冊爲皇后謚曰聖穆

淑妃楊氏

淑妃楊氏鎮州真定人也父弘裕真定少尹妃幼以色選入趙王宮事王鎔鎔爲張文禮所殺鎮州亂妃亦流寓民間後嫁里人石光輔居數年光輔死太祖柴夫人卒聞妃有色而賢遂娶之爲繼室太祖方事漢高祖於太原天福中妃卒遂葬太原之近郊太祖即位廣順元年九月追冊爲淑妃拜妃弟廷璋爲右飛龍使廷璋辭曰臣父老矣願以授之太祖曰吾方思之豈忘爾父邪即召弘裕弘裕老不能行乃就其家拜金紫光祿大夫真定少尹太祖崩葬嵩陵一后三妃皆當陪葬而太原未克世宗詔有司營嵩

陵之側爲虚葬以俟顯德元年世宗已敗劉旻於高平遂攻太原太原閉壁被圍乃遷妃喪而葬之

貴妃張氏

貴妃張氏鎮州真定人也祖記成德軍節度判官檢校兵部尚書父同芝事趙王王鎔爲諮呈官官至檢校工部尚書鎔死鎮州亂莊宗遣幽州符存審以兵討張文禮裨將武從諫館於妃家見妃尚幼憐之而從諫家在太原遂以妃歸爲其子婦久之太祖事漢高祖於太原楊夫人卒而武氏子亦卒乃納妃爲繼室太祖貴累封吳國夫人太祖以兵入京師漢遣劉銖戮其家妃與諸子皆死太祖即位追冊爲貴妃

德妃董氏　子侗信　姪守愿　奉超　遜

德妃董氏鎮州靈壽人也祖文廣唐深州錄事參軍父光嗣趙州昭慶尉妃幼穎悟始能言聞樂聲知其律呂年七歲鎮州亂其家失之爲潞州牙將所得實諸褚中以歸潞將妻育生女輒不育得妃憐之養以爲子過於所生居五六年妃家悲思其兄瑀求之人間莫知所在潞將仕于京師遇瑀欣然歸之年十三瑀以嫁里人劉

進超進超亦仕晉爲內職契丹犯闕進超歿于
虜中妃嫠居洛陽漢高祖由太原入京師太祖
從過洛陽聞妃有賢行聘之太祖建國中宮虛
位遂冊爲德妃廣順三年卒年三十九妃兄三
人瑀官至太子右贊善大夫玄之自明皆至刺
史初帝舉兵于魏漢以兵圍帝第時張貴妃與
諸子青哥意哥姪守筠奉超定哥皆被誅青哥
意哥不知其母誰氏太祖即位詔故第二子青
哥贈太尉賜名侗第三子意哥贈司空賜名信
皇姪守筠贈左領軍衛將軍以筠聲近榮爲世

宗避更名守愿奉超贈左監門衛將軍定哥贈
左千牛衛將軍賜名遜世宗顯德四年夏四月
癸未詔曰禮以緣情恩以悼往矧在友于之列
尤鍾惻愴之情故皇弟贈太保侗贈司空信景
運初啓大年不登俾予終鮮實勤予懷侗可贈
大傅追封剡王信司徒杞王又詔曰故皇從弟
贈左領軍衛將軍守愿贈左監門衛將軍奉超
贈左千牛衛將軍遜等頃因季世不享遐齡每
念非辜難忘有慟守愿可贈左衛大將軍奉超
右衛大將軍遜右武衛大將軍 ○卷十九

五代史記卷第二十

周世宗家人傳第八

柴守禮

周太祖聖穆皇后柴氏無子養后兄守禮之子
以爲子是爲世宗守禮字克讓以后族拜銀青
光祿大夫檢校吏部尚書兼御史大夫世宗即
位加金紫光祿大夫檢校司空光祿卿致仕居
于洛陽終世宗之世未嘗至京師而左右亦莫
敢言第以元舅禮之而守禮亦頗恣橫嘗殺人
于市有司以聞世宗不問是時王溥王晏王彥
超韓令坤等同時將相皆有父在洛陽與守禮

朝夕往來惟意所爲洛陽人多畏避之號十阿
父守禮卒年七十二官至太傅
嗚呼父子之恩至矣孟子言舜爲天子而瞽叟
殺人則棄天下竊負之而逃以謂天下可無舜
不可無至公舜可棄天下不可刑其父此爲世
立言之說也然事固有不得如其意者多矣蓋
天子有宗廟社稷之重百官之衛朝廷之嚴其
不幸有不得竊而逃則如之何而可予讀周史
見守禮殺人世宗寢而不問蓋進任天下重矣

而子於其父亦至矣故寧受屈法之過以申父子之道其所以合於義者蓋知權也君子之於事擇其輕重而處之耳失刑輕不孝重也刑者所以禁人爲非孝者所以教人爲善其意一也孰爲重刑一人未必能使天下無殺人而殺其父滅天性而絶人道孰爲重權其所謂輕重者則天下雖不能棄而父亦不可刑也然則爲舜與世宗者宜如何無使瞽叟守禮至於殺人則可謂孝矣然而有不得如其意則擇其輕重而處之焉世宗之知權明矣夫

皇后劉氏

世宗三皇后貞惠皇后劉氏不知其世家蓋微時所娶也世宗爲左監門衛將軍得封彭城縣君世宗從太祖于魏后留京師太祖舉兵漢誅其族太祖即位追封彭城郡夫人世宗顯德四年夏四月始詔彭城郡夫人劉氏追冊爲皇后有司謚曰貞惠陵曰惠陵

皇后符氏

宣懿皇后符氏其祖秦王存審父魏王彥卿后世王家出於將相之貴爲人明果有大志初適

李守貞子崇訓守貞事漢爲河中節度使已挾異志有術者善聽人聲以知吉凶守貞出其家人使聽之術者聞后聲驚曰此天下之母也守貞益自負曰吾婦猶爲天下母吾取天下復何疑哉於是決反而漢遣周太祖討之逾年攻破其城崇訓知不免手自殺其家人次以及后后走匿以帷幔自蔽崇訓惶遽求后不得遂自殺漢兵入其家后儼然坐堂上顧軍士曰郭公與吾父有舊汝輩無犯我軍士見之不敢迫太祖聞之以謂一女子能使亂兵不敢犯奇之爲加

慰勉以歸彥卿后感太祖不殺拜太祖爲父其母以后夫家滅亡而獨脫死兵刃之間以爲天幸欲使削髮爲尼后不肯曰死生有命天也何必妄毀形髮爲太祖於后有恩而世宗性特英銳聞后如此益奇之及劉夫人卒遂納以爲繼室世宗即位冊爲皇后世宗卞急多暴怒而後嘗追悔每怒左右后必從容伺顏色漸爲解說世宗意亦隨解由是益重之世宗征淮后以帝不宜親行切諫止之世宗不聽師久無功遭大暑雨后以憂成疾而崩議者以方用兵請殺喪

禮於是百官朝臨于西宮三日而釋服帝亦七
日而釋葬於新鄭陵曰懿陵後立皇后符氏后
妹也國初遷西宮號周太后

世宗七子

世宗子七人長曰宜哥次二亡皆未名次曰恭皇
帝次曰熈讓次曰熈謹次曰熈誨皆不知其母
爲誰氏宜哥與其二皆爲漢誅太祖即位詔賜
皇孫名誼贈左驍衛大將軍誠左武衛大將軍
諴左屯衛大將軍顯德三年羣臣請封宗室世
宗以謂爲國日淺恩信未及於人而須功德大

成慶流于世而後議之可也明年夏四月癸未
先封太祖諸子文詔曰父子之道聖賢不忘再
思夭閼之端愈動悲傷之抱故皇子左驍衛大
將軍誼左武衛大將軍誠左屯衛大將軍諴等
載惟往事有足傷懷宜增一字之封仍贈三台
之秩誼可贈太尉追封越王誠太傅吳王諴太
保韓王而皇子在者皆不封六年北復三關遇
疾還京師六月癸未皇子宗訓特進左衛上將
軍封梁王而宗讓亦拜左驍衛上將軍封燕國
公後十日而世宗崩梁王即位是爲恭皇帝其

年八月宗讓更名熈讓封曹王熈謹熈誨皆前
未封爵遂拜熈謹右武衛大將軍封紀王熈誨
左領軍衛大將軍蘄王

皇朝乾德二年十月熈謹卒熈讓熈誨不知其
所終

嗚呼至公天下之所共也其是非曲直之際雖
父愛其子亦或有所不得私焉當周太祖舉兵
于魏漢遣劉銖誅其家族於京師酷毒備至後
太祖入立遣人責銖銖辭不屈太祖雖深恨之
然以銖辭直終不及其家也及追封妻子之被

殺者其言深自隱痛之而已不敢有非漢之辭
焉蓋知其曲在己也故略存其辭以見周之有
媿於其心者矣

五代史記卷第二十

五代史記卷第二十一

梁臣傳第九

嗚呼孟子謂春秋無義戰予亦以謂五代無全臣無者非無一人蓋僅有之耳余得死節之士三人焉其仕不及于二代者各以其國繫之作梁唐晉漢周臣傳其餘仕非一代不可以國繫之者作雜傳夫入于雜誠君子之所羞而一代之臣未必皆可貴也覽者詳其善惡焉

敬翔

敬翔字子振同州馮翊人也自言唐平陽王暉之後少好學工書檄乾符中舉進士不中乃客大梁翔同里人王發爲汴州觀察支使遂往依焉久之發無所薦引翔客益窘爲人作牋刺傳之軍中太祖素不知書翔所作皆俚俗語太祖愛之謂發曰聞君有故人可與俱來翔見太祖太祖問曰聞子讀春秋春秋所記何等事翔曰諸侯爭戰之事耳太祖曰其用兵之法可以爲吾用乎翔曰兵者應變出奇以取勝春秋古法不可用於今太祖大喜補以軍職非其所好乃以爲館驛巡官太祖與蔡人戰汴郊翔時時爲太祖謀畫多中太祖欣然以謂得翔之晚動靜輒以問之太祖奉昭宗自岐還長安昭宗召翔與李振升延喜樓勞之拜太府卿初太祖常侍殿上昭宗意衛兵有能擒之者乃佯爲鞋結解以顧太祖太祖跪而結之而左右無敢動者太祖流汗浹背由此稀復進見昭宗遷洛陽宴崇勳殿酒半起使人召太祖入內殿將有所託太祖益懼辭以疾昭宗曰卿不欲來可使敬翔來太祖遽麾翔出亦佯醉去太祖已破趙匡凝取荊襄遂攻淮南翔切諫以謂新勝之兵宜持重以養威太祖不聽兵出光州遭大雨幾不得進進攻壽州不克而多所亡失太祖始大悔恨歸而忿躁殺唐大臣幾盡然益以翔爲可信任梁之篡弒翔之謀爲多太祖即位以唐樞密院故用宦者乃改爲崇政院以翔爲使遷兵部尚書金鑾殿大學士翔爲人深沉有大略從太祖用兵三十餘年細大之務必關之翔亦盡心勤勞晝夜不寐自言惟馬上乃得休息而太祖剛暴難近有所不可翔亦未嘗顯言微開其端太祖意悟多爲之改易太祖破徐州得時溥寵姬劉

氏殺辛之劉氏故尚讓妻也乃以妻翔翔已貴劉氏猶侍太祖出入臥内如平時翔頗患之劉氏誚翔曰爾以我嘗失身於賊乎尚讓黄家宰相時溥國之忠臣以卿門地猶爲辱我請從此訣矣翔以太祖故謝而止之劉氏車服驕侈別置典謁交結藩鎮權貴往往附之寵信言事不下於翔當時貴家往往効之太祖崩友珪立以翔先帝謀臣懼其圖已不欲翔居内職乃以李振代翔爲崇政使拜翔中書侍郎同中書門下平章事翔以友珪畏已多稱疾未嘗省事末帝即位趙巖等用事頗離間舊臣翔愈鬱鬱不得志其後梁盡失河北與晉相拒楊劉翔曰故時河朔半在以先帝之武御貔虎之臣猶不得志於晉今晉日益彊梁日益削陛下處深宮之中所與計事者非其近習則皆親戚之私而望成事乎臣聞晉攻楊劉李亞子負薪渡水爲士卒先陛下委蛇守文以儒雅自喜而遣賀瓌爲將豈足當彼之餘鋒乎臣雖憊矣受國恩深若其乏材願得自效巖等以翔爲怨言遂不用其後王彥章敗于中都末帝懼召段凝於河上是時

梁精兵悉在凝軍凝有異志顧望不來末帝還呼翔曰朕居常忽卿言今急矣勿以爲懟卿其教我當安歸翔曰臣從先帝三十餘年今雖爲相實朱氏老奴爾事陛下如郎君以臣之心敢有所隱陛下初用段凝臣已爭之今凝不來敵勢已迫欲爲陛下謀則小人間之必不見聽請先死不忍見宗廟之亡君臣相向慟哭翔與李振俱爲太祖所信任莊宗入汴詔赦梁羣臣李振喜謂翔曰有詔洗滌將朝新君邀翔欲俱入見翔夜止高頭車坊將旦左右報曰崇政李公入朝矣翔歎曰李振謬爲丈夫矣復何面目入梁建國門乎乃自經而卒

朱珍　李唐賓附

朱珍徐州豐人也少與龐師古等俱從梁太祖爲盜珍爲將善治軍選士太祖初鎮宣武珍爲太祖創立軍制選將練兵甚有法太祖得諸將所募兵及佗降兵皆以屬珍珍選將五十餘人皆可用梁敗黄巢破秦宗權東并兖鄆未嘗不在戰中而常勇出諸將太祖與晉王東逐黄巢還過汴館之上源驛太祖使珍夜以兵攻之晉

王已去珍悉殺其麾下兵義成軍亂逐安師儒
師儒奔梁太祖遣珍以兵趨滑州道遇大雪珍
趣兵疾馳一夕至城下遂乘其城義成軍以爲
方雪不意梁兵來不爲備遂下之秦宗權遣盧
瑭張晊等攻梁是時梁兵尚少數爲宗權所困
太祖乃拜珍淄州刺史募兵於淄青珍偏將張
仁遇白珍曰軍中有犯令者請先斬而後白珍
曰偏將欲專殺邪立斬仁遇以徇軍軍中皆感
悦珍得所募兵萬餘以歸太祖大喜曰賊在吾
郊若蹍吾菽麥奈何今珍至吾事濟矣且賊方息兵

養勇度吾兵少而未知珍來謂吾不過堅守而
已宜出其不意以擊之乃出兵擊敗晊等宗權
由此敗亡而梁軍威大振以得珍兵故也珍從
太祖攻朱宣取曹州執其刺史丘弘禮又取濮
州刺史朱裕奔于鄆州太祖乃還汴留珍攻鄆
州珍去鄆二十里遣精兵挑之鄆人不出朱裕
詐爲降書陰使人召珍約開門爲内應珍信之
夜率其兵叩鄆城門朱裕登陴開門内珍軍珍
軍已入甕城而垂門發鄆人從城上礫石以投
之珍軍皆死甕城中珍僅以身免太祖不之責

也魏博軍亂因欒彦貞太祖遣珍救魏珍破黎
陽臨河李固分遣聶金范居實等略澶州殺魏
豹子軍二千於臨黄珍威振河朔魏人殺彦貞
珍乃還梁攻徐州遣珍先攻下豐縣又敗時溥
於吳康與李唐賓等屯蕭縣唐賓者陝人也初
爲尚讓偏將與太祖戰尉氏門爲太祖所敗唐
賓乃降梁梁兵攻掠四方唐賓常與珍俱與珍
威名略等而驍勇過之珍戰每小卻唐賓佐之
乃大勝珍嘗私迎其家置軍中太祖疑珍有異
志遣唐賓伺察之珍與唐賓不協唐賓不能忍

夜走還宣武珍單騎追之亦交訴太祖前太祖兩
惜其材爲和解之珍屯蕭縣聞太祖將至戒軍
中治館廄以待唐賓部將嚴郊治廄失期軍吏
督之郊訴于唐賓唐賓以讓珍珍怒拔劍而起
唐賓拂衣就珍珍即斬之遣使者告唐賓反使
者晨至梁敬翔恐太祖暴怒不可測乃匿使者
至夜而見之謂雖有所發必須明旦冀得少緩
其事而圖之既夕乃引珍使者入見太祖大驚
然已夜矣不能有所發翔因從容爲太祖畫明
日佯收唐賓妻子下獄因如珍軍去蕭一舍珍

迎謁太祖命武士執之諸將霍存等十餘人叩頭救珍太祖大怒舉胡牀擲之曰方珍殺唐賓時獨不救之邪存等退珍遂縊死

龐師古

龐師古曹州南華人也初名從梁太祖鎮宣武初得馬五百匹爲騎兵乃以師古將之從破黃巢秦宗權皆有功太祖攻時溥未下留兵屬師古守之師古取其宿遷進屯呂梁溥以兵二萬出戰師古敗之斬首二千級孫儒逐楊行密取楊州淮南大亂太祖遣師古渡淮攻儒爲儒所敗是時朱珍李唐賓已死師古與霍存分將其兵郴王友裕攻徐州朱瑾以兵救時溥友裕敗溥於石佛山瑾收餘兵去太祖以友裕可追而不追奪其兵以屬師古師古攻破徐州斬溥太祖表師古徐州留後梁兵攻鄆州臨濟水師古徹木爲橋夜以中軍先濟朱宣走中都見殺太祖已下兗鄆乃遣師古與葛從周攻楊行密于淮南師古出清口從周出安豐師古自其微時事太祖爲人謹甚未嘗離左右及爲將出兵必受方略以行軍中非太祖命不妄動師古營清

口地勢卑或請就高爲柵師古以非太祖命不聽淮人決水浸之請者告曰淮人決河上流水至矣師古以爲搖動士卒立斬之已而水至兵不能戰遂見殺

嗚呼兵之勝敗豈易言哉梁兵彊於天下而吳人號爲輕弱然師古再舉擊吳輒再敗以死其後太祖自將出光山攻壽春然亦敗也蓋自高駢死唐以梁兼統淮南遂與孫楊爭凡三十年間三舉而三敗以至彊遭至弱而如此此其不可以理得也兵法固有以寡而敗衆以弱而勝彊者顧吳豈足以知之哉豈非適遇其機會邪故曰兵者凶器戰者危事也可不慎哉

葛從周

葛從周字通美濮州甄城人也少從黃巢敗降梁從太祖攻蔡州太祖墜馬從周扶太祖復騎與敵步鬬傷面身被數鎗偏將張延壽從旁擊之從周得與太祖俱去太祖盡黜諸將獨用從周延壽爲大將秦宗權掠地潁亳及梁兵戰于焦夷從周獲其將王涓一人從朱珍收兵淄青遇東兵輒戰珍得兵歸從周功爲多張全義襲

罕之於河陽罕之奔晉召晉兵以攻全義全義乞兵於梁太祖遣從周丁會等救之敗晉兵於沇河潞州馮霸殺晉守將李克脩以降梁太祖遣從周入潞州晉兵攻之從周不能守走河陽太祖攻魏從周與丁會先下黎陽臨河會太祖於內黃敗魏兵於永定橋從丁會攻宿州以水浸其城遂破之太祖攻朱瑾于兗州未下留從周圍之瑾閉壁不出從周詐言救兵至陽避之高吳夜半潛還城下瑾以謂從周已去乃出兵收外壕從周掩擊之殺千餘人晉攻魏魏人求救

大三百六十　小十一　舊五代史二十巳　九　汝

太祖遣侯言救魏言築壘于洹水太祖怒言不出戰遣從周代言從周至軍益閉壘不出而鑿三闇門以待晉兵攻之從周以精兵自闇門出擊敗晉　兵晉王怒自將擊從周從周雖大敗而梁兵擒其子落落送于魏斬之遂從攻鄆州擒朱宣於中都又攻兗州走朱瑾太祖表從周兗州留後以兗鄆兵攻淮南出安豐會龐師古于清口從周行至濠州聞師古死遽還至渒河將渡而淮兵追之從周亦大敗是時晉兵出山東攻相衞太祖遣從周略地山東下洺州斬其刺史

葛從周

邢善益又下邢州走其刺史馬師素又下磁州殺其刺史袁奉滔五日而下三州太祖乃表從周兼邢州留後劉仁恭攻魏已屠貝州羅紹威求救于梁從周會太祖救魏入于魏州燕兵攻館陶門從周以五百騎出戰曰大敵在前何可返顧使閉門而後戰破其八柵燕兵走追至于臨清擁之御河溺死者甚衆太祖以從周爲宣義行軍司馬太祖遣從周攻劉守文于滄州以將暉監其軍守文求救于其父仁恭仁恭以燕兵救之暉語諸將曰吾王以我監諸將今燕兵

大三百六十　小十　舊五代史二十巳　十　汝

來不可迎戰宜縱其入城聚食倉廩使兩困而後取之諸將頗以爲然從周怒曰兵在上將豈監軍所得言且暉之言乃常談爾勝敗之機在吾心暉豈足以知之乃勒兵逆仁恭于乾寧戰于老鵶堤仁恭大敗斬首三萬餘級獲其將馬愼交等百餘人馬三千匹是時守文亦求救於晉晉爲攻鄴洺以牽之從周遽還敗晉兵于青山遂從太祖攻鎭州下臨城王鎔乞盟太祖表從周泰寧軍節度使從氏叔琮攻晉太原不克梁兵西攻鳳翔青州王師範遣其將劉鄩襲兗

葛從周

州從周家屬爲鄆所得厚遇之而不殺太祖還自鳳翔乃遣從周攻鄆從周卒招降鄆太祖即位拜左金吾衛上將軍以疾致仕拜右衛上將軍居于偃師末帝即位拜昭義軍節度使陳留郡王食其俸于家卒贈太尉

霍存

霍存洛州曲周人也少從黃巢巢敗存乃降梁存爲將驍勇善騎射秦宗權攻汴存以三千人夜破張晊柵又以騎兵破秦賢殺三千人敗晊於赤岡從朱珍掠淄青龍師古攻時溥皆有功

朱珍與李唐賓俱死乃以龍師古代珍存代唐賓以攻溥破碭山存獲其將石君和等五十人梁攻宿州葛從周引水浸之丁會與存戰城下遂下之從攻潞州與晉人遇戰馬牢川存入則當其前出則爲其殿晉人卻遂東攻魏取淇門殺三千人梁得曹州太祖以存爲刺史兼諸軍都指揮使梁攻鄆州朱瑾來救梁諸將或勸太祖縱瑾入鄆耗其食堅壘勿戰以此可俱弊太祖曰瑾來必與時溥俱不若遣存邀之存伏兵蕭縣已而瑾果與溥俱出迷離存發伏擊之遂

敗瑾等於石佛山存中流矢卒太祖已即位閱騎兵於繁臺顧諸將曰使霍存在豈勞吾親閱邪諸君寧復思之乎佗日語又如此

張存敬

張存敬譙郡人也爲人剛直有膽勇少事梁太祖爲將善因危窘出奇計李罕之與晉人攻張全義於河陽太祖遣存敬與丁會等救之罕之解圍去太祖以存敬爲諸軍都虞候太祖攻徐兗以存敬爲行營都指揮使從葛從周攻滄州敗劉仁恭於老鴉堤還攻鎔於鎮州入其城中

取其馬牛萬計遷宋州刺史復從諸將攻幽州存敬取其瀛莫祁景四州梁攻定州與王處直戰懷德驛大敗之枕尸十餘里梁已下鎮定乃遣存敬攻王珂于河中存敬出含山下晉絳二州珂降于梁太祖表存敬護國軍留後復徙宋州刺史未至卒于河中贈太傅存敬子仁穎仁愿仁愿有孝行存敬卒事其兄仁穎出必告反必面如事父之禮仁愿曉法令事梁唐晉常爲大理卿卒贈祕書監

符道昭

符道昭蔡州人也爲秦宗權騎將宗權敗道昭流落無所依後依鳳翔李茂貞茂貞愛之養以爲子名繼遠梁攻茂貞道昭與梁兵戰屢敗乃歸梁太祖表道昭秦州節度使以亂不果行太祖爲元帥初開府而李周彝以鄜州降以爲左司馬擇右司馬難其人及得道昭乃授之羅紹威將誅其牙兵恐魏兵彊未敢發求梁爲助太祖乃悉發魏兵使攻燕而遣馬嗣勳助紹威誅牙兵牙兵已誅魏兵在外者聞之皆亂魏將左行遷據歷亭史仁遇據高唐以叛道昭等從太祖悉破之道昭爲將勇於犯敵而少成算每戰先發多敗而周彝等繼之乃勝開平元年與康懷英等攻潞州築夾城爲蚰蜒塹以圍之逾年不能下晉兵攻破夾城道昭戰死

劉捍

劉捍開封人也爲人明敏有威儀善擯贊太祖初鎮宣武以爲客將使從朱珍募兵淄青太祖北攻鎮州與王鎔和遣捍見鎔鎔軍未知梁意方嚴兵捍馳一騎入城中諭鎔以太祖意鎔乃聽命梁兵攻定州降王處直捍復以一騎入

城中太祖圍鳳翔遣捍入見李茂貞計事唐昭宗召見問梁軍中事稱旨賜以錦袍拜登州刺史賜號迎鑾毅勇功臣梁兵攻淮南遣捍先之淮口築馬頭下浮橋以渡梁兵太祖出光山攻壽州又使捍作浮橋于淮北以渡歸師拜宋州刺史太祖即位遷左天武指揮使元從親軍都虞候左龍虎統軍出爲佑國軍留後同州劉知俊反以賂誘捍將吏執捍而去知俊械之送于李茂貞見殺太祖哀之贈捍太傅

寇彥卿

寇彥卿字俊臣開封人也世事宣武軍爲牙將太祖初就鎮以爲通引官累遷右長直都指揮使領洺州刺史羅紹威將誅牙軍太祖遣彥卿之魏計事彥卿陰爲紹威計畫乃悉誅牙軍彥卿身長八尺隆準方面語音如鍾工騎射好書史善伺太祖意動作皆如旨太祖嘗曰敬翔劉捍寇彥卿皆天爲我生之其愛之如此賜以所乘愛馬一丈烏太祖圍鳳翔以彥卿爲都排陣使彥卿乘烏馳突陣前太祖目之曰真神將也初太祖與崔胤謀欲遷都洛陽而昭宗不許其

後昭宗奔于鳳翔太祖以兵圍之昭宗既出明年太祖以兵至河中遣彥卿奉表迫請遷都彥卿因悉驅徙長安居人以東皆拆屋爲栰浮渭而下道路號哭仰天大罵曰國賊崔胤朱温使我至此昭宗亦顧瞻陵廟徬徨不忍去謂其左右爲俚語云紇干山頭凍死雀何不飛去生處樂相與泣下沾襟昭宗行至華州遣人告太祖以何皇后有娠願留華州待冬而行太祖大怒顧彥卿曰汝往趣官家來不可一日留也彥卿復馳至華即日迫昭宗上道太祖即位拜彥卿感化軍節度使歲餘召爲左金吾衛大將軍充金吾街仗使彥卿晨朝至天津橋民梁現不避道前驅捽現投橋上石欄以死彥卿見太祖自首太祖惜之詔彥卿以錢償現家以贖罪御史司憲崔沂劾奏彥卿請論如法太祖不得已責授彥卿左衛中郎將復拜相州防禦使遷河陽節度使太祖遇弒彥卿出太祖畫像事之如生嘗對客語先朝必涕泗交下末帝即位徙鎮威勝彥卿明敏善事人而恃寵作威好誅殺多猜忌卒于鎮年五十七

五代史記卷二十一

五代史記卷第二十二

梁臣傳第十

康懷英

康懷英兗州人也事朱瑾爲牙將梁兵攻瑾瑾出略食豐沛間留懷英守城懷英即以城降梁瑾遂奔于吳太祖得懷英大喜後從氏叔琮攻趙匡凝下鄧州梁兵攻李茂貞于岐以懷英爲先鋒至武功擊殺岐兵萬餘人太祖喜曰邑名武功眞武功也以名馬賜之是時李周彝以鄜坊兵救岐屯于三原懷英擊走之因取其翟州而還岐兵屯奉天懷英柵其東北夜半岐兵攻之懷英以爲夜中不欲驚亡軍獨以二千人出戰遲明岐兵解去身被十餘瘡李茂貞與梁和昭宗還京師賜懷英迎鑾毅勇功臣楊行密攻宿州太祖遣懷英擊走之表宿州刺史遷保義軍節度使丁會以潞州叛梁降晉太祖命懷英爲招討使將行太祖戒之語甚切懷英惶恐以謂潞州期必得乃築夾城圍之晉遣周德威屯于亂柳數攻夾城懷英不敢出戰太祖乃以李思安代懷英將降懷英爲都虞候久之思安

亦無功太祖大怒罷思安以同州劉知俊爲招討使知俊未至軍太祖自至澤州爲懷英等軍援且督之已而晉王李克用卒莊宗召周德威還太祖聞晉有喪德威去亦歸洛陽而諸將亦少弛莊宗謂德威曰晉之所以能敵梁而彼所憚者先王也今聞吾王之喪謂我新立未能出兵其意必怠宜出其不意以擊之非徒解圍亦足以定霸也乃與德威等疾馳六日至北黃碾會天大昏霧伏兵三垂岡直趨夾城攻破之懷英大敗亡大將三百人懷英以百騎遁歸詣闕

請死太祖曰去歲興兵太陰虧食占者以爲不利吾獨違之而致敗非爾過也釋之以爲右衛上將軍劉知俊叛奔于岐以懷英爲保義軍節度使西路副招討使知俊以岐兵圍靈武太祖遣懷英攻邠寧以牽之懷英取寧慶衍三州還至昇平知俊掩擊之懷英大敗徙鎮感化其後朱友謙叛附于晉以懷英討之與晉人戰白徑嶺懷英又大敗徙鎮永平卒于鎮

劉鄩

劉鄩密州安丘人也少事青州王敬武敬武卒

子師範立棣州刺史張蟾叛師範遣指揮使盧洪討蟾洪亦叛師範僞爲好辭召洪洪至迎於郊外命鄩斬之坐上因使鄩攻張蟾破之師範表鄩登州刺史以爲行軍司馬梁太祖西攻鳳翔師範乘梁虛陰遣人分襲梁諸州縣它遣者謀多漏洩事不成獨鄩素好兵書有機略是時梁已破朱瑾等悉有兗鄆以葛從周爲兗州節度使從周將兵在外鄩乃使人負油鬻城中悉視城中虛實出入之所油者得羅城下水竇可入鄩乃以步兵五百從水竇襲破之徙從周家

屬外第親拜其母撫之甚有恩禮太祖已出昭宗于鳳翔引兵東還遣朱友寧攻師範從周攻鄩鄩以版輿置從周母城上母呼從周曰劉將軍待我甚厚無異於汝人臣各爲其主汝可察之從周爲之緩攻鄩乃悉簡婦人及民之老疾不足當敵者出之獨與少壯者同辛苦分衣食堅守以待外援不至人心頗離副使王彥溫踰城而奔守陴者多逸鄩乃遣人陽語彥溫曰副使勿多以人出非吾素遣者皆勿以行又下令城中曰吾遣從副使者得出否者皆族城中皆

刘鄩

感奔者乃止已而梁兵聞之果疑彥温非實降
者斬之城下由是城守益堅師範兵已屈從周
以禍福諭鄩鄩報曰俟吾主降即以城還師範
敗降梁鄩乃亦降從周爲具齎裝送鄩歸梁鄩
曰降將蒙梁恩不誅幸矣敢乘馬而衣裘乎乃
素服乘驢歸梁太祖賜之冠帶飲之以酒鄩辭
以量小太祖曰取兗州量何大乎以爲元從都
押衙是時太祖已領四鎮將吏皆功臣舊人鄩
一旦以降將居其上及諸將見鄩皆用軍禮鄩
居自如太祖益奇之太祖即位累遷左龍武統

軍劉知俊叛陷長安太祖遣鄩與牛存節討之
知俊走鳳翔太祖乃以長安爲永平軍拜鄩節
度使末帝即位領鎮南軍節度使爲開封尹楊
師厚卒分相魏爲兩鎮末帝恐魏兵亂遣鄩以
兵屯于魏縣魏兵果亂劫賀德倫降晉莊宗入魏鄩
以謂晉兵悉從莊宗赴魏而太原可襲乃結草
爲人執以旗幟以驢負之往來城上而潛軍出
黃澤關襲太原晉兵登梁壘旗幟往來不知其
去也以故不追鄩至樂平遇雨不克進而旋急
趨臨清爭魏積粟而周德威已先至鄩乃屯于

刘鄩

莘縣築甬道及河以饋軍久之末帝以書責鄩
曰閫外事全付將軍河朔諸州一旦淪没今倉
儲已竭飛輓不充將軍與國同心宜思良畫鄩
報曰晉兵甚鋭未可擊宜待之末帝復遣問鄩
必勝之策鄩曰臣無奇術請人給米十斛米盡
則敵破矣末帝大怒誚鄩曰將軍蓄米將療饑
乎將破敵乎乃遣使者監督其軍鄩召諸將謀
曰主上深居禁中與白面兒謀必敗人事今敵
盛未可輕動諸君以爲如何諸將皆欲戰鄩乃
悉召諸將坐之軍門人以河水一杯飲之諸將

莫測或飲或辭鄩曰一杯之難猶若此滔滔河
流可盡乎諸將皆失色是時莊宗在魏數以勁
兵壓鄩營鄩不肯出而末帝又數促鄩使出戰
莊宗與諸將謀曰劉鄩學六韜喜以機變用兵
本欲示弱以襲我今其見迫必求速戰乃聲言
歸太原命符存審守魏陽爲西歸潛兵貝州鄩
果報末帝曰晉王西歸魏無備可擊乃以兵萬
人攻魏城東莊宗自貝州返趨擊之鄩忽見晉
軍驚曰晉王在此邪兵稍卻追至故元城莊宗
與符存審爲兩方陣夾之鄩爲圓陣以禦晉人

兵再合鄩大敗南奔自黎陽濟河保滑州末帝以爲義成軍節度使明年河朔皆入于晉降鄩亳州團練使兖州張萬進反拜鄩兖州安撫制置使萬進敗死乃拜鄩泰寧軍節度使朱友謙叛陷同州末帝以鄩爲河東道招討使行次陝州鄩爲書以招友謙友謙不報留月餘待之尹皓段凝等素惡鄩乃譖之以爲鄩與友謙親家故其逗留以養賊已而鄩兵數敗乃罷鄩歸洛陽酖殺之年六十四贈中書令子遂凝遂雍事唐皆爲刺史鄩妾王氏有美色鄩卒後入明宗

宮中是爲王淑妃明宗晚年淑妃用事鄩二子皆被恩寵潞王從珂反於鳳翔時遂雍爲西京副留守留守王思同率諸鎮兵討鳳翔戰敗東歸遂雍閉門不内悉封府庫以待潞王潞王前軍至者悉以金帛給之潞王見遂雍握手流涕由是事無大小皆與圖議廢帝入立拜遂雍淄州刺史以鄩兄琪之子遂清代遂雍爲西京副留守遂清歷易棣等五州刺史皆有善政遷鳳州防禦使宣徽北院使判三司晉開運中爲安州防禦使以卒遂清性至孝居父喪哀毀鄉里稱之嘗爲淄州刺史迎其母母及郊遂清爲母執轡行數十里州人咸以爲榮

牛存節

牛存節字贊正青州博昌人也初名禮事諸葛爽於河陽爽卒存節顧其徒曰天下洶洶當得英雄事之乃率其徒十餘人歸梁太祖存節爲人木彊忠謹太祖愛之賜之名字以爲小校張晊攻汴存節破其二寨梁攻濮州戰南劉橋范縣存節功多李罕之圍張全義於河陽全義乞兵於梁太祖以存節故事河陽知其間道使以

兵爲前鋒是時歲饑兵行乏食存節以金帛就民易乾甚以食軍擊走罕之太祖攻魏存節下魏黎陽臨河殺魏萬二千人與太祖會内黃還滑州牢城遏後指揮使梁兵攻鄆存節使都將王言藏船鄆西北隅濠中期以日午渡兵踰濠急攻之會營中火起鄆人登城望火言伏不敢動與存節失期存節獨破鄆西甕城門奪其濠橋梁兵得俱進遂破朱宣從葛從周攻淮南從周敗渒河存節收其散卒八千以歸拜亳宿二州刺史朱瑾走吳召吳兵攻徐宿存節謀曰淮

兵必不先攻宿然宿溝壘素固可以禦敵乃夜以兵急趣徐州比傳徐城下瑾兵方至望其塵起驚曰梁兵已來何其速也不能攻而去已而太祖使者至授存節軍機悉與存節意合由是諸將益服其能遷潞州都指揮使太祖攻鳳翔使召存節存節爲將法令嚴整而善得士心路人送者皆號泣累拜邢州團練使元帥府左都押衙太祖即位拜右千牛衛上將軍從康懷英攻潞州爲行營排陣使晉兵已破夾城存節等以餘兵歸行至天井關聞晉兵攻澤州存節顧諸將曰吾行雖不受命然澤州要害不可失也諸將皆不欲救之存節戒士卒熟息已而謂曰事急不赴豈曰勇乎舉策而先士卒隨之比至澤州州人已焚外城將降晉聞存節至乃稍定存節入城助澤人守晉人穴地道以攻之存節選勇士數十亦穴地以應之戰于隧中敵不得入晉人解去遷左龍虎統軍六軍都指揮使絳州刺史遷鄆州留後同州劉知俊叛奔鳳翔乃遷存節匡國軍節度使友珪立朱友謙叛附于晉西連鳳翔存節東西受敵同州水鹹而無井知

俊叛梁以渴不能守而走故友謙與岐兵合圍持久欲以渴疲之存節禱而擇地鑿井八十水皆甘可食友謙卒不能下末帝立加同中書門下平章事徙鎮天平蔣殷反徐州遣存節攻破之以功加太尉梁晉相距於河上存節病痟而梁晉方苦戰存節忠憤彌激治軍督士未嘗言病病革召歸京師將卒語其子知業曰忠孝吾子也不及其佗贈太師

張歸霸　弟歸厚　歸弁

張歸霸清河人也末帝娶其女是爲德妃歸霸少與其弟歸厚歸弁俱從黃巢巢敗東走歸霸兄弟乃降梁秦宗權攻汴歸霸戰數有功張晊軍赤岡以騎兵挑戰矢中歸霸歸霸拔之反以射賊一發而斃奪其馬而歸太祖從高丘望見甚壯之賞以金帛并以其馬賜之使以弓手五百人伏漼中太祖以騎數百爲遊兵過晊柵晊出兵追太祖歸霸發伏殺晊兵千人奪馬數十疋太祖攻蔡州蔡將蕭顥急擊太祖營歸霸不暇請與徐懷玉分出東南壁門合擊敗之太祖得拔營去太祖攻兖鄆取曹州使歸霸以兵數

千守之與朱瑾逆戰金鄉大敗之又破濮州晉
人攻魏歸霸從葛從周救魏戰洹水歸霸擒克
用子落落以與魏人又破劉仁恭於內黃功出
諸將右光化二年權知邢州遷萊州刺史拜左
衛上將軍曹州刺史開平元年拜右龍虎統軍
左驍衛上將軍二年拜河陽節度使以疾卒子
漢傑事末帝爲顯官以張德妃故用事梁亡唐
莊宗入汴遂族誅弟歸厚字德坤爲將善用弓
槊能以少擊衆張晊屯赤岡歸厚與晊獨戰陣
前晊僵而卻諸將乘之晊遂大敗太祖大悅以

爲騎長梁攻時溥歸厚以麾下先進九里山遇
徐兵而戰梁故將陳璠叛在徐歸厚望見識之
瞋目大罵馳騎直往取之矢中其左目郴王友
裕攻鄆屯濮州太祖從後至友裕徙柵與太祖
相失太祖卒與鄆兵遇太祖登高望之鄆兵纔
千人太祖與歸厚以廳子軍直衝之戰已合鄆
兵大至歸厚度不能支以數十騎衛太祖先還
歸厚馬中矢僵乃持槊步鬬太祖還軍中遣張
筠馳騎第取之以爲必死矣歸厚體被十餘箭
得筠馬乃歸太祖見之泣曰爾在喪軍何足計

乎使昇歸宣武遷右神武統軍歷洺晉絳三州
刺史與晉人屢戰未嘗敗乾化元年拜鎮國軍
節度使以疾卒子漢卿歸弁爲將亦善戰開平
初爲滑州長劍指揮使子漢融梁亡皆族誅

王重師

王重師許州長社人也爲人沈嘿多智善劍槊
秦宗權陷許州重師脫身歸梁從太祖平蔡攻
兗鄆爲拔山軍指揮使重師苦戰晉魯間威震
鄰敵遷潁州刺史太祖攻濮州已破濮人積草
焚之梁兵不得入是時重師方病金瘡卧帳中

諸將強之重師遽起悉取軍中氈毯以水漬
之火上率精卒以短兵突入梁兵隨之皆入遂
取濮州重師身被八九瘡軍士負之而還太祖
聞之驚曰柰何使我得濮州而失重師乎使醫
理之逾月乃愈王師範降表重師青州留後累
遷佑國軍節度使同中書門下平章事居數年
甚有威惠重師與劉捍故有隙捍嘗譖之太祖
太祖疑之重師遣其將張君練西攻邠鳳而不
先請君練兵小敗太祖以其擅發兵挫失國威
將召而罪之遣劉捍代重師重師不知太祖怒

已捍至重師不出迎見之青門禮又倨捍因馳白太祖言重師有二志太祖益怒貶重師溪州刺史再貶崖州司戶參軍未行賜死

徐懷玉

徐懷玉亳州焦夷人也少事梁太祖與太祖俱起微賤懷玉為將以雄豪自任而勇於戰陣從太祖鎮宣武為永城鎮將秦宗權攻梁壁金隄靈昌酸棗懷玉以輕騎連擊破之俘殺五千餘人遷左長劍都虞候又破宗權於板橋赤岡拔其八柵從太祖東攻兖鄆破徐宿懷玉金創被

體戰必克捷所得賞賚往往以分士卒為梁名將本名琮太祖賜名懷玉從太祖攻魏敗魏兵黎陽遂東攻兖破朱瑾於金鄉又從龐師古攻楊行密師古敗清口懷玉獨完一軍行收散卒萬餘人以歸遷沂州刺史屬歲屢豐乃繕兵治壁為戰守具已而王師範叛梁攻東境懷玉屢以州兵擊破之遷齊州防禦使天復四年以州兵西迎昭宗都洛陽遷華州觀察留後以兵屯雍州遷右羽林統軍屯于澤州晉人攻之為隧以入懷玉擊之隧中晉人乃卻太祖時歷曹晉

二州刺史晉數攻之懷玉堅守敗晉兵于洪洞拜保大軍節度使太祖崩友珪自立朱友謙附于晉以襲鄜州執懷玉殺之

五代史記卷第二十二

五代史記卷第二十三

梁臣傳第十一

楊師厚

楊師厚潁州斤溝人也少事河陽李罕之罕之降晉選其麾下勁卒百人獻于晉王師厚在籍中師厚在晉無所知名後以罪奔于梁太祖以為宣武軍押衙曹州刺史梁攻王師範師厚戰臨朐擒其偏將八十餘人取棣州以功拜齊州刺史太祖攻趙匡凝於襄陽遣師厚為先鋒師厚取穀城西童山木為浮橋渡漢水擊匡凝敗之匡凝棄城走師

厚進攻荊南又走匡凝弟匡明功為多拜山南東道節度使同中書門下平章事劉知俊叛攻陷長安劉鄩牛存節等攻之久不克師厚以奇兵出旁南山入其西門降其守者遂克之晉周德威攻晉州以應知俊師厚敗之于蒙坑以功遷保義軍節度使徙鎮宣義是時梁兵攻趙久無功太祖病卧洛陽少間乃自將北擊趙師厚從太祖至洹水夜行迷失道明旦次魏縣聞敵將至梁兵潰亂不可止久之無敵乃定已而太祖疾作乃還明年少間而晉軍攻燕燕王劉守

光求援於梁太祖為之擊趙以牽晉屯于龍花遣師厚攻棗彊三月一作日不能下太祖怒自往督兵戰乃破晉之進圍蓨縣晉史建瑭以輕兵夜擊梁軍梁軍大擾太祖與師厚皆棄輜重南走太祖還東都師厚留屯魏州明年太祖遇弒友珪自立師厚乘間殺魏牙將潘晏臧延範等遂出節度使羅周翰友珪因以師厚為天雄軍節度使自太祖與晉戰河北師厚常為招討使悉領梁之勁兵太祖崩師厚遂逐其帥而稍矜倨難制時魏特牙兵其帥得以偃彊羅紹威時牙兵

盡死魏勢孤始為梁所制師厚已得志乃復置銀槍效節軍友珪陰欲圖之召師厚入計事其吏田温等勸師厚勿行師厚曰吾二十年不負朱家今若不行則見疑而生事然吾知上為人雖往無如我何也乃以勁兵二萬朝京師留其兵城外以十餘人自從入見友珪友珪益恐懼賜與鉅萬而還已而末帝謀討友珪間於趙巖巖曰此事成敗在招討楊公爾得其一言諭禁軍吾事立辦末帝乃遣馬慎交陰見師厚布腹心師厚猶豫未決謂其下曰方郢王弒逆時吾

不能即討今君臣之分已定無故改圖人謂我何其下或曰友珪弑父與君乃天下之惡均王仗大義以誅賊其事易成彼若一朝破賊公將何以自處師厚大悟乃遣其將王舜賢至洛陽見袁象先計事使朱漢賓以兵屯滑州爲應末帝卒與象先殺友珪末帝即位封師厚鄴王詔書不名事無巨細皆以諮之然心益忌而畏之已而師厚病發卒末帝爲之受賀於宫中由是始分相魏爲兩鎮魏軍亂以魏博降晉梁失河北自此始

王景仁

王景仁廬州合淝人也初名茂章少從楊行密起淮南景仁爲將驍勇剛悍質略無威儀臨敵務以身先士卒行密壯之梁太祖遣子友寧攻王師範于青州師範乞兵於行密行密遣景仁以步騎七千救師範師範以兵背城爲兩柵友寧夜擊其一柵柵中告急趣景仁出戰景仁按兵不動友寧已破一柵連戰不已遲明景仁度友寧兵已困乃出戰大敗之遂斬友寧以其首報行密是時梁太祖方攻鄆州聞子友寧死以

兵二十萬倍道而至景仁閉壘示怯伺梁兵怠毀柵而出驅馳疾戰戰酣退坐召諸將飲酒已而復戰太祖登高望見之得青州降人問飲酒者爲誰曰王茂章也太祖歎曰使吾得此人爲將天下不足平也梁兵又敗景仁軍還梁兵急追之景仁度不可走遣裨將李虔裕以衆一旅設覆於山下以待之留軍不行解鞍而寢虔裕疾呼曰追兵至矣宜速走虔裕以死遏之景仁曰吾亦戰於此也虔裕三請景仁乃行而虔裕卒戰死梁兵以故不能及而景仁全軍以歸景

仁事行密爲潤州團練使行密死子渥自宣州入立以景仁代守宣州渥已立反求宣州故物景仁惜不與渥怒以兵攻之景仁奔于錢鏐鏐表景仁領宣州節度使梁太祖素識景仁乃遣人召之景仁間道歸梁仍以爲寧國軍節度使加同中書門下平章事久之未有以用使參寧相班奉朝請而已開平四年以景仁爲北面招討使將韓勍李思安等兵伐趙行至魏州司天監言太陰虧不利行師太祖亟召景仁等還已而復遣之景仁已去太祖思術者言馳使者止景

仁於魏以待景仁已過邢洺使者及之景仁不
奉詔進營於柏鄉乾化元年正月庚寅日有食
之崇政使敬翔白太祖曰兵可憂矣太祖爲之
旰食是日景仁及晉人戰大敗於柏鄉景仁歸
訴於太祖太祖曰吾亦知之蓋韓勍李思安輕
汝爲客不從節度爾乃罷景仁就第後數月悉
復其官爵末帝立以景仁爲淮南招討使攻廬
壽軍過獨山山有楊行密祠景仁再拜號泣而
去戰于霍山梁兵敗走景仁殿而力戰以故梁
兵不甚敗景仁歸京師病疽卒贈太尉

賀瓌

賀瓌字光遠濮州人也事鄆州朱宣爲都指揮
使梁太祖攻朱瑾于兗州宣遣瓌與何懷寶柳
存等以兵萬人救兗州瓌趨待賓館欲絕梁餉
道梁太祖略地至中都得降卒言瓌等兵趨待
賓館矣以六壬占之得斬關卦名以爲吉乃選精
兵夜疾馳百里期先至待賓以逆瓌而夜黑兵
失道旦至鉅野東遇瓌兵擊之　瓌走
梁兵急追之瓌顧路窮登塚上大呼曰我賀瓌
也可勿殺我太祖馳騎取之并取懷寶等數十

人降其卒三千餘人是日大風揚沙蔽天太祖
曰天怒我殺人少邪即盡殺降卒三千人而縶
瓌及懷寶等至兗城下以招瑾瑾不納因斬懷
寶等十餘人而獨留瓌瓌感太祖不殺誓以身
自効從太祖平青州以爲曹州刺史太祖即位
累遷相州刺史末帝時遷左龍虎統軍宣義軍
節度使貞明元年魏兵亂賀德倫降晉晉王入
魏州劉鄩敗于故元城走黎陽貝衛洺慈諸州
皆入于晉晉軍取劉鄩末帝乃以瓌爲招討使
與謝彥章等屯于行臺晉軍迫瓌十里而柵相

持百餘日瓌與彥章有隙伏甲殺之莊宗喜曰
將帥不和梁亡無日矣乃令軍中歸其老疾於
鄆以輕兵襲濮州瓌自行臺躡之戰于胡柳陂
晉人輜重在陣西瓌軍將薄之晉軍亂斬其將
周德威盡取其輜重軍已勝陣無石山日暮晉
兵仰攻之瓌軍下山擊晉軍瓌大敗晉遂取濮
州城德勝夾河爲柵瓌以舟兵攻南柵不能得
還軍行臺以疾卒年六十二贈侍中有子光圖
凡言有子某者皆仕皇朝有聞

王檀

王檀字衆美京兆人也少事梁太祖爲小校尚讓攻梁戰尉氏門檀男出諸將太祖奇之遷踏白副指揮使從朱珍募兵東方戰數有功梁與蔡兵戰板橋李重胤馬踣爲蔡兵所擒檀馳取之并獲其將一人從太祖破魏內黄還衛山都虞候復從朱珍攻徐州檀獲其將一人梁兵攻王師範檀以一軍破其密州拜密州刺史太祖即位遷保義軍節度使潞州東北面招討使王景仁敗於柏鄉晉兵圍邢州太祖大懼欲自將救之檀止太祖請自拒敵力戰卒全邢州以功

加同中書門下平章事進封瑯琊郡王友珪立徙鎮宣化貞明元年又徙匡國是時莊宗取魏博檀以謂晉兵悉在河北乃以奇兵西出陰地襲太原不克而還徙鎮天平檀嘗招納亡盜居帳下帳下兵亂入殺檀年五十八贈太師謚曰忠毅

馬嗣勳

馬嗣勳濠州鍾離人也少事州爲客將爲人材武有辯梁太祖攻濠州刺史張遂遣嗣勳持牌印降梁楊行密攻遂遂又使嗣勳乞兵於太祖梁兵未至而濠州已没嗣勳無所歸乃留事梁太

祖以爲宣武軍元從押衙太祖西攻鳳翔行至華州遣嗣勳入說韓建建即時出降天祐二年羅紹威將誅牙軍乞兵於梁梁女嫁魏適死太祖乃遣嗣勳以長直千人爲綵輿入魏致兵器於輿中聲言助葬嗣勳館銅臺夜與魏新鄉鎮兵攻石柱門入迎紹威家屬衛之乃益取魏甲兵攻牙軍牙軍不知兵所從來莫能爲備殺其八千餘人遲明皆盡嗣勳中重瘡卒太祖即位贈太保

王虔裕

王虔裕瑯琊臨沂人也爲人健勇善騎射以弋獵爲生少從諸葛爽起青棣閒其後爽爲汝州防禦使率兵北擊沙陀還入長安攻黄巢爽兵敗降巢巢以爽爲河陽節度使中和三年孫儒陷河陽虔裕隨爽奔于梁是時太祖新就鎮黄巢秦宗權等兵方盛太祖數爲所窘而梁未有佗將乃以虔裕將騎兵常爲先鋒擊巢陳蔡間拔其數柵巢走梁兵躡之戰于萬勝戍賊敗而東虔裕功爲多乃表虔裕義州刺史黄巢已去秦宗權攻許鄭與梁爲敵境大小百餘戰虔裕

嘗有功秦宗賢攻汴南境太祖遣虔裕拒賢於尉氏戰敗失一裨將太祖怒拘虔裕於軍中邢州孟遷降梁爲晉人所圍太祖遣虔裕以精兵百人疾馳夜破晉圍入邢州遲明立梁旗幟於城上晉人以爲救兵至乃退已而晉兵復來遷執虔裕降于晉見殺

謝彦章

謝彦章許州人也幼事葛從周從周憐其敏惠養以爲子授之兵法從周以千錢置大盤中爲行陣偏伍之狀示以出入進退之節彦章盡得

大三卅五 小十三 五代史二十三 九 國

之及壯事梁太祖爲騎將是時賀瓌善用步卒而彦章與孟審澄侯溫裕皆善將騎兵審澄溫裕所將不過三千彦章多而益辦彦章事末帝累遷匡國軍節度使貞明四年晉攻河北賀瓌爲北面招討使彦章爲排陣使屯于行臺彦章爲將好禮儒士雖居軍中嘗儒服或臨敵御衆肅然有將帥之威左右馳驟疾若風雨晉人望其行陣齊整相謂曰謝彦章必在此也其名重敵中如此瓌心忌之彦章與瓌行視郊外瓌指一地語彦章曰此地岡阜隆起其中坦然營柵

之地也已而晉兵柵之瓌疑彦章陰以告晉益惡之彦章故與馬步都虞候朱珪有隙瓌欲速戰彦章請持重以老敵珪乃誣彦章以爲將反瓌且享士使珪伏甲殺之審澄溫裕皆見害

五代史記卷第二十三

大八十 小八个 十 贇

魯郡曾　三異　校定

五代史記卷第二十四

唐臣傳第十二

郭崇韜

郭崇韜代州鴈門人也爲河東教練使爲人明敏能應對以材幹見稱莊宗爲晉王孟知祥爲中門使崇韜爲副使中門之職參管機要先時吴珙張虔厚等皆以中門使相繼獲罪知祥懼求外任莊宗曰公欲避事當舉可代公者知祥乃薦崇韜爲中門使甚見親信晉兵圍張文禮于鎮州久不下而定州王都引契丹入寇契丹

至新樂晉人皆恐欲解圍去莊宗未決崇韜曰契丹之來非救文禮爲王都以利誘之耳且晉新破梁軍宜乘已振之勢不可遽自退怯莊宗然之果敗契丹莊宗即位拜崇韜兵部尚書樞密使梁王彥章擊破德勝唐軍東保楊劉彥章圍之莊宗登壘望見彥章爲重塹以絕唐軍意輕之笑曰我知其心矣其欲持久以弊我也即引短兵出戰爲彥軍伏兵所射大敗而歸莊宗問崇韜計安出是時唐已得鄆州矣崇韜因曰彥章圍我於此其志在取鄆州也臣願得兵數

千據河下流築壘於必爭之地以應鄆州爲名彥章必來爭既分其兵可以圖也然板築之功難卒就陛下日以精兵挑戰使彥章兵不得東十日壘成矣莊宗以爲然乃遣崇韜與毛璋將數千人夜行所過驅掠居人毀屋伐木渡河築壘於博州東晝夜督役六日壘成彥章果引兵急攻之時方大暑彥章兵熱死及攻壘不克所失太半還趨楊劉莊宗迎擊遂敗之康延孝自梁奔唐先見崇韜崇韜延之卧內盡得梁虛實是時莊宗軍朝城段凝軍臨河唐自失德勝梁

兵日掠澶相取黎陽衛州而李繼韜以澤潞叛入于梁契丹數犯幽涿又聞延孝言梁方召諸鎮兵欲大舉唐諸將皆憂惑以謂成敗未可知莊宗患之以問諸將諸將皆曰唐得鄆州隔河難守不若棄鄆與梁而西取衛州黎陽以河爲界與梁約罷兵無相攻庶幾以爲後圖莊宗不悅退卧帳中召崇韜問計崇韜曰陛下興兵仗義將士疲戰爭生民苦轉餉者十餘年矣況今大號已建自河以北人皆引首以望成功而思休息今得一鄆州不能守而棄之雖欲指河爲

界誰爲陛下守之且唐未失德勝時四方商賈
征輸必集薪芻糧餉其積如山自失南城保楊
劉道路轉徙耗亡太半而魏博五州秋稼不稔
竭民而斂不支數月此豈按兵持久之時乎臣
自康延孝來盡得梁之虛實此眞天亡之時也
願陛下分兵守魏固楊劉而自鄆長驅擣其巢
穴不出半月天下定矣莊宗大喜曰此大丈夫
之事也因問司天司天言歲不利用兵崇韜曰
古者命將鑿凶門而出況成筭已決區區常談
豈足信也莊宗即日下令軍中歸其家屬於魏

夜渡楊劉從鄆州入襲汴八日而滅梁莊宗
推功賜崇韜鐵券拜侍中成德軍節度使依前
樞密使莊宗與諸將以兵取天下而崇韜未嘗
居戰陣徒以謀議居佐命第一之功位兼將相
遂以天下爲己任遇事無所回避而宦官伶人
用事特不便也初崇韜與宦者馬紹宏俱爲中
門使而紹宏位在上及莊宗即位二人當爲樞
密使而崇韜不欲紹宏在己上乃以張居翰爲
樞密使紹宏爲宣徽使紹宏失職怨望崇韜因
置內勾使以紹宏領之凡天下錢穀出入于租

庸者皆經內勾既而文簿繁多州縣爲弊遂罷
其事而紹宏尤側目崇韜頗懼語其故人子弟
曰吾佐天子取天下今大功已就而羣小交興
吾欲避之歸守鎭陽庶幾免禍可乎故人子弟
對曰俚語曰騎虎者勢不得下今公權位已隆
而下多怨嫉一失其勢能自安乎崇韜曰奈何
對曰今中宮未立而劉氏有寵宜請立劉氏爲
皇后而多建天下利害以便民者然後退而乞
身天子以公有大功而無過必不聽公去是外
有避權之名而內有中宮之助又爲天下所悅

雖有讒間其可動乎崇韜以爲然乃上書請立
劉氏爲皇后崇韜素廉自從入洛始受四方賂
遺故人子弟或以爲言崇韜曰吾位兼將相祿
賜巨萬豈少此邪今藩鎭諸侯多梁舊將皆主
上斬袪射鉤之人也今一切拒之豈無反側且
藏于私家何異公帑明年天子有事南郊乃悉
獻其所藏以佐賞給莊宗已郊遂立劉氏爲皇
后崇韜累表自陳請依唐舊制還樞密使於內
臣而并辭鎭陽優詔不允崇韜又曰臣從陛下
軍朝城定計破梁陛下撫臣背而約曰事了與

卿一鎮今天下一家俊賢並進臣憊矣願乞身如約莊宗召崇韜謂曰朝城之約許卿一鎮不許卿去欲捨朕安之乎崇韜因建天下利害二十五事施行之李嗣源爲成德軍節度使從崇韜忠武崇韜因自陳權位已極言甚懇至莊宗曰豈可朕居天下之尊使卿無尺寸之地崇韜辭不已遂罷其命仍爲侍中樞密使同光三年夏霖雨不止大水害民田民多流死莊宗患宮中暑濕不可居思得高樓避暑宦官進曰臣見長安全盛時大明興慶宮樓閣百數今大內不及故時卿相家莊宗曰吾富有天下豈不能作一樓乃遣宮苑使王允平營之宦官曰郭崇韜眉頭不伸常爲租庸惜財用陛下欲雖有作其可得乎莊宗乃使人問崇韜曰昔吾與梁對壘於河上雖祁寒盛暑被甲跨馬不以爲勞今居深宮蔭廣廈不勝其熱何也崇韜對曰陛下昔以天下爲心今以一身爲意艱難逸豫爲慮不同其勢自然也願陛下無忘創業之難常如河上則可使繁暑坐變清涼莊宗默然終遣允平起樓崇韜果切諫宦官曰崇韜之第無異皇居

安知陛下之熱由是讒間愈入河南縣令羅貫爲人彊直頗爲崇韜所知貫正身奉法不受權豪請託宦官伶人有所求請書積几案一不以報皆以示崇韜崇韜數以爲言宦官伶人由此切齒河南自故唐時張全義爲尹縣令多出其門全義廝養畜之及貫爲之奉全義不屈縣民恃全義爲不法者皆按誅之全義大怒嘗使人告劉皇后從容爲白貫事而左右日夜共攻其短莊宗未有以發皇太后崩葬坤陵陵在壽安莊宗幸陵作所而道路泥塗橋壞莊宗止輿問誰主者宦官曰屬河南因亟召貫貫至對曰臣初不奉詔請詰主者莊宗曰爾之所部復問何人即下貫獄獄吏榜掠體無完膚明日傳詔殺之崇韜諫曰貫罪無佗橋道不修法不當死莊宗怒曰太后靈駕將發天子車輿往來橋道不修卿言無罪是朋黨也崇韜曰貫雖有罪當具獄行法于有司陛下以萬乘之尊怒一縣令使天下之人言陛下用法不公臣等之過也莊宗曰貫公所愛任公裁決因起入宮崇韜隨之論不已莊宗自闔殿門崇韜不得入貫卒見殺明

年征蜀議擇大將時明宗爲揔管當行而崇韜以讒見危思立大功爲自安之計乃曰契丹爲患北邊非揔管不可禦魏王繼岌國之儲副而大功未立且親王爲元帥唐故事也莊宗曰繼岌小子豈任大事必爲我擇其副崇韜未及言莊宗曰吾得之矣無以易卿也乃以繼岌爲西南面行營都統崇韜爲招討使軍政皆决崇韜唐軍入蜀所過迎降王衍弟宗弼陰送款于崇韜求爲西川兵馬留後崇韜以節度使許之軍至成都宗弼遷衍于西宮悉取衍嬪妓珍寶奉

崇韜及其子廷誨又與蜀人列狀見魏王請崇韜留鎮蜀繼岌頗疑崇韜崇韜無以自明因以事斬宗弼及其弟宗渥宗勳沒其家財蜀人大恐崇韜素嫉宦官嘗謂繼岌曰王有破蜀功師旋必爲太子俟主上千秋萬歲後當盡去宦官至於扇馬亦不可騎繼岌監軍李從襲等見崇韜專任軍事心已不平及聞此言遂皆切齒思有以圖之莊宗聞破蜀遣宦官向延嗣勞軍崇韜不郊迎延嗣大怒因與從襲等共構之延嗣還上蜀簿得兵三十萬馬九千五百匹兵器七

百萬糧二百五十三萬石錢一百九十二萬緡金銀二十二萬兩珠玉犀象二萬文錦綾羅五十萬匹莊宗曰人言蜀天下之富國也所得止於此邪延嗣因言蜀之寶貨皆入崇韜且誣其有異志將危魏王莊宗怒遣宦官馬彥珪至蜀視崇韜去就彥珪以告劉皇后劉皇后教彥珪矯詔魏王殺之崇韜有子五人其二從死于蜀餘皆見殺其破蜀所得皆籍沒明宗即位詔許歸葬以其太原故宅賜其二孫當崇韜用事自宰相豆盧革韋說等皆傾附之崇韜父諱弘革

等即因佗事奏改弘文館爲崇文館以其姓郭因以爲子儀之後崇韜遂以爲然其伐蜀也過子儀墓下馬號慟而去聞者頗以爲笑然崇韜盡忠國家有大略其已破蜀因遣使者以唐威德風諭南詔諸蠻欲因以綏來之可謂有志矣

安重誨

安重誨應州人也其父福遷事晉爲將以驍勇知名梁攻朱宣于鄆州晉兵救宣宣敗福遷戰死重誨少事明宗爲人明敏謹恪明宗鎮安國以爲中門使及兵變于魏所與謀議大計皆重

安重誨

誨與霍彥威決之明宗即位以爲左領軍衛大
將軍樞密使兼領山南東道節度使固辭不拜
改兵部尚書使如故在位六年累加侍中兼中
書令重誨自爲中門使已見親信而以佐命功
臣處機密之任事無大小皆以參決其勢傾動
天下雖其盡忠勞心時有補益而恃功矜寵威
福自出旁無賢人君子之助其獨見之慮禍釁
所生至於臣主俱傷幾滅其族斯其可哀者也
重誨嘗出過御史臺門殿直馬延誤衝其前導
重誨怒即臺門斬延而後奏是時隨駕廳子軍

士袁弘遷毆傷相州錄事參軍親從兵馬使安
虔走馬衝宰相前導弘遷罪死虔決杖而已重
誨以斬延乃請降敕處分明宗不得已從之由
是御史諫官無敢言者宰相任圜判三司以其
職事與重誨爭不能得圜怒辭疾退居于磁州
朱守殷以汴州反重誨遣人矯詔馳至其家殺
圜而後白誣圜與守殷通謀明宗皆不能詰也
而重誨恐天下議已因取三司積欠二百餘萬
請放之冀以悅人而塞責明宗不得已爲下詔
蠲除之其威福自出多此類也是時四方奏事

安重誨

皆先白重誨然後聞河南縣獻嘉禾一莖五穗
重誨視之曰僞也笞其人而遣之夏州李仁福
進白鷹重誨却之明日白曰陛下詔天下毋得
獻鷹鷂而仁福違詔獻鷹臣已却之矣重誨出
明宗陰遣人取之以入他日按鷹于西郊戒左
右無使重誨知也宿州進白兔重誨曰兔陰且
狡雖白何爲遂却而不白明宗爲人雖寬厚然
其性夷狄果於殺人馬牧軍使田令方所牧馬
瘠而多斃坐劾當死重誨諫曰使天下聞以馬
故殺一軍使是謂貴畜而賤人令方因得減死

明宗遣回鶻侯三馳傳至其國侯三至醴泉縣
縣素僻無驛馬其令劉知章出獵不時給馬侯
三遽以聞明宗大怒械知章至京師將殺之重
誨從容爲言知章乃得不死其盡忠補益亦此
類也重誨既以天下爲己任遂欲内爲社稷之
計而外制諸侯之彊然其輕信韓玫之譖而絕
錢鏐之臣徒陷彥溫於死而不能去潞王之患
李嚴一出而知祥貳仁矩未至而董璋叛四方
騷動師旅並興如投膏止火適足速之此所謂
獨見之慮禍釁所生也錢鏐據有兩浙號兼吳

越而王自梁及莊宗常異其禮以羈縻臣屬之而已明宗即位鏐遣使朝京師寓書重誨其禮慢重誨怒未有以發乃遣其嬖吏韓玫副供奉官烏昭遇復使於鏐而玫恃重誨勢數凌辱昭遇因醉使酒以馬箠擊之鏐欲奏其事昭遇以爲辱國固止之及玫還返譖於重誨曰昭遇見鏐舞蹈稱臣而以朝廷事私告鏐昭遇坐死御史獄乃下制削奪鏐官爵以太師致仕於是錢氏遂絕於唐矣潞王從珂爲河中節度使重誨以謂從珂非李氏子後必爲國家患乃欲陰圖

之從珂閱馬黃龍莊其牙內指揮使楊彥溫閉城以叛從珂遣人謂彥溫曰我遇汝厚何苦而反邪報曰彥溫非叛也得樞密院宣請公趨歸朝廷耳從珂走虞鄉馳騎上變明宗疑其事不明欲究其所以乃遣殿直都知范氳以金帶襲衣金鞍勒馬賜彥溫拜彥溫絳州刺史以誘致之重誨固請用兵明宗不得已乃遣侍衛指揮使藥彥稠西京留守索自通率兵討之而誡曰爲我生致彥溫吾將自訊其事彥稠等攻破河中希重誨旨斬彥溫以滅口重誨率羣臣稱賀

明宗大怒曰朕家事不了卿等不合致賀從珂罷鎮居清化里第重誨數諷宰相言從珂失守宜得罪馮道因白請行法明宗怒曰吾兒爲姦人所中事未辨明公等出此言是不欲容吾兒人間邪趙鳳因言春秋責帥之義所以勵爲臣者明宗曰皆非公等意也道等惶恐而退居數日道等又以爲請明宗顧左右而言他明日重誨乃自論列明宗曰公欲如何處置我即從公重誨曰此父子之際非臣所宜言惟陛下裁之明宗曰吾爲小校時衣食不能自足此兒爲我

擔石灰拾馬糞以相養活今貴爲天子獨不能庇之邪使其杜門私第亦何與公事重誨由是不復敢言孟知祥鎮西川董璋鎮東川二人皆有異志重誨每事裁抑務欲制其姦心凡兩川守將更代多用己所親信必以精兵從之漸令分戍諸州以虞緩急二人覺之以爲圖己益不自安旣而遣李嚴爲西川監軍知祥大怒斬嚴又分閬州爲保寧軍以李仁矩爲節度使以制璋且削其地璋以兵殺仁矩二人遂皆反唐兵戍蜀者積三萬人其後知祥殺璋兼據兩川而

唐之精兵皆從蜀。初，明宗幸汴州，重誨建議欲因以伐吳，而明宗難之。其後戶部尚書李鏻得吳諜者，言徐知誥欲舉吳國以稱藩，願得安公一言以爲信。鏻即引諜者見重誨，重誨大喜以爲然，乃以玉帶與諜者，使遺知誥爲信，其直千緡。初不以其事聞。其後逾年，知誥之問不至，始奏貶鏻行軍司馬。已而捧聖都軍使李行德、十將張儉告變，樞密承旨李虔徽語其客邊彥溫云：「重誨私募士卒，繕治甲器，欲自伐吳。」又與諜者交私。明宗以問重誨，重誨惶恐，請究其事。明宗初頗疑之，大臣左右皆爲之辨，既而少解，始告重誨以彥溫之言，因廷詰彥溫，具伏其詐，於是君臣相顧泣下。彥溫、行德、儉皆坐族誅。重誨因求解職，明宗慰之曰：「事已辨，慎無措之胸中。」重誨論請不已，明宗怒曰：「放卿去，朕不患無人！」顧武德使孟漢瓊至中書趣馮道等議代重誨者。馮道曰：「諸公苟惜安公，使得罷去，是紓其禍也。」趙鳳以爲大臣不可輕動，遂以范延光爲樞密使，而重誨居職如故。董璋等反，遣石敬瑭討之，而川路險阻，糧運甚艱，每費一石而致一斗。自關

以西民苦輸送，往往亡聚山林爲盜賊。明宗謂重誨曰：「事勢如此，吾當自行。」重誨曰：「此臣之責也。」乃請行。關西之人聞重誨來，皆已恐動，而重誨日馳數百里，遠近驚駭，督趣糧運，日夜不絕，斃踣道路者不可勝數。重誨過鳳翔，節度使朱弘昭延之寢室，使其妻子奉事左右甚謹。重誨酒酣，爲弘昭言：「昨被讒構，幾不自全，賴人主明聖，得保家族。」因感歎泣下。重誨去，弘昭馳騎上言：「重誨怨望，不可令至行營，恐其生事。」而宣徽使孟漢瓊自行營使還，亦言西人震駭之狀，因述重誨過惡。重誨行至三泉，被召還。過鳳翔，弘昭拒而不納。重誨懼，馳趨京師，未至，拜河中節度使。重誨已罷，希旨者爭求其過。宦者安希倫坐與重誨交私，常與重誨陰伺宮中動息，事發，棄市。重誨益懼，因上章告老，以太子太師致仕，而以李從璋爲河中節度使，遣藥彥稠率兵如河中虞變。重誨子崇緒、崇贊宿衛京師，聞制下，即日奔其父。重誨見之，驚曰：「渠安得來？」已而曰：「此非渠意，爲人所使耳。吾以一死報國，餘復何言！」乃械送二子于京師，行至陝州，下獄。明宗又

遣翟光業至河中視重誨去就戒曰有異志則與從璋圖之又遣官者使于重誨使者見重誨號泣不已重誨問其故使者曰人言公有異志朝廷遣藥彥稠率師至矣重誨曰吾死未塞責遽勞朝廷興師以重明主之憂光業至從璋率兵圍重誨第入拜于庭重誨降而荅拜從璋以檛擊其首重誨妻走抱之而呼曰令公死未晚何遽如此又擊其首夫妻皆死流血盈庭從璋檢責其家貲不及數千緡而已明宗下詔以其絕錢鏐致孟知祥董璋反及議伐吳以爲罪并殺其二子其餘子孫皆免重誨得罪知其必死歎曰我固當死但恨不與國家除去潞王此其恨也

嗚呼官失其職乆矣予讀梁宣底見敬翔李振爲崇政院使凡承上之旨宣之宰相而奉行之宰相有非其見時而事當上決者與其被旨而有所復請者則具記事而入（記事若今學士院諮報今士大夫間以文字相往來謂之簡帖俚俗猶謂之記事也）因崇政使聞得旨則復宣而出之梁之崇政使乃唐樞密之職蓋出納之任也唐常以官者爲之至梁戒其禍始更用

士人其備顧問參謀議于中則有之未始專行事於外也至崇韜重誨爲之始復唐樞密之名然權侔於宰相矣後世因之遂分爲二文事任宰相武事任樞密樞密之任既重而宰相自此失其職也

五代史記卷第二十四

魯郡曾 三異 校正

五代史記卷第二十五

唐臣傳第十三

周德威

周德威字鎮遠朔州馬邑人也爲人勇而多智能望塵以知敵數其狀貌雄偉笑不改容人見之凜如也事晉王爲騎將稍遷鐵林軍使從破王行瑜以功遷衙内指揮使其小字陽五當梁晉之際周陽五之勇聞天下梁軍圍晉太原令軍中曰能生得周陽五者爲刺史有驍將陳章者號陳野义常乘白馬被朱甲以自異出入陣中求周陽五欲必生致之晉王戒德威曰陳野义欲得汝以求刺史見白馬朱甲者宜善備之德威笑曰陳章好大言耳安知刺史非臣作邪因戒其部兵曰見白馬朱甲者當佯走以避之兩軍皆陣德威微服雜卒伍中陳章出挑戰兵始交德威部下見白馬朱甲者因退走章果奮稍急追之德威伺章已過揮鐵鎚擊之中章墮馬遂生擒之梁攻燕晉遣德威將五萬人爲燕攻梁取潞州遷代州刺史内外蕃漢馬步軍都指揮使梁軍擾燕攻潞圍以夾城潞州守將李

嗣昭閉城拒守而德威與梁軍相持於外踰年嗣昭與德威素有隙晉王病且革語莊宗曰梁軍圍潞而德威與嗣昭有隙吾甚憂之王喪在殯莊宗新立殺其叔父克寧國中未定而晉之重兵悉屬德威于外晉人皆恐莊宗使人以喪及克寧之難告德威且召其軍德威聞命即日還軍太原留其兵城外徒步而入伏梓宮前慟哭幾絶晉人乃安遂從莊宗復擊梁軍破夾城與李嗣昭歡如初以破夾城功拜振武節度使同中書門下平章事天祐七年秋梁遣王景仁將魏滑汴宋等兵七萬人擊趙趙王王鎔乞師于晉晉遣德威先屯趙州冬梁軍至柏鄉趙人告急莊宗自將出贊皇會德威于石橋進距柏鄉五里營于野河北晉兵少而景仁所將神威龍驤拱宸等軍皆梁精兵人馬鎧甲飾以組繡金銀其光耀日晉軍望之色動德威勉其衆曰此汴宋傭販兒徒飾其外耳其中不足懼也其一甲直數十千擒之適足爲吾資無徒望而愛之當勉以往取之退而告莊宗曰梁兵甚銳未可與爭宜少退以待之莊宗曰吾提孤軍出千

里其利速戰今不乘勢急擊之使敵知吾之衆寡則吾無所施矣德威曰不然趙人能城守而不能野戰吾之取勝利在騎兵平川廣野騎兵之所長也今吾軍於河上迫賊營門非吾用長之地也莊宗不悅退卧帳中諸將無敢入見德威謂監軍張承業曰王怒老兵不速戰者非怯也且吾兵少而臨賊營門所恃者一水隔耳使梁得舟栰渡河吾無類矣不如退軍鄗邑誘敵出營擾而勞之可以策勝也承業入言曰德威老將知兵願無忽其言莊宗遽起曰吾方思之

耳已而德威獲梁遊兵問景仁何爲曰治舟數百將以爲浮梁德威引與俱見莊宗笑曰果如公所料乃退軍鄗邑德威晨遣三百騎叩梁營挑戰自以勁兵三千繼之景仁怒悉其軍以出與德威轉鬬數十里至于鄗南兩軍皆陣梁軍横亘六七里汴宋之軍居西魏滑之軍居東莊宗策馬登高望而喜曰平原淺草可前可却眞吾之勝地乃使人告德威曰吾當爲公先公可繼進德威諫曰梁軍輕出而遠來與吾轉戰其來必不暇齎糧糗縱其能齎亦不暇食不及日

午人馬俱饑因其將退而擊之勝諸將亦皆以爲然至未申時梁軍東偏塵起德威鼓譟而進麾其西偏曰魏滑軍走矣又麾其東偏曰梁軍走矣梁陣動不可復整乃皆走遂大敗自鄗追至于栢鄉横尸數十里景仁以十餘騎僅而免自梁與晉爭凡數十戰其大敗未嘗如此劉守光僭號於燕晉遣德威將三萬出飛狐以擊之德威入祁溝關取涿州遂圍守光於幽州破其外城守光閉門距守而晉軍盡下燕諸州縣獨幽州不下圍之踰年乃破之以功拜盧龍軍節

度使德威雖爲大將而常身與士卒馳騁矢石之間守光驍將單廷珪望見德威於陣曰此周陽五也乃挺槍馳騎追之德威佯走度廷珪垂及側身少却廷珪馬方馳不可止縱其少過奮檛擊之廷珪墜馬遂見擒莊宗與劉鄩相持于魏鄩夜潛軍出黄澤關以襲太原德威自幽州以千騎入土門以躡之鄩至樂平遇雨不得進而還德威與鄩俱東爭趨臨清臨清有積粟且晉軍餉道也德威先馳據之以故莊宗卒能困鄩軍而敗之莊宗勇而好戰尤銳於見敵德威

老將常務持重以挫人之鋒故其用兵常伺敵之隙以取勝十五年德威將燕兵三萬人與鎮定等軍從莊宗于河上自麻家渡進軍臨濮以趨汴州軍宿胡柳陂黎明候騎報曰梁軍至矣莊宗問戰於德威德威對曰此去汴州信宿而近梁軍父母妻子皆在其中而梁人家國繫此一舉吾以深入之兵當其必死之戰可以計勝而難與力爭也且吾軍先至此糧爨具而營柵完是謂以逸待勞之師也王宜按軍無動而臣請以騎軍擾之使其營柵不得成樵爨不暇給

因其勞乏而乘之可以勝也莊宗曰吾軍河上終日俟敵今見敵不擊復何為乎顧李存審曰公以輜重先吾為公殿還督軍而出德威謂其子曰吾不知死所矣前遇梁軍而陣王居中鎮定之軍居左德威之軍居右而輜重次右之西兵已接莊宗率銀槍軍馳入梁陣梁軍小敗犯晉輜重輜重見梁朱旗皆驚走入德威軍德威軍亂梁軍乘之德威父子皆戰死莊宗與諸將相持而哭曰吾不聽老將之言而使其父子至此莊宗即位贈德威太師明宗時加贈太尉配

享莊宗廟晉高祖追封德威燕王子光輔官至刺史

符存審　子彥超　彥饒　彥卿

符存審字德詳陳州宛丘人也初名存少微賤嘗犯法當死臨刑拍旁壞垣顧主者曰願就死于彼冀得垣土覆尸主者哀而許之為從垣下而主將方飲酒顧其愛妓思得善歌者佐酒妓言有符存常為妾歌甚善主將馳騎召存審而存審以從垣下故未加刑因往就召使歌而悅之存審因得不死其後事李罕之從罕之歸晉

晉王以為義兒軍使賜姓李氏名存審從晉王擊李匡儔為前鋒破居庸關又從擊王行瑜破龍泉寨以功遷檢校左僕射從李嗣昭攻汾州執李瑭遷左右廂步軍指揮使又從嗣昭攻潞州降丁會從周德威破梁夾城遷沂州刺史蕃漢馬步軍指揮使晉趙攻燕梁救燕擊趙深州圍脩縣存審與史建瑭軍下博擊走梁軍還領邢州團練使魏博叛梁降晉存審為前鋒屯臨清莊宗入魏存審殿軍魏縣與劉鄩相距於莘西從莊宗敗鄩於故元城閻寶以邢州降乃以

存審爲安國軍節度使毛璋以滄州降徙存審橫海加同中書門下平章事契丹圍幽州是時晉與梁相持河上欲發兵兵少欲勿救懼失之莊宗疑以問諸將而存審獨以爲當救曰願假臣騎兵五千足矣乃遣存審分兵救之卒擊走契丹從戰胡柳陂晉軍晨敗亡周德威存審與其子彥圖力戰暮復敗梁軍於土山遂取德勝築河南北爲兩城晉人謂之夾寨遷內外蕃漢馬步軍揔管梁朱友謙以河中同州降晉梁遣劉鄩攻同州友謙求救乃遣存審與李嗣昭救之河中兵少而弱梁人素易之且不虞晉軍之速至也存審選精騎二百雜河中兵出擊鄩壘陽敗而走鄩兵追之晉騎反擊獲其騎兵五十梁人知其晉軍也皆大驚於河中糧少而新降人心頗持兩端晉軍屯朝邑諸將皆欲速戰存審曰使梁軍知吾利於速戰則將夾渭而營斷我餉道以持久困我則進退不可敗之道也不若緩師示弱伺隙出奇可以取勝乃按軍不動居旬日望氣者言有黑氣狀如鬭鷄存審曰可以一戰矣乃進軍擊鄩大敗之鄩閉壁不復出存

審曰鄩兵已敗不如逃之乃休士卒遣裨將王建及牧馬于沙苑鄩以謂晉軍且懈乃夜遯去存審追擊于渭河又大敗之張文禮弒趙王王鎔晉遣閻寶李嗣昭等攻之至輒戰死最後遣存審破之存審爲將有機略大小百餘戰未嘗敗衄與周德威齊名德威死晉之舊將獨存審在契丹攻遮虜乃以存審爲盧龍軍節度使時存審已病辭不肯行莊宗使人慰諭彊遣之莊宗滅梁入洛存審自以身爲大將不得與破梁之功怏怏疾益甚因請朝京師是時郭崇韜權位已重然其名望素出存審下不樂其來而加已上因沮其事存審妻郭氏泣訴于崇韜曰吾夫於國有功而於公鄉里之舊柰何忍令死棄窮野崇韜愈怒存審章累上輒不許存審伏枕嘆曰老夫事二主四十年今日天下一家四夷遠俗至于亡國之將射鉤斬袪之人皆得親見天子奉觴爲壽而獨予棄死於此豈非命哉崇韜度存審病已亟乃請許其來朝徙存審宣武軍節度使卒于幽州臨終戒其子曰吾少提一劍去鄉里四十年間取將相然履鋒冒刃出死

入生二而得至此也因出其平生身所中矢鏃百餘而示之曰爾其勉哉存審三子彥超彥饒彥卿彥超為汾州刺史郭從謙弒莊宗明宗入洛陽是時彥超為北京巡檢永王存霸奔于大原彥超見留守張憲謀之憲儒者事莊宗最久不忍背因欲納之彥超不從存霸遂見殺明宗即位彥超來朝明宗德之勞曰河東無事賴爾之力也以為建雄軍留後遷北京留守徙鎮昭義罷為上將軍復為泰寧軍節度使又徙安遠彥超主藏奴王希全盜其貲彥超稍責之奴懼夜

叩其門言有急彥超出見殺贈大尉次子彥饒為汴州馬步軍都指揮使天成元年發汴兵三千戍瓦橋關控鶴指揮使張諫為亂殺權知州高逖迫彥饒為帥彥饒陽許之曰欲吾為帥當止焚掠明日以軍禮見吾於南衙乃陰與拱衙指揮使龐起伏甲于衙內明日諫等皆集伏兵發誅諫等殺四百餘人即日牒州事與推官韋儼明宗下詔褒其忠略其後累遷彰聖都指揮使歷曹沂饒三州刺史清泰三年自饒州刺史拜忠正軍節度使侍衛馬步軍都指揮使晉高

祖起大原彥饒以侍衛兵從廢帝至河陽廢帝敗晉高祖以揚光遠代彥饒將親軍從彥饒義成軍節度使范延光反白奉進以侍衛兵三千屯滑州兵士犯法奉進捕得五人其三人義成兵也因并斬之彥饒怒明日奉進從數騎過彥饒謝不先告而殺彥饒曰軍士各有部分義成兵卒豈公所得斬邪何無主客之禮也奉進怒曰軍士犯法安有彼此且僕已自謝過而公怒不息欲與延光同反邪拂衣而起彥饒不復留之其麾下大譟追奉進殺之彥饒不之止也已

而屯駐軍將馬萬等聞亂以兵擒彥饒送之京師遂以彥饒應延光反聞行至赤岡高祖使人殺之下詔削奪在身官爵彥饒與晉初無嫌隙以一旦之忿不能馭其軍殺奉進已非其本意以反見誅非其罪也

史建瑭 子匡翰

史建瑭鴈門人也晉王為鴈門節度使其父敬思為九府都督從晉王入關破黃巢復京師擊秦宗權于陳州嘗將騎兵為先鋒晉王東追黃巢于冤朐還過梁軍其城北梁王置酒上源驛

獨敬思與薛鐵山賀回鶻等十餘人侍晉王醉留宿梁驛梁兵夜圍而攻之敬思登驛樓射殺梁兵十餘人會天大雨晉王得與從者俱去縋尉氏門以出而敬思為梁追兵所得見殺建瑭少事軍中為裨校自晉降丁會與梁相距於潞州建瑭已為晉兵先鋒梁兵數為建瑭所殺相戒常避史先鋒梁遣王景仁攻趙晉軍救趙建瑭以先鋒兵出井陘戰于柏鄉梁軍為方陣分其兵為二汴宋之軍居左魏滑之軍居右周德威擊其左建瑭擊其右梁軍皆走遂大敗之以功

加檢校左僕射天祐九年晉攻燕燕王劉守光乞師于梁梁太祖自將擊趙圍棗彊蓨縣是時晉精兵皆北攻燕獨符存審與建瑭以三千騎屯趙州梁軍已破棗彊存審扼下博橋建瑭分其麾下五百騎為五隊一之衡水一之南宮一之信都一之阜城而自將其一約各取梁芻牧者十人會下博至暮擒梁兵數十皆殺之各留其一人縱使逸去告之曰晉王軍且大至明日建瑭率百騎為梁旗幟雜其芻牧者暮叩梁營殺其守門卒縱火大呼斬擊數十百人而梁芻

牧者所出各遇晉兵有所亡失其縱而不殺者歸而皆言晉軍且至梁太祖夜拔營去蓨縣人追擊之梁軍棄其輜重鎧甲不可勝計梁太祖方病由是增劇而晉軍以故得并力以收燕者二人之力也後從莊宗入魏博敗劉鄩於故元城累以功歷貝相二州刺史十八年晉軍討張文禮於鎮州建瑭以先鋒兵下趙州執其刺史王鋌兵傅鎮州建瑭攻其城門中流矢卒年四十二建瑭子匡翰尚晉高祖女是為魯國長公主匡翰為將沉毅有謀而接下以禮與部曲語

未嘗不名歷天雄軍步軍都指揮使彰聖馬軍都指揮使事晉為懷和二州刺史鄭州防禦使義成軍節度使所至兵民稱慕之史氏世為將而匡翰好讀書尤喜春秋三傳與學者講論終日無倦義成軍從事關澈尤嗜酒嘗醉罵匡翰曰近聞張彥澤臠張式未見史匡翰斬關澈天下談者未有偶爾匡翰不怒引滿自罰而慰勉之人皆服其量卒年四十

王建及

王建及許州人也少事李罕之從罕之奔晉為

臣衛指揮使梁晉戰柏鄉相距鄗邑野河上鎮
定兵扼河橋梁兵急擊之莊宗登高臺望見鎮
定兵將敗顧建及曰橋爲梁奪則吾軍危矣李
何建及選二百人馳擊梁兵梁兵敗解去從戰
莘縣故元城皆先登陷陣以功累拜遼州刺史
將銀槍效節軍晉攻楊劉建及躬自負葭葦堙塹
先登拔之從戰胡柳晉兵已敗與梁爭土山梁
兵先至登山而陣莊宗至山下望梁陣堅而整
呼其軍曰今日之戰得山者勝因馳騎犯之建
及以銀槍軍繼進梁兵下走陣山西晉兵遂得

土山諸將皆言潰兵未集日暮不可戰閻寳曰
彼陣山上吾在其下尚能擊之況以高而擊下
不可失也建及以爲然因白莊宗曰請登高望
臣破敵即呼衆曰今日所失輜重皆在山西盍
往取之即馳犯梁陣梁兵大敗晉遂軍德勝爲
南北城于河上梁將賀瓌攻其南城以竹笮維
戰艦于河晉兵不得渡南城危甚莊宗積金帛
於軍門募能破梁戰艦者至於吐火禁呪莫不
皆有建及重鎧執矟呼曰梁晉一水間爾何必
巧爲吾今破之矣即以大甕積薪自上流縱火

焚艦建及以二舟載甲士隨之斧其竹笮梁
兵皆走晉軍乃得渡救南城瓌圍解去自莊宗
得魏博建及將銀槍效節軍建及爲將喜以家
貲散士卒莊宗遣宦官韋令圖監其軍令圖言
建及得士心懼有異志不可令典牙兵即以爲
代州刺史建及快快而卒年五十七

元行欽

元行欽幽州人也爲劉守光裨將守光慕其父
仁恭使行欽以兵攻仁恭於大安山而囚之又
使行欽害諸兄弟其後晉攻幽州守光使行欽

募兵雲朔間是時明宗掠地山北與行欽相拒
廣邊軍凡八戰明宗七射中行欽行欽拔矢而
戰亦射明宗中股行欽屢敗乃降明宗撫其背
而飲以酒曰壯士也因養以爲子常從明宗戰
數立功莊宗已下魏益選驍將自衛聞行欽驍
勇取之爲散員都部署賜姓名曰李紹榮莊宗
好戰而輕敵與梁軍戰潘張軍敗而潰莊宗得
三四騎馳去梁兵數百追及攢矟圍之行欽望
其旗而識之馳一騎奮劒斷其二手斬首一級
梁兵解去莊宗還營持行欽泣曰富貴與卿共

之由是寵絕諸將拜忻州刺史遷武寧軍節度
使莊宗宴群臣於內殿酒酣樂作道平生戰陣
事以爲笑樂而怪行欽不在因左右顧視曰紹
榮安在所司奏曰奉敕宴使相紹榮散官不得
與也莊宗罷會不樂明日即拜行欽同中書門
下平章事自此不召羣臣入內殿但宴武臣而
已趙在禮反於魏莊宗方選大將擊之劉皇后
曰此小事可趣紹榮指揮乃以爲鄴都行營招
撫使將二千人討之行欽攻鄴南門以詔書招
在禮在禮送羊酒犒軍登城謂行欽曰將士經

年離去父母不取敕旨奔歸上貽聖憂追悔何
及若公善爲之辭尚能改過自新行欽曰天子
以汝等有社稷之功小過必當赦宥在禮再拜
以詔書示諸軍皇甫暉從旁奪詔書壞之軍士
大譟行欽具以聞莊宗大怒敕行欽破城之日
無遺種乃益召諸鎮兵皆屬行欽行欽屯澶州
分諸鎮兵爲五道毀民車輪門扉屋椽爲筏渡
長慶河攻冠氏門不克是時邢洺諸州相繼皆
叛而行欽攻鄴無功莊宗欲自將以往羣臣皆
諫止乃遣明宗討之明宗至魏軍城西行欽軍

城南而明宗軍變入于魏與在禮合行欽聞之
退屯衛州以明宗反聞莊宗遣金槍指揮使李
從璟馳詔明宗計事從璟明宗子也行至衛州
而明宗已反行欽乃縶從璟將殺之從璟請還
京師乃許之明宗自魏縣引兵南行欽率兵趨
還京師從莊宗幸汴州行至滎澤聞明宗已渡
黎陽莊宗復遣從璟通問于明宗行欽以爲不
可因擊殺從璟明宗入汴州莊宗至萬勝鎮不
得進與行欽登道旁冢置酒相顧泣下有野人
獻雉問其冢名野人曰愁臺也莊宗益不悅因

罷酒去西至石橋置酒野次莊宗謂行欽曰卿
等從我久富貴急難無不同也今茲危蹙而默
默無言坐視成敗我至滎澤欲單騎渡河自求
總管卿等各陳利害今日俾我至此卿等何如
行欽泣而對曰臣本小人蒙陛下撫養位至將
相危難之時不能報國雖死無以塞責因與諸
將百餘人皆解髻斷髮置之于地誓以死報君
臣相持慟哭莊宗還洛陽數日復幸汜水郭從
謙反莊宗崩行欽出奔行至平陸爲野人所執
送虢州刺史石潭折其兩足載以檻車送京師

明宗見之罵曰我兒何負於爾行欽瞋目直視曰先皇帝何負於爾乃斬于洛陽市市人皆爲之流涕

嗚呼死之所以可貴者以其義不苟生爾故曰主在與在主亡與亡者社稷之臣也方明宗之兵變于魏諸將未知去就而行欽獨以反聞又殺其子從璟至於斷髪自誓其誠節有足嘉矣及莊宗之崩不能自決而反逃死以求生終於被執而見殺其言雖不屈而死非其志也烏足貴哉

安金全

安金全代北人也爲人驍果工騎射號能擒生踏伏事晉爲騎將數從莊宗用兵有功官至刺史以疾居于太原莊宗已下魏博與梁相距河上梁將王檀襲太原晉兵皆從莊宗于河上太原無備監軍張承業大恐率諸司工匠登城扞禦而外攻甚急金全彊起謂承業曰太原晉之根本也一旦不守則大事去矣老夫誠憊矣然尚能爲公破賊承業喜授以甲兵金全被甲跨馬召率子弟及故將吏得百餘人夜出北門擊

檀於羊馬城中檀軍驚潰而晉救兵稍至然莊宗不以金全爲能終其世不録其功金全與明宗有舊明宗即位拜金全振武軍節度使同中書門下平章事在鎮二年召還京師以疾卒

袁建豐

袁建豐不知其世家也晉王討黄巢至華陰闌得之時方九歲愛其俊爽收養之長習騎射爲鐵林都虞候從擊王行瑜李匡威以功遷突陣指揮使從莊宗破夾城戰柏鄉遷左廂馬軍指揮使明宗爲衙内指揮使建豐爲副使從莊宗

入魏取衛磁洺三州拜洺州刺史擊梁將王千斬首千餘級獲其將校七十餘人遷相州刺史從戰胡柳指揮使孟謙據相州叛建豐還討平之徙隰州刺史病風廢明宗即位以舊恩召還京師親幸其第撫慰甚厚加檢校太尉遥領鎮南軍節度使俾食其俸以卒贈太尉

西方鄴

西方鄴定州滿城人也父再遇爲汴州軍校鄴居軍中以勇力聞年二十南渡河游梁不見用復歸莊宗于河上莊宗以爲孝義指揮使數從

征伐有功同光中爲曹州刺史以州兵屯汴州明宗自魏反兵南渡河而莊宗東幸汴州汴州節度使孔循懷二志使北門迎明宗西門迎莊宗所以供帳委積如一曰先至者入之鄴因責循曰主上破梁而得公有不殺之恩柰何欲納揔管而負國循不荅鄴度循不可爭而石敬瑭妻明宗女也時方在汴鄴欲殺之以堅人心循知其謀取藏其家鄴無如之何而明宗已及汴乃將五百騎西迎莊宗於汜水嗚咽泣下莊宗亦爲之噓唏乃使以兵爲先鋒莊宗至汴西不

得入還洛陽遇弑明宗入洛鄴請死於馬前明宗嘉歎久之明年荆南高季興叛明宗遣襄州節度使劉訓等招討而以東川董璋爲西南面招討使乃拜鄴夔州刺史副璋以兵出三峽已而訓等無功見黜諸將皆罷璋亦嘗出兵惟鄴獨取三州乃以夔州爲寧江軍拜鄴節度使已而又取歸州數敗季興之兵鄴武人所爲多不中法度判官譚善達數以諫鄴怒遣人告善達受人金下獄善達素剛辭益不遜遂死于獄中鄴病見善達爲祟卒于鎮　二十五卷終

五代史記卷第二十六

唐臣傳第十四

符習

符習趙州昭慶人也少事趙王王鎔爲軍校自晉救趙破梁軍柏鄉趙常遣習將兵從晉晉軍德勝張文禮殺趙王王鎔上書莊宗求習歸趙莊宗遣之習號泣曰臣世家趙受趙王恩王嘗以一劒與臣使自効今聞王死欲以劒自裁念卒無益請擊趙破賊報王冤莊宗壯之乃遣閻寶史建瑭等助習討文禮以習爲鎮州兵馬留後

習攻文禮不克莊宗用佗將破之拜習成德軍節度使習辭不敢受乃以相衛二州爲義寧軍以習爲節度使習辭曰魏博六州霸王之府也不宜分割以示弱願授臣河南一鎮得自攻取之乃拜習天平軍節度使東南面招討使習亦未嘗攻取後徙鎮安國又徙平盧趙在禮作亂遣習以鎮兵討賊習未至魏而明宗兵變習不敢進明宗遣人招之習見明宗於胙縣而以明宗舉兵不順去就之意未決霍彥威紿習曰主上所殺者十人公居其四復何猶豫乎習意乃

決平盧監軍楊希望聞習爲明宗所召乃以兵圍習家屬將殺之指揮使王公儼素爲希望所信紿希望曰內侍盡忠朝廷誅反者家族孰敢不效命宜分兵守城以虞外變習家不足慮也希望信之乃悉分其兵守城公儼因擒希望斬之習家屬由是獲免而公儼宣言青人不便習之嚴急不欲習復來因自求爲節度使明宗乃以房知溫代習鎮平盧拜公儼登州刺史公儼不時承命知溫擒而殺之習復鎮天平徙鎮宣武習素爲安重誨所不悅希其旨者上言習厚斂

汴人乃以太子太師致仕歸昭慶故里明宗以其子令謙爲趙州刺史以奉養之習以無罪怏怏失職縱獵劇飲以自娛居歲餘中風卒贈太師習二子令謙令諭令謙有勇力善騎射以父任爲將官至趙州刺史有善政卒于州州人號泣送葬者數千人當時號爲良刺史令諭少好學性剛鯁爲成德軍節度副使後事晉官至禮部侍郎

烏震

烏震冀州信都人也少事趙王王鎔爲軍卒稍

以功遷裨校隸符習軍習從莊宗于河上而鎔爲張文禮所弑震從習討文禮而家在趙文禮執震母妻及子十餘人以招震震不顧文禮乃自斷其手鼻割而不誅縱至習軍軍中皆不忍正視震一慟而止憤激自勵身先士卒晉軍攻破鎮州震以功拜刺史歷深趙二州震爲人純質少好學通左氏春秋喜作詩善書及爲刺史以廉平爲政有聲遷冀州刺史兼北面水陸轉運使明宗聞其名擢拜河北道副招討使領寧國軍節度使代房知溫戍于盧臺軍始至而戍

兵龍晊等作亂見殺贈太師

嗚呼忠孝以義則兩得吾既已言之矣若烏震者可謂忠乎甚矣震之不思也夫食人之祿而任人之事事有任專其責而其國之利害由己之爲不爲爲之雖利於國而有害於其親者猶將辭其祿而去之矧其事衆人所皆可爲而任不專己又其爲與不爲國之利害不繫焉者如是而不顧其親雖不以爲利猶曰不孝況因而利之乎夫能事其親以孝然後能事其君以忠若烏震者可謂大不孝矣尚何有於忠哉

孔謙

孔謙魏州人也爲魏州孔目官魏博入于晉莊宗以爲度支使謙爲人勤敏而傾巧善事人莊宗及其左右皆悅之自少爲吏工書筭頗知金穀聚斂之事晉與梁相拒河上十餘年大小百餘戰謙調發供饋未嘗闕乏所以成莊宗之業者謙之力爲多然民亦不勝其苦也莊宗初建大號謙自謂當爲租庸使而郭崇韜用魏博觀察使判官張憲爲使以謙爲副謙已怏怏旣而莊宗滅梁謙從入汴謂崇韜曰鄴北都也宜得重人鎮之非張憲不可崇韜以爲然因以憲留守北都而以宰相豆盧革判租庸謙益失望乃陰求革過失而革嘗以手書假租庸錢十萬謙因以書示崇韜而微泄其事使革聞之革懼遂求解職以讓崇韜崇韜亦不肯當莊宗問誰可者崇韜曰孔謙雖長於金穀而物議未可居大任不若復用張憲乃趣召憲憲爲人明辯人頗忌之謙因乘間謂革曰租庸錢穀悉在目前委一小吏可辦鄴都天下之重不可輕以任人革以語崇韜崇韜罷憲不召以興唐尹王正言爲

租庸使謙益憤憤因求解職莊宗怒其避事欲寘之法賴伶官景進救解之乃止已而正言病風不任事景進數以爲言乃罷正言以謙爲租庸使賜豐財贍國功臣謙無佗能直以聚斂爲事莊宗初即位推恩天下除百姓田租放諸場務課利欠負者謙悉違詔督理故事觀察使所治屬州事皆不得專達上所賦調亦下觀察使行之而謙直以租庸帖調發諸州不關觀察觀察使交章論理以謂制勅不下支郡刺史不專奏事唐制也租庸直帖沿僞梁之弊不可爲法今唐運中興願還舊制詔從其請而謙不奉詔卒行直帖又請減百官俸錢省罷節度觀察判官推官等員數以至鄣塞天下山谷徑路禁止行人以收商旅征筭遣大程官放猪羊柴炭占庇人戶更制括田竿尺盡率州使公廨錢由是天下皆怨苦之明宗立下詔暴謙罪斬于洛市籍沒其家遂罷租庸使額分鹽鐵度支戶部爲三司

張延朗

張延朗汴州開封人也事梁以租庸吏爲鄆州

糧料使明宗克鄆州得延朗復以爲糧料使後徙鎮宣武成德以爲元從孔目官明宗即位爲莊　宅使宣徽北院使忠武軍節度使長興元年拜三司使唐制戶部度支以本司郎中侍郎判其事而有鹽鐵轉運使其後用兵以國計爲重遂以宰相領其職乾符已後天下喪亂國用愈空始置租庸使用兵無常隨時調斂兵罷則止梁興始置租庸使領天下錢穀廢鹽鐵戶部度支之官莊宗滅梁因而不改明宗入立誅租庸使孔謙而廢其使職以大臣一人判戶部度

支鹽鐵號曰判三司延朗因請置三司使事下中書中書用唐故事拜延朗特進工部尚書充諸道鹽鐵轉運等使兼判戶部度支事詔以延朗充三司使班在宣徽使下三司置使自此始延朗號爲有心計以三司爲己任而天下錢穀亦無所建明明宗常出遊幸召延朗共食延朗不至附使者報曰三司事忙無暇聞者笑之歷泰寧雄武軍節度使廢帝以爲吏部尚書兼中書門下平章事判三司晉高祖有異志三司財貨在太原者延朗悉調取之高祖深以爲恨晉

兵起廢帝欲親征而心畏高祖遲疑不決延朗與劉延朗等勸帝必行延朗籍諸道民爲丁及括其馬丁馬未至晉兵入京師高祖得延朗殺之

李巖

李巖幽州人也初名讓坤事劉守光爲刺史後事莊宗爲客省使巖爲人明敏多藝能習騎射頗知書而辯同光三年使于蜀爲王衍陳唐興復功德之盛音辭清亮蜀人聽之皆竦動衍樞密使宋光嗣召巖置酒從容問中國事巖對曰

前年天子建大號于鄴宮自鄆趨汴定天下不旬日而梁之降兵猶三十萬東漸于海西極甘涼北懾幽陵南踰閩嶺四方萬里莫不臣妾而淮南楊氏承累世之彊鳳翔李公恃先朝之舊皆遣子入侍稽首稱藩至荊湖吳越修貢賦效珍奇願自比於列郡者至無虛月天子方懷之以德而震之以威天下之勢不得不一也光嗣曰荊湖吳越非吾所知若鳳翔則蜀之姻親也其人反覆其可信乎又聞契丹日益彊盛大國其可無慮乎巖曰契丹之彊孰與僞梁光嗣曰

比梁差少爾嚴曰唐滅梁如拉朽況其不及乎唐兵布天下發一鎮之衆可以滅虜使無類然而天生四夷不在九州之內自前古王者皆存而不論盖不欲窮兵黷武也蜀人聞嚴應對愈益奇之是時蜀之君臣皆庸暗而恃險自安窮極奢僭嚴自蜀還具言可取之狀初莊宗遣嚴以名馬入蜀市珍奇以充後宮而蜀法嚴禁以奇貨出劒門其非奇物而出者名曰入草物由是嚴無所得而還惟得金二百兩地衣毛布之類莊宗聞之大怒曰物歸中國謂之入草王衍

三百六十小九　五代史二十六　八　文

其能免爲入草人乎於是決議伐蜀冬魏王繼岌西伐以嚴爲三川招撫使與康延孝以兵五千先行所過州縣皆迎降延孝至漢州王衍告曰得李嚴來即降衆皆以伐蜀之謀自嚴始而衍怨嚴深不宜往嚴聞之喜即馳騎入益州衍見嚴以妻母爲託即日以蜀降嚴還明宗以爲泗州防禦使客省使如故其後孟知祥屈彊於蜀安重誨稍裁抑之思有以制知祥者嚴乃求爲西川兵馬都監將行其母曰汝前啓破蜀之謀今行其以死報蜀人矣嚴不聽初嚴與知祥同

李嚴

事莊宗時知祥爲中門使嚴嘗有過莊宗怒甚命斬之知祥戒行刑者少緩入白莊宗曰嚴小過不宜以喜怒殺人恐失士大夫心莊宗怒稍解命知祥監笞嚴二十而釋之知祥雖與嚴有舊恩而惡其來蜀人聞嚴來亦皆惡之嚴至知祥置酒從容問嚴曰朝廷以公來邪公意自欲來邪嚴曰君命也知祥發怒曰天下藩鎮皆無監軍安得爾獨來此此乃孺子熒惑朝廷爾即擒斬之明宗不能詰也知祥由此遂反

李仁矩

大三了四二小十二　五代史二十六　九　遠

李仁矩不知其世家少事明宗爲客將明宗即位以爲客省使左衞大將軍明宗祀天南郊東西川當進助禮錢使仁矩趣之仁矩恃恩驕恣見藩臣不以禮東川節度使董璋置酒召仁矩仁矩辭醉不往於傳舍與倡妓飲璋怒率衙兵露刃之傳舍仁矩惶恐不襪而靴走庭中璋責之曰爾以西川能斬李嚴謂我獨不能斬爾邪顧左右牽出斬之仁矩涕泣拜伏謝罪乃止明日璋置酒召仁矩見其妻子以厚謝之仁矩還言璋必反仁矩素爲安重誨所親信自璋有異

李嚴　李仁矩

志重誨思有以制之乃分東川之閬州爲保寧軍以仁矩爲節度使遣姚洪將兵戍之璋以書至京師告其子光業曰朝廷割我支郡分建節鉞又以兵戍之是將殺我也若唐復遣一騎入斜谷吾反必矣與汝自此而決光業私以書示樞密承旨李虔徽使白重誨重誨不省仁矩至鎮伺璋動靜必以聞璋益疑懼遂決反重誨又遣荀咸乂將兵益戍閬州光業亟言以爲不可重誨不聽咸乂未至璋已反攻閬州仁矩召將校問策皆曰璋有二心久矣常以利啖吾兵兵

大三又二十小十二　五代史二十六　十　済

未可用而賊鋒方銳宜堅壁以挫之守旬日大軍必至賊當自退仁矩曰蜀懦安能當我精銳之師即驅之出戰兵未交而潰仁矩被擒并其家屬皆見殺

毛璋

毛璋滄州人也梁末戴思遠爲横海軍節度使璋事思遠爲軍校晉已下魏博思遠棄滄州出奔璋以滄州降晉以功爲貝州刺史璋爲人有膽勇自晉與梁相拒河上璋累戰有功莊宗滅梁拜璋華州節度使在鎮多不法議者疑其有

李仁矩　毛璋

異志乃徙璋鎮昭義璋初欲拒命其判官邊蔚切諫諭之乃聽命璋累歷藩鎮又在華州得魏王繼岌伐蜀餘貲既富而驕益爲淫侈嘗服赭袍飲酒使其所得蜀妓爲王衍宮中之戲于前明宗聞而惡之召爲金吾上將軍東川董璋上書言璋遣子廷贇持書往西川疑其有姦明宗乃遣人追還廷贇并璋下御史獄廷贇款稱實璋假子有叔父在蜀欲往省之而無私書璋無罪名有司議璋前任藩鎮陰畜異圖及處班行不慎行止乃停璋見任官勒還私第初廷贇之

三刀四十小四个　十一　廷

蜀與其客趙延祚俱及召下獄延祚多据璋陰事欲言之璋許延祚重賂以滅口既出而責賂於璋璋不與延祚乃詣臺自言并璋復下獄鞫之無狀中丞呂夢奇議曰璋前經推劾已蒙昭雪而延祚以責賂之故復加織羅乃稍有璋璋款上有告者言夢奇受賂而劾獄不盡乃移軍巡獄獄吏希旨鍛鍊其事璋具伏許賂延祚而未與嘗以馬借夢奇而無受賂璋坐長流儒州已而令所在賜自盡

五代史記卷第二十六

毛璋

五代史記卷第二十七

唐臣傳第十五

朱弘昭 馮贇附

朱弘昭太原人也少事明宗為客將明宗即位為文思使與安重誨有隙故常使于外董璋為東川節度使乃以弘昭為副使西川孟知祥殺其監軍李嚴弘昭大懼求還京師璋不許遂相猜忌弘昭益開懷待之不疑璋頗重其為人後璋有軍事遣弘昭入朝弘昭乃免還左衛大將軍內客省使宣徽南院使鳳翔節度使孟知祥

反石敬瑭伐蜀久無功明宗遣安重誨督軍是時重誨已有間重誨至鳳翔弘昭迎謁禮甚恭延重誨于家使其妻妾侍飲食重誨以弘昭厚己酒酣具言蒙夫子厚恩而所以讒間之端因泣下弘昭即奏言重誨怨望又陰遣人馳告敬瑭使拒重誨會敬瑭以糧餉不繼遽燒營返軍重誨亦以被讒召還過鳳翔弘昭閉門不納重誨由此得罪死樞密使范延光尤惡弘昭為人罷為左武衛上將軍宣徽南院使久之為山南東道節度使是時明宗已病而秦王從榮禍

有端唐諸大臣皆欲引去以避禍樞密使范延光趙延壽日夕更見涕泣求去明宗怒而不許延壽使其妻興平公主入言於中延光亦因孟漢瓊王淑妃進說故皆得罷以弘昭及馮贇代延壽延光弘昭入見辭曰臣廝養之才不足當大任明宗叱之曰公等皆不欲在吾目前邪吾養公等安用弘昭惶恐乃視事馮贇者亦太原人也其父璋事明宗為閽者贇為兒時以通黠為明宗所愛明宗為節度使以贇為進奏官明宗即位即為客省使宣徽北院使歷河東忠武節度使三司使明宗病甚大臣稀得進見而孟

漢瓊王淑妃用事弘昭及贇並掌機務於中大事皆決此四人及殺秦王而立愍帝益自以為功又其所用多非其人給事中陳乂為人險譎好陰謀嘗事梁張漢傑又事郭崇韜兩人皆輒敗死弘昭乃引以為樞密直學士而用其謀是時弘昭贇遣漢瓊至魏召愍帝入立而留漢瓊權知後事明年正月漢瓊請入朝弘昭贇乃議徙成德范延光代漢瓊北京留守石敬瑭代延光鳳翔潞王從珂代敬瑭三人者皆唐大臣以

漢瓊故輕易其地又不降制書第遣使者監其
上道從珂由此遂反從珂兵已東愍帝大懼遣
人召弘昭計事弘昭謂其客穆延暉曰上召我
急將罪我也吾兒婦君之女也其以歸無使及
禍乃拔劍大哭欲自裁而家人止之使者促弘
昭入見甚急弘昭呼曰窮至此邪乃自投于井
以死安從進聞之亦殺贇于家贇母新死子母
棄尸于道妻子皆見殺贇有子三歲其故吏張
守素匿之以免漢高祖即位贈弘昭尚書令贇
中書令

劉延朗

劉延朗宋州虞城人也初廢帝起於鳳翔與共
事者五人節度判官韓昭胤掌書記李專美牙
將宋審虔客將房暠而延朗為孔目官初愍帝
即位徙廢帝為北京留守不降制書遣供奉官
趙處愿促帝上道帝疑惑召昭胤等計議昭胤
等皆勸帝反由是事無大小皆此五人謀之而
暠又喜鬼神巫祝之說有瞽者張濛自言事太
白山神神魏崔浩也其言吉凶無不中暠素信
之嘗引濛見帝聞其語聲驚曰此非人臣也暠

使濛問於神神傳語曰三珠併一珠驢馬沒人
驅歲月甲庚午中興戊己土暠不曉其義使問
濛濛曰神言如此我能傳之不能解也帝即以
濛為館驛巡官帝將反而兵少又乏食由此甚
懼使暠問濛濛傳神語曰王當有天下可無憂
於是決反使專美作檄書言朱弘昭馮贇幸明
宗病殺秦王而立愍帝帝年少小人用事離間
骨肉將問罪於朝遣使者馳告諸鎮皆不應獨
隴州防禦使相里金遣其判官薛文遇計事帝
得文遇大喜而延朗調率城中民財以給軍王

思同率諸鎮兵圍鳳翔廢帝懼又遣暠問神神
曰王兵少東兵來所以迎王也已而東兵果叛
降于帝帝入京師即位之日受冊明宗柩前冊
曰維應順元年歲次甲午四月庚午朔帝回顧
暠曰張濛神言豈不驗哉由是暠益見親信而
專以巫祝用事帝既立以昭胤為左諫議大夫
端明殿學士專美為比部郎中樞密院直學士
審虔為皇城使暠為宣徽北院使延朗為莊宅
使久之昭胤暠為樞密使延朗為副使審虔為
侍衛步軍都指揮使而薛文遇亦為職方郎中

樞密院直學士由是審虔將兵專美文遇王謀
議而昭胤暠及延朗掌機密初帝與晉高祖俱
事明宗而心不相悦帝既入立高祖不得已來
朝而心頗自疑欲求歸鎮且難言之乃陽爲羸
疾灸灼滿身冀帝憐而遣之延朗等多言敬瑭
可留京師昭胤專美曰敬瑭與趙延壽皆尚唐
公主不可獨留乃復授高祖河東而遣之是時
契丹數寇北邊以高祖爲大同振武威塞彰國
等軍蕃漢馬步軍都揔管屯于忻州而屯兵忽
譟擁高祖呼萬歲高祖懼斬三十餘人而後止

於是帝益疑之是時高祖悉握精兵在北饋運
芻糧遠近勞弊帝與延朗等日夕謀議而專美
文遇迭宿中興殿廬召見訪問常至夜分而罷
是時高祖弟重胤爲皇城副使而石氏公主母
曹太后居中因得伺帝動靜言語以報高祖高
祖益自危懼每帝遣使者勞軍即陽爲羸疾不
自堪因數求解揔管以探帝心是時帝母魏氏
追封宣憲皇太后而墓在太原有司議立寢宮
高祖建言陵與民家墓相雜不可立宮帝疑高
祖欲毀民墓爲國取怨帝由此發怒罷高祖揔

管徙鄆州延朗等多言不可而司天趙延義亦
言天象失度宜安靜以弭災其事遂止後月餘
文遇獨直帝夜召之語罷敬瑭事文遇曰臣聞
作舍道邊三年不成國家之事斷在陛下且敬
瑭徙亦反不徙亦反遲速爾不如先事圖之
帝大喜曰術者言朕今年當得一賢佐以定天
下卿其是邪乃令文遇手書除目夜半下學士
院草制明日宣制文武兩班皆失色居五六日
敬瑭以反聞敬瑭上書言帝非明宗子而許王
從益次當立帝得書大怒手壞而投之召學士

馬胤孫爲答詔曰宜以惡語詆之延朗等請帝
親征帝心憂懼常惡言敬瑭事每戒人曰爾無
說石郎令我心膽墮地由此不欲行而延朗等
屢迫之乃行至懷州帝夜召李崧問以計策文
遇不知而繼至帝見之色變崧躡其足文遇乃
出帝曰我見文遇肉顫欲抽刀刺之崧曰文遇
小人致誤大事刺之益醜乃已是時契丹已立
敬瑭爲天子以兵而南帝惶惑不知所之遣審
虔將千騎至白馬坡踏戰地審虔曰何地不堪
戰雖有其地何人肯立于此不如還也帝遂還

自晉高祖入京師延朗等六人皆除名爲民初
延朗與暠並掌機密延朗專任事諸將當得州
者不以功次爲先後納賂多者得善州少及無
賂者得惡州或久而不得由是人人皆怨暠心
患之而不能爭也但曰飽食高枕而已每延朗
議事則垂頭陽睡不省及晉兵入延朗以一騎
走南山過其家指而嘆曰吾積錢三十萬于此
不知何人取之遂爲追兵所殺晉高祖聞暠常
不與延朗事哀之後復以爲將歲餘卒專美事
晉爲大理卿開運中卒當晉之將起廢帝以昭

忱三百卅九 五代史卅三 七 遠

胤爲中書侍郎同中書門下平章事出爲河陽
節度使與暠慶文遇皆不知其所終
嗚呼禍福成敗之理可不戒哉張濛神言驗矣
然爲知其不爲禍也予之所記大抵如此覽者
可以深思焉廢帝之起所與圖議者此五六人
而已考其逆順之理雖有智者爲之謀未必能
不敗況如此五六人者哉故幷述以附延朗見
其始終之際云

康思立

康思立本山陰諸部人也少爲騎將從莊宗破

康思立

梁夾城戰柏鄉累以功遷突騎指揮使明宗即
位歷應嵐二州刺史宿州團練使昭武軍節度
使徙鎮保義皆有善政潞王從珂反於鳳翔愍
帝遣王思同等討之思立有捧聖羽林屯兵千
五百人乃以羽林千人屬思同思同至鳳翔軍
叛降于從珂思立聞之欲盡誅羽林千人家屬
未及而從珂兵已至思立乃以捧聖兵城守從
珂兵傅其城呼曰西兵十萬策新天子爾五百
人其能拒邪徒陷陝人於死耳捧聖兵聞之皆
解甲思立遂開門迎從珂廢帝即位以思立初

忱三百三十 五代史卅七 八 遠

無降意頗不悅之徙安遠又徙安國以年老罷
爲右神武統軍石敬瑭反太原廢帝以思立爲
北面行營馬軍都指揮使廢帝幸懷州遣思立
將從駕騎兵出團柏谷救張敬達未至而敬達
死楊光遠降晉思立疾卒于道晉高祖入立贈
太子少師

康義誠

康義誠字信臣代北三部落人也以騎射事晉
王莊宗時爲突騎指揮使從明宗討趙在禮至
魏而軍變義誠前陳莊宗過失勸明宗南嚮明

康義誠

宗即位遷捧聖指揮使領汾州刺史從破朱守殷遷侍衛親軍馬步軍都指揮使領河陽三城節度使出爲山南東道節度使復爲親軍都指揮使領河陽加同中書門下平章事秦王從榮素驕自爲河南尹典六軍拜大元帥唐諸大臣皆懼禍及思自脫獨義誠心結之遣其子事秦王府明宗病從榮謀以兵入宮唐大臣朱弘昭馮贇等皆以爲不可而義誠獨持兩端從榮已舉兵至天津橋弘昭等入以反白明宗涕泣召義誠使自處置而義誠卒不出兵馬軍指揮使朱弘實以兵擊從榮敗走見殺三司使孫岳嘗爲馮贇言從榮必敗之狀義誠聞而不悅及從榮死義誠始引兵入河南府召岳檢閱從榮家貲岳至義誠乘亂使人射之岳走至通利坊見殺明宗不能詰義誠已殺岳又以從榮故與弘實有隙愍帝即位弘實常以誅從榮功自負義誠心益不平潞王從珂反鳳翔王思同率諸鎭兵圍之興元張虔釗兵叛降從珂思同走諸鎭兵皆潰愍帝大怒謂朱弘昭等曰朕新即位天下事皆出諸公然於事兄未有失節諸公以大

康義誠

計見迫不能獨違事一至此何方轉禍吾當率左右往迎吾兄遜以位苟不吾信死其所也弘昭等惶恐不能對義誠前曰西師驚潰主將怯耳今京師兵尚多臣請盡將以西扼關而守招集亡散以爲後圖愍帝以爲然幸左藏庫親給將士人絹二十匹錢五千是時明宗山陵未畢帑藏空虛軍士負物揚言曰到鳳翔更請一分朱弘實見軍士無鬬志而義誠盡將以西疑其二心謂義誠曰今西帥小衂而無一騎東者人心可知不如以見兵守京師以自固彼雖幸勝特得虔釗一軍耳諸鎭之兵在後其敢徑來邪義誠怒曰如此言弘實反矣弘實曰公謂誰欲反邪其聲厲而聞愍帝召兩人爭於前帝不能決遂斬弘實以義誠爲招討使悉將禁軍以西愍帝奔衛州義誠行至新安降于從珂清泰元年四月斬于興教門外夷其族

嗚呼五代爲國興亡以兵而其軍制後世無足稱焉惟侍衛親軍之號今猶因之而甚重此五代之遺制也然原其始起微矣及其至也可謂盛哉當唐之末方鎭之兵多矣凡一軍有指揮

康義

使一人而合一州之諸軍又有馬步軍都指揮使一人蓋其卒伍之長也自梁以宣武軍建國因其舊制有在京馬步軍都指揮使後唐因之至明宗時始更爲侍衛親軍馬步軍都指揮使當是時天子自有六軍諸衛之職六軍有統軍諸衛有將軍而又以大臣宗室一人判六軍諸衛事此朝廷大將天子國兵之舊制也而侍衛親軍者天子自將之私兵也推其名號可知矣天子自爲將則都指揮使乃其卒伍之都長耳然自漢周以來其職益重漢有侍衛司獄凡朝廷大事皆決侍衛獄是時史弘肇爲都指揮使與宰相樞密使並執國政而弘肇尤專任以至於亡語曰涓涓不絕流爲江河熒熒不滅炎炎奈何可不戒哉然是時方鎮各自有兵天子親軍不過京師之兵而已今方鎮名存而實亡六軍諸衛又益以廢朝廷大將之職而舉天下内外之兵皆侍衛司矣則爲都指揮使者其權豈不益重哉親軍之號始於明宗其後又有殿前都指揮使亦親軍也皆不見其更置之始今天下之兵分屬此兩司矣

藥彥稠

藥彥稠沙陀三部落人也初爲騎將明宗即位拜澄州刺史從王晏球破王都定州遷侍衛步軍都虞候領壽州節度使安重誨矯詔遣河中指揮使楊彥温逐其節度使潞王從珂以彥稠爲招討使明宗疑彥温有所說戒彥稠得彥温毋殺將訊之彥稠希重誨旨殺彥温以滅口明宗大怒然不之罪也長興中爲靜難軍節度使党項阿埋屈悉保等族抄掠方渠邀殺回鶻使者明宗遣彥稠與靈武康福會兵擊之阿埋等亡竄山谷明宗以謂党項知懼可加約束而綏撫之使者未至彥稠等自牛兒族入白魚谷盡誅其族獲其大首領連香等遣人上捷明宗謂其使者曰吾誅党項非有所利也凡軍中所獲悉與士卒分之毋以進奉爲名重斂軍士也已而彥稠以党項所掠回鶻進奉玉兩團及遺秦王金裝胡䩮等來獻明宗曰吾已語彥稠矣不可失信因悉以賜彥稠又逐鹽州諸戎取其所掠男女千餘人潞王從珂反彥稠爲招討副使王思同兵潰彥稠與思同俱東走爲潞王兵所

得囚之華州獄已而殺之晉高祖立贈侍中彥稠與思同俱以敗走時愍帝猶在唐未亡二人走歸國於節未虧異於元行欽之走也然思同辭義不屈其死可嘉彥稠直被執見殺固餘無可稱故不列於死事

五代史記卷第二十七

大二十六小卆六 五代史 十三

五代史記卷第二十八

唐臣傳第十六

一豆盧革

豆盧革父瓚唐舒州刺史豆盧爲世名族唐末天下亂革避地之中山唐亡爲王處直掌書記莊宗在魏議建唐國而故唐公卿之族遭亂喪亡且盡以革名家子召爲行臺左丞相莊宗即位拜同中書門下平章事革雖唐名族而素不學問除拜官吏多失其序常爲尚書郎蕭希甫駁正革頗患之莊宗已滅梁革乃薦韋說爲相說唐末爲殿中侍御史坐事貶南海後事梁爲禮部侍郎革以說能知前朝事故引以佐己而說亦無學術徒以流品自高是時莊宗內畏劉皇后外惑宦官伶人郭崇韜雖盡忠於國而亦無學術革說俯仰默默無所爲唯諾崇韜而已唐梁之際仕宦遭亂奔亡而吏部銓文書不完因緣以爲姦利至有私鬻告敕亂易昭穆而季父母舅反拜姪甥者崇韜請論以法是時唐新滅梁朝廷紀綱未立議者以爲宜革以漸而崇韜疾惡太甚果於必行說革心知其未可而不

大三乙廿四小七个 五代史 一 寿

一豆盧革

能有所建言是歲冬選人吳延皓改亡叔告身行事事發延皓及選吏尹玫皆坐死尚書左丞判吏部銓崔沂等皆貶說華詣閤門待罪由是一以新法從事往往以僞濫駁放而斃踣羈旅號哭道路者不可勝數及崇韜死說乃教門人上書言其事而議者亦以罪之是歲大水四方地連震流民殍死者數萬人軍士妻子皆採梠以食莊宗日以責三司使孔謙謙不知所爲樞密小吏段徊曰臣嘗見前朝故事國有大故則天子以朱書御札問宰相水旱宰相職也莊宗

乃命學士草詔手自書之以問華說華說不能對第曰陛下威德著于四海今西兵破蜀所得珍寶億萬可以給軍水旱天之常道不足憂也華自爲相遭天下多故而方服丹砂鍊氣以求長生嘗嘔血數日幾死二人各以其子爲拾遺父子同省人以爲非遽改佗官而華以說子爲弘文館學士說以華子爲集賢院學士莊宗崩華爲山陵使莊宗已祔廟華以故事當出鎮乃還私第數日未得命而故人賓客趣使入朝樞密使安重誨詬之于朝曰山陵使名尚在不俟

改命遽履新朝以我武人可欺邪諫官希旨上疏誣華縱田客殺人說坐與鄰人爭井遂俱罷華貶辰州刺史說漵州刺史所在馳驛發遣宰相鄭班任圜三上章請毋行後命不報華復坐請俸私自入說賣官與選人責受費州司戶參軍說夷州司戶參軍皆員外置同正員已而竄華陵州說合州皆長流百姓初說嘗以罪竄之南海遇赦還寓江陵與高季興相知及爲相嘗以書幣相問遺唐兵伐蜀季興請以兵入三峽莊宗許之使季興自取夔忠萬歸峽等州爲屬

郡及破蜀季興無功而唐用佗將取五州明宗初即位季興數請五州以謂先帝所許朝廷不得已而與之及華說再貶因以其事歸罪二人天成二年夏詔陵合州刺史監賜自盡華子昪說子濤皆官至尚書郎坐其父廢至晉天福初濤爲膳部員外郎卒

盧程

盧程不知其世家何人也唐昭宗時程舉進士爲鹽鐵出使巡官唐亡避亂燕趙變服爲道士遊諸侯間豆盧革爲王鎔直判官盧汝弼爲河

東節度副使二人皆故唐時名族與程門地相等因共薦之以爲河東節度推官莊宗嘗召程草文書程辭不能其後戰胡柳掌書記王緘歿于陣莊宗還軍太原置酒謂監軍張承業曰吾以巵酒辟一書記於坐因舉巵屬巡官馮道程位在道上以嘗辭不能故不用而遷程支使程大恨曰用人不以門閥而先田舍兒邪莊宗已即位議擇宰相而盧汝弼蘇循已死次節度判官盧質當拜而質不樂任事乃言豆盧革與程皆故唐時名族可以爲相莊宗以程爲中書侍郎

同平章事是時朝廷新造百度未備程革拜命之日肩輿導從喧呼道中莊宗聞其聲以問左右對曰宰相檐子入門莊宗登樓視之笑曰所謂似是而非者也程奉皇太后冊自魏至太原上下山險所至州縣驅役丁夫官吏迎拜程坐肩輿自若少忤其意必加笞辱人有假驢夫於程者程帖興唐府給之府吏啓無例程怒笞吏背少尹任圜莊宗姊婿也詣程訴其不可程戴華陽巾衣鶴氅據几決事視圜罵曰爾何蟲豸恃婦家力也宰相取給州縣何爲不可圜不對

而去夜馳至博州見莊宗莊宗大怒謂郭崇韜曰朕悮相此癡物敢辱吾九卿趣令自盡崇韜亦欲殺之賴盧質力解之乃罷爲右庶子莊宗入洛程於路墜馬中風卒贈禮部尚書

任圜

任圜京兆三原人也爲人明敏善談辯見者愛其容止及聞其論議縱横益皆悚動李嗣昭節度昭義辟圜觀察支使梁兵築夾城圍潞州踰年而晉王薨晉兵救潞者皆解去嗣昭危甚問圜去就之計圜勸嗣昭堅守以待不可有二心

已而莊宗攻破梁夾城聞圜爲嗣昭畫守計甚嘉之由是益知名其後嗣昭與莊宗有隙圜數奉使往來辨釋讒構嗣昭卒免於禍圜之力也嗣昭從莊宗戰胡柳擊敗梁兵圜頗有功莊宗勞之曰儒士亦破體邪仁者之勇何其壯也張文禮弑王鎔莊宗遣嗣昭討之嗣昭戰殁圜代將其軍號令嚴肅既而文禮子處球等閉城堅守不下圜數以禍福諭鎮人鎮人信之圜嘗擁兵至城下處球登城呼圜曰城中兵食俱盡而久抗王師若泥首自歸懼無以塞責幸公見哀

掐其生路圜告之曰以子先人固難容貸然罰
不及嗣子可從輕其如拒守經年傷吾大將一
朝困竭方布款誠以此計之子亦難免然坐而
待斃曷若伏而俟命處球流涕曰公言是也乃
遣子送狀乞降人皆稱圜其言不欺旣而佗將
攻破鎮州處球雖見殺而鎮之吏民以嘗乞降
故得保其家族者甚衆其後以鎮州爲北京拜
圜工部尚書兼眞定尹北京副留守知留守事
爲政有惠愛明年郭崇韜兼領成德軍節度使
改圜行軍司馬仍知眞定府事圜與崇韜素相

善又爲其司馬崇韜因以鎮州事託之而圜多
所違異初圜推官張彭爲人傾險貪黷圜不能
察信任之多爲其所賣及崇韜領鎮彭爲圜謀
隱公廨錢莊宗遣宦者選故趙王時宮人百餘
有許氏者尤有色彭賂守者匿之後事覺召彭
詣京師將罪之彭懼悉以前所隱公錢簿書獻
崇韜崇韜深德彭不殺由是與圜有隙同光三
年圜罷司馬守工部尚書魏王繼岌暨崇韜伐
蜀擢圜攻已於後乃辟圜參魏王軍事蜀滅表
圜黔南節度使圜懇辭不就繼岌殺崇韜以圜

代將其軍而旋康延孝反繼岌遣圜將三千人
會董璋孟知祥等兵擊敗延孝於漢州而魏王
先至渭南自殺圜悉將其軍以東明宗嘉其功
拜圜同中書門下平章事兼判三司是時明宗
新誅孔謙圜選辟才俊抑絕僥倖公私給足天
下便之是秋韋說豆盧革罷相圜與安重誨鄭
珏孔循議擇當爲相者圜意屬李琪而珏循雅
不欲琪爲相謂重誨曰李琪非無文藝但不廉
耳宰相端方有器度者足以爲之太常卿崔協
可也重誨以爲然佗日明宗問誰可相者重誨

即以協對圜前爭曰重誨未諳朝廷人物爲人
所賣天下皆知崔協不識文字而虛有表號爲
沒字碑臣以陛下誤加採擢無功幸進此不知
書以臣一人取笑足矣相位有幾豈容更益笑
端明宗曰宰相重位卿等更自詳審然吾在藩
時識易州刺史韋肅世言肅名家子且待我甚
厚置之此位可乎肅或未可則馮書記先朝判
官稱爲長者可以相矣馮書記者道也議未決
重誨等退休於中興殿廊下孔循不揖拂衣而
去行且罵曰天下事一則任圜二則任圜圜乃

何人圜謂重誨曰李琪才藝可兼時輩百人而讒夫巧沮忌害其能若舍琪而相協如棄蘇合之丸而取蜣蜋之轉也重誨笑而止然重誨終以循言爲信居月餘協與馮道皆拜相協在相位數年人多嗤其所爲然圜與重誨交惡自協始故時使臣出四方皆自戶部給劵重誨奏請自出圜以故事爭之不能得遂與重誨辨於帝前圜聲色俱厲明宗罷朝後宮嬪御迎前問曰與重誨論者誰明宗曰宰相也宮人奏曰妾在長安見宰相奏事未嘗如此蓋輕大家耳明宗

由是不悅而使臣給劵卒自内出圜益憤沮重誨嘗過圜出妓善歌而有色重誨欲之圜不與由是二人益相惡而圜遽求罷爲太子少保圜不自安因請致仕退居于磁州朱守殷反于汴州重誨誣圜與守殷連謀遣人矯制殺之圜受命怡然聚族酣飲而死明宗知而不問爲下詔坐圜與守殷通書而言涉怨望愍帝即位贈圜大傅

趙鳳

趙鳳幽州人也少以儒學知名燕王劉守光時

悉黥燕人以爲兵鳳懼因髡爲僧依燕王弟守奇自匿守奇奔梁梁以守奇爲博州刺史鳳爲其判官守奇卒鳳去爲鄆州節度判官晉取鄆州莊宗聞鳳名得之喜以爲扈鑾學士莊宗即位拜鳳中書舍人翰林學士莊宗及劉皇后幸河南尹張全義第酒酣命皇后拜全義爲父明日遣宦者命學士作牋上全義以父事之鳳上書極言其不可全義養子郝繼孫犯法死宦官伶人冀其貲財固請籍沒鳳又上書言繼孫爲全義養子不宜有別籍之財而於法不至籍沒

刑人利財不可以示天下是時皇后及羣小用事鳳言皆不見納明宗武君不通文字四方章奏常使安重誨讀之重誨亦不知書奏讀多不稱旨孔循教重誨求儒者置之左右而兩人皆不知唐故事於是置直端明殿學士以馮道及鳳爲之鳳好直言而性剛强素與任圜善自圜爲相頗薦進之初端明殿學士班在翰林學士下而結銜又在官下明年鳳遷禮部侍郎因諷圜升學士於官上又詔班在翰林學士上圜爲重誨所殺而誣以謀反是時重誨方用事雖明宗

不能詰也鳳獨號哭呼重誨曰任圜天下義士豈肯謀反而公殺之何以示天下重誨慙不能對術士周玄豹以相法言人事多中莊宗尤信重之以爲北京巡官明宗爲内衙指揮使重誨欲試玄豹乃使佗人與明宗易服而坐明宗於下坐召玄豹相之玄豹曰内衙貴將也此不足當之乃指明宗於下坐曰此是也因爲明宗言其後貴不可言明宗即位思玄豹以爲神將召至京師鳳諫曰好惡上所慎也今陛下神其術而召之則傾國之人皆將奔走吉凶之説轉相惑亂爲患不細明宗遂不復召朱守殷反明宗幸汴州守殷已誅又詔幸鄴是時從駕諸軍方自河南從家至汴不欲北行軍中爲之洶洶而定州王都以爲天子幸汴州誅守殷又幸鄴以圖己因疑不自安宰相率百官詣閤請罷幸鄴明宗不聽人情大恐群臣不復敢言鳳手疏責安重誨言甚切直重誨以白遂罷幸有僧遊西域得佛牙以獻明宗以示大臣鳳言世傳佛牙水火不能傷請驗其眞僞因以斧斫之應手而碎是時宮中施物已及數千因鳳碎之乃止天

趙鳳

成四年夏拜門下侍郎同中書門下平章事祕書少監于嶠者自莊宗時與鳳俱爲翰林學士而嶠亦訐直敢言與鳳素善及鳳已貴而嶠久不遷自以材名在鳳上而不用因與蕭希甫數非斥時政尤詆訾鳳鳳心銜之未有以發而嶠與鄰家爭水竇爲安重誨所怒鳳即左遷嶠祕書少監嶠因被酒往見鳳鳳知其必不遜乃辭以沐髮嶠詬直吏又溺於從者直廬而去省吏白鳳嶠溺於客次且詬鳳鳳以其事聞明宗下詔奪嶠官長流武州百姓又流振武天下冤之其後安重誨爲邊彥溫等告變明宗詔彥溫等廷詰具伏其詐即斬之後數日鳳奏事中興殿啓曰臣聞姦人有誣重誨者明宗曰此閑事朕已處置之卿可無問也鳳曰臣所聞者繫國家利害陛下不可以爲閑因指殿屋曰此殿所以尊嚴宏壯者棟梁柱石之所扶持也若折其一棟去其一柱則傾危矣大臣國之棟梁柱石也且重誨起微賤歷艱危致陛下爲中興主安可使姦人動搖明宗改容謝之曰卿言是也遂族彥溫等三家其後重誨得罪群臣無敢言者獨鳳

趙鳳

數言重誨盡忠明宗以鳳爲朋黨罷爲安國軍節度使鳳在鎮所得俸祿悉以分將校賓客廢帝入立召爲太子太保病足居于家疾篤自筮揲蓍而歎曰吾家世無五十者又皆窮賤吾今壽過其數而富貴復何求哉清泰二年卒于家

李襲吉

李襲吉父圖洛陽人或曰唐相林甫之後也乾符中襲吉舉進士爲河中節度使李都擢鹽判官後去之晉晉王以爲榆次令遂爲掌書記襲吉博學多知唐故事遷節度副使官至諫議大夫晉王與梁有隙交兵累年後晉王數困欲與梁通和使襲吉爲書諭梁辭甚辨麗梁太祖使人讀之至於毒手尊拳交相於暮夜金戈鐵馬蹂踐於明時歎曰李公僻處一隅有士如此使吾得之傅虎以翼也顧其從事敬翔曰善爲我答之及翔所答書辭不工而襲吉之書多傳於世襲吉爲人恬淡以文辭自娛天祐三年卒以盧汝弼代爲副使汝弼工書畫而文辭不及襲吉其父簡求爲河東節度使爲唐名家故汝弼亦多知唐故事晉王薨莊宗嗣爲晉王承制封

拜官爵皆出汝弼十八年卒莊宗即位贈襲吉禮部尚書汝弼兵部尚書

張憲

張憲字允中晉陽人也爲人沈靜寡欲少好學能鼓琴飲酒莊宗素知其文辭以爲天雄軍節度使掌書記莊宗即位拜工部侍郎租庸使遷刑部侍郎判吏部銓東都副留守憲精於吏事甚有能政莊宗幸東都定州王都來朝莊宗命憲治鞠場與都擊鞠初莊宗建號於東都以鞠場爲即位壇於是憲言即位壇王者所以興也漢鄗南魏繁陽壇至今皆在不可毀乃別治宮西爲鞠場場未成莊宗怒命兩虞候亟毀壇以爲場憲退而歎曰此不祥之兆也初明宗北伐契丹取魏鎧仗以給軍有細鎧五百憲遂給之而不以聞莊宗至魏大怒責憲馳自取之左右諫之乃止又問憲庫錢幾何憲上庫簿有錢三萬緡莊宗益怒謂其嬖伶史彥瓊曰我與群臣博須錢十餘萬而憲以故紙給我我未渡河時庫錢常百萬緡今復何在彥瓊爲憲解之乃已郭崇韜伐蜀薦憲可任爲相而宦官伶人不欲

憲在朝廷樞密承旨段徊曰宰相在天子面前事有非是尚可改作一方之任苟非其人則爲患不細憲材誠可用不如任以一方乃以爲太原尹北京留守趙在禮作亂憲家在魏州在禮善待其家遣人以書招憲憲斬其使不發其書而上之莊宗遇弑明宗入京師太原猶未知而永王存霸奔于太原左右告憲曰今魏兵南嚮主上存亡未可知存霸之來無詔書而所乘馬斷其鞦豈非戰敗者乎宜拘之以俟命憲曰吾本書生無尺寸之功而人主遇我甚厚豈有懷二心以幸變第可與之俱死爾憲從事張昭遠教憲奉表明宗以勸進憲涕泣拒之已而存霸削髮見北京巡檢符彥超願爲僧以求生彥超麾下兵大譟殺存霸憲出奔沂州亦見殺嗚呼予於死節之士得三人而失三人焉鞏廷美楊溫之死予既已哀之至於張憲之事尤爲之痛惜也予於舊史考憲事實而永王存霸符彥超與憲傳所書始末皆不同莫得而考正蓋方其變故倉卒之時傳者失之爾然要其大節亦可以見也憲之志誠可謂忠矣當其不顧其

家絕在禮而斬其使涕泣以拒昭遠之說其志甚明至其欲與存霸俱死及存霸被殺反棄太原而出奔然猶不知其心果欲何爲也而舊史書憲坐棄城而賜死予亦以爲不然予之於憲固欲成其美志而要在憲失其官守而其死不明故不得列于死節也

蕭希甫

蕭希甫宋州人也爲人有機辯多矯激少舉進士爲梁開封尹袁象先掌書記象先爲青州節度使以希甫爲巡官希甫不樂乃棄其母妻變姓名亡之鎮州自稱青州掌書記謁趙王王鎔鎔以希甫爲參軍尤不樂居歲餘又亡之易州削髮爲僧居百丈山莊宗將建國于魏置百官求天下隱逸之士幽州李紹宏薦希甫爲魏州推官莊宗即帝位欲以知制誥有詔定內宴儀問希甫樞密使得坐否希甫以爲不可樞密使張居翰聞之怒謂希甫曰老夫歷事三朝天子見內宴數百子本田舍兒安知宮禁事希甫不能對由是宦官用事者皆切齒宰相豆盧革等希官官日共排斥之以爲駕部郎中希甫失志尤

怏怏莊宗滅梁遣希甫宣慰青齊希甫始知其母已死而妻袁氏亦改嫁矣希甫乃發哀服喪居于魏州人有引漢李陵書以譏之曰老母終堂生妻去室時皆傳以爲笑明宗即位召爲諫議大夫是時復置匭函以希甫爲使希甫建言自兵亂相乘王綱大壞侵欺凌奪有力者勝凡略人之妻女占人之田宅姦贓之吏刑獄之寃者何可勝紀而匭函一出投訴必多至於功臣貴戚有不得繩之以法者乃自天成元年四月二十八日昧爽已前大辟已上皆赦除之然後

大三司大廿十八 五代史二十八 十六 洪甫

出匭函以示衆初明宗欲以希甫爲諫議大夫豆盧革韋説頗沮難之其後革説爲安重誨所惡希甫希旨誣奏革縱田客殺人而悅與鄰人爭井井有寶貨有司推劾井中惟破釜而已革説終皆貶死明宗賜希甫帛百匹粟麥三百石拜左散騎常侍希甫性褊而躁進嘗遣人夜叩宮門上變言河堰牙官李筠告本軍謀反詰旦追問無狀斬筠軍士詢安重誨求希甫啖之是時明宗將有事於南郊前齋一日羣臣習儀于殿廷宰相馮道趙鳳河南尹秦王從榮樞密使

蕭希甫

安重誨候班于月華門外希甫與兩省班先入道等坐廊下不起既出希甫召堂頭直省朝堂驅使官責問宰相樞密見兩省官何得不起因大詬詈是夜託疾還第月餘坐告李筠事動搖軍衆貶嵐州司戶參軍卒于貶所

劉贊

劉贊魏州人也父玭爲縣令贊始就學衣以青布衫襦每食則玭自肉食而別以蔬食食贊於牀下謂之曰肉食君之祿也爾欲之則勤學問以干祿吾肉非爾之食也由是贊益力學舉進

大三司三十九 十 五代史二十八 十七 洪

士爲羅紹威判官去爲租庸使趙巖延官又爲孔謙鹽鐵判官明宗時累遷中書舍人御史中丞刑部侍郎守官以法權豪不可干以私是時秦王從榮握兵而驕多過失言事者請置師傅以輔道之大臣畏王不敢決其事因請王得自擇秦王即請贊乃拜贊祕書監爲秦王傅贊泣曰禍將至矣秦王所請王府元帥官屬十餘人類多浮薄傾險之徒日獻諛諂以驕王獨贊從容諷諫率以正道秦王嘗命賓客作文於坐中贊自以師傅恥與羣小比伍雖操筆勉彊有不

劉贊

悅之色秦王惡之復戒左右賛來不得通賛亦不往月一至府而已退則杜門不交人事已而秦王果敗死唐大臣議王屬官當坐者馮道曰元帥判官任賛與秦王非素好而在職不逾月詹事王居敏及劉賛皆以正直爲王所惡河南府判官司徒詡病告家居久皆宜不與其謀而諮議參軍高輦與王最厚輦法當死其餘可次第原減朱弘昭曰諸公不知其意爾使秦王得入光政門當待賛等如何吾徒復有家族邪且法有首從今秦王夫婦男女皆死而賛等止其

一身幸矣道等難之而馮贇亦爭不可賛等乃免死於是論高輦死而任賛等十七人皆長流初賛聞秦王敗即白衣簑驢以俟人有告賛奪官而已賛曰豈有天子冢嗣見殺而賓僚奪官者乎不死幸矣已而賛長流嵐州百姓清泰二年詔歸田里行至石會關病卒

何瓚

何瓚閬人也唐末舉進士及第莊宗爲太原節度使辟爲判官莊宗每出征伐留張承業守太原承業卒瓚代知留守事瓚爲人明敏通於吏

事外君踈簡而內煩周密莊宗建大號于鄴都拜瓚諫議大夫瓚慮莊宗事不成求留守北京瓚與明宗有舊明宗即位召還見於內殿勞問久之已而以瓚爲西川節度副使是時孟知祥已有二志方以副使趙季良爲心腹聞瓚代之亟奏留季良遂改瓚行軍司馬瓚恥於自辭不得已而往明宗賜予甚厚初知祥在北京爲馬步軍都虞候而瓚留守太原知祥以軍禮事瓚常繩以法知祥初不樂及瓚爲司馬猶勉待之甚厚知祥反罷瓚司馬置之私第瓚飲恨而卒

五代史記卷第二十八

五代史記卷第二十九

晉臣傳第十七

桑維翰

桑維翰字國僑河南人也為人醜怪身短而面長常臨鑑以自奇曰七尺之身不如一尺之面慨然有志於公輔初舉進士主司惡其姓以桑喪同音人有勸其不必舉進士可以從佗求仕者維翰慨然乃著日出扶桑賦以見志又鑄鐵硯以示人曰硯弊則改而佗仕卒以進士及第晉高祖辟為河陽節度掌書記其後常以自從高祖自太原從天平不受命而有異謀以問將佐將佐皆恐懼不敢言獨維翰與劉知遠贊成之因使維翰為書求援於契丹耶律德光已許諾而趙德鈞亦以重賂啖德光求助已以篡唐高祖懼事不果乃遣維翰往見德光為陳利害甚辯德光意乃決卒以滅唐而興晉維翰之力也高祖即位以維翰為翰林學士禮部侍郎知樞密院事遷中書侍郎同中書門下平章事兼樞密使天福四年出為相州節度使歲餘徙鎮泰寧吐渾白承福為契丹所迫附鎮州安重

榮以歸晉重榮因請與契丹絕好用吐渾以攻之高祖重違重榮意未決維翰上疏言契丹未可與爭者七高祖召維翰使者至臥內謂曰北面之事方撓吾胸中得御此疏計已決矣可無憂也維翰又勸高祖幸鄴都七年高祖在鄴維翰來朝徙鎮晉昌出帝即位召拜侍中而景延廣用事與契丹絕盟維翰言不能入乃陰使人說帝曰制契丹而安天下非用維翰不可乃出延廣於河南拜維翰中書令復為樞密使封魏國公事無巨細一以委之數月之間百度寖理初李瀚為翰林學士好飲而多酒過高祖以為浮薄天福五年九月詔廢翰林學士按唐六典歸其職於中書舍人而端明殿學士樞密院學士皆廢及維翰為樞密使復奏置學士而悉用親舊為之維翰權勢既盛四方賂遺歲積鉅萬內客省使李彥韜端明殿學士馮玉用事共讒之帝欲驟黜維翰大臣劉昫李崧皆以為不可卒以玉為樞密使既而以為相維翰日益見疎帝飲酒過度得疾維翰遣人陰白太后請為皇弟重睿置師傅帝疾愈知之怒乃罷維翰以為

開封尹維翰遂稱足疾稀復朝見契丹屯中渡破欒城杜重威等大軍隔絶維翰曰事急矣乃見馮玉等計事而謀不合又求見帝帝方調鷹於苑中不暇見維翰退而歎曰晉不血食矣自契丹與晉盟始成於維翰而終敗於景延廣故自兵興契丹凡所書檄未嘗不以此兩人爲言耶律德光犯京師遣張彥澤遺太后書問此兩人在不可使先來而帝以維翰嘗議毋絶盟而已違之也不欲使維翰見德光因諷彥澤圖之而彥澤亦利其貲産維翰狀貌既異素以威嚴

大三□六十 五代史二十九巳 三 甫

自持晉之老將大臣見者無不屈服彥澤以驍捍自矜每往候之雖冬月未嘗不流汗初彥澤入京師左右勸維翰避禍維翰曰吾爲大臣國家至此安所逃死邪安坐府中不動彥澤以兵入問維翰何在維翰厲聲曰吾晉大臣自當死國安得無禮邪彥澤股栗不敢仰視退而謂人曰吾不知桑維翰何如人今日見之猶使人恐懼如此其可再見乎乃以帝命召維翰維翰行遇李崧立馬而語軍吏前白維翰請赴侍衞司獄維翰知不免顧崧曰相公當國使維翰獨死

桑維翰

崧慚不能對是夜彥澤使人縊殺之以帛加頸告德光曰維翰自縊德光曰我本無心殺維翰維翰何必自致德光至京師使人檢其尸信爲縊死乃以尸賜其家而貲財悉爲彥澤所掠

景延廣

景延廣字航川陝州人也父建善射嘗教延廣曰射不入鐵不如不發由是延廣以挽彊見稱事梁邵王友誨友誨謀反被幽延廣亡去後從王彥章戰中都彥章敗延廣身被數創僅以身免明宗時朱守殷以汴州反晉高祖爲六軍副

大三□四十四 五代史二十九巳 四 沽

使主誅從守殷反者延廣爲汴州軍校當誅高祖惜其才陰縱之使亡後錄以爲客將高祖即位以爲侍衞步軍都指揮使領果州團練使徙領寧江軍節度使天福四年出鎭義成又徙保義復召爲侍衞馬步軍都虞候徙鎭河陽三城遷馬步軍都指揮使領天平高祖崩出帝立延廣有力頗伐其功初出帝立晉大臣議告契丹致表稱臣延廣獨不肯但致書稱孫而已大臣皆知其不可而不能奪契丹果怒數以責晉延廣謂契丹使者喬瑩曰先皇帝北朝所立今天

景延廣

子中國自冊可以爲孫而不可爲臣且晉有橫磨大劒十萬口翁要戰則來佗日不禁孫子取笑天下瑩知其言必起兩國之爭懼後無以取信也因請載于紙以備遺忘延廣敕吏具載以授瑩瑩藏其書衣領中以歸具以延廣語告契丹契丹益怒天福八年秋出帝幸大年莊還置酒延廣第延廣所進器服鞍馬茶牀椅榻皆裹金銀飾以龍鳳又進帛五千匹綿一千四百兩馬二十二匹玉鞍衣襲犀玉金帶等請賜從官自皇弟重睿下至伴食刺史重睿從者各有差

帝亦賜延廣及其母妻從事押衙孔目官等稱是時天下旱蝗民餓死者歲十數萬而君臣窮極奢侈以相誇尚如此明年春契丹入寇延廣從出帝北征爲御營使相拒澶魏之間先鋒石公霸遇虜於戚城高行周符彥卿兵少不能救馳騎促延廣益兵延廣按兵不動三將被圍數重帝自御軍救之三將得出皆泣訴然延廣方握親兵恃功恣橫諸將皆由其節度帝亦不能制也契丹嘗呼晉人曰景延廣喚我來何不速戰是時諸將皆力戰而延廣未嘗見敵契丹已

去延廣獨閉壁不敢出自延廣一言而契丹與晉交惡凡號令征伐一出延廣晉大臣皆不得與故契丹凡所書檄未嘗不以延廣爲言契丹去出帝還京師乃出延廣爲河南尹留守西京明年出帝幸澶淵以延廣從皆無功延廣居洛陽鬱鬱不得志見晉日削度必不能支契丹乃爲長夜之飲大治第宅園置妓樂惟意所爲後帝亦追悔遣供奉官張暉奉表稱臣以求和德光報曰使桑維翰景延廣來而割鎮定與我乃可和晉知其不可乃止契丹至中渡延廣屯河

陽聞杜重威降乃還德光犯京師行至相州遣騎兵數千雜晉軍渡河趨洛以取延廣戒曰延廣南奔吳西走蜀必追而取之而延廣顧慮其家未能引決虜騎奄至乃與從事閻丕馳騎見德光於封丘并丕見鎖延廣曰丕臣從事也以職相隨何罪而見鎖丕乃得釋德光責延廣曰南北失懽皆因爾也召喬瑩質其前言延廣初不服瑩從衣領中出所藏書延廣服乃因以十事責延廣每服一事授一牙籌授至八籌延廣以面伏地不能仰視遂叱而鎖之將送之北行

至陳橋止民家夜分延廣伺守者殆引手扼吭而死時年五十六漢高祖時贈侍中

嗚呼自古禍福成敗之理未有如晉氏之明驗也其始以契丹而興終爲契丹所滅然方其以逆抗順大事未集孤城被圍外無救援而徒將一介之命持片舌之彊能使契丹空國興師應若符契出危解難遂成晉氏當是之時維翰之力爲多及少主新立釁結兵連敗約起爭發自延廣然則晉氏之事維翰成之延廣壞之二人之用心者異而其受禍也同其故何哉蓋夫本末不順而與夷狄共事者常見其禍未見其福也可不戒哉可不戒哉

吳巒

吳巒字寶川鄆州盧縣人也少舉明經不中清泰中爲大同沙彥珣節度判官晉高祖起太原召契丹爲援契丹過雲州彥珣出城迎謁爲契丹所虜城中推巒主州事巒即閉門拒守契丹以兵圍之高祖入立以雲州入于契丹而巒猶守城不下契丹圍之凡七月高祖義巒所爲乃以書告契丹使解兵去高祖召巒以爲武寧軍節度副使諫議大夫復州防禦使出帝即位與契丹絶盟河北諸州皆警以謂貝州水陸之衝緩急可以轉餉乃積芻粟數十萬以王令溫爲永清軍節度使令溫牙將邵珂素驕很難制令溫奪其職珂閑居無憀乃陰使人亡入契丹言貝州積粟多而無兵守可取令溫以事朝京師心頗疑珂乃質其子崇範以自隨晉大臣以巒前守雲州七月契丹不能下乃遣巒馳驛代令溫守貝州巒善撫士卒會天大寒裂其帷幄以衣士卒士卒皆愛之珂因求見巒願自效巒推心信之開運元年正月契丹南寇圍貝州巒命珂守南門契丹圍三日四面急攻之巒從城上投薪草焚其梯衝殆盡已而珂自南門引契丹入巒守東門方戰而左右報珂反巒顧城中已亂即投井死而令溫家屬爲契丹所虜出帝憫之以令溫爲武勝軍節度使後累歷方鎮周顯德中卒令溫瀛州河間人也（王令溫疑邵珂而質其子矣巒不能察其姦反委以兵及契丹入貝州又不拒戰遽投井死其死不足貴故不列於死事）

五代史記卷第二十九

五代史記卷第三十

漢臣傳第十八

蘇逢吉

蘇逢吉京兆長安人也漢高祖鎭河東父悅爲高祖從事逢吉常代悅作奏記悅乃言之高祖高祖召見逢吉精神爽秀憐之乃以爲節度判官高祖性素剛嚴賓佐稀得請見逢吉獨入終日侍立高祖書閣中兩使文簿盈積莫敢通逢吉輒取內之懷中伺高祖色可犯時以進之高祖多以爲可以故甚愛之然逢吉爲人貪詐無行喜爲殺戮高祖嘗以生日遣逢吉疏理獄囚以祈福謂之靜獄逢吉入獄中閱囚無輕重曲直悉殺之以報曰獄靜矣高祖建號拜逢吉中書侍郎同中書門下平章事是時制度草創朝廷大事皆出逢吉逢吉以爲己任然素不學問隨事裁決出其意見是故漢世尤無法度而不施德政民莫有所稱焉高祖既定京師逢吉與蘇禹珪同在中書除吏多違舊制逢吉尤納貨賂市權鬻官謗者讙譁然高祖方倚信二人故莫敢有告者鳳翔李永吉初朝京師逢吉以永

吉故秦王從曮子家世王侯當有奇貨使人告永吉許以一州而求其先王玉帶永吉以無爲解逢吉乃使人市一玉帶直數千緡責永吉償之前客省使王筠自晉末使楚至是還逢吉意筠得楚王重賂遣人求之許以一州筠快快以其橐裝之半獻之而皆不得州晉相李崧從契丹以北高祖入京師以崧第賜逢吉而崧別有田宅在西京逢吉遂皆取之崧自北還因以宅券獻逢吉逢吉不悅而崧子弟數出怨言其後逢吉乃誘人告崧與弟嶼嶬等下獄崧款自誣伏與家僮二十人謀因高祖山陵爲亂獄上中書逢吉改二十人爲五十人遂族崧家是時天下多盜逢吉自草詔書下州縣凡盜所居本家及鄰保皆族誅或謂逢吉曰爲盜族誅已非王法況鄰保乎逢吉恡以爲是不得已但去族誅而已於是鄆州捕賊使者張令柔盡殺平陰縣十七村民數百人衛州刺史葉仁魯聞部有盜自帥兵捕之時村民十數共逐盜入于山中盜皆散走仁魯從後至見民捕盜者以爲賊悉擒之斷其脚筋暴之山麓宛轉號呼累日而死聞者不勝

其冤而逢吉以仁贍爲能由是天下因盜殺人
滋濫逢吉已貴益爲豪侈謂中書堂食爲不可
食乃命家廚進羞日極珍善繼母死不服喪妻
武氏卒諷百官及州鎮皆輸綾絹爲喪服武氏
未期除其諸子爲官有庶兄自外來未白逢吉
而見其諸子逢吉怒託以它事告於高祖杖殺
之逢吉嘗從高祖征鄴數使酒辱周太祖於軍
中太祖恨之其後隱帝立逢吉素善李濤諷濤
請罷太祖與楊邠樞密李太后怒濤離間大臣
罷濤相以楊邠兼平章事悉關決逢吉禹珪由

是備位而已乾祐二年加拜司空周太祖鎮鄴
不落樞密使逢吉以謂樞密之任方鎮帶之非
便與史弘肇爭於是卒如弘肇議弘肇怨逢吉
異己而會王章第使酒坐中弘肇怒甚逢吉謀
求出鎮以避之既而中輟人問其故逢吉曰苟
捨此而去史公一處分吾虀粉矣是時隱帝少
年小人在側弘肇等威制人主帝與左右李業
郭允明等皆患之逢吉每見業等以言激之業
等卒殺弘肇即以逢吉權知樞密院方命草麻
聞周太祖起兵乃止逢吉夜宿金祥殿東閣謂

司天夏官正王處訥曰昨夕未瞑已見李崧在
側生人接死者無吉事也周太祖至北郊官軍
敗于劉子陂逢吉宿七里夜與同舍酣飲索刀
將自殺爲左右所止明日與隱帝走趙村自殺
於民舍周太祖定京師梟其首適當李崧被刑
之所廣順初賜其子西京莊并宅一區

史弘肇

史弘肇字化元鄭州滎澤人也爲人驍勇走及
奔馬梁末調民七戶出一兵弘肇爲兵隸開道
指揮選爲禁兵漢高祖典禁兵弘肇爲軍校其

後漢高祖鎮太原使將武節左右指揮領雷州
刺史高祖建號於太原代州王暉拒命弘肇攻
破之以功拜忠武軍節度使侍衞步軍都指揮
使是時契丹北歸留耿崇美攻王守恩於潞州
高祖遣弘肇前行擊之崇美敗走守恩以城歸
漢而河陽武行德澤州翟令奇等皆迎弘肇自
歸弘肇入河陽高祖從後至遂入京師弘肇爲
將嚴毅寡言麾下嘗少忤意立檛殺之軍中爲
服慄以故高祖起義之初弘肇行兵所至秋毫
無犯兩京帖然遷侍衞親軍馬步軍都指揮使

領歸德軍節度使同中書門下平章事高祖疾
大漸與楊邠蘇逢吉等同授(一作受)顧命隱帝時河中
李守貞鳳翔王景崇永興趙思綰等皆反關西
用兵人情恐懼京師之民流言以相驚恐弘肇
出兵警察務行殺戮罪無大小皆死是時太白
晝見民有仰觀者輒腰斬于市市有醉者忤一
軍卒誣其訛言坐棄市凡民抵罪吏以白弘肇
但以三指示之吏即腰斬之又爲斷舌決口斷
筋折足之刑李崧坐奴告變族誅弘肇取其幼
女以爲婢於是前資故將失職之家姑息僮奴

而廝養之輩往往脅制其主侍衛孔目官解暉
狡酷因緣爲姦民抵罪者莫敢告訴燕人何福
進有玉枕直錢十四萬遣僮賣之淮南以鬻茶
僮隱其錢福進笞責之僮乃誣告福進得趙延
壽玉枕以遺吳人弘肇捕治福進棄市帳下分
取其妻子而籍其家財弘肇不喜賓客嘗言文
人難耐呼我爲卒弘肇領歸德其副使等月率
私錢千緡爲獻潁州麴場官麴溫與軍將何拯
爭官務訟之三司三司直溫拯訴之弘肇弘肇
以謂潁已屬州而溫不先白已乃追溫殺之連

坐者數十人周太祖平李守貞推功群臣弘肇
拜中書令隱帝自關西罷兵漸近小人與後贊
李業等嬉遊無度而太后親族頗行干託弘肇
與楊邠稍裁抑之太后有故人子求補軍職弘
肇輒斬之帝始聽樂賜教坊使等玉帶錦袍往
謝弘肇弘肇怒曰健兒爲國征行者未有偏賜
爾曹何功敢當此乎悉取所賜還官周太祖出
鎮魏州弘肇議帶樞密行蘇逢吉楊邠以爲不
可弘肇恨之明日會飲竇貞固第弘肇厲聲舉
爵屬太祖曰昨日廷論何爲異同今日與公飲

此逢吉與邠亦舉大爵曰此國家事也何必介
意乎遂俱飲釂弘肇曰安朝廷定禍亂直須長
槍大劍若毛錐子安足用哉三司使王章曰無
毛錐子軍賦何從集乎毛錐子蓋言筆也弘肇
默然他日會飲章第酒酣爲手勢令弘肇不能
爲客省使閻晉卿坐次弘肇屢教之蘇逢吉戲
曰坐有姓閻人何憂罰爵弘肇妻閻氏酒家倡
以爲譏已大怒以醜語詬逢吉逢吉不校弘肇欲敺
之逢吉先出弘肇起索劍欲追之楊邠泣曰蘇
公漢宰相公若殺之致天子何地乎弘肇馳馬

去邠送至第而還由是將相如水火隱帝遣王峻置酒公子亭和解之是時李業郭允明後贊聶文進等用事不喜執政而隱帝春秋漸長爲大臣所制數有怨言業等乘間譖之以謂弘肇威震人主不除必爲亂隱帝頗欲除之夜聞作坊鍛甲聲以爲兵至達旦不寐由是與業等密謀禁中乾祐三年冬十月十三日弘肇與楊邠王章等入朝坐廣政殿東廡甲士數十人自内出擒弘肇邠章斬之并族其三家弘肇已死帝坐崇元殿召羣臣告以弘肇等謀反羣臣莫能

對又召諸軍校見於萬歲殿帝曰弘肇等專權使汝曹常憂横死今日吾得爲汝主矣軍校皆拜周太祖即位追封弘肇鄭王以禮歸葬

楊邠

楊邠魏州冠氏人也少爲州掌籍吏租庸使孔謙領度支補邠勾押官歷孟華鄆三州糧料院使事漢高祖爲右都押衙高祖即位拜樞密使邠出於小吏不喜文士與蘇逢吉等内相排忌逢吉諷李濤上疏罷邠與周太祖樞密使邠泣訴李太后前太后怒罷濤相加邠中書侍郎兼

吏部尚書同平章事是時逢吉禹珪頗以私賄除吏多繆邠爲相事無大小必先示邠邠以爲可乃入白而深革逢吉所爲凡門蔭出身諸司補吏者一切罷之邠雖長於吏事而不知大體以謂爲國家者帑廩實甲兵完而已禮樂文物皆虛器也以故秉大政而務苛細凡前資官不得居外而天下行旅皆給過所然後得行旬日之間人情大擾邠度不可行而止邠常與王章論事帝前曰事行之後勿使有言也邠遽曰陛下但禁聲有臣在閣者爲之戰慄李太后弟業

求爲宣徽使帝與太后私以問邠邠止以爲不可帝欲立所愛耿夫人爲后邠又以爲不可夫人死將以后禮葬之邠又以爲不可由是隱帝大怒而左右乘間構之與史弘肇等同日見殺邠爲人頗儉靜四方之賂雖不却然往往以獻於帝居家謝絶賓客晚節稍通縉紳延客門下知史傳有用乃課吏傳寫未幾及於禍周太祖即位追封弘農王

王章

王章魏州南樂人也爲州孔目官張令昭逐節

度使劉延皓章事令昭令昭敗章婦翁白文珂
與副招討李周善乃以章託周周匿章褚中以
橐駞負之洛陽藏周第唐滅章乃出爲河陽糧
料使漢高祖典禁兵補章孔目官從之太原高
祖即位拜三司使檢校太尉高祖崩隱帝即位
加太尉同中書門下平章事是時漢方新造承
契丹之後京師空乏而關西三叛作周太祖用
兵西方章供饋軍旅未嘗乏絶然征利剥下民
甚苦之往時民租一石輸二升爲雀鼠耗章乃
增一石輸二斗爲省耗緡錢出入皆以八十爲

五代史卅　九

陌章減其出者陌三州縣民訴田者必至州縣
覆之以括其隱田天下由此重困然尤不喜文
士嘗語人曰此輩與一把筭子未知顛倒何益
於國邪百官俸廩皆取供軍之餘不堪者命有
司高估其價估定又增謂之擡估章猶意不能
滿往復增之民有犯鹽礬酒麴者無多少皆抵
死吏緣爲姦民莫堪命已而與史弘肇等同日
見殺

劉銖

劉銖陝州人也少爲梁邵王牙將與漢高祖有

王章　劉銖

舊高祖鎮太原以爲左都押衙銖爲人慘酷好
殺戮高祖以爲勇斷類己特信用之高祖即位
拜永興軍節使徙鎮平盧加檢校太師同平章
事又加侍中是時江淮不通吴越錢鏐使者常
泛海以至中國而濱海諸州皆置博易務與民貿
易民負失期者務吏擅自攝治置刑獄不關州
縣而前爲吏者納其厚賂縱之不問民頗爲苦
銖乃一切禁之然銖用法亦自爲刻深民有過
者問其年幾何對曰若干即隨其數杖之謂之
隨年杖每杖一人必兩杖俱下謂之合歡杖又

五代史三十　十　文

請增民租畝出錢三十以爲公用民不堪之隱
帝患銖剛暴召之懼不至是時沂州郭淮攻南
唐還以兵駐青州隱帝乃遣符彦卿往代銖銖
領禁兵在莫敢有異意乃受代還京師銖嘗切
齒於史弘肇楊邠等已而弘肇等死銖謂李業
等曰諸君可謂僂儸兒矣權知開封府周太祖
兵犯京師銖悉誅太祖與王峻等家屬太祖入
京師銖妻裸露以席自蔽與銖俱見執銖謂其
妻曰我則死矣汝應與人爲婢太祖使人責銖
曰與公共事先帝獨無故人之情乎吾家屬盡

劉銖

雖有君命加之酷毒一何忍也今公亦有妻子獨念之乎銖曰爲漢誅叛臣爾豈知其佗是時太祖方欲歸人心乃與羣臣議曰劉侍中墜馬傷甚而軍士逼辱迨有纖生吾欲奏太后貸其家屬何如羣臣皆以爲善乃止殺銖與李業等梟首於市赦其妻子太祖即位賜陝州莊宅各一區

李業

李業高祖皇后之弟也后昆弟七人業最幼故尤憐之高祖時以爲武德使隱帝即位業以皇

太后故益用事無顧憚時天下旱蝗黃河決溢京師大風拔木壞城門宮中數見怪物投瓦石撼門扉隱帝召司天趙延乂問禳除之法延乂對曰臣職天象日時察其變動以考順逆吉凶而已禳除之事非臣所知也然臣所聞殆山魈也皇太后乃召尼誦佛書以禳之一尼如廁既還悲泣不知人者數日及醒訊之莫知其然而帝方與業及聶文進後贊郭允明等狎昵多爲廋語相誚戲放紙鳶于宮中太后數以災異戒帝不聽時宣徽使闕業欲得之太后亦遣人諷

大臣大臣楊邠史弘肇等皆以爲不可業由此怨望謀殺邠等邠等已死又遣供奉官孟業以詔書殺郭威于魏州威舉兵反隱帝遣左神武統軍袁義侍衛馬軍都指揮使閻晉卿等率兵拒威于澶淵兵未出威已至滑州帝大懼謂大臣曰昨太草草耳業請出府庫以賚軍宰相蘇禹珪以爲未可業拜禹珪於帝前曰相公且爲官家勿惜府庫乃詔賜京師兵及魏兵從威南者錢人十千督其子弟作書以告北兵之來者及漢兵敗于北郊業取内庫金寶懷之以奔其

兄保義軍節度使洪信洪信拒而不納業走至絳州爲人所殺

聶文進

聶文進并州人也少爲軍卒善書筭給事漢高祖帳中高祖鎮太原以爲押司官高祖即位歷拜領軍屯衛將軍樞密院承旨周太祖爲樞密使頗親信之文進稍橫恣遷右領軍大將軍入謝召諸將軍設食朝堂儀鸞翰林御厨供帳飲食文進自如有司不敢劾周太祖鎮鄴文進等用事居中及謀殺楊邠等文進夜作詔書制置

中外邠等已死文進點閱兵籍指麾殺戮以爲己任周太祖在鄴聞邠等遇害初以爲文進不與又發詔書皆文進手跡乃大詬之周兵至京師隱帝敗于北郊太后懼使謂文進善衛帝對曰臣在此百郭威何害慕容彥超敗走帝宿于七里文進夜與其徒飲酒歌呼自若明旦隱帝遇弑文進亦自殺

後贊

後贊兗州瑕丘人其母倡也贊幼善謳事張延朗延朗死贊更事漢高祖高祖愛之以爲牙將

高祖即位拜飛龍使隱帝尤愛幸之楊邠等執政贊久不得遷乃共謀殺邠等邠等死隱帝悔之贊與允明等番休侍帝不欲左右言已短隱帝兵敗北郊贊奔兗州慕容彥超執送京師梟首于市

郭允明

郭允明少爲漢高祖廝養高祖愛之以爲翰林茶酒使隱帝尤狎愛之允明益驕橫無顧避大臣不能禁允明使荊南高保融車服導從如節度使保融待之甚厚允明乃陰使人步測其城

池高下若爲攻取之計者以動之荊人皆恐保融厚賂以遣之還飛龍使已而李業與允明謀殺楊邠等是日天雲而昏霧雨如泣日中戮邠等十餘尸暴之市中允明手殺邠等諸子於朝堂西廡王章壻張貽肅血流逆注隱帝敗于北郊還至封丘門不得入帝走趙村允明從後追之弑帝于民舍乃自殺

五代史記卷第三十

五代史記卷第三十一

周臣傳第十九

王朴

王朴字文伯東平人也少舉進士爲校書郎依漢樞密使楊邠邠與王章史弘肇等有隙朴見漢興日淺隱帝年少孱弱任用小人而邠爲大臣與將相交惡知其必亂乃去邠東歸後李業等教隱帝誅權臣邠與章弘肇皆見殺三家之客多及而朴以故獨免周世宗鎮澶州朴爲節度掌書記世宗爲開封尹拜朴右拾遺爲推官世宗即位遷比部郎中獻平邊策曰唐失道而失吳蜀晉失道而失幽并觀所以失之之由知所以平之之術當失之之時君暗政亂兵驕民困近者姦於內遠者叛於外小不制而至于僭大不制而至于濫天下離心人不用命吳蜀乘其亂而竊其號幽并乘其間而據其地平之之術在乎反唐晉之失而已必先進賢退不肖以清其時用能去不能以審其材恩信號令以結其心賞功罰罪以盡其力恭儉節用以豐其財徭役以時以阜其民俟其倉廩實器用備人可用

而舉之彼方之民知我政化大行上下同心力彊財足人安將和有必取之勢則知彼情狀者願爲之間諜知彼山川者願爲之先導彼民與此民之心同是與天意同與天意同則無不成之功攻取之道從易者始當今惟吳易圖東至海南至江可撓之地二千里從少備處先撓之備東則撓西備西則撓東彼必奔走以救其弊奔走之間可以知彼之虛實衆之彊弱攻虛擊弱則所向無前矣勿大舉但以輕兵撓之彼人怯弱知我師入其地必大發以來應數大發則民困而國竭一不大發則我獲其利彼竭我利則江北諸州乃國家之所有也既得江北則用彼之民揚我之兵江之南亦不難而平之也如此則用力少而收功多得吳則桂廣皆爲內臣岷蜀可飛書而召之如不至則四面並進席卷而蜀平矣吳蜀平幽可望風而至唯并必死之寇不可以恩信誘必須以彊兵攻力已竭氣已喪不足以爲邊患可爲後圖方今兵力精練器用具備羣下知法諸將用命一稔之後可以平邊臣書生也不足以講大事至于不達大體不合機變

惟陛下寬之遷左諫議大夫知開封府事歲中遷左散騎常侍充端明殿學士是時世宗新即位銳意征伐已挫羣議親敗劉旻於高平歸而益治兵慨然有平一天下之志數顧大臣問治道選文學之士徐台符等二十人使作爲君難爲臣不易論及平邊策朴在選中而當時文士皆不欲上急於用武以謂平定僭亂在修文德以爲先惟翰林學士陶穀竇儀御史中丞楊昭儉與朴皆言用兵之策朴謂江淮爲可先取世宗雅以知朴及見其議論偉然益以爲奇引與計議天下事無不合遂決意用之顯德三年征淮以朴爲東京副留守還拜戶部侍郎樞密副使遷樞密使四年再征淮以朴留守京師世宗之時外事征伐而內修法度朴爲人明敏多材智非獨當世之務至於陰陽律曆之法莫不通焉顯德二年詔朴校定大曆乃削去近世符天流俗不經之學設通經統三法以歲軌離交朔望周變率策之數步日月五星爲欽天曆六年又詔朴考正雅樂朴以謂十二律管互吹難得其真乃依京房爲律准以九尺之絃十三依管長短寸分設柱用七聲爲均樂成而和朴性剛果又見信於世宗凡其所爲當時無敢難者然人亦莫能加也世宗征淮朴留京師廣新城通道路壯偉宏闊今京師之制多其所規爲其所作樂至今用之不可變其陳用兵之略非特一時之策至言諸國興滅次第云淮南可最先取并必死之寇最後亡其後

宋興平定四方惟并獨後服皆如朴言六年春世宗遣朴行視汴口作斗門還過故相李穀第疾作仆于坐上舁歸而卒年五十四世宗臨其喪以玉鉞叩地大慟者數四贈侍中

鄭仁誨

鄭仁誨字日新太原晉陽人也初事唐將陳紹光紹光爲人驍勇而好使酒嘗因醉怒仁誨拔劍欲殺之左右皆奔走仁誨植立不動無懼色紹光擲劍于地撫仁誨曰汝有器量必富貴非吾所及也仁誨後棄紹光去還鄉里事母以孝聞漢高祖爲河東節度使周太祖居帳下時時往過仁誨與語甚懽每事有疑即從仁誨質問仁誨所對不向周太祖益奇之漢興周太祖爲

樞密使乃召仁誨用之累官至内客省使太祖破李守貞於河中軍中機畫仁誨多所參決太祖入立以仁誨爲大内都點檢恩州團練使樞密副使累遷宣徽北院使出爲鎮寧軍節度使顯德元年拜樞密使世宗攻河東仁誨留守東都明年冬以疾卒世宗將臨其喪有司言歲不利臨喪世宗不聽乃先以桃茢而臨之仁誨自其微時常爲太祖謀畫及居大位未嘗有所闕而太祖世宗皆親重之然亦能謙謹好禮不自矜伐爲士大夫所稱贈中書令追封韓國公謚曰忠正

扈載

扈載字仲熙北燕人也少好學善屬文廣順初舉進士高第拜校書郎直史館再遷監察御史其爲文章以辭多自喜常次歷代有國廢興治亂之迹爲運源賦甚詳又因遊相國寺見庭竹可愛作碧鮮賦題其壁世宗聞之遣小黄門就壁錄之覽而稱善因拜水部員外郎知制誥遷翰林學士賜緋而載已病不能朝謝居百餘日乃力疾入直學士院世宗憐之賜告還第遣太

醫視疾初載以文知名一時樞密使王朴尤重其才薦於宰相李穀久而不用朴以問穀曰扈載不爲舍人何也穀曰非不知其才然載命薄恐不能勝朴曰公爲宰相以進賢退不肖爲職何言命邪已而召拜知制誥及爲學士居歲中病卒年三十六議者以穀能知人而朴能薦士是時天子英武樂延天下奇才而尤禮文士載與張昭竇儼陶穀徐台符等俱被進用穀居數人中文辭最劣尤無行昭儼數與論議其文粲然而穀徒能先意所在以進諛取合人主事無大小必稱美頌贊至於廣京城爲木偶耕人紫芝白兎之類皆爲頌以獻其辭大抵類俳優而載以不幸早卒論議雖不及昭儼而不爲穀之諛也

嗚呼作器者無良材而有良匠治國者無能臣而有能君蓋材待匠而成臣待君而用故曰治國譬之於弈知其用而置得其處者勝不知其用而置非其處者敗敗者臨棊注目終日而勞心使善弈者視焉爲之易置其處則勝矣勝者所用敗者之棊也興國所用亡國之臣也王朴

之材誠可謂能矣不遇世宗何所施哉世宗之時外事征伐攻取戰勝内修制度議刑法定律曆講求禮樂之遺文所用者五代之士也豈皆愚怯於晉漢而材智於周哉惟知所用爾夫亂國之君常置愚不肖於上而彊其不能以暴其短惡置賢智於下而泯沒其材能使君子小人皆失其所而身蹈危亡治國之君能置賢知於近而置愚不肖於遠使君子小人各適其分而身享安榮治亂相去雖遠甚而其所以致之者不多也反其所置而已嗚呼自古治君少而亂君多況於五代士之遇不遇者可勝歎哉

五代史記卷之三十一

五代史記卷第三十二

死節傳第二十

語曰世亂識忠臣誠哉五代之際不可以爲無人吾得全節之士三人焉作死節傳

王彦章　裴約　劉仁贍附

王彦章字子明鄆州壽昌人也少爲軍卒事梁太祖爲開封府押衙左親從指揮使行營先鋒馬軍使末帝即位遷濮州刺史又徙澶州刺史彦章爲人驍勇有力能跣足履棘行百步持一鐵鎗騎而馳突奮疾如飛而佗人莫能舉也軍中號王鐵鎗梁晉爭天下爲勁敵獨彦章心常輕晉王謂人曰亞次鬬雞小兒耳何足懼哉梁分魏相六州爲兩鎮懼魏軍不從遣彦章將五百騎入魏屯金波亭以虞變魏軍果亂夜攻彦章彦章南走魏降晉晉軍攻破澶州虜彦章妻子歸之太原賜以第宅供給甚備閒遣使者招彦章彦章斬其使者以自絶然晉人畏彦章之在梁也必欲招致之待其妻子愈厚自梁失魏博與晉夾河而軍彦章常爲先鋒遷汝鄭二州防禦使匡國軍節度使是時晉已盡有河北以鐵鎖斷

德勝口築河南北為兩城號夾寨而梁末帝昏亂小人趙巖張漢傑等用事大臣宿將多被讒間彦章雖為招討副使而謀不見用龍德三年夏晉取鄆州梁人大恐宰相敬翔顧事急以繩內靴中入見末帝泣曰先帝取天下不以臣為不肖所謀無不用今彊敵未滅陛下棄忽臣言臣身不用不如死乃引繩將自經末帝使人止之問所欲言翔曰事急矣非彦章不可末帝乃召彦章為招討使以段凝為副末帝問破敵之期彦章對曰三日左右皆失笑彦章受命而出馳兩日至滑州置酒大會陰遣人具舟於楊村命甲士六百人皆持巨斧載冶者具鞴炭乘流而下彦章會飲酒半佯起更衣引精兵數千沿河以趨德勝舟兵舉鎖燒斷之因以巨斧斬浮橋而彦章引兵急擊南城浮橋斷南城遂破蓋三日矣是時莊宗在魏以朱守殷守夾寨聞彦章為招討使驚曰彦章驍勇吾嘗避其鋒非守殷敵也然彦章兵少利於速戰必急攻我南城即馳騎救之行二十里而得夾寨報者曰彦章兵已至比至而南城破矣莊宗徹北城為栰下楊

劉與彦章俱浮于河各行一岸每舟栰相及輒戰一日數十接彦章至楊劉攻之幾下晉人築壘博州東彦章引兵攻之不克還擊楊劉戰敗是時段凝已有異志與趙巖張漢傑交通彦章素剛憤梁日削而嫉巖等所為嘗謂人曰俟吾破賊還誅姦臣以謝天下巖等聞之懼與凝叶力傾之其破南城也彦章與凝各為捷書以聞凝遣人告巖等匿彦章書而上己書末帝初疑其事已而使者至軍獨賜勞凝而不及彦章軍士皆失色及楊劉之敗也凝乃上書言彦章使酒輕敵而至於敗趙巖等從中日夜毀之乃罷彦章以凝為招討使彦章馳至京師入見以笏畫地自陳勝敗之迹巖等諷有司劾彦章不恭勒還第唐兵攻兗州末帝召彦章使守捉東路是時梁之勝兵皆屬段凝京師秖有保鑾五百騎皆新捉募兵不可用乃以屬彦章而以張漢傑監之彦章至遞坊以兵少戰敗退保中都又敗與其牙兵百餘騎死戰唐將夏魯奇素與彦章善識其語音曰王鐵槍也舉矟刺之彦章傷重馬踣被擒莊宗見之曰爾常以孺子待我今日服

乎文曰爾善戰者何不守兗州而守中都中都無壁壘何以自固彥章對曰大事已去非人力可爲莊宗惻然賜藥以封其創彥章武人不知書常爲俚語謂人曰豹死留皮人死留名其於忠義蓋天性也莊宗愛其驍勇欲全活之使人慰諭彥章彥章謝曰臣與陛下血戰十餘年今兵敗力窮不死何待且臣受梁恩非死不能報豈有朝事梁而暮事晉生何面目見天下之人乎莊宗又遣明宗往諭之彥章病創卧不能起仰顧明宗呼其小字曰汝非邈佶烈乎我豈茍

活者遂見殺年六十一晉高祖時追贈彥章太師與彥章同時裴約者潞州之牙將也莊宗以李嗣昭爲昭義軍節度使約以裨將守澤州嗣昭卒其子繼韜以澤潞叛降于梁約召其州人泣而諭曰吾事故使二十餘年見其分財饗士欲報梁仇不幸早世今郎君父喪未葬違背君親吾能死于此不能從以歸梁也衆皆感泣梁遣董璋率兵圍之約與州人拒守求救於莊宗是時莊宗方與梁人戰河上而已建大號聞繼韜叛降梁頗有憂色及聞約獨不叛喜曰吾於繼韜何薄

於約何厚而約能分逆順邪顧將存審曰吾不惜澤州與梁一州易得約難得也爾識機便爲我取約來存審以五十騎馳至遼州而梁兵已破澤州約見殺至周世宗時又有劉仁贍者焉仁贍字守惠彭城人也父金事楊行密爲濠滁二州刺史以驍勇知名仁贍爲將輕財重士法令嚴肅少略通兵書事南唐爲左監門衛將軍黃袁二州刺史所至稱治李景使掌親軍以爲武昌軍節度使周師征淮先遣李穀攻自壽春景遣將劉彥貞拒周兵以仁贍爲清淮軍節度

使鎮壽州李穀退守正陽浮橋彥貞見周兵之却意其怯急追之仁贍以爲不可彥貞不聽仁贍獨按兵城守彥貞果敗於正陽世宗攻壽州圍之數重以方舟載礮自淝河中流擊其城又東巨竹數十萬竿上施版屋號爲竹龍載甲士以攻之又決其水砦入于淝河攻之百端自正月至于四月不能下而歲大暑霖雨彌旬周兵營寨水深數尺淮淝暴漲礮舟竹龍皆飄南岸爲景兵所焚周兵多死世宗東趨濠梁以李重進爲廬壽都招討使景亦遣其元帥齊王景達

等列砦紫金山下爲夾道以屬城中而重進與
張永德兩軍相疑不協仁贍屢請出戰景達不
許由是憤惋成疾明年正月世宗復至淮上盡
破紫金山砦壞其夾道景兵大敗諸將往往見
擒而景之守將廣陵馮延魯光州張紹舒州周
祚泰州方訥泗州范再遇等或走或降皆不能
守雖景君臣亦皆震慴奉表稱臣願割土地輸
貢賦以效誠款而仁贍獨堅守不可下世宗使
景所遣使者孫晟等至城下示之仁贍子崇諫
幸其父病謀與諸將出降仁贍立命斬之監軍

使周廷構哭于中門救之不得於是士卒皆感
泣願以死守三月仁贍病甚已不知人其副使
孫羽詐爲仁贍書以城降世宗命舁仁贍至帳
前嘆嗟久之賜以玉帶御馬復使入城養疾是
日卒制曰劉仁贍盡忠所事抗節無虧前代名
臣幾人可比予之南伐得爾爲多乃拜仁贍檢
校太尉兼中書令天平軍節度使仁贍不能受
而卒年五十八世宗遣使弔祭喪事官給追封
彭城郡王以其子崇讃爲懷州刺史賜莊宅各
一區李景聞仁贍卒亦贈太師壽州故治壽春

世宗以其難克遂徙城下蔡而復其軍曰忠正
軍曰吾以旌仁贍之節也

嗚呼天下惡梁久矣然士之不幸而生其時者
不爲之臣可也其食人之祿者必死人之事如
彥章者可謂得其死哉仁贍既殺其子以自明
矣豈有垂死而變節者乎今周世宗實錄載仁
贍降書蓋其副使孫羽等所爲也當世宗時王
環爲蜀守秦州攻之久不下其力屈而降世宗
頗嗟其忠然止於爲大將軍視世宗待二人之
薄厚而考其制書乃知仁贍非降者也自古忠

臣義士之難得也五代之亂三人者或出於軍
卒或出於僞國之臣可勝嘆哉可勝嘆哉

五代史記卷第三十二

五代史記卷第三十三

死事傳第二十一

嗚呼甚哉自開平訖于顯德終始五十三年而天下五代士之不幸而生其時欲全其節而不二者固鮮矣於此之時責士以死與必去則天下爲無士矣然其習俗遂以苟生不去爲當然至於儒者以仁義忠信爲學享人之祿任人之國者不顧其存亡皆恬然以苟生爲得非徒不知愧而反以其得爲榮者可勝數哉故吾於死事之臣有所取焉君子之於人也樂成其美而不求其備況死者人之所難乎吾於五代得全節之士三人而已其初無卓然之節而終以死人之事者得十有五人焉而戰沒者不得與也然吾取王清史彥超者其有旨哉其有旨哉作死事傳不能立傳者五人馬彥超附朱守殷傳宋令詢李遐張彥卿鄭昭業見於本紀而已

張源德

張源德者不知其世家或曰本晉人也少事晉無所稱然李罕之以潞州叛晉降梁罕之遣源德見梁太祖太祖時源德自金吾衛將軍爲蔡州刺史梁貞明三年魏博節度使楊師厚卒末帝分魏相等六州爲兩鎮懼魏軍不從乃遣劉鄩將兵萬人屯于魏以虞變魏軍果叛迫其節度使賀德倫以魏博二州降晉當是時源德爲鄩守貝州晉王入魏諸將欲先擊貝州晉王曰貝城小而堅攻之難卒下且源德雖恃劉鄩之兵然與滄州相首尾今德州居其中而無備不如先取之則滄貝之勢分而易圖也乃先襲破德州然後以兵五千攻源德源德堅守不下晉軍塹而圍之已而劉鄩大敗于故元城南走黎陽晉軍攻破洺州而衛州刺史來昭邢州節度使閻寶皆以城降晉磁州刺史靳昭相州張筠滄州戴思遠皆棄城走當此時晉已先下全燕而鎮定皆附于晉自河以北山以東四面千里六鎮數十州之地皆歸晉獨貝一州圍之踰年不可下源德守既堅而貝人聞晉已盡有河北城中食且盡乃勸源德出降源德不從遂見殺源德已死貝人謀曰晉圍吾久吾窮而後降懼皆不免也乃告于晉曰吾欲被甲執兵而降得赦而後釋之如何晉軍許諾貝人三千出降已釋甲晉兵四面圍而盡殺之

夏魯奇

夏魯奇字邦傑青州人也唐莊宗時賜姓名曰李紹奇其後莊宗賜姓名者皆復其故魯奇初事梁爲宣武軍校後奔于晉爲衛護指揮使從周德威攻劉守光於幽州守光將單廷珪元行欽以驍勇自負魯奇每與二將鬬輒不能解兩軍皆釋兵而觀之晉已下魏博梁將劉鄩軍于洹水莊宗以百騎覘敵遇鄩伏兵圍之數重幾不得脫魯奇力戰手殺百餘人身被二十餘瘡與莊宗決圍而出莊宗益奇之以爲磁州刺史從戰中都擒王彥章莊宗壯之賜絹千疋拜鄭州防禦使遷河陽節度使爲政有惠愛徙鎮忠武河陽之人遮留不得行父老詣京師乞留明宗遣中使往諭之魯奇乃得去唐師伐荊南以魯奇爲招討副使無功而還徙鎮武信東川董璋反攻遂州魯奇閉城拒之旬月救兵不至城中食盡魯奇自刎死年四十九（吳蠻兵備可戰而不戰魯奇食盡力窮而死故取捨異）

姚洪

姚洪本梁之小校也自董璋爲梁將洪嘗事璋後事唐爲指揮使長興中遣洪將千人戍閬州董璋反遣人以書招洪洪得璋書輒投廁中後璋兵攻破閬州執洪璋曰爾爲健兒我遇汝厚奈何負我邪洪罵曰老賊爾昔爲李七郎奴掃馬糞得一臠殘炙感恩不已今天子用爾爲節度使何苦反邪吾能爲國家死不能從人奴以生璋怒然鑊于前令壯士十人刲其肉而食洪至死大罵明宗聞之泣下錄其二子而厚卹其家

王思同

王思同幽州人也其父敬柔娶劉仁恭女生思同思同事仁恭爲銀胡簶指揮使仁恭爲其子守光所囚思同奔晉晉以爲飛勝指揮使梁晉相距于莘遣思同築壘楊劉以功遷神武十軍都指揮使累遷鄭州防禦使思同爲人敢勇善騎射好學頗喜爲詩輕財重義多禮文士然未嘗有戰功明宗時以父次爲匡國軍節度使徙鎮雄武是時吐蕃數爲寇而秦州無亭障思同列四十餘柵以禦之居五年來朝明宗問以邊事思同指畫山川陳其利害思同去明宗顧左右

曰人言思同不管事能若是耶於是始知其材以爲右武衛上將軍京兆尹西京留守石敬瑭討董璋思同爲先鋒指揮使兵入劍門而後軍不繼思同與璋戰不勝而郤敬瑭兵罷思同從鎮山南西道已而復爲京兆尹西京留守應順二年潞王從珂反鳳翔馳檄四鄰言姦臣乘先帝疾病賊殺秦王而立幼嗣侵弱宗室動搖藩方陳己所以興兵討亂之狀因遣伶奴安十十以五絃謁思同欲因其懽以通意是時諸鎮皆懷嚮背所得潞王書檄雖以上聞而不絕其使

獨思同執十十及從珂所使推官郝詡等送京師愍帝嘉其忠即以思同爲西面行營馬步軍都部署三月會諸鎮兵圍鳳翔破東西關城從珂兵弱而守甚堅外兵傷死者衆從珂登城呼外兵而泣曰吾從先帝二十年大小數百戰甲不解躰金瘡滿身士卒固嘗從我矣今先帝新棄天下而朝廷信用姦人離間骨肉我實何罪而見伐乎因慟哭士卒聞者皆悲憐之興元張虔釗攻城西督戰甚急士卒苦之反兵攻虔釗虔釗走羽林指揮楊思權呼曰潞王吾主也乃

引軍自西門入降從珂而思同未知猶督戰嚴衛指揮使尹暉麾其衆曰城西軍入城受賞矣何用戰邪士卒解甲棄仗聲聞數里遂皆入城降諸鎮之兵皆潰思同挺身走至長安西京副留守劉遂雍閉門不納乃走潼關從珂引兵東至昭應前鋒追執思同從珂責曰罪可逃乎思同曰非不知從王而得生恐終死不能見先帝於地下從珂媿其言乃殺之漢高祖即位贈侍中思同東走將自歸于天子與元行欽走異故予其死

張敬達

張敬達字志通代州人也小字生鐵以騎射事唐莊宗爲廳直軍使明宗時爲河東馬步軍都指揮使領欽州刺史累遷彰國大同軍節度使從鎮武信晉昌清泰二年契丹數犯邊廢帝以河東節度使石敬瑭兼大同彰國振武威塞等軍蕃漢馬步軍都總管屯于忻州屯兵聚譟遮敬瑭呼萬歲敬瑭斬三十餘人以止之廢帝疑敬瑭有異志乃以敬達爲北面副總管以分其兵明年夏從敬瑭鎮天平遂以敬達爲大同彰國振武威塞等軍蕃漢馬步軍都部署敬瑭因

此遂反即以敬達爲太原四面招討使六月兵圍太原敬達爲長城連柵雲梯飛礮以攻之所爲城柵將成輒有大風雨水暴至以壞之敬瑭求救于契丹九月契丹耶律德光自鴈門入旌旗相屬五十餘里德光先遣人告敬瑭曰吾欲今日破敵可乎敬瑭報曰大兵遠來而賊勢方盛要在成功不必速也使者未復命而兵已交敬達陣於西山契丹以羸騎三千革鞭木鐙人馬皆不甲冑以趨唐軍唐軍爭馳之契丹兵走追至汾曲伏發斷唐軍爲二其在北者皆死死者萬餘人敬達收軍柵晉安契丹圍之廢帝遣趙延壽范延光等救之延壽屯團柏谷延光屯遼州相去皆百餘里契丹兵圍敬達者自晉安寨南長百餘里闊五十里敬達軍中望之但見穹廬連屬如岡阜四面亘以毛索掛鈴爲警縱犬往來敬達軍中有夜出者輒爲契丹所得由是閉壁不敢復出延壽等皆有二心無救敬達意敬達猶有兵五萬人馬萬匹久之食盡削木篩糞以飼其馬死者食之已而馬盡副招討使楊光遠勸敬達降晉敬達自以不忍背唐而救兵

且至光遠促之不已敬達曰諸公何相迫邪何不殺我而降光遠即斬敬達降契丹耶律德光聞敬達死哀其忠遣人收葬之（本紀責其不誅光遠而諷其殺己以降賊故不書死而書如其志而傳録其死者然嘉其不降也然己雖不屈而諷人降賊故不得爲死節）

翟進宗　張萬迪附

翟進宗張萬迪者皆不知其何人也初皆事唐後事晉進宗爲淄州刺史萬迪爲登州刺史楊光遠反以騎兵百脅取二刺史至青州萬迪聽命而進宗獨不屈光遠遂殺進宗出帝贈進宗左武衛上將軍及光遠平曲赦青州雖光遠子孫皆見原釋而獨不赦萬迪暴其罪而斬之詔求進宗尸加禮歸葬葬事官給以其子仁欽爲東頭供奉官

沈斌

沈斌字安時徐州下邳人也少爲軍卒事梁爲拱辰都指揮使後事唐從魏王繼岌破蜀平康延孝以功爲虢州刺史歷隨趙等八州刺史晉開運元年爲祁州刺史契丹犯塞至于榆林過祁州斌以謂契丹深入晉地而歸兵羸之可擊

即以州兵邀之契丹以精騎剗門斌兵多死城中無備虜將趙延壽招斌從城上罵延壽曰公父子誤計陷于腥膻忍以犬羊之衆殘賊父母之邦斌能爲國死爾不能效公所爲也已而城陷斌自盡其家屬皆沒于虜

王清

王清字去瑕洛州曲周人也初事唐爲寧衛指揮使後事晉爲奉國都虞候安從進叛襄州從高行周攻之逾年不能下清謂行周曰從進閉孤城以自守其勢豈得久邪因請先登遂攻破之開運二年冬從杜重威戰陽城清以力戰功爲步軍之最加檢校司徒是冬重威軍中渡橋南虜軍其北以相拒而虜以精騎並西山出晉軍後南擊欒城斷晉餉道清謂重威曰晉軍危矣今去鎮州五里而守死于此營孤食盡將若之何請以步兵二千爲先鋒奪橋開路公率諸軍繼進以入鎮州可以守也重威許之遣與宋彥筠俱前清與虜戰敗之奪其橋是時重威已有二志猶豫不肯進彥筠亦退走清曰吾獨死於此矣因力戰而死年五十三漢高祖立贈清

太傅

史彥超

史彥超雲州人也爲人勇悍驍捷周太祖起魏時彥超爲漢龍捷都指揮使以兵從太祖入立遷虎捷都指揮使戍于晉州劉旻攻晉州州無主帥知州王萬敢不能拒彥超以戍兵堅守月餘太祖遣王峻救之旻兵解去以功遷龍捷右廂都指揮使領鄭州防禦使周漢戰高平彥超爲前鋒先登陷陣以功拜感德軍節度使周兵圍漢太原契丹救漢出忻代世宗遣符彥卿拒之以彥超爲先鋒戰忻口彥超勇憤俱發左右馳擊解而復合者數四遂歿于陣是時世宗敗漢高平乘勝而進圍城之役諸將議不一故久無成功世宗欲解去而未決聞彥超戰死遽班師倉卒之際亡失甚衆世宗既惜彥超而憤無成功憂恚不食者數日贈彥超太師優卹其家焉

孫晟

孫晟初名鳳又名忌密州人也好學有文辭尤長於詩少爲道士居廬山簡寂宮常畫唐詩人

貫島像置于屋壁晨夕事之簡寂宫道士惡晟以爲妖以杖驅出之乃儒服北之趙魏謁唐莊宗于鎮州莊宗以晟爲著作佐郎天成中朱守殷鎮汴州辟爲判官守殷反伏誅晟乃棄其妻子亡命陳宋之間安重誨惡晟以謂教守殷反者晟亡畫其像購之不可得遂族其家晟奔于吳是時李昇方篡楊氏多招四方之士得晟喜其文辭使爲教令由是知名晟爲人口吃遇人不能道寒暄已而坐定談辯鋒生聽者忘倦昇尤愛之引與計議多合意以爲右僕射與馮延

巳並爲昇相晟輕延巳爲人常曰金椀玉盃而盛狗屎可乎晟事昇父子二十餘年官至司空家益富驕每食不設几案使衆妓各執一器環立而侍號肉臺盤時人多效之周世宗征淮李景懼始遣泗州牙將王知朗至徐州奉書以求和世宗不荅又遣翰林學士鍾謨文理院學士李德明奉表稱臣不荅乃遣禮部尚書王崇質副晟奉表謨與晟等皆言景願割壽濠泗楚光海六州之地歲貢百萬以佐軍而世宗已取滁揚濠泗諸州欲尽取淮南乃止因留使者不遣

而攻壽州益急謨等見世宗英武非景敵而師甚盛壽春且危乃曰願陛下寬臣五日之誅容臣還取景表尽獻淮北諸州世宗許之遣供奉官安弘道押德明崇質南還而謨與晟皆見留德明等既還景悔不肯割地世宗亦以暑雨班師留李重進張永德等分攻廬壽周兵所得揚泰諸州皆不能守景兵復振重進與永德兩軍相疑有隙永德上書言重進反世宗不聽景知二將之相疑也乃以蠟丸書遺重進勸其反初晟之奉使也語崇質曰吾行必不免然吾終不負

永陵一坏土也永陵者昇墓也及崇質還而晟與鍾謨俱至京師館于都亭驛待之甚厚每朝會入閤使班東省官後召見必飲以醇酒已而問江南事晟不對世宗怒未有以發會重進以景蠟丸書來上多斥周過惡以爲言由是發怒曰晟來使我言景畏吾神武願得北面稱臣保無二心安得此指斥之言乎亟召侍衛軍虞候韓通收晟下獄及其從者二百餘人皆殺之晟臨死世宗猶遣近臣問之晟終不對神色怡然正其

衣冠南望而拜曰臣惟以死報國爾乃就刑晟既死鍾謨亦貶耀州司馬其後世宗怒解憐晟忠悔殺之召拜鍾謨衛尉少卿景已割江北遂遣謨還而景聞晟死亦贈魯國公

五代史三十三卷終

五代史記卷第三十四

一行傳第二十二

嗚呼五代之亂極矣傳所謂天地閉賢人隱之時歟當此之時臣弒其君子弒其父而搢紳之士安其祿而立其朝充然無復廉恥之色者皆是也吾以謂自古忠臣義士多出於亂世而怪當時可道者何少也豈果無其人哉雖曰干戈興學校廢而禮義衰風俗隳壞至於如此然自古天下未嘗無人也吾意必有潔身自負之士嫉世遠去而不可見者自古材賢有韞于中而不見于外或窮居陋巷委身草莽雖顏子之行不遇仲尼而名不彰況世變多故而君子道消之時乎吾又以謂必有負材能修節義而沉淪于下泯沒而無聞者求之傳記而亂世崩離文字殘缺不可復得然僅得者四五人而已處乎山林而群麋鹿雖不足以爲中道然與其食人之祿俛首而包羞孰若無愧於心放身而自得吾得二人焉曰鄭遨張薦明勢利不屈其心去就不違其義吾得一人焉曰石昂苟利於君以忠獲罪而何必自明有至死而不言者此古之義士

也吾得一人焉曰程福贇五代之亂君不君臣不臣父不父子不子至於兄弟夫婦人倫之際無不大壞而天理幾乎其滅矣於此之時能以孝悌自脩於一鄉而風行於天下者猶或有之然其事迹不著而無可紀次獨其名氏或因見於書者吾亦不敢沒而其略可錄者吾得一人焉曰李自倫作一行傳

鄭遨　張薦明

鄭遨字雲叟滑州白馬人也唐明宗祖廟諱遨故世行其字遨少好學敏於文辭唐昭宗時舉

進士不中見天下已亂有拂衣遠去之意欲携其妻子與俱隱其妻不從遨乃入少室山爲道士其妻數以書勸遨還家輒投之於火後聞其妻子卒一慟而止遨與李振故善振後事梁貴顯欲以禄遨遨不顧後振得罪南竄遨徒步千里往省之由是聞者益高其行其後遨聞華山有五粒松脂淪入地千歲化爲藥能去三尸因徙居華陰欲求之與道士李道殷羅隱之友善世自以爲三高士遨種田隱之賣藥以自給道殷有鈎魚術鈎而不餌又能化石爲金遨嘗驗

其信然而不之求也節度使劉遂凝數以寶貨遺之遨一不受唐明宗時以左拾遺晉高祖時以諫議大夫召之皆不起即賜號爲逍遥先生天福四年卒年七十四遨之節高矣遭亂世不汚於榮利至棄妻子不顧而去豈非與世自絶而篤愛其身者歟然遨好飲酒弈棊時時爲詩章落人間人間多寫以縑素相贈遺以爲寶至或圖寫其形翫于屋壁其迹雖遠而其名愈彰與乎石門荷蓧之徒異矣與遨同時張薦明者燕人也少以儒學游河朔後去爲道士通老子

莊周之說高祖召見問道家可以治國乎對曰道也者妙萬物而爲言得其極者尸居衽席之間可以治天地也高祖大其言延入内殿講道德經拜以爲師薦明聞宫中奏時鼓曰陛下聞鼓乎其聲一而已五音十二律鼓無一焉然和之者鼓也夫一萬事之本也能守一者可以治天下高祖善之賜號通玄先生後不知其所終

石昂

石昂青州臨淄人也家有書數千卷喜延四方之士士無遠近多就昂學問食其門下者或累

歳昂未嘗有怠色而昂不求仕進節度使符習高其行召以爲臨淄令習入朝京師監軍楊彦朗知留後事昂以公事至府上謁贊者以彦朗諱石更其名曰右昂趨于庭昂責彦朗曰内侍柰何以私害公昂姓石非右也彦朗大怒拂衣起去昂即趨出解官還于家語其子曰吾本不欲仕亂世果爲刑人所辱子孫其以我爲戒昂父亦好學平生不喜佛説父死昂於柩前誦尚書曰此吾先人之所欲聞也禁其家不可以佛事汚吾先人晉高祖時詔天下求孝悌之士戸部尚書王權宗正卿石光贊國子祭酒田敏兵部侍郎王延等相與詣東上閤門上昂行義可以應詔詔昂至京師召見便殿以爲宗正丞遷少卿出帝即位晉政日壞昂數上疏極諫不聽乃稱疾東歸以壽終于家昂既去而晉室大亂

程福贇

程福贇者不知其世家爲人沉厚寡言而有勇少爲軍卒以戰功累遷洺州團練使晉出帝時爲奉國右廂都指揮使開運中契丹入寇出帝北征奉國軍士乘間夜縱火焚營欲因以爲亂

福贇身自救火被傷火滅而亂者不得發福贇以爲契丹且大至而天子在軍京師虛空不宜以小故動搖人聽因匿其事不以聞軍將李殷位次福贇下利其去而代之因誣福贇與亂者同謀不然何以不奏出帝下福贇獄人皆以爲冤福贇終不自辨以見殺

李自倫

李自倫者深州人也天福四年正月尚書戸部奏深州司功參軍李自倫六世同居奉敕准格按格孝義旌表必先加按驗孝者復其終身義門仍加旌表得本州審到鄉老程言等稱自倫高祖訓訓生粲粲生則則生忠忠生自倫自倫生光厚六從同居不妄敕以所居飛鳧鄉爲孝義鄉匡聖里爲仁和里准式旌表門閭九月丙子戸部復奏前登州義門王仲昭六世同居其旌表有聽事步欄前列屏樹烏頭正門閥閲一丈二尺烏頭二柱端冒以瓦桶築雙闕一丈在烏頭之南三丈七尺夾樹槐柳十有五步請如之敕曰此故事也今式無之其量地之宜高其外門門安綽楔左右建臺高一丈二尺廣狹方

正稱焉汚以白而赤其四角使不孝不義者見之可以悛心而易行焉

五代史記卷第三十四

魯郡曾　三異　校定

五代史記卷第三十五

唐六臣傳第二十三

甚哉白馬之禍悲夫可爲流涕者矣然士之生死豈其一身之事哉初唐天祐三年梁王欲以嬖吏張廷範爲太常卿唐宰相裴樞以謂太常卿唐常以清流爲之廷範乃梁客將不可梁王由此大怒曰吾常語裴樞純厚不陷浮薄今亦爲此邪是歲四月彗出西北掃文昌軒轅天市宰相柳璨希梁王旨歸其譴於大臣於是左僕射裴樞獨孤損右僕射崔遠守太保致仕趙崇兵部侍郎王贊工部尚書王溥吏部尚書陸扆皆以無罪貶同日賜死于白馬驛凡搢紳之士與唐而不與梁者皆誣以朋黨坐貶死者數百人而朝廷爲之空明年三月唐哀帝遜位于梁遣中書侍郎同中書門下平章事張文蔚爲冊禮使禮部尚書蘇循爲副中書侍郎同中書門下平章事楊涉爲押傳國寶使翰林學士中書舍人張策爲副御史大夫薛貽矩爲押金寶使尚書左丞趙光逢爲副四月甲子文蔚等自上源驛奉冊寶乘輅車導以金吾仗衛太常鹵簿

朝梁王金祥殿王袞冕南面臣文蔚臣循奉冊升殿進讀已臣涉臣策奉傳國璽臣貽矩臣光逢奉金寶以次升進讀已降率文武百官北面舞蹈再拜賀夫一太常卿與社稷孰為重使樞等不死尚惜一卿其肯以國與人乎雖樞等之力未必能存唐然必不亡唐而獨存也嗚呼唐之亡也賢人君子既與之共盡其餘在者皆庸懦不肖傾險獪猾趨利賣國之徒也不然安能蒙耻忍辱於梁庭如此哉作唐六臣傳

張文蔚

張文蔚字右華河間人也初以文行知名舉進士及第唐昭宗時為翰林學士承旨是時天子微弱制度已隳文蔚居翰林制詔四方獨守大體昭宗遷洛拜中書侍郎同中書門下平章事柳璨殺裴樞等七人蔓引朝士輒加誅殺縉紳相視以目皆不自保文蔚力講解之朝士多賴以全活梁太祖仍以文蔚為相梁初制度皆文蔚所裁定文蔚居家亦孝悌開平二年太祖北巡留文蔚西都以暴卒贈右僕射

楊涉

楊涉祖收唐懿宗時宰相父嚴官至兵部侍郎涉舉進士昭宗時為吏部尚書哀帝即位拜中書侍郎同中書門下平章事涉唐名家世守禮法而性特謹厚不幸遭唐之亂拜相之日與家人相對泣下顧謂其子凝式曰吾不能脫此網羅禍將至矣必累爾等唐亡事梁為門下侍郎同中書門下平章事在位三年俛首無所施為罷為左僕射知貢舉後數年卒子凝式有文詞善筆札歷事梁唐晉漢周常以心疾致仕居于洛陽官至太子太保

張策

張策字少逸河西燉煌人也父同為唐容管經略使策少聰悟好學通章句父同居洛陽敦化里浚井得古鼎銘曰魏黃初元年春二月匠吉千同以為奇策時年十三居同側啓曰漢建安二十五年曹公薨改元延康是歲十月文帝受禪又改黃初是黃初元年無二月也銘何謬邪同大驚異之策少好浮圖之說乃落髮為僧居長安慈恩寺黃巢犯長安策乃返初服奉父母以避亂居田里十餘年召拜廣文館博士邠州

王行瑜辟觀察支使晉王李克用攻行瑜策與
婢肩輿其母東歸行積雪中行者憐之梁太祖
兼四鎮辟鄭滑支使以母喪解職服除入唐為
膳部員外郎華州韓建辟判官建徙許州以為
掌書記建遣策聘于太祖太祖見而喜曰張夫
子至矣遂留以為掌書記薦之于朝累拜中書
舍人翰林學士太祖即位遷工部侍郎奉旨開
平二年拜刑部侍郎同中書門下平章事遷中
書侍郎以風恙罷為刑部尚書致仕卒于洛陽

趙光逢

仁司卅、小十五　五代史三十五　四　沛

趙光逢字延吉父隱唐左僕射光逢在唐以文
行知名時人稱其方直溫潤謂之玉界尺昭宗
時為翰林學士承旨御史中丞以世亂棄官居
洛陽杜門絕人事者五六年柳璨為相與光逢
有舊因起光逢為吏部侍郎太常卿唐亡事梁
為中書侍郎同中書門下平章事累遷左僕射
以太保致仕末帝即位起為司空同中書門下
平章事復以司徒致仕唐天成中即其家拜太
保封齊國公卒贈太傅

薛貽矩

薛貽矩字熙用河東聞喜人也仕唐為兵部侍
郎翰林學士承旨昭宗自岐還長安大誅宦者
貽矩時為中尉韓全誨等作畫像贊坐左遷貽
矩乃自結於梁太祖太祖言之於朝拜吏部尚
書遷御史大夫天祐三年太祖自長蘆還軍哀
帝遣貽矩來勞貽矩以臣禮見太祖揖之升階
貽矩曰殿下功德及人三靈改卜皇帝方行舜
禹之事臣安敢違乃稱臣拜舞太祖側身以避
之貽矩還遂趣哀帝遜位太祖即位拜貽矩中
書侍郎同中書門下平章事累拜司空貽矩為

三司卅四　小一十五　五代史三十五　五　遂

梁相五年卒贈侍中

蘇循　杜曉附

蘇循不知何許人也為人巧佞阿諛無廉恥惟
利是趨事唐為禮部尚書是時太祖已弒昭宗
立哀帝唐之舊臣皆憤惋切齒或俛首畏禍或
去不仕而循特傅會梁以希進用梁兵攻楊行
密大敗于淠河太祖躁忿急於禪代欲邀唐九
錫羣臣莫敢當其議獨循倡言梁王功德天命
所歸宜即受禪明年梁太祖即位循為冊禮副
使循有子楷乾寧中舉進士及第昭宗遣學士

陸扆覆落之楷常慙恨及昭宗遇弑唐政出於
梁楷爲起居郎與柳璨張延範等相結因謂延
範曰夫謚者所以易名而貴信也前有司謚先
帝曰昭名實不稱公爲太常卿子史官也不可
以不言乃上疏駮議而延範本梁客將嘗求太
常卿不得者延範亦以此怨唐因下楷疏延範延
範議曰臣聞執事堅固之謂恭亂而不損之謂
靈武而不遂之謂莊在國逢難之謂閔因事有
功之謂襄請改謚昭宗皇帝曰恭靈莊閔皇帝
廟號襄宗梁太祖已即位置酒玄德殿顧群臣

五代史三十五　六

自陳德薄不足以當天命皆諸公推戴之力唐
之舊臣楊涉張文蔚等皆慙懼俯伏不能對獨
循與張禕薛貽矩盛稱梁王功德所以順天應
人者循父子皆自以附會梁得所託旦夕引首希
見進用敬翔尤惡之謂太祖曰梁室新造宜得
端士以厚風俗循父子皆無行不可立於新朝
於是父子皆勒歸田里乃依朱友謙於河中其
後友謙叛梁降晉晉王將即位求唐故臣在者
以備百官之闕友謙遣循至魏州是時梁未滅
晉諸將相多不欲晉王即帝位晉王之意雖銳

蘇循

將相大臣未有贊成其議者循始至魏州望州
廨聽事即拜謂之拜殿及入謁蹈舞呼萬歲而稱
臣晉王大悅明日又獻畫日筆三十管晉王益
喜因以循爲節度副使已而病卒莊宗即位贈
左僕射楷同光中爲尚書員外郎明宗即位大
臣欲理其駮謚之罪以憂死當唐之亡也又有
杜曉者字明遠祖審權父讓能皆爲唐相昭宗
時王行瑜李茂貞兵犯京師昭宗殺讓能於臨
皋以自解曉以父死無罪居喪哀毀服除布衣
幅巾自廢十餘年崔胤判鹽鐵辟巡官除畿縣

五代史三十五　七

尉直昭文館皆不起崔遠判戶部又辟巡官或
謂曉曰嵇康死子紹自廢不出仕山濤以物理
責之乃仕吾子忍令杜氏歲時鋪席祭其先人
同匹庶乎曉乃爲之起累遷膳部郎中翰林學
士梁太祖即位遷工部侍郎奉旨開平二年拜
中書侍郎同中書門下平章事友珪立遷禮部
尚書集賢殿大學士袁象先等討賊兵大掠曉
爲亂兵所殺贈右僕射
嗚呼始爲朋黨之論者誰歟甚乎作偽者也真
可謂不仁之人哉予嘗至繁城讀魏受禪碑見

蘇循

六臣傳論

漢之群臣稱魏功德而大書深刻自列其姓名以夸燿于世又讀梁實錄見文蔚等所爲如此未嘗不爲之流涕也夫以國予人而自夸耀及遂相之此非小人孰能爲也漢唐之末舉其朝皆小人也而其君子者何在哉當漢之亡也先以朋黨禁錮天下賢人君子而立其朝者皆小人也然後漢從而亡及唐之亡也又先以朋黨盡殺朝廷之士而其餘存者皆庸懦不肖傾險之人也然後唐從而亡夫欲空人之國而去其君子者必進朋黨之說欲孤人主之勢而蔽其耳

目者必進朋黨之說欲奪國而與人者必進朋黨之說夫爲君子者故嘗寡過小人欲加之罪則有可誣者有不可誣者不能遍及也至欲舉天下之善求其類而盡去之惟指以爲朋黨耳故其親戚故舊謂之朋黨可也交游執友謂之朋黨可也宦學相同謂之朋黨可也門生故吏謂之朋黨可也是數者皆其類也皆善人也故曰欲空人之國而去其君子者惟以朋黨罪之則無免者矣夫善善之相樂以其類同此自然之理也故聞善者必相稱譽稱譽則謂之朋黨得善者必相薦引薦引則謂之朋黨使人聞善不敢稱譽人主之耳不聞有善于下矣見善不敢薦則人主之目不得見善人矣善人日遠而小人日進則爲人主者倀倀然誰與之圖治安之計哉故曰欲孤人主之勢而蔽其耳目者必用朋黨之說也一君子存羣小人雖衆必有所忌而有所不敢爲惟空國而無君子然後小人得肆志於無所不爲則漢魏唐梁之際是也故曰可奪國而予人者由其國無君子空國而無君子由以朋黨而去之也嗚呼朋黨之說人主可不察哉傳曰一言可以喪邦者其是之謂與可不鑒哉可不戒哉

五代史記卷三十五

五代史記卷第三十六

義兒傳第二十四

嗚呼世道衰人倫壞而親疎之理反其常干戈起於骨肉異類合爲父子開平顯德五十年間天下五代而實八姓其三出於丐養蓋其大者取天下其次立功名位將相豈非因時之隙以利合而相資者邪唐自號沙陀起代北其所與俱皆一時雄傑虣武之士往往養以爲兒號義兒軍至其有天下多用以成功業及其亡也亦由焉太祖養子多矣其可紀者九人其一是爲明宗其次曰嗣昭嗣本嗣恩存信存孝存進存璋存賢作義兒傳李存審右復以符氏大顯故别自爲傳

李嗣昭

李嗣昭本姓韓氏汾州大谷縣民家子也太祖出獵至其家見其林中鬱鬱有氣甚異之召其父問焉父言家適生兒太祖因遺以金帛而取之命其弟克柔養以爲子初名進通後更名嗣昭嗣昭爲人短小而膽勇過人初喜嗜酒太祖嘗微戒之遂終身不飲太祖愛其謹厚常從用兵爲衙內指揮使陝州王珙與其兄珂爭立於河中

遣嗣昭助珂敗珙於猗氏獲其將三人梁軍救珙嗣昭又敗之于胡壁堡執其將一人光化元年澤州李罕之襲潞州以降梁梁遣丁會應罕之嗣昭與會戰含山執其將一人斬首三千級遂取澤州二年晉遣李君慶攻梁潞州君慶爲梁所敗太祖酖殺君慶嗣昭攻克之三年出山東取梁洺州梁太祖自將攻之遣葛從周設伏於青山口嗣昭聞梁太祖自來棄城走前遇伏兵因大敗天復元年梁破河中執王珂取晉絳慈隰因大舉擊晉圍太原嗣昭日以精騎出擊

梁兵會大雨梁軍解去晉汾州刺史李瑭叛降梁軍梁軍已去嗣昭復取汾州斬瑭遂出陰地取慈州降其刺史唐禮又取隰州降其刺史張瓌是歲梁軍西犯京師圍鳳翔嗣昭乘間攻梁晉絳戰平陽執梁將一人進攻蒲縣梁朱友寧氏叔琮以兵十萬迎擊之嗣昭等敗走友寧追之晉遣李存信率兵迎嗣昭存信又敗梁軍遂圍太原而慈隰汾州復入于梁太祖大恐謀走雲州李存信等勸太祖奔于契丹嗣昭力爭以爲不可賴劉太妃亦言之乃止嗣昭晝夜出奇

兵擊梁軍梁軍解去嗣昭復取汾慈隰是時鎮定皆已絶晉而附梁晉外失大國之援內亡諸州仍歲之間孤城被圍者再於此時嗣昭力戰之功爲多天祐三年與周德威攻梁潞州降丁會以嗣昭爲昭義軍節度使梁遣李思安將兵十萬攻潞築夾城以圍之梁太祖嘗遣人招降嗣昭嗣昭斬其使者閉城拒守踰年莊宗始攻破夾城嗣昭完緝兵民撫養甚有恩意梁晉戰胡柳晉軍敗周德威戰死莊宗懼欲收兵還臨濮嗣昭曰梁軍已勝且暮思歸吾若收軍使彼

休息整而復出何以當之宜以精騎撓之因其勞乏可以勝也莊宗然之是時梁軍已登無石山莊宗遣嗣昭轉擊山北而自以銀槍軍趨而呼曰今日之戰得山者勝晉皆爭登山梁軍遽下陣於山西晉軍從上急擊大敗之於是晉城德勝矣周德威死嗣昭權知幽州居數月以李紹宏代之嗣昭將去幽州人皆號哭閉關遮留之嗣昭夜遯乃得去十九年從莊宗擊契丹於望都莊宗爲契丹圍之數十里嗣昭以三百騎決圍取莊宗以出是時晉遣閻寶攻張文禮於

鎮州寶爲鎮人所敗乃以嗣昭代之鎮兵出掠九門嗣昭以奇兵擊之鎮軍且盡餘三人匿破垣中嗣昭馳馬射之反爲賊射中腦嗣昭顧箙中矢盡拔矢于腦射殺一人還營而卒嗣昭諸子繼儔長而懦其弟繼韜因之以自立莊宗方與梁兵相持河上不暇究其事因即以爲昭義軍留後繼韜委其政於魏琢申蒙琢等常教繼韜反繼韜未決莊宗在魏以事召監軍張居翰節度判官任圜琢等以謂莊宗召居翰等問繼韜事繼韜且見誅因以語趣之繼韜乃遣其弟

繼遠入梁梁末帝即拜繼韜同中書門下平章事居數月莊宗滅梁繼韜將走契丹會赦至乃已因隨其母朝于京師繼遠諫曰兄爲臣子以反爲名復何面以見天子且潞城堅而倉廩實不如閉城坐食積粟以延歲月愈於往而就戮也繼韜不聽繼韜母楊氏善畜財平生居積行販至貲百萬當嗣昭爲梁圍以夾城彌年軍用之絶楊氏之積蓄有助焉至是乃齎銀數十萬兩至京師厚賂宦官伶人宦官伶人皆言繼韜初無惡意爲姦人所悞耳楊夫人亦以賂謁劉皇

后劉皇后爲言嗣昭功臣宜蒙恩貸由是莊宗釋繼韜嘗從獵寵倖無間李存渥尤切齒數詆責之繼韜懷不自安復賂宦官伶人求歸鎮莊宗不許繼韜陰使人告繼遠令起變於軍中冀天子遣已往安緝之事泄斬于天津橋其二子嘗爲質于梁莊宗破梁得之撫其背曰爾幼猶能佐其父反長復何爲乎亦是因并誅之即遣人斬繼遠以繼儔知潞州事已而召繼儔還京師繼儔悉取繼韜妓妾珍翫而不時即路其弟繼達怒曰吾兄父子誅死而大兄不仁利其貲

財淫其妻妾吾所不忍也乃服縗麻引數百騎坐戟門使人入殺繼儔節度副使李繼珂募市人千餘攻繼達繼達走城外自剄死嗣昭七子至明宗時子繼能坐笞殺其母主藏婢婢家告繼言能反與其弟繼襲皆見殺惟一子繼忠僅免繼忠家于晉陽楊氏所積餘貲猶鉅萬晉高祖自太原起兵召契丹爲援契丹求賂高祖貸于繼忠以取足高祖入立甚德之以爲沂棣單三州刺史開運中卒楊氏平生積產嗣昭父子三人賴之

嗣本

嗣本本姓張氏鴈門人也世爲銅冶鎮將嗣本少事太祖太祖愛之賜以姓名養爲子從擊居庸關以功遷義兒軍使從破王行瑜遷威遠軍使從攻羅弘信以先鋒兵破湯陰從莊宗破潞州夾城累以戰功遷代州刺史雲州防禦使振武節度使號威信可汗天祐十三年從莊宗擊劉鄩於故元城下洺磁諸州六月還軍振武契丹入代北攻蔚州嗣本戰殁

嗣恩

嗣恩本姓駱吐谷渾部人也少事太祖能騎射爲鐵林軍將稍以戰功遷突陣指揮使賜姓名以爲子從敗康懷英於河西遷左廂馬軍都指揮使從李嗣昭援朱友謙於河中與梁兵力戰矟中其口戰不已遷遼州刺史從莊宗入魏遷天雄軍馬步都指揮使劉鄩攻太原兵趣樂平嗣恩從後追之自佗道先入太原以守鄩兵去嗣恩亦以兵會莊宗于魏從戰于莘遷代州刺史石嶺關已北都知兵馬使振武節度使天祐十五年卒于太原追贈太尉

存信

存信本姓張氏其父君政回鶻李思忠之部人也存信少善騎射能四夷語通六蕃書從太祖起代北入關破黄巢累以功爲馬步軍都指揮使遂賜姓名以爲子存信與存孝俱爲養子材勇不及存孝而存信不爲之下由是交惡存孝所爲存信每沮激之存孝卒得罪死而存信數從征伐以功領郴州刺史太祖遣將兵救朱宣存信屯于莘縣爲羅弘信所襲存信敗亡太祖子落落後從太祖討劉仁恭大敗于安塞太祖大怒顧存信曰昨日吾醉公不能爲我戰邪古人三敗公已二矣將殺之存信叩頭謝罪而免由是大懼常稱疾天復二年卒年四十一

存孝

存孝代州飛狐人也本姓安名敬思太祖掠地代北得之給事帳中賜姓名以爲子常從爲騎將文德元年河南張言襲破河陽李罕之來歸晉晉處罕之于澤州遣存孝與薛阿檀安休休等以兵七千助罕之還擊河陽梁亦遣丁會牛存節等助言戰于温縣梁軍先扼太行存孝大

敗安休休被執是時晉已得澤潞歲出山東與孟方立爭邢洺磁存孝未嘗不在兵間方立死晉取三州存孝功爲多明年潞州軍亂殺李克恭以歸唐梁遣李讜攻李罕之于澤州存孝以騎兵五千救之梁軍呼罕之曰公常恃太原以爲命今上黨已歸唐唐兵大集圍太原沙陀將無穴以自處公復誰恃而不降乎存孝以精騎五百繞梁柵而呼曰我沙陀之求穴者待爾肉以食軍可令肥者出鬬梁驍將鄧季筠引軍出戰存孝舞矟擒之李讜敗走追擊至馬牢關還

攻潞州唐以孫揆爲潞州節度使揆儒者以梁卒三千爲衛褒衣大蓋擁節先驅存孝以三百騎伏長子西崖谷間伺揆軍過橫擊斷之擒揆以歸初梁遣葛從周朱崇節守潞州以待揆聞揆見執皆弃去晉遂復取潞州是時張濬韓建伐晉擊陰地關晉以李存信薛阿檀等當濬別遣存孝軍于趙城唐軍戰敗于陰地關濬退保晉州韓建走絳州存孝攻晉州濬兵出戰輒復敗因閉壁不敢出存孝去攻絳州濬建皆走存孝猨臂善射身被重鎧櫜弓坐矟手舞鐵檛出

入陣中以兩騎自從戰酣易騎上下如飛初存孝取潞州功爲多而太祖別以大將康君立爲潞州留後存孝爲汾州刺史存孝負其功不食者數日及走張濬遷邠州刺史大順二年從邢州留後是時晉軍連歲攻趙常山存孝常爲先鋒下趙臨城元氏趙王求救於幽州李匡威匡威兵至晉軍輙引去存孝素與存信有隙存信譖之曰存孝有二心常避趙不擊存孝不自安乃附梁通趙自歸于唐因請會兵以伐晉唐命趙王王鎔援之明年趙與幽州有隙懼而與晉

和反以兵三萬助晉擊存孝存孝嬰城自守太祖自將兵傅其城掘塹以圍之存孝出兵衝擊塹不得成裨將袁奉韜使人說存孝曰公所畏者晉王爾王俟塹成且留兵去諸將非公敵也雖塹何爲存孝以爲然縱兵成塹塹成深溝高壘不可近存孝遂窘城中食盡登城呼曰兒蒙王恩位至將相豈欲捨父子而附仇讎乃存信搆陷之耳願生見王一言而死太祖哀之遣劉夫人入城慰諭之劉夫人引與俱來存孝泥首請罪曰兒於晉有功而無過所以至此由存信

爲之耳太祖叱曰爾爲書檄罪我百端亦存信爲之邪縛載後車至太原車裂之以徇然太祖惜其材悵然恨諸將之不能容也爲之不視事者十餘日康君立素與存信相善方二人之交惡也君立每左右存信以傾之存孝已死太祖與諸將博語及存孝流涕不已君立以爲不然太祖怒酖殺君立君立初爲雲州牙將唐僖宗時逐段文楚與太祖俱起雲中蓋君立首事其後累立戰功表昭義節度使以存孝故殺之

存進

存進振武人也本姓孫名重進太祖攻破朔州得之賜以姓名養爲子從太祖入關破黃巢以爲義兒軍使從莊宗戰柏鄉遷行營馬步軍都虞候歷慈沁二州刺史莊宗初得魏博以爲天雄軍都部署治梁亂軍一切以法人有犯者輙梟首磔尸於市魏人屏息畏之從戰河上以功遷振武軍節度使是時晉軍德勝爲南北寨每以舟兵來往頗以爲勞而河北無竹石存進乃以葦笮維大艦爲浮梁莊宗大喜解衣以賜之晉討張文禮於鎮州久不克而史建瑭閻寶李嗣

昭相次戰歿乃以存進代嗣昭爲招討使軍于東垣渡東垣土惡築壘不能就存進伐木爲柵晉軍晨出芻牧文禮子處求以兵千餘逼存進柵存進出戰橋上殺處球兵殆盡而存進亦歿于陣追贈太尉子漢韶明宗時復本姓爲洋州節度使潞王從珂以鳳翔反漢韶與張虔釗會唐軍討之唐軍皆降于從珂獨漢韶與虔釗軍不降俱奔于蜀事蜀歷永平興元武信節度使年七十餘卒于蜀

存璋

存璋字德璜初與康君立薛志勤等從太祖入關破黃巢巢東還義兒軍使太祖病革存璋與張承業等受顧命立莊宗爲晉王晉王以存璋爲河東馬步軍使晉自先王時嘗優假軍士軍士多犯法踰禁莊宗新立尤患之存璋一切繩之以法境內爲之清肅從攻夾城戰柏鄉以功遷汾州刺史莊宗與劉鄩戰於魏博梁遣王檀來乘虛襲太原存璋以汾州兵入太原距守以功遷大同軍防禦使遂爲節度使天祐十九年以疾卒追贈太尉

存賢

存賢許州人也本姓王名賢少爲軍卒善角觝太祖擊黃巢于陳州得之賜以姓名養爲子後爲義兒軍副兵馬使遷沁州刺史先時沁州當敵衝從其南百餘里據險立柵而寓居至存賢爲刺史曰徙城避敵豈勇者所爲乃復城故州梁兵屢攻之存賢力自距守卒不能近遷武州刺史山北團練使又遷慈州天祐十八年梁兵攻朱友謙于河中莊宗遣存賢援友謙是時友謙新叛梁歸晉而河中食少人心多貳謀者因謂存賢曰河中人欲殺子以歸梁宜亟去存賢曰死王事吾志也復何恨哉卒擊走梁兵莊宗即位拜右武衛上將軍莊宗亦好角觝嘗與王較而屢勝頗以自矜因顧存賢曰爾能勝我與爾一鎮存賢搏而勝之同光二年春幽州符存審病莊宗置酒宮中歎曰吾創業故人零落殆盡其所存者惟存審耳今又病篤北方之事誰可代之因顧存賢曰無以易卿角觝之勝吾不食言即日以爲盧龍軍節度使是歲卒于幽州年六十五贈太傅

五代史記卷第三十六

五代史記卷第三十七

伶官傳第二十五

嗚呼盛衰之理雖曰天命豈非人事哉原莊宗之所以得天下與其所以失之者可以知之矣世言晉王之將終也以三矢賜莊宗而告之曰梁吾仇也燕王吾所立契丹與吾約爲兄弟而皆背晉以歸梁此三者吾遺恨也與爾三矢爾其無忘乃父之志莊宗受而藏之于廟其後用兵則遣從事以一少牢告廟請其矢盛以錦囊負而前驅及凱旋而納之方其係燕父子以組函梁君臣之首入于太廟還矢先王而告以成功其意氣之盛可謂壯哉及仇讎已滅天下已定一夫夜呼亂者四應倉皇東出未及見賊而士卒離散君臣相顧不知所歸至於誓天斷髮泣下沾襟何其衰也豈得之難而失之易歟抑本其成敗之迹而皆自於人歟書曰滿招損謙得益憂勞可以興國逸豫可以忘身自然之理也故方其盛也舉天下之豪傑莫能與之爭及其衰也數十伶人困之而身死國滅爲天下笑夫禍患常積於忽微而智勇多困於所溺豈獨伶人也哉作伶官傳

莊宗既好俳優又知音能度曲至今汾晉之俗往往能歌其聲謂之御製者皆是也其小字亞子當時人或謂之亞次又別爲優名以自目曰李天下自其爲王至於爲天子常身與俳優雜戲于庭伶人由此用事遂至於亡皇后劉氏素微其父劉叟賣藥善卜號劉山人劉氏性悍方與諸姬爭寵常自恥其世家而特諱其事莊宗乃爲劉叟衣服自負蓍囊藥篋使其子繼岌提破帽而隨之造其卧内曰劉山人來省女劉氏大怒笞繼岌而逐之宮中以爲笑樂其戰於胡柳也嬖伶周匝爲梁人所得其後滅梁入汴周匝謁於馬前莊宗得之喜甚賜以金帛勞其良苦周匝對曰身陷仇人而得不死以生者教坊使陳俊内園栽接使儲德源之力也願乞二州以報此兩人莊宗皆許以爲刺史郭崇韜諫曰陛下所與共取天下者皆英豪忠勇之士今大功始就封賞未及於一人而先以伶人爲刺史恐失天下心不可因格其命踰年而伶人屢以爲言莊宗謂崇韜曰吾已許周匝矣使吾慚見

此三人公言雖正然當爲我屈意行之卒以俊爲景州刺史德源爲憲州刺史莊宗好畋獵獵于中牟踐民田中牟縣令當馬切諫爲民請莊宗怒叱縣令去將殺之伶人敬新磨知其不可乃率諸伶走追縣令擒至馬前責之曰汝爲縣令獨不知吾天子好獵邪柰何縱民稼穡以供稅賦何不饑汝縣民而空此地以備吾天子之馳騁汝罪當死因前請亟行刑諸伶共唱和之莊宗大笑縣令乃得免去莊宗嘗與羣優戲于庭四顧而呼曰李天下李天下何在新磨遽前

以手批其頰莊宗失色左右皆恐羣伶亦大驚駭共持新磨詰曰汝柰何批天子頰新磨對曰李天下者一人而已復誰呼邪於是左右皆笑莊宗大喜賜與新磨甚厚新磨嘗奏事殿中殿中多惡犬新磨去一犬起逐之新磨倚柱而呼曰陛下毋縱兒女齧人莊宗家世夷狄夷狄之人諱狗故新磨以此譏之莊宗大怒彎弓注矢將射之新磨急呼曰陛下無殺臣臣與陛下爲一體殺之不祥莊宗大驚問其故對曰陛下開國改元同光天下皆謂陛下同光帝且同銅也

若殺敬新磨則同無光矣莊宗大笑乃釋之然時諸伶獨新磨尤善俳其語最著而不聞其佗過惡其敗政亂國者有景進史彥瓊郭門高三人爲最是時諸伶人出入宮掖侮弄縉紳群臣憤嫉莫敢出氣或反相附託以希恩倖四方藩鎮貨賂交行而景進最居中用事莊宗遣進等出訪民間事無大小皆以聞每進奏事殿中左右皆屏退軍機國政皆與參決三司使孔謙兄事之呼爲八哥莊宗初入洛居唐故宮室而嬪御未備閹官希旨多言宮中夜見鬼物相驚恐

莊宗問所以禳之者因曰故唐時後宮萬人今空宮多怪當實以人乃息莊宗欣然其後幸鄴乃遣進等採鄴美女千人以充後宮而進等緣以爲姦軍士妻女因而逃逸者數千人莊宗還洛進載鄴女千人以從道路相屬男女無別魏王繼岌已破蜀劉皇后聽宦者讒言遣繼岌賊殺郭崇韜崇韜素嫉伶人常裁抑之伶人由此皆樂其死皇弟存乂崇韜之壻也進讒於莊宗曰存乂且反爲婦翁報仇乃囚而殺之朱友謙以梁河中降晉者及莊宗入洛伶人皆求賂於

友謙友謙不能給而辭焉進乃譏友謙曰崇韜且誅友謙不自安必反宜并誅之於是及其將五六人皆族滅之天下不勝其冤進官至銀青光祿大夫檢校左散騎常侍兼御史大夫上柱國史彥瓊者爲武德使居鄴都而魏博六州之政皆決彥瓊自留守王正言而下皆俛首承事之是時郭崇韜以無罪見殺于蜀天下未知其死也第見京師殺其諸子因相傳曰崇韜殺魏王繼岌而自王於蜀矣以故族其家鄴人聞之方疑惑已而朱友謙又見殺友謙子廷徽爲澶

州刺史有詔彥瓊使殺之彥瓊祕其事夜半馳出城鄴人見彥瓊無故夜馳出因驚傳曰劉皇后怒崇韜之殺繼岌也已弒帝而自立急召彥瓊計事鄴都大恐貝州人有來鄴者傳此語以歸戍卒皇甫暉聞之由此劫趙在禮作亂在禮已至館陶鄴都巡檢使孫鐸見彥瓊求兵禦賊彥瓊不肯與曰賊未至至而給兵豈晚邪已而賊至彥瓊以兵登北門聞賊呼聲大恐棄其兵而走單騎歸于京師在禮由是得入于鄴以成其叛亂者由彥瓊啓之而縱之也郭門高者名從

謙門高其優名也雖以優進而嘗有軍功故以爲從馬直指揮使從馬直蓋親軍也從謙以姓郭拜崇韜爲叔父而皇弟存乂又以從謙爲養子崇韜死存乂見囚從謙置酒軍中憤然流涕稱此二人之冤是時從馬直軍士王溫宿衛禁中夜謀亂事覺被誅莊宗戲從謙曰汝黨存乂崇韜負我又教王溫反復欲何爲乎從謙恐退而激其軍士曰罄爾之貲食肉而飲酒無爲後日計也軍士問其故從謙因曰上以王溫故俟破鄴盡阬爾曹軍士信之皆欲爲亂李嗣源兵

反嚮京師莊宗東幸汴州而嗣源先入莊宗至萬勝不得進而還軍士離散尚有二萬餘人居數日莊宗復東幸汜水謀扼關以爲拒四月丁亥朔朝群臣於中興殿宰相對三刻罷 從駕黃甲馬軍陣於宣仁門步軍陣於五鳳門以俟莊宗入食內殿從謙自營中露刃注矢馳攻興教門與黃甲軍相射莊宗聞亂率諸王衛士擊亂兵出門亂兵縱火焚門緣城而入莊宗擊殺數十百人亂兵從樓上射帝帝傷重踣于絳霄殿廊下自皇后諸王左右皆奔走至午時帝崩

五坊人善友聚樂器而焚之嗣源得洛 其骨
葬新安之雍陵以從謙爲景州刺史已而殺之
傳曰君以此始必以此終莊宗好伶而弑於門
高焚以樂器可不信哉可不戒哉

五代史記卷第三十七

五代史記卷第三十八

宦者傳第二十六

嗚呼自古宦女之禍深矣明者未形而知懼暗者患及而猶安焉至於亂亡而不可悔也雖然不可以不戒作宦者傳

張承業

張承業字繼元唐僖宗時宦者也本姓康幼閹爲内常侍張泰養子晉王兵擊王行瑜承業數往來兵間晉王喜其爲人及昭宗爲李茂貞所迫將出奔太原乃先遣承業使晉以道意因以爲河東監軍其後崔胤誅宦官宦官在外者悉詔所在殺之晉王憐承業不忍殺匿之斛律寺昭宗崩乃出承業復爲監軍晉王病且革以莊宗屬承業曰以亞子累公等莊宗常兄事承業歲時昇堂拜母甚親重之莊宗在魏與梁戰河上十餘年軍國之事皆委承業承業亦盡心不懈凡所以畜積金粟收市兵馬勸課農桑而成莊宗之業者承業之功爲多自貞簡太后韓德妃伊淑妃及諸公子在晉陽者承業一切以法繩之權貴皆斂手畏承業莊宗歲時自魏歸省

親須錢蒲博賞賜伶人而承業主藏錢不可得莊宗乃置酒庫中酒酣使子繼岌為承業起舞舞罷承業出寶帶幣馬為贈莊宗指錢積呼繼岌小字以語承業曰和哥乏錢可與錢一積何用幣馬也承業謝曰國家錢非臣所得私也莊宗以語侵之承業怒曰臣老敕使非為子孫計惜此庫錢佐王成霸業爾若欲用之何必問臣財盡兵散豈獨臣受禍也莊宗顧元行欽曰取劍來承業起持莊宗衣而泣曰臣受先王顧託之命誓雪家國之讎今日為王惜庫物而死死

不愧於先王矣閻寶從旁解承業手令去承業奮拳毆寶踣罵曰閻寶朱溫之賊蒙晉厚恩不能有一言之忠而反諂諛自容邪太后聞之使召莊宗莊宗性至孝聞太后召甚懼乃酌兩卮謝承業曰吾杯酒之失且得罪太后願公飲此為吾分過承業不肯飲莊宗入內太后使人謝承業曰小兒忤公已笞之矣明日太后與莊宗俱過承業第慰勞之盧質嗜酒傲忽自莊宗及諸公子多見侮慢莊宗深嫉之承業乘間請曰盧質嗜酒無禮臣請為王殺之莊宗曰吾方招

納賢才以就功業公何言之過也承業起賀曰王能如此天下不足平也質因此獲免天祐十八年莊宗已諾諸將即皇帝位承業方臥病聞之自太原肩輿至魏諫曰大王父子與梁血戰三十年本欲雪家國之讎而復唐之社稷今元兇未滅而遽以尊名自居非王父子之初心且失天下望不可莊宗謝曰此諸將之所欲也承業曰不然梁唐晉之仇賊而天下所共惡也今王誠能為天下去大惡復列聖之深讎然後求唐後而立之使唐之子孫在孰敢當之使唐無

子孫天下之士誰可與王爭者臣唐家一老奴耳誠願見大王之成功然後退身田里使百官送出洛東門而令路人指而歎曰此本朝敕使先王時監軍也豈不臣主俱榮哉莊宗不聽承業知不可諫乃仰天大哭曰吾王自取之悮老奴矣肩輿歸太原不食而卒年七十七同光元年贈左武衛上將軍謚曰正憲

張居翰

張居翰字德卿故唐掖廷令張從玫之養子昭宗時為范陽軍監軍與節度使劉仁恭相善天

後中大誅宦者仁恭匿居翰大安山之北谿以免其後梁兵攻仁恭仁恭遣居翰從晉王攻梁潞州以牽其兵晉遂取潞州以居翰爲昭義監軍莊宗即位與郭崇韜並爲樞密使莊宗滅梁而驕宦官因以用事郭崇韜又專任政居翰默默苟免而已魏王破蜀王衍朝京師行至秦川而明宗軍變于魏莊宗東征慮衍有變遣人馳詔魏王殺之詔書已印畫而居翰發視之詔書言誅衍一行居翰以謂殺降不祥乃以詔傅柱揩去行字改爲一家時蜀降人與衍俱東者千餘人皆獲免莊宗遇弑居翰見明宗于至德宮求歸田里天成三年卒于長安年七十一

五代文章陋矣而史官之職廢於喪亂傳記小説多失其傳故其事迹終始不完而雜以訛繆至於英豪奮起戰爭勝敗國家興廢之際豈無謀臣之略辯士之談而文字不足以發之遂使泯然無傳於後世然獨張承業事卓卓在人耳目至今故老猶能道之其論議可謂傑然歟殆非宦者之言也自古宦者亂人之國其源深於女禍女色而已宦者之害非一端也蓋其用事

也近而習其爲心也專而忍能以小善中人之意小信固人之心使人主必信而親之待其已信然後懼以禍福而把持之雖有忠臣碩士列于朝廷而人主以爲去已疏遠不若起居飲食前後左右之親爲可恃也故前後左右者日益親則忠臣碩士日益疏而人主之勢日益孤勢孤則懼禍之心日益切而把持者日益牢安危出其喜怒禍患伏於帷闥則嚮之所謂可恃者乃所以爲患也患已深而覺之欲與疏遠之臣圖左右之親近緩之則養禍而益深急之則挾人主以爲質雖有聖智不能與謀謀之而不可爲爲之而不可成至其甚則俱傷而兩敗故其大者亡國其次亡身而使姦豪得借以爲資而起至抉其種類盡殺以快天下之心而後已此前史所載宦者之禍常如此者非一世也夫爲人主者非欲養禍於內而疏忠臣碩士於外蓋其漸積而勢使之然也夫女色之惑不幸而不悟則禍斯及矣使其一悟捽而去之可也宦者之爲禍雖欲悔悟而勢有不得而去也唐昭宗之事是已故曰深於女禍者謂此也可不戒哉

昭宗信狎宦者由是有東宮之幽既出而與崔
胤圖之胤爲宰相顧力不足爲乃召兵於梁梁
兵且至而宦者挾天子走之岐梁兵圍之三年
昭宗既出而唐亡矣初昭宗之出也梁王悉誅
唐宦者第五可範等七百餘人其在外者悉詔
天下捕殺之而宦者多爲諸鎮所藏匿而不殺
是時方鎮僭擬悉以宦官給事而吳越最多及
莊宗立詔天下訪求故唐時宦者悉送京師得
數百人宦者遂復用事以至於亡此何異求已
覆之車躬駕而履其轍也可爲悲夫莊宗未滅

五代史三十八 文一 與

梁時承業已死其後居翰雖爲樞密使而不用
事有宣徽使馬紹宏者嘗賜姓李頗見信用然
誣殺大臣黷貨賂專威福以取怨於天下者左
右狎暱黃門内養之徒也是時明宗自鎮州入
覲奉朝請於京師莊宗頗疑其有異志陰遣紹
宏伺其動靜紹宏反以情告明宗明宗自魏而
反天下皆知禍起於魏孰知其啓明宗之二心
者自紹宏始也郭崇韜已破蜀莊宗信宦者言
而疑之然崇韜之死莊宗不知皆宦者爲之也
當此之時舉唐之精兵皆在蜀使崇韜不死明

宗入洛豈無西顧之患其能晏然取唐而代之
邪及明宗入立又詔天下悉捕宦者而殺之宦
者亡竄山谷多削髮爲浮圖其亡至太原者七
十餘人悉捕而殺之都亭驛流血盈庭明宗晚
而多病王淑妃專内以干政宦者孟漢瓊因以
用事秦王入視明宗疾已革既出而聞哭聲以
謂帝崩矣乃謀以兵入宮者懼不得立也大臣
朱弘昭等方圖其事議未決漢瓊遽入見明宗
言秦王反即以兵誅之陷秦王大惡而明宗以
此飲恨而終後愍帝奔于衛州漢瓊西迎廢帝

五代史三十八 七 吳

于路廢帝惡而殺之
嗚呼人情處安樂自非聖哲不能久而無驕怠
宦女之禍非一日必伺人之驕怠而浸入之明
宗非佚君而猶若此者蓋其在位差久也其餘
多武人崛起及其嗣續世數短而年不永故宦
者莫暇施爲其爲大害者略可見矣獨承業之論
偉然可愛而居翰更一字以活千人君子之於人
也苟有善焉無所不取吾於斯二人者有所取焉
取其善而戒其惡所謂愛而知其惡憎而知其善
也故并述其禍敗之所以然者著于篇

卷終

五代史記卷第三十九

雜傳第二十七

王鎔

王鎔其先回鶻阿布思之遺種曰沒諾干為鎮州王武俊騎將武俊錄以為子遂冒姓王氏沒諾干子曰末坦活末坦活子曰昇昇子曰廷湊廷湊子曰元逵元逵子曰紹鼎紹懿紹鼎子曰景崇自昇以上三世常為鎮州騎將自景崇以上四世五人皆為成德軍節度使景崇官至守太尉封常山郡王唐中和二年卒子鎔立年十歲是時晉新有太原李匡威據幽州王處存據中山赫連鐸據大同孟方立據邢臺四面豪傑並起而交爭鎔介於其間而承祖父百年之業士馬彊而畜積富為唐累世藩臣故鎔年雖少藉其世家以取重四方諸鎮廢立承繼有請於唐者皆因鎔以聞自晉兵出山東已破孟遷取邢洺磁三州景福元年乃大舉擊趙下臨城鎔求救於李匡威匡威來救晉軍解去明年晉會王處存攻鎔堅固新市晉王與處存皆自將而鎔未嘗臨軍遣追風都團練使段亮翦寇都團

練使馬珂等以兵屬匡威而已匡威戰磁河晉軍大敗明年春晉攻天長軍鎔出兵救之敗于叱日嶺晉軍遂出井陘鎔又求救於匡威晉軍解去初匡威悅其弟匡儔之婦美而淫之匡儔怒及其救鎔也誘其軍亂而自立匡威內慙不敢還乃以符印歸其弟而將奔于京師行至深州鎔德匡威救己使人邀之館于梅子園以父事之匡威客李正抱者少游燕趙間每徘徊常山愛之不能去正抱匡威皆失國無聊相與登城西高閣顧覽山川泫然而泣乃與匡威謀劫而代之因詐為忌日鎔去衛從晨詣館慰坐定甲士自幕後出持鎔兩袖鎔曰吾國賴公而存誠無以報厚德今日之事是所甘心因叩頭以位與匡威匡威素少鎔以謂無能為也因與鎔方轡詣府將代其位行過親事營軍士閉門大譟天雨震雹暴風拔木屋瓦皆飛屠者墨君和望見鎔識之從缺垣中躍出挾鎔于馬負之而走亂軍擊殺匡威正抱燕人皆走匡儔雖憾其兄而陽以大義責鎔甚急鎔既失燕援而晉軍急攻平山劫鎔以盟鎔遂與晉和其後梁太祖

下晉邢洺磁三州乃爲書詔古本作招鎔使絶晉而歸梁鎔依違不決一作訣晉將李嗣昭復取洺州梁太祖擊敗嗣昭嗣昭棄洺州走梁獲其輜重得鎔與嗣昭書多道梁事太祖怒因務兵常山顧謂葛從周曰得鎮州以與爾爾爲我先鋒從周至臨城中流矢卧輿中梁軍大沮梁太祖自將傅城下焚其南關鎔懼顧其屬曰事急矣奈何判官周式辨士也對曰此難與力爭而可以理奪也式與梁太祖有舊因請入梁軍太祖望見式罵曰吾常以書招鎔不來今吾至此而爾爲說客晚矣且晉吾仇也而鎔附之吾知李嗣昭在城中可使先出乃以所得鎔與嗣昭書示式式進曰梁欲取一鎮州而止乎而欲成霸業於天下也且霸者責人以義而不私今天子在上諸侯守封睦鄰所以息爭且休民也昔曹公破袁紹得魏將吏與紹書悉焚之此英雄之事乎今梁知兵舉無名而假嗣昭以爲辭且王氏五世六公撫有此土豈無死士而待嗣昭乎太祖大喜起牽式衣而撫之曰吾言戲耳因延式於上坐議與鎔和鎔以子昭祚爲質梁太祖以

女妻之太祖即位封鎔趙王鎔祖母喪諸鎮皆弔梁使者見晉使在館還言趙王有二志是時魏博羅紹威卒梁因欲盡取河北開平四年冬遣供奉官杜廷隱監魏博將夏諲以兵三千襲深冀二州以王景仁爲北面行營招討使鎔懼乞兵于晉晉人擊敗景仁於柏鄉梁遂失鎮定而莊宗由此益彊北破幽燕南并魏博鎔常以兵從鎔德晉甚明年會莊宗於承天軍奉觴爲壽莊宗以鎔父友尊禮之酒酣爲鎔歌拔佩刀斷衣而盟許以女妻鎔子昭誨鎔爲人仁而不武未嘗敢爲兵先佗兵攻趙常藉鄰兵爲救當是時諸鎮相弊於戰爭而趙獨安樂王氏之無事都人士女褒衣博帶務夸侈爲嬉遊鎔尤驕於富貴又好左道鍊丹藥求長生與道士王若訥留游西山登王母祠使婦人維錦繡牽持而上每出逾月忘歸任其政於宦者宦者石希蒙與鎔同卧起天祐十八年冬鎔自西山宿鶻營莊將還府希蒙止之宦者李弘規諫曰今晉王身自暴露以親矢石而大王竭軍國之用爲游畋之資開城空宮逾月不返使一夫閉門不納

從者大王欲何歸乎鎔懼從焉希蒙固止之弘
規怒遣親事軍將蘇漢衡率兵擐甲露刃於帳
前曰軍士勞矣願從王歸弘規繼而進曰惑王
者希蒙也請殺之以謝軍士鎔不荅弘規呼鎔
甲士斬希蒙首擲於鎔前鎔懼遽歸使其子昭
祚與大將張文禮族弘規漢衡收其偏將下獄
窮究反狀親軍皆懼文禮誘以爲亂夜半親軍
千餘人踰垣而入鎔方與道士焚香受籙軍士
斬鎔首袖之而出因縱火焚其宮室遂滅王氏
之族鎔小子昭誨年十歲其軍士有德鎔者藏

之穴中亂定髡其髮被以僧衣遇湖南人李震
匿昭誨於茶籠中載之湖南依南嶽爲浮圖易
名崇隱明宗時昭誨已長思歸而鎔故將符習
爲宣武軍節度使震以歸習習表於朝昭誨自
稱前成德軍中軍使以見拜考功郎中司農少
卿周顯德中猶爲少府監云張文禮者狡獪人
也鎔惑愛之以爲子號王德明鎔已死文禮自
爲留後莊宗初納之後知其通於梁也遣趙故
將符習與閻寶擊之文禮家鬼夜哭野河水變
爲血游魚皆死文禮懼病疽卒子處瑾秘喪拒

守擊敗晉等以李嗣昭代之嗣昭中流矢卒以
李存進代之存進輒復戰歿乃以符存審爲招
討使遂破之執文禮妻及子處瑾處球處琪等
折足歸于晉趙人請而醢之磔文禮尸于市

羅紹威

羅紹威字端巳其先長沙人祖讓北遷爲魏州
貴鄉人父弘信爲牧監卒文德元年魏博衙軍
亂逐(古本作遂)殺其帥木彥貞立其將趙文建爲留
後已而又殺之牙將未知所立乃聚呼曰孰能
爲我帥者弘信從衆中出應曰我可爲君等帥

也弘信狀貌奇怪面色青黑軍中異之共立爲
留後唐昭宗即位拜弘信節度使梁太祖將攻
晉乞糴于弘信弘信不與由是有隙梁兵攻魏
取黎陽淇門衛縣戰于內黃魏兵五戰五敗弘
信懼請盟乃止是時梁方東攻兗鄆北敵晉晉
遣李存信救朱宣假道于魏太祖聞遣使語弘
信曰晉人志在河朔兵還滅魏矣弘信以爲然
乃發兵擊存信於莘縣太祖遣葛從周助之梁
兵擒晉王子落落送于魏弘信殺之乃與晉絶
太祖猶疑弘信有二心乃以兄事弘信常爲卑

辭厚幣以聘魏魏使者至梁太祖北面拜而受幣謂使者曰六兄於我有倍年之長吾何敢慢之弘信大喜以爲厚已以故太祖往來燕趙之間卒有河北者魏不爲之患也弘信死紹威立紹威好學工書頗知屬文聚書數萬卷開館以延四方之士弘信在唐以其先長沙人故封長沙郡王紹威襲父爵長沙紹威新立幽州劉仁恭以兵十萬攻魏屠貝州紹威求救於梁大敗燕軍於内黄明年梁太祖遣葛從周會魏兵攻滄州取其德州遂敗燕軍於老鴉隄紹威以故

德梁助已魏傳自田承嗣始有牙軍牙軍歲久益驕至紹威時已二百年父子世相婚姻以自結前帥史憲誠何全皡韓君雄樂彥貞等皆由牙軍所立怒輒遂〔古本作逐擊〕殺之紹威爲人精悍明敏通習吏事爲政有威嚴然其家世由牙軍所立天祐二年魏州城中地陷紹威懼有變已而牙校李公佺作亂紹威誅之乃間遣使告梁乞兵欲盡誅牙軍梁太祖許之爲遣李思安等攻滄州召兵於魏紹威因悉發魏兵以從獨牙軍在紹威子廷規娶梁女會梁女卒太祖陰遣

客將馬嗣勳選良兵實輿中以長直軍千人雜輿夫人入魏詐爲助葬太祖以兵繼其後紹威夜以奴兵數百會嗣勳兵擊牙軍并其家屬盡殺之太祖自内黄馳至魏魏兵從攻滄州者行至歷亭聞之皆反入澶博諸州魏境大亂數月太祖爲悉平之牙軍死魏兵悉叛紹威勢益孤太祖乃欲奪其地紹威始大悔是歲太祖復攻滄州宿兵長蘆紹威饋給梁兵自滄至魏五百里起亭帳供帳什物自具梁兵數十萬皆取足紹威以此重困昭宗東遷洛陽詔諸鎮繕理京

師紹威營太廟成加拜守侍中進封鄴王太祖圍滄州未下劉守光會晉軍破梁潞州太祖自長蘆歸過魏疾作臥府中諸將莫得見紹威懼太祖終襲已乃乘間入見曰今四方稱兵爲梁患者以唐在故也唐家天命已去不如早自取之太祖大喜乃急歸太祖即位將都洛陽紹威取魏良材爲五鳳樓朝元前殿浮河而上立之京師太祖嘆曰吾聞蕭何守關中爲漢起未央宮嘗若紹威越千里而爲此若神化然功過蕭何遠矣賜以寶帶名馬燕王劉守光囚其父仁

恭與其弟守文有隙紹威馳書勸守光等降梁太祖聞之笑曰吾常攻燕不能下今紹威折簡乃勝用兵十萬太祖每有大事多遣使者問之紹威時亦馳簡入白使者相遇道中其事往往相合紹威自以魏久不用兵願伐木安楊淇門爲船自河入洛歲漕穀百萬石以供京師太祖益以紹威盡忠遣將程厚盧凝督其役舟未成而紹威病乃表言魏故大鎮多外兵願得梁一有功重臣臨之請以骸骨就第太祖亟命其子周翰監府事語使者曰亟行語而主爲我彊飯

如有不諱當世世貴尒子孫令使周翰監府事尚冀卿復愈耳紹威仕梁累拜太師兼中書令卒年三十四贈尚書令謚曰貞壯子三人廷規官至司農卿卒周翰襲父位乾化二年八月爲楊師厚所逐徙爲宣義軍節度使卒于官年十四周敬代爲宣義軍節度使年十歲徙鎮忠武明年爲秘書監駙馬都尉光祿卿唐莊宗時爲金吾大將軍明宗以爲匡國軍節度使罷爲上將軍晉天福二年卒年三十二廷規娶梁太祖二女一曰安陽公主一曰金華公主周翰娶末

帝女曰壽春公主周敬亦娶末帝女曰晉安公主

王處直

王處直字允明京兆萬年人也父宗善殖財貨富擬王侯爲唐神策軍吏官至金吾大將軍領興元節度使子處存處直處存以父任爲驍衛將軍定州已來制置內閑廐宮苑等使乾符六年即拜義武軍節度使黃巢陷長安處存感憤流涕率鎮兵入關討賊巢敗第功而收城擊賊李克用爲第一勤王倡義處存爲第一乾寧二年處存卒于鎮三軍以河朔故事推處存子郜

爲留後即拜節度使加檢校司空同中書門下平章事處直爲後院中軍都知兵馬使光化三年梁兵攻定州郜遣處直率兵拒之戰于沙河爲梁兵所敗兵返入城逐郜郜出奔晉乱兵推處直爲留後梁兵圍之處直遣人告梁請絕晉而事梁出絹十萬匹犒軍乃與梁盟梁太祖表處直義武軍節度使累封太原王太祖即位封處直北平王其後梁兵攻王鎔鎔求救于晉處直亦遣人至晉願絕梁以自効晉兵救鎔處直以兵五千從破梁軍於柏鄉其後晉北破燕南

取魏博與梁戰河上十餘年處直未嘗不以兵從處直好巫而客有李應之者妖妄人也處直有疾應之以左道治之而愈處直益以爲神使衣道士服以爲行營司馬軍政無大小咸取决焉初應之於陘邑闌得小兒劉雲郎養以爲子而處直未有子乃以雲郎與處直而紿曰此子生而有異處直養以爲子更名曰都甚愛之應之由此益橫乃籍管內丁壯別立新軍自將之治第博陵坊四面開門皆用左道處直將吏知其必爲患而莫能諫也是時幽州李匡儔假道中山以如京師處直伏甲城外以備不虞匡儔已去甲士入城圍應之第執而殺之因詬處直請殺都處直不與明日第功行賞因陰疏甲士姓名自隊長已上藏于別籍其後因事誅之凡二十年無一人免者而處直終爲都所殺都爲人狡佞多謀處直以爲節度副使張文禮弒王鎔莊宗發兵討文禮處直與左右謀曰鎭定之蔽也文禮雖有罪然鎭亡定不獨存乃遣人請莊宗毋發兵莊宗取所獲文禮與梁蠟書示處直曰文禮負我師不可止處直有孽子郁當都

之亡于晉也郁亦奔焉晉王以女妻之爲新州防禦使處直見莊宗必討文禮益自疑乃陰與郁交通使郁北招契丹入塞以牽晉兵且許召郁爲嗣都聞之不說而定人皆言契丹不可召恐自貽患處直不聽郁自奔晉常恐處直不容因此大喜以爲秉其隙可取之乃以厚賂誘契丹阿保機阿保機舉國入寇定人皆不欲契丹之舉小吏和昭訓勸都舉事都因執處直因之西宅自爲留後凡王氏子孫及處直將校殺戮殆盡明年正月朔旦都拜處直於西宅處直奮起椹其胷而呼曰逆賊吾何負爾然左右無兵遂欲嚙其鼻都掣袖而走處直遂見殺初有黃蛇見于碑樓處直以爲龍藏而祠之又有野鵲數百巢麥田中處直以爲己德所致而定人皆知其不祥曰蛇穴山澤而處人室鵲巢鳥降而田居小人竊位而在上者失其所居之象也已而處直果被廢死莊宗已敗契丹于沙河追奔過定州與都相得懽甚以其子繼岌娶都女以都爲義武軍節度使同光二年莊宗幸鄴都來朝賜與鉅萬莊宗以繼岌故待都甚厚所請無

不從及明宗立頗惡都爲人而安重誨每以法繩之都始有異志是時唐兵擊契丹數往來定州都供饋多闕益不自安和昭訓爲都謀曰天子新立四方未附其勢易離可爲自安之計已而朱守殷反於汴州都遂亦反遣人以蠟書招青徐岐潞梓五鎮約皆舉兵而五鎮不應明宗遣王晏球討之都復與王郁招契丹爲援契丹遣禿餒將萬騎救都都遣指揮使鄭季璘龍泉鎮將杜弘壽以二千人迎契丹爲晏球所敗季璘弘壽被執晏球責曰吾嘗使人招汝何故不

降弘壽對曰受恩中山兩世矣不敢有二心遂見殺弘壽臨刑神色自若晏球屯軍望都與都及契丹戰大敗之曲陽都及禿餒得數騎遯去閉門不復出初莊宗軍中闌得一男子愛之使冒姓李名繼陶養於宮中以爲子明宗即位安重誨出以乞段徊徊亦惡而逐之都使人求得之至是紿其衆曰此莊宗太子也被以天子之服使巡城上以示晏球軍軍士識者曰繼陶也共詬之都居城中兵少惟以契丹二千人守城呼禿餒爲餒王屈身事之諸將有欲出降者都

伺察嚴密殺戮無虛日以故堅守終年天成四年二月城破都與家屬皆自焚死王氏遂絕于中山而郁存有子鄴鄴子廷胤與莊宗連外姻爲人驍勇自爲軍校能與士卒同辛苦明宗時歷貝忻蔡澶隰州刺史范延光反于鄴晉高祖以廷胤爲楊光遠行營中軍使破延光有功拜彰德軍節度使初郁直爲都所囚郁子威北走契丹契丹謂晉高祖曰吾欲使威襲其先人爵土如何高祖對曰中國之法自將校爲刺史升團練防禦然而至節度使請遣威歸中國漸進之

契丹怒曰尔自諸侯爲天子豈有漸乎高祖聞之遽徙廷胤鎮義武曰此亦王氏之後也後徙鎮海而卒

劉守光

劉守光深州樂壽人也其父仁恭事幽州李可舉能穴地爲道以攻城軍中號劉窟頭稍以功遷軍校仁恭爲人有勇好大言可舉死子匡威惡其爲人不欲使居軍中徙爲瀛州景城縣令瀛州軍亂殺刺史仁恭募縣中得千人討平之匡威喜復以爲將使戍蔚州戍兵過期不得代

刘守光

皆思歸出怨言匡威爲弟匡儔所逐仁恭聞亂
乃擁戍兵攻幽州行至居庸關戰敗奔晉晉以
爲壽陽鎮將仁恭多智詐善事人事晉王愛將
蓋寓尤謹每對寓涕泣自言居燕無罪以讒見
逐因道燕虛實陳可取之謀晉王益信而愛之
乾寧元年晉擊破匡儔乃以仁恭爲幽州留後
留其親信燕留得等十餘人監其軍爲之請命
于唐拜檢校司空盧龍軍節度使其後晉攻羅
弘信求兵於仁恭仁恭不與晉王以書徵責誚
之仁恭大怒執晉使者殺燕留得等以叛晉王

自將討之戰于安塞晉王大敗光化元年遣其
子守文襲滄州逐節度使盧彥威遂取滄景德
三州爲其子請命于唐昭宗遲之未即從仁恭
怒語唐使者曰爲我語天子旌節吾自有但要
長安本色耳何屢求而不得邪昭宗卒以守文
爲橫海軍節度使仁恭父子率兩鎮兵十萬號
稱三十萬以擊魏屠貝州羅紹威求救於梁梁
遣李思安救魏大敗守文於內黃斬首五萬仁
恭走梁軍追擊之自魏至長河橫尸數百里梁
軍自是連歲攻之破其瀛漠二州仁恭懼復附

刘守光

晉天祐三年梁攻滄州仁恭調其境內凡男子
年十五已上七十已下皆黥其面文曰定霸都
得二十萬人兵糧自具屯于瓦橋梁軍壁長蘆
深溝高壘仁恭不能近滄州被圍百餘日城中
食盡人自相食析骸而爨或丸墐土而食死者
十六七仁恭求救於晉晉王爲之攻潞州以牽
梁圍晉破潞州梁軍乃解去然仁恭幸世多故
而驕於富貴築宮大安山窮極奢侈選燕美女
充其中又與道士鍊丹藥冀可不死令燕人用
墐土爲錢悉斂銅錢鑿山而藏之已而殺其工

以滅口後人皆莫知其處仁恭有愛妾羅氏其
子守光烝之仁恭怒笞守光逐之梁開平元年
遣李思安攻仁恭仁恭在大安守光自外將兵
以入擊走思安乃自稱盧龍節度使遣李小喜
元行欽以兵攻大安山執仁恭而幽之其兄守
文聞父且囚即率兵討守光至于盧臺爲守光
所敗進戰玉田又敗乃乞兵于契丹明年守文
將契丹吐渾兵四萬人戰于鷄蘇守光兵敗守
文陽爲不忍出於陣而呼其衆曰毋殺吾弟守
光將元行欽識守文躍馬而擒之又因之於別

室既而殺之守文將吏孫鶴呂兗等立守文子延祚以距守光守光圍之百餘日城中食盡米㪷直錢三萬人相殺而食或食墐土馬相食其騣尾兗等率城中饑民食以麴號宰務日殺以餉軍久之延祚力窮遂降守光素庸愚由此益驕爲鐵籠鐵刷人有過者坐之籠中外燎以火或刷剔其皮膚以死燕之士逃禍于佗境守光身衣赭黃謂其將吏曰我衣此而南面可以帝天下乎孫鶴切諫以爲不可梁攻趙趙王王鎔求救於守光孫鶴曰今趙無罪而梁伐之諸侯救趙之兵先至者霸臣恐燕軍未出而晉已先破梁矣此不可失之時也守光曰趙王嘗與我盟而背之今急乃來歸我且兩虎方鬬可待之吾當爲卞莊子也遂不出兵晉王果救趙大敗梁兵於柏鄉進掠邢洺至于黎陽守光聞晉空國深入梁乃治兵戒嚴遣人以語動鎮定曰燕有精兵三十萬率二鎮以從晉然誰當主此盟者晉人患之謀曰昔夫差爭黃池之會而越入吳項羽貪伐齊之利而漢敗楚今吾越千里以伐人而彊燕在其後此腹心之患也乃爲之班師

守光以爲諸鎮畏其彊乃諷諸鎮共推尊已於是晉王率天德宋瑤振武周德威昭義李嗣昭義武王處直成德王鎔等以墨制冊尊守光爲尚書令尚父守光又遣告于梁請授已河北兵馬都統以討鎮定河東梁遣閤門使王瞳拜守光河北採訪使有司白守光尚父受冊用唐冊太尉禮儀守光問曰此儀注何不郊天改元有司曰此天子之禮也尚父雖尊乃人臣耳守光怒曰我爲尚父誰當帝者乎且今天下四分五裂大者稱帝小者稱王我以二千里之燕獨不能帝一方乎乃械梁晉使者下獄置斧鑕于其庭令曰敢諫者死孫鶴進曰滄州之敗臣蒙王不殺之恩今日之事不敢不諫守光怒推之伏鑕令軍士割而啖之鶴呼曰不出百日大兵當至命窒其口而醢之守光遂以梁乾化元年八月自號大燕皇帝改元曰應天以王瞳齊涉爲左右相晉遣太原少尹李承勳賀冊尚父至燕而守光已僭號有司迫承勳稱臣承勳不屈以列國交聘禮入見守光怒殺之明年晉遣周德威將三萬人會鎮定之兵以攻燕自祈溝關入

其澶涿武順諸州皆迎降守光被圍經年累戰常敗乃遣客將王遵化致書于德威曰予得罪于晉迷而不復今其病矣公善爲我辭焉德威謂遵化曰大燕皇帝尚未郊天何至此邪予受命以討僭亂不知其佗也守光益窘乃獻絹千匹銀千兩錦百段遣其將周遵業謂德威曰吾王以情告公富貴成敗人之常理録功宥過霸者之事也守光去歲妄自尊崇本不能爲朱温下耳豈意大國悉師經年幸少寬之德威不許

守光登城呼德威曰公三晉賢士獨不急人之危乎遣人以所乘馬易德威馬而去因告曰俟晉王至則降晉王乃自臨軍守光登城見晉王晉王問將如何守光曰今日俎上肉耳惟王所爲也守光有嬖者李小喜勸其毋降守光因請俟佗日是夕小喜叛降于晉軍明旦晉軍攻破其城執仁恭及其家族三百口守光與其妻李氏祝氏繼珣繼方繼祚等南走滄州迷失道至燕樂界中數日不得食遣其妻祝氏乞食於田家田家怪而詰之祝氏以實告乃被擒送幽州晉王方大饗軍客將引守光見晉王戲之曰主

人何避客之遽也守光叩頭請死命械守光并其父仁恭以從軍軍還過趙趙王王鎔會晉王置酒酒酣請曰願見仁恭父子晉王命破械出之引置下坐飲食自若皆無慚色晉王至太原仁恭父子曳以組練獻于太廟守光將死泣曰臣死無恨然教臣不降者李小喜也罪人不死臣將訴于地下晉王使召小喜小喜瞋目曰囚父弒兄烝其骨肉亦小喜教爾邪晉王怒命先斬小喜守光知不免呼曰王將復唐室以成霸業何不赦臣使自効其二婦從旁罵曰事已至

此生復何爲願先死乃俱死晉王命李存霸執仁恭至鴈門刺其心血以祭先王墓然後斬之

五代史記卷第三十九

五代史記卷第四十

雜傳第二十八

李茂貞

李茂貞深州博野人也本姓宋名文通爲博野軍卒戍鳳翔黃巢犯京師鄭畋以博野軍擊賊茂貞以功自隊長遷軍校光啓元年朱玫反僖宗出居興元玫遣王行瑜攻大散關茂貞與保鑾都將李鋋等敗行瑜於大唐峯明年玫遂敗死茂貞以功自扈蹕都頭拜武定軍節度使賜以姓名扈蹕東歸至鳳翔鳳翔節度使李昌符與天威都頭楊守立爭道以兵相攻昌符不勝走隴州僖宗遣茂貞擊殺昌符以功拜鳳翔隴右節度使大順元年封隴西郡王二年樞密使楊復恭得罪奔於興元興元節度使楊守亮復恭之養子也納之茂貞乃上書言復恭父子罪皆當誅因自請爲山南招討使昭宗以宦者故難之未許茂貞擅發兵攻破興元復恭父子見殺茂貞表其子繼密權知興元軍府事昭宗乃徙茂貞山南西道節度使以宰相徐彦若鎮鳳翔茂貞不奉詔上表自論曰但慮軍情忽變戎馬難羈徒令甸服生靈因茲受斃未審乘輿播越自此何之昭宗以茂貞表辭不遜不能忍以問宰相杜讓能讓能以謂茂貞地大兵彊而唐力未可以致討鳳翔又近京師易以自危而難於後悔佗日雖欲誅鼂錯以謝諸侯恐不能也昭宗怒曰吾不能孱孱坐（[illegible]本作生）受淩弱乃責讓能治兵而以覃王嗣周爲京西招討使令下京師市人皆知不可相與聚承天門遮宰相請無舉兵爭投瓦石擊宰相宰相下輿而走亡其堂印人情大恐昭宗意益堅覃王率扈駕軍五十四都戰于盩厔唐軍敗潰茂貞遂犯京師屯于三橋昭宗御安福門殺兩樞密以謝茂貞使罷兵茂貞素與讓能有隙因曰謀舉兵者非兩樞密乃讓能也陳兵臨皐驛請殺讓能讓能曰臣故先言之矣惟殺臣可以紓國難昭宗泣下沾襟貶讓能雷州司戶參軍賜死茂貞乃罷兵明年河中節度使王重盈卒其諸子珂珙爭立晉王李克用請立珂茂貞與韓建王行瑜請立珙昭宗不許茂貞等怒率三鎮兵犯京師謀廢昭宗立吉王保未果而晉王亦舉兵茂貞懼乃殺

宰相韋昭度李磎留其養子繼鵬以兵二千宿衛
而去晉兵至河中繼鵬與行瑜弟行實等爭刼昭
宗出奔京師大亂昭宗出居于石門茂貞以兵至
鄠縣斬繼鵬自贖晉兵已破王行瑜還軍渭北請
擊茂貞昭宗以謂晉遠而茂貞近因欲庇之以
爲德而冀緩急之可恃也且茂貞已殺其子自
贖矣乃詔罷歸晉軍克用歎曰唐不誅茂貞憂
未已也昭宗自石門還益募安聖捧宸等軍萬
餘人以諸王將之茂貞謂唐將討已亦治兵請
覲京師大恐居人亡入山谷茂貞遂犯京師昭

宗遣覃王拒之覃王至三橋軍潰昭宗出居于
華州遣宰相孫偓以兵討茂貞韓建爲茂貞請
乃已久之加拜茂貞尚書令封岐王其後昭宗
爲宦者所廢既反正宰相崔胤欲借梁兵誅諸
宦者陰與梁太祖謀之中尉韓全誨等亦倚茂
貞之彊以爲外援茂貞遣其子繼筠以兵數千
宿衛京師宦者恃岐兵益驕不可制天復元年
胤召梁太祖以西梁軍至同州全誨等懼與繼
筠刼昭宗幸鳳翔梁軍圍之逾年茂貞每戰輒
敗閉壁不敢出城中薪食俱盡自冬涉春雨雪

不止民凍餓死者日以千數米斗直錢七千至
燒人屎煑尸而食父自食其子人有爭其肉者
曰此吾子也汝安得而食之人肉斤直錢百狗
肉斤直錢五百父甘食其子而人肉賤於狗天
子於宮中設小磨遣宮人自屑豆麥以供御自
後宮諸王十六宅凍餒而死者日三四城中人
相與邀遮茂貞求路以爲生茂貞窮急謀以天
子與梁以爲解昭宗謂茂貞曰朕與六宮皆一
日食粥一日食不托安能不與梁和乎三年正
月茂貞與梁約和斬韓全誨等二十餘人傳首

梁軍梁圍解天子雖得出然梁遂刼東遷而唐
亡茂貞非惟亡唐亦自困矣及梁太祖即位諸
侯之彊者皆相次稱帝獨茂貞不能但稱岐王
開府置官屬以妻爲皇后鳴梢羽扇視朝出入
擬天子而已茂貞居岐以寬仁愛物民頗安之
嘗以地狹賦薄下令榷油因禁城門無內松薪
以其可爲炬也有優者誚之曰臣請并禁月明
茂貞笑而不怒初茂貞破楊守亮取興元而邠
寧鄜坊皆附之有地二十州其被梁圍也興元
入于蜀開平已後邠寧鄜坊入于梁秦鳳階成

又入于蜀當梁末年所有七州而已二十州者岐隴涇原渭武秦成階鳳邠寧慶衍鄜坊丹延梁洋也莊宗已破梁茂貞稱岐王上牋以季父行自處及聞入洛乃上表稱臣遣其子從曮來朝莊宗以其耆老甚尊禮之改封秦王詔書不名同光二年以疾卒年六十九謚曰忠敬從曮爲人柔而善書畫茂貞承制拜從曮彰義軍節度使茂貞卒拜鳳翔節度使魏王繼岌征蜀爲供軍轉運應接使蜀平繼岌遣從曮部送王衍行至鳳翔監軍使柴重厚拒而不納從曮遂東至華州聞莊宗之難乃西歸明宗入立聞重厚嘗拒從曮遣人誅之從曮上書言重厚守鳳翔軍民無所擾願貸其過雖不許士人以此多之歷鎮宣武天平從曮有田千頃竹千畮在鳳翔懼侵民利未嘗省理鳳翔人愛之廢帝起鳳翔將行鳳翔人叩馬乞從曮廢帝入立復以從曮爲鳳翔節度使卒年四十九

韓建

韓建字佐時許州長社人也少爲蔡州軍校隷忠武軍將鹿晏弘從楊復光攻黃巢於長安巢已破復光亦死晏弘與建等無所屬乃以麾下兵西迎僖宗於蜀所過攻劫行至興元逐牛叢據山南已而不能守晏弘東走許州建乃奔于蜀拜金吾衛將軍僖宗還長安建爲潼關防禦使華州刺史華州數經大兵戶口流散建少賤習農事乃披荆棘督民耕植出入閭里問其疾苦建初不知書乃使人題其所服器皿牀榻爲其名目以視之久乃漸通文字見玉篇喜曰吾以類求之何所不得也因以通音韻聲偶暇則課學書史是時天下已亂諸鎮皆武夫獨建撫緝兵民又好學荆南成汭時冒姓郭亦善緝荆楚當時號爲北韓南郭大順元年以兵屬張濬伐晉濬敗建自含山踰歸河中王重盈死諸子珂珙爭立晉人助珂建與王行瑜李茂貞助珙昭宗不許建等大怒以三鎮兵犯京師昭宗見建等責之行瑜茂貞惶恐戰汗不能語獨建前自陳述乃殺宰相韋昭度李磎等謀廢昭宗會晉舉兵且至建等懼乃還晉兵問罪三鎮兵傅華州建登城呼曰弊邑未常失禮於大國何爲見攻晉人曰君以兵犯天子殺大臣是以討也已而與晉和乾寧三年李茂貞復犯京師昭宗

將奔太原次渭北建遣子允請幸華州昭宗又欲如鄜州建追及昭宗於富平泣曰藩臣倔彊非止茂貞若捨近畿而巡極塞乘輿渡河不可復矣昭宗亦泣遂幸華州是時天子孤弱獨有殿後軍及定州三都將李筠等兵千餘人爲衞以諸王將之建已得昭宗幸其鎮遂欲制之因請罷諸王將兵散去殿後諸軍累表不報昭宗登齊雲樓西北顧望京師作菩薩蠻辭三章以思歸其卒章曰野煙生碧樹陌上行人去安得有英雄迎歸大內中酒酣與從臣悲歌泣下建與諸王皆屬和之建心尤不悅因遣人告諸王謀殺建劫天子幸佗鎮昭宗召建將辨之建稱疾不出乃遣諸王自詣建不見請送諸王十六宅昭宗難之建乃率精兵數千圍行宮請誅李筠昭宗大懼遽詔斬筠悉散殿後及三都衞兵幽諸王於十六宅昭宗益悔幸華遣延王戒丕使于晉以謀興復戒丕還建與中尉劉季述誣諸王謀反以兵圍十六宅諸王皆登屋叫呼遂見殺昭宗無如之何爲建立德政碑以慰安之建已殺諸王乃營南莊起樓閣欲邀昭宗遊幸因

以廢之而立德王裕其父叔豐謂建曰汝陳許間一田夫爾遭時之亂蒙天子厚恩至此欲以兩州百里之地行大事覆族之禍吾不忍見不如先死因泣下歔欷李茂貞梁太祖皆欲發兵迎天子建稍恐懼乃止光化元年昭宗還長安自爲建畫像封建潁川郡王賜以鐵劵建辭王爵乃封建許國公梁太祖以兵嚮長安遣張存敬攻同州建判官司馬鄴以城降太祖使鄴召建建乃出降太祖責建背己建曰判官李巨川之謀也太祖怒即殺巨川以建從行昭宗東遷建從至洛昭宗舉酒屬太祖與建曰遷都之後國步小康社稷安危繫卿兩人次何皇后舉觴建躡太祖足太祖乃陽醉去建出謂太祖曰天子與宮人眼語幕下有兵仗聲恐公不免也太祖以故尤德之表建平盧軍節度使太祖即位拜司徒同中書門下平章事太祖性剛暴臣下莫敢諫諍惟建時有言太祖亦優容之太祖郊于洛建爲大禮使罷相出鎮許州太祖崩許州軍亂見殺年五十八

李仁福

李仁福不知其世家當唐僖宗時有拓拔思敬者爲夏州偏將後以與破黄巢功賜姓李氏拜夏州節度使思敬卒乾寧二年以其弟思諫爲節度使自唐末天下大亂史官實録多闕諸鎮因時倔起自非有大善惡暴著于世者不能紀其始終是時興元鳳翔邠寧鄜坊河中同華諸鎮之兵四面並起而交爭獨靈夏未嘗爲唐患而亦無大功朱玫之亂思敬與鄜州李思孝皆以兵屯渭橋其後黄巢陷京師王重榮李克用等會諸鎮兵討賊思敬與破巢復京師然皆未

嘗有所可稱故思敬之世次功過不顯而無傳梁開平二年思諫卒軍中立其子彝昌爲留後即拜彝昌節度使明年其將高宗益作亂殺彝昌是時仁福爲蕃部指揮使戍兵于外軍中乃迎仁福立之不知其於思諫爲親疏也是歲四月拜仁福檢校司空定難軍節度使終梁之世奉正朔而已是時岐王李茂貞晉王李克用數會兵攻仁福梁輒出兵救之仁福累官至檢校太師兼中書令封朔方王長興四年三月卒其子彝超自立爲留後自仁福時邊將多言仁福

通於契丹恐爲邊患明宗因其卒乃以彝超爲延州刺史彰武軍節度使而徙彰武安從進代之恐彝超不受代遣邠州藥彦稠以兵五萬送從進之鎮彝超果不受代從進與彦稠以兵圍之百餘日不克夏州城壁素堅故老傳言赫連勃勃蒸土築之從進等穴地道至城下堅如鐵石鑿不能入彝超外招党項抄掠從進等糧道自陝以西民運斗粟束芻其費數千人不堪命道路愁苦明宗遂釋不攻以彝超爲定難軍節度使清泰二年卒其弟彝興累官檢校太師兼侍中周顯德中封西平王其後事具國史

韓遜

韓遜不知其世家初爲靈武軍校當唐末之亂據有靈鹽唐即以爲節度使而史失不録不見其事梁開平三年封朔方節度使韓遜爲潁川王始見於史是時邠寧楊崇本鄜延李周彝鳳翔李茂貞皆與梁爭戰獨遜與夏州李思諫臣屬于梁未嘗以兵爭李茂貞嘗遣劉知俊攻遜不能克遜亦善撫其部人皆愛之爲遜立生祠貞明中遜卒軍中立其子洙爲留後梁即以爲

節度使至莊宗時又以洙兼河西節度天成四年洙卒即以洙子澄爲朔方軍留後其將李賓作亂澄乃上章請帥於朝明宗以康福爲朔方河西節度使以代澄由是命吏而相代矣韓氏自遜有靈武傳世皆無所稱述澄後不知其所終

楊崇本

楊崇本幼事李茂貞養以爲子冒姓李名曰繼徽茂貞表崇本靜難軍節度使梁太祖攻岐未下乃移兵攻邠州崇本迎降太祖使復其姓賜名崇本遷其家於河中以爲質崇本妻有美色太祖用兵往來河中嘗幸之崇本妻頗媿恥間遣人誚崇本曰大丈夫不能庇其伉儷我已爲朱公婦矣無面視君有刀繩而已崇本涕泣憤怒其後梁兵解岐圍崇本妻得歸崇本乃復背梁歸茂貞茂貞西連蜀兵會崇本攻雍華關西大震太祖以兵西至河中遣郴王友裕擊之友裕至求壽而卒梁兵乃旋崇本屯美原太祖復遣劉知俊康懷英等擊之崇本大敗自此不復東乾化四年爲其子彥魯所弒崇本養子李保衡殺

彥魯以降梁

高萬興

高萬興河西人也唐末河西屬李茂貞茂貞將胡敬璋爲延州刺史萬興與其弟萬金俱事敬璋爲騎將敬璋死其將劉萬子代爲刺史梁開平二年葬於州南萬子在會其將許從實殺萬子自爲延州刺史是時萬興兄弟皆將兵戍境上聞萬子死以其部下數千人降梁梁太祖兵屯河中遣同州劉知俊以兵應萬興攻丹州執其刺史崔公實進攻延州執許從實鄜州李彥容坊州李彥昱皆弃城走梁太祖乃以萬興爲延州刺史忠義軍節度使以牛存節爲保大軍節度使已而劉知俊叛乃徙存節守同州以萬金爲保大軍節度使萬興累遷檢校太師兼中書令渤海郡王貞明四年萬金卒乃以萬興爲鄜延節度使進封延安郡王徙封北平王梁亡莊宗入洛萬興嘗一來朝同光三年卒于鎮萬興兄弟皆驍勇而未嘗立戰功然以戍兵降梁梁取鄜坊丹延自萬興始故其兄弟世守其土萬興子允韜代立長興元年徙鎮安國又徙義

成清泰中卒萬金子允權開運中爲膚施令罷居于家是時周密爲彰信軍節度使契丹滅晉延州軍亂逐密密守東城而西城之兵以允權爲留後聞漢高祖起太原遂歸漢即拜節度使廣順三年卒

温韜

温韜京兆華原人也少爲盜後事李茂貞爲華原鎮將冒姓李名彥韜茂貞以華原縣爲耀州以韜爲刺史梁太祖圍茂貞於鳳翔韜以耀州降梁已而復叛歸茂貞茂貞又以美原縣爲鼎

州建義勝軍以韜爲節度使末帝時韜復叛茂貞降梁梁改耀州爲崇州鼎州爲裕州義勝爲靜勝軍即以韜爲節度使復其姓温更其名曰昭圖韜在鎮七年唐諸陵在其境內者悉發掘之取其所藏金寶而昭陵最固韜從埏道下見宮室制度閎麗不異人間中爲正寢東西廂列石牀牀上石函中爲鐵匣悉藏前世圖書鍾王筆迹紙墨如新韜悉取之遂傳人間惟乾陵風雨不可發其後朱友謙叛梁取同州晉王以兵援友謙而趨華原韜懼求徙佗鎮遂徙忠武莊

宗滅梁韜自許來朝因伶人景進納賂劉皇后皇后爲言之莊宗待韜甚厚賜姓名曰李紹沖郭崇韜曰此刼陵賊爾罪不可赦莊宗曰已宥之矣不可失信遽遣還鎮明宗入洛與段凝俱收下獄已而赦之勒歸田里明年流于德州賜死

嗚呼厚葬之弊自秦漢已來率多聰明英偉之主雖有高談善說之士極陳其禍福有不能開其惑者矣豈非富貴之欲溺其所自私者篤而未然之禍難述於無形不足以動其心歟然而聞

温韜之事者可以少戒也五代之君往往不得其死何暇顧其後哉獨周太祖能鑒韜之禍其將終也爲書以遺世宗使以瓦棺紙衣而斂將葬開棺示人既葬刻石以告後世毋作下宮毋置守陵妾其意丁寧切至然實錄不書其葬之薄厚也又使葬其平生所服袞冕通天冠絳紗袍各二其一于京師其一于澶州又葬其劍甲各二其一于河中其一于大名者莫能原其旨也

五代史記卷第四十

五代史記卷第四十一

雜傳第二十九

盧光稠　譚全播

盧光稠譚全播皆南康人也光稠狀貌雄偉無佗材能而全播勇敢有識畧然全播常奇光稠爲人唐末羣盜起南方全播謂光稠曰天下洶洶此真吾等之時無徒守此貧賤爲也乃相與聚兵爲盜衆推全播爲王全播曰諸君徒爲賊乎而欲成功乎若欲成功當得良帥盧公堂堂真君等主也衆陽諾之全播怒拔劒擊木三斬

之曰不從令者如此木衆懼乃立光稠爲帥是時王潮攻陷嶺南全播攻潮取其虔韶二州又遣光稠弟光睦攻潮州光睦好勇而輕進全播戒其持重不聽度其必敗乃爲奇兵伏其歸路光睦果敗走潮人追之全播以伏兵邀擊大敗之遂取潮州是時劉巖起南海擊走光睦以兵數萬攻虔州光稠大懼謂全播曰虔潮皆公取之今日非公不能守也全播曰吾知劉巖易與爾乃選精兵萬人伏山谷中陽治戰地於城南告巖戰期以老弱五千出戰戰酣僞北巖急追

之伏兵發巖遂大敗光稠第戰功全播悉推諸將光稠心益賢之梁初江南嶺表悉爲吳與南漢分據而光稠獨以虔韶二州請命于京師願通道路輸貢賦太祖爲置百勝軍以光稠爲防禦使兼五嶺開通使又建鎮南軍以爲留後開平五年光稠病以符印屬全播全播不受光稠卒全播立其子延昌而事之延昌好遊獵其將黎求閉門拒延昌延昌見殺求因謀殺全播全播懼稱疾不出求乃自立請命于梁乾化元年拜求防禦使求暴病死其將李彥圖自立全播

益懼遂稱疾篤杜門自絶彥圖疑之使人覘其動靜全播應覘爲狀以自免彥圖死州人相率詣全播第扣門請之全播乃起遣使請命于梁拜防禦使全播治虔州七年有善政楊隆演遣劉信攻破虔州以全播歸廣陵卒年八十五當盧氏時劉龔已取韶州及全播被執虔州遂入于吳

雷滿

雷滿武陵人也爲人兇悍矯勇文身斷髮唐廣明中湖南饑盜賊起滿與同里人區景思周岳

等聚諸蠻數千僻于大澤中乃擊鮮釃酒擇坐中
豪者補置伍長號土團軍諸蠻從之推滿爲帥是
時高駢鎮荆南召滿隸麾下使以蠻軍擊賊駢
徙淮南滿從至廣陵逃歸殺刺史崔翥遂據朗
州請命于唐昭宗以澧朗爲武貞軍拜滿節度使
是時澧陽人向瓌殺刺史呂自牧據澧州而溪
洞諸蠻宋鄴昌師益等皆起兵剽掠湖外滿亦
以輕舟上下荆江攻刼州縣楊行密攻杜洪于
鄂州荆南成汭出兵救洪汭戰敗溺死於君山
滿襲破荆南不能守焚掠殆盡而去滿嘗鑿深

池於府中客有過者召宴池上指其水曰蛟龍
水怪皆窟於此蓋水府也酒酣取坐上器擲池
中因裸而入取器嬉水上久之乃出治衣復坐
意氣自若滿居朗州引沅水塹其城上爲長橋
爲不可攻之計天祐中滿卒子彦恭自立彦恭
附于楊行密亦嘗攻刼爲荆湖患開平元年馬
殷發兵攻彦恭特塹爲阻逾年不能破三年彦
恭奔于楊行密馬殷擒其弟彦雄等七人送于
梁斬于汴市彦恭卒於淮南澧朗遂入于楚

鍾傳

鍾傳洪州高安人也事州爲小校黃巢攻掠江
淮所在盜起往往據州縣傳以州兵擊賊頗勝
遂逐觀察使自稱留後唐以洪州爲鎮南軍拜
傳節度使江夏伶人杜洪者亦據鄂州楊行密
屢攻之洪頗倚傳爲首尾久之洪敗死是時危
全諷韓師德等分據撫吉諸州傳皆不能節度
以兵攻之稍聽命獨全諷不能下乃自率兵圍
之城中夜火起諸將請急攻之傳曰吾聞君子
不迫人之危乃掃地祭天禱城再拜祝曰全諷
不降非民之罪願天止火全諷聞之明日乃亦

聽命請以女妻傳子匡時傳居江西三十餘年
累拜太保中書令封南平王天祐三年傳卒子
匡時自稱留後請命于唐全諷曰聽鍾郎爲節
度使三年吾將自爲之已而傳養子延規與匡
時爭立乞兵於楊渥渥遣秦裴等攻匡時匡時
敗被執歸廣陵開平三年全諷等起兵江西謀
復鍾氏故地全諷爲楊隆演將周本所敗江西
遂入于吳

趙匡凝

趙匡凝字光儀蔡州人也其父德諲事秦宗權

為申州刺史宗權反德諲攻下襄陽梁太祖攻
蔡州宗權屢敗德諲乃以山南東道七州降梁
太祖初鎮宣武嘗為宗權所困聞德諲降大喜
表為行營副都統河陽保義義昌三節度行軍
司馬會其兵以攻蔡州破之德諲功多德諲卒子
匡凝自立是時成汭死雷彥恭襲取荆南匡凝
遣其弟匡明逐彥恭太祖表匡凝荆襄節度使
以匡明為荆南留後是時唐衰藩鎮不復奉朝
廷獨匡凝兄弟貢賦不絕匡凝為人氣貌甚偉
性方嚴喜自脩飾頗好學問聚書數千卷為政
有威惠太祖攻兖州朱瑾求救於晉晉遣史儼
等將兵數千救瑾瑾敗與儼等奔于淮南晉王李
克用遣人以書幣假道于匡凝以聘于楊行密
求歸儼等晉王使者為梁得太祖大怒是時梁
已破兖鄆遣氏叔琮康懷英等攻匡凝叔琮取
泌隨二州懷英取鄧州匡凝懼請盟乃止太祖
弒昭宗將謀代唐畏匡凝兄弟不從遣使告之
匡凝對使者流涕答曰受唐恩深不敢妄有佗
志太祖遣楊師厚攻之太祖以兵殿漢北匡凝
戰敗以輕舟奔于揚行密師厚進攻荆南匡明

匡凝

奔于蜀匡凝至廣陵行密見之戲曰君在鎮時
輕車重馬歲輸于梁今敗乃歸我乎匡凝曰僕
世為唐臣歲時職貢非輸賊也今以不從賊之
故力屈歸公惟公生死之耳行密厚遇之其後
行密死楊渥稍不禮之渥方宴食青梅匡凝顧
渥曰勿多食發小兒熱諸將以為慢渥遷匡凝
海陵後為徐溫所殺匡明卒于蜀

五代史記卷第四十一

五代史記卷第四十二

雜傳第三十

朱宣 弟瑾

朱宣宋州下邑人也少從其父販鹽爲盜父抵法死宣乃去事青州節度使王敬武爲軍校敬武以隸其將曹全晸中和二年敬武遣全晸入關與破黃巢還過鄆州鄆州節度使薛崇卒其將崔君預自稱留後全晸攻殺君預遂據鄆州宣以戰功爲鄆州馬步軍都指揮使已而全晸死軍中推宣爲留後唐僖宗即拜宣天平軍節度使梁太祖鎮宣武以兄事宣太祖新就鎮兵力尚少數爲秦宗權所困太祖乞兵於宣宣與其弟瑾以兗鄆之兵救汴大破蔡兵走宗權是時太祖已襲取滑州稍欲幷呑諸鎮宣瑾既還乃馳檄兗鄆言宣瑾多誘宣武軍卒亡以東乃發兵攻亡卒因攻之遂爲敵國苦戰曹濮間是時梁又東攻徐州西有蔡賊北敵強晉宣瑾兄弟自相首尾然卒爲梁所滅乾寧四年宣敗走中都爲葛從周所執斬于汴橋下今流俗以宣瑾兄弟名加王者非也

瑾宣從父弟也從宣居鄆州補軍校少倜儻有大志兗州節度使齊克讓愛其爲人以女妻之瑾行親迎乃選壯士爲輿夫伏兵器輿中夜至兗州兵發遂虜克讓自稱留後僖宗即拜瑾泰寧軍節度使瑾與宣已破秦宗權於汴州梁太祖責瑾誘宣武軍卒以歸遣朱珍攻瑾取曹州又攻濮州而太祖自攻鄆瑾兄弟往來相救凡十餘年大小數十戰與太祖屢相勝敗太祖得宣將賀瓌何懷寶及瑾兄瓊乃將瓊等至兗城下告瑾曰汝兄敗矣今瓊等已降不如早自歸瑾僞曰諾乃遣牙將胡規持書幣詣軍門請降太祖大喜至延壽門與瑾交語瑾曰願得瓊送符印太祖信之遣客將劉捍送瓊往瑾伏壯士橋下單騎迎瓊揮手語捍曰請瓊獨來瓊前壯士擒之遂閉門責瓊先降斬之擲其首城外太祖度不可下乃留兵圍之而去瑾嬰城自守而與葛從周等戰城下瑾兵屢敗宣亦敗於鄆州乃乞兵於晉晉遣李承嗣史儼等以騎兵五千救之太祖已破宣乃急趨兗瑾城中食盡與承嗣等掠食豐沛間梁兵奄至瑾將康懷英等以城降梁瑾等將麾下兵走沂州沂州

刺史尹處賓不納又走海州梁兵急追之乃奔
于淮南楊行密聞瑾來大喜解其玉帶贈之表
瑾領武寧軍節度使以爲行軍副使其後梁遣
龐師古葛從周等攻淮南行密用瑾大破梁兵
於清口斬師古行密累表瑾東南諸道行營副
都統領平盧軍節度使同中書門下平章事行
密死渥及隆演相繼立皆年少徐溫與其子知
訓專政畏瑾欲除之瑾乃謀殺知訓嘗以月旦
遺愛妾候知訓家知訓強通之妾歸自訴瑾益
不平屢勸隆演誅徐氏以去國患隆演不能爲

既而知訓以泗州建靜淮軍出瑾爲節度使將
行召之夜飲明日知訓過瑾謝延之升堂出其
妻陶氏知訓方拜瑾以笏擊踣之伏兵自戶突
出殺之初瑾以二惡馬繫庭中知訓入而釋馬
使相蹀鳴故外人莫聞其變瑾攜其首馳示隆
演曰今日爲吳除患矣隆演曰此事非吾敢知
遽起入內瑾忿然以首擊柱提劍而出府門已
闔因踰垣折其足瑾顧路窮大呼曰吾爲万人
去害而以一身死之遂自刎潤州徐知誥聞乱
以兵趨廣陵族瑾家瑾妻陶氏臨刑而泣其妾

曰何爲泣乎今行見公矣陶氏收淚欣然就戮
聞者哀之瑾名重江淮人畏之其死也尸之廣
陵北門路人私共瘞之是時民多病瘧皆取其
墓上土以水服之云病輒愈更益新土漸成高
墳徐溫等惡之發其尸投於雷公塘後溫病夢
瑾挽弓射之溫懼網其骨葬塘側立祠其上初
瑾嘗病疽醫者視之色懼瑾曰但理之吾非以
病死者於是果然卒年五十二

王師範

王師範青州人也其父敬武爲平盧軍牙將唐

廣明元年無棣人洪霸郎爲盜齊棣間平盧節
度使安師儒遣敬武率兵擊破之敬武反兵逐
師儒自稱留後都統王鐸承制拜敬武節度使
敬武卒師範尚幼其棣州刺史張蟾叛昭宗以
爲師範年少其下不服從乃拜太子少師崔安
潛爲平盧節度使師範不受代蟾迎安潛入棣
州師範遣其將盧洪攻蟾洪以兵返襲青州師
範陽爲好辭遣人迎語洪曰吾幼未能任事賴
諸將共持之爾不然聽公所爲也洪以師範無
能爲遽還不爲備師範伏兵於道語其僕劉鄩

曰洪來爲我斬之用爾爲牙將明日洪來師範出迎鄩於坐上斬之伏兵發盡殺其餘兵乃急攻棣州破張蟾安潛奔歸于京師昭宗乃拜師範節度使師範頗好儒學聚書至萬卷爲政有威愛梁太祖圍昭宗於鳳翔宦官韓全誨等矯詔召諸鎮兵以擊梁詔至青州師範泣曰諸鎮有兵所以藩扞天子今天子危辱而諸鎮反以兵自衛吾雖力不足當成敗以之乃遣使乞兵於楊行密是時梁已東下兖鄆師範乃遣劉鄩與其弟師魯分攻兖密諸州遣張居厚以壯士

二百爲輿夫伏兵輿中西馳梁軍稱師範使者聘梁因欲劫殺太祖居厚至華州東城華州將婁敬思疑其有異剖輿視之見其兵居厚遂擊殺敬思以兵攻西城不克而反劉鄩遂襲從周取兖州而平盧諸州皆起兵攻梁其後梁太祖自鳳翔東還遣朱友寧攻師範友寧戰死復遣楊師厚攻之屯于臨朐師範以兵追之師厚陽爲怯不敢出間遣人陽言曰梁兵少方乞兵於鳳翔今糧且絶當還軍師範以爲然乃遣師魯悉兵攻之師厚拒而不戰師魯兵却師厚追擊至

聖王山師魯大敗遂傅其城而梁別將劉重霸下其棣州師範乃請降太祖許之師範素服乘驢詣太祖請罪太祖待以客禮久之表師範河陽節度使太祖即位召爲右金吾衛上將軍居于洛陽太祖心欲誅之未有以發太祖諸子已封王宴於宮中友寧妻泣謂太祖曰陛下化家爲國諸子人人皆得封而妾夫獨以戰死柰何讎人猶在朝廷太祖奮然戟手曰吾亦幾忘此賊乃遣人就洛陽族滅之使者至先掘坑於外乃入告之師範設席爲具與諸宗族飲酒謂使者曰死人之

所不免況有罪乎然懼少長失序下愧於先人酒半令少長以次起就戮於坑所聞者皆哀憐之同光三年贈師範太尉

李罕之

李罕之陳州項城人也爲人驍勇力兼數人少學讀書不成去爲僧以其無賴所往皆不容乃乞食酸棗市中市中人皆不與罕之擲器于地裂其衣又去爲盜是時黃巢起曹濮乃往依之巢北渡江罕之與其麾下走淮南自歸於高駢駢表光州刺史歲餘秦宗權急攻光州罕之不能守

還走項城收其餘衆依諸葛爽於河陽爽以罕之爲懷州刺史巢已敗走爽降唐僖宗拜爽東南面招討使以攻宗權爽表罕之副使以兵屯宋州又表河南尹東都留守秦宗權遣孫儒攻河南罕之兵少西走澠池儒燒宮闕剽掠而去罕之壁澠池歲餘諸葛爽死其將劉經立爽子仲方仲方年少事皆任經經慮罕之兇勇難制以兵攻之罕之返擊走經罕之追至鞏縣陳舟于汜水將渡河經遣張言拒之河上言反背經與罕之合攻河陽爲經所敗退保懷州已而孫

儒陷洛陽仲方奔于梁梁兵擊走儒罕之襲取河陽言取河南皆附于梁罕之與言皆爽叛將事已成乃相與交臂爲盟誓同休戚不相忘罕之御衆無法性苛暴頗失士心而言善治軍旅教民播殖務爲積聚罕之用兵言嘗供給其乏罕之求取無已言頗苦之不能輸罕之召言軍吏笞責之言益不平罕之悉兵攻晉絳言夜襲河陽罕之奔晉晉表罕之澤州刺史使李存孝以兵三萬助罕之攻言言求救於梁罕之敗于沇河乃歸太原李克用延之帳中罕之留其子

頎事晉乃之澤州日以兵鈔懷孟間啖人爲食居民屯聚摩雲山罕之悉攻殺之立柵其上時人號曰李摩雲是時晉方徇地山東頗倚罕之爲扞蔽李茂貞等犯京師克用以兵至渭北僖宗以克用爲邠州四面行營都統表罕之爲副破王行瑜加檢校太尉食邑千户罕之自以功多於晉私謂蓋寓曰自吾脫身河陽賴晉容我未能有以報之今行老矣無能爲也若吾王見憐與一小鎮使休兵養疾而後歸老幸也寓爲言之克用不對佗日諸鎮擇守將未嘗及罕之

罕之心益怏怏寓告克用懼罕之有佗心克用曰吾於罕之豈惜一鎮然鷹鳥之性飽則颺矣光化元年潞州薛志勤卒罕之遽入潞州使人啓晉王曰志勤且死新帥未至所以然者備佗盜耳克用大怒遣李嗣昭攻之罕之執晉守將馬溉伊鐸等遣子顥送于梁以乞兵梁太祖遣丁會守潞州以罕之爲河陽節度使行至懷州以疾卒年五十八罕之初背梁而歸晉晉王以罕之守澤州罕之留其子頎與莊宗遊甚狎後罕之背晉以歸梁晉王怒欲殺頎莊宗與之駿

馬使奔于梁太祖得頎父子大喜使與友倫將
兵以衛昭宗故頎嘗當太祖時常掌禁兵末帝誅
友珪頎與其謀拜右羽林統軍澶州刺史事唐
歷衛衛二州刺史累遷右領軍衛上將軍天福
中卒年七十贈太尉

孟方立

孟方立邢州平鄉人也少爲軍卒以勇力選爲隊將唐廣明中潞州節度使高潯攻諸葛爽于河陽遣方立將兵出天井關爲先鋒潯爲其將劉廣所逐廣爲亂軍所殺方立聞亂引兵自天井入據潞州唐因以爲昭義軍節度使昭義所節制澤潞邢洺磁五州而治潞州方立以謂潞州山川高險而人俗勁悍自劉稹以來嘗逐其帥且巳邢人也因徙其軍于邢州而潞人怨方立之徙也因以澤潞二州歸于晉晉遣李克修爲澤潞節度使方立以邢洺磁三州自爲昭義軍晉數遣李存孝等出兵以窺山東三州之人俘掠殆盡赤地數千里無復耕桑者累年方立以孤城自守求救于梁梁方東事兗鄆不能救也文德元年方立乞兵于王鎔以攻晉鎔許之方立乃遣其將奚忠信攻晉遼州而鎔以佗故不能出兵兵既失約忠信大敗而晉兵乘勝攻之方立將石元佐者善兵而多智方立嘗信用之忠信之敗也元佐爲晉將安金俊所得金俊厚遇之問以攻邢之策元佐曰方立善守而邢城堅若攻之必不得志宜急攻其磁州方立來救可以敗也金俊以爲然軍西方立果帥兵來救爲金俊所敗馳入邢州閉壁不復出外無救兵城中食且盡方立夜出巡城號令守者守者皆不應方立知不可乃歸飲酖而卒軍中以其弟洺州刺史遷爲留後求救於梁梁太祖遣王虔裕將騎兵三百助遷守遷執虔裕降晉晉徙遷族于太原以爲汾州刺史後以爲澤潞節度使天復元年梁遣氏叔琮攻晉出天井關遷開門降爲梁兵鄉道以攻太原不克叔琮軍還過潞以遷歸于梁梁太祖惡其返覆殺之

王珂

王珂河中人也其仲父重榮以河中兵破黃巢有功於唐拜河中節度使重榮無子以其兄重簡子珂爲後重榮卒弟重盈立重盈卒軍中乃

以珂重榮子立之重盈子陝州節度使珙絳州刺史瑤與珂爭立珙瑤以書與梁太祖言珂故王氏蒼頭小字忠兒不應得立珂亦求援於晉晉人言之朝昭宗以晉故許之而珙瑤亦西結王行瑜韓建李茂貞爲援行瑜等交章論列昭宗報以重榮與晉於唐嘗有大功業許之不可易行瑜等怒以兵犯京師殺宰相李磎等而去珙瑤連兵攻珂河中珂求援於晉晉兵西討三鎮行下絳州斬瑤而過至于渭北擊破行瑜昭宗卒以珂爲河中節度使晉以女妻之遣李嗣昭將

兵助珂攻珙陝州珙爲人慘刻嘗斬人擲其首於前言笑自若其下苦之偏將李璠因珙戰敗殺珙自稱留後是時梁已下鎮定將移兵西而昭宗爲劉季述所廢京師大亂崔胤陰召梁以兵西梁太祖以珂在河中懼爲患乃顧張存敬侯言以一大龜與之曰爲我持縛珂來存敬等兵出含山破晉絳二州遣何絪以兵守之絶晉援存敬圍河中珂告急於晉晉以絪故不得前珂乃遣其妻以書告晉王曰賊勢如此朝夕乞食於梁矣大人何忍而不救邪晉王報之曰梁

兵爲阻衆寡不敵救之則并晉俱亡不若與王郎自歸朝廷珂乃爲書與李茂貞曰天子初返正詔藩鎮無相侵以安王室今朱公弃約以見攻其勢不止於弊邑若弊邑朝亡則西北諸鎮非諸君所能守也願與華州出兵潼關以爲應茂貞不報珂計窮乃治舟于河將歸于京師珂夜登城諭守陴者守陴者皆不應牙將劉訓夜入珂寢白事珂叱之曰兵欲反邪訓乃解衣自索而入曰公苟懷疑請先斷臂珂曰事急矣計安出乎訓曰公若擕家夜濟人必爭舟一夫鬨張大事

即去不若遲明以情諭軍中願從者猶得其半不然且爲款狀以緩梁兵徐圖向背珂以爲然梁太祖自同州降唐即依重榮以母王氏故事重榮爲舅珂乃登城呼存敬曰吾於梁王有家世之舊兵當退舍俟梁王來吾將聽命存敬乃退舍使馳詣太祖於洛陽太祖至河中先之城東哭於重榮之墓而後入珂欲面縛牽羊以見太祖太祖謂曰太師阿舅之恩何時可忘郎君若以亡國之禮見太師其謂我何珂迎於路握手噓唏乃從珂於汴太祖以珂晉壻也疑其貳

已使珂西入覲行至華州使人殺之傳舍瓚重盈之諸子也梁太祖已執珂自領河中節度使以瓚爲吏瓚事梁爲諸衛大將軍泰寧鎮國軍節度使末帝時爲開封尹貞明五年代賀瓌爲北面行營招討使是時晉已城德勝瓚自黎陽渡河攻澶州不克退屯楊村扼河上流與晉人相持經年大小百餘戰瓚卒無功末帝遣戴思遠代瓚復爲開封尹莊宗自鄆入京師末帝聞唐兵且至日夜涕泣不知所爲自持國寶指其宮室謂瓚曰使吾保此者繫卿之畫如何耳唐兵已過宛朐瓚驅率市人登城拒守唐兵攻封丘門瓚開門迎降伏地請死莊宗勞而起之曰朕與卿家世婚姻然人臣各爲主耳復何罪邪因以爲開封尹遷宣武軍節度使已而故梁臣趙巖張漢傑等相次誅死瓚以憂卒贈太子太師

趙犨

趙犨其先青州人也世爲陳州牙將犨幼與群兒戲道中部分行伍指顧如將帥雖諸大兒皆聽其節度其父叔文見之驚曰大吾門者此兒也及壯善用弓劒爲人勇果重氣義刺史聞其材召置麾下累遷忠武軍馬步軍都虞候王仙芝寇河南陷汝州將犯東都犨引兵擊敗之仙芝乃南去已而黃巢起所在州縣往往陷賊陳州豪傑數百人相與詣忠武軍求得犨爲刺史以自保忠武軍表犨陳州刺史已而巢陷長安犨語諸將吏曰以吾計巢若不爲長安市人所誅必驅其衆東走吾州適當其衝矣乃治城池爲守備遷民六十里内者皆入城中選其子弟配以兵甲以其弟昶珝爲將巢敗果東走先遣孟楷據項城昶擊破之執楷以歸巢從後至聞楷被執大怒既而秦宗權以蔡州附巢巢勢甚盛乃悉衆圍犨置舂磨糜人之肉以爲食陳人恐犨語其下曰吾家三世陳將必能保此爾曹男子當於死中求生建功立業未必不因此時陳人皆踴躍巢柵城北三里爲八仙營起宮闕置百官聚粮餉欲以久弊之其兵號二十萬陳人舊有巨弩數百皆廢壞後生弩工皆不識其器珝創意理之弩矢激五百步人馬皆洞以故巢不敢近圍凡三百日犨食將盡乃乞兵於梁梁太祖與

李克用皆自將會陳擊敗巢將黃鄴于西華西華有積粟巢恃以爲餉及鄴敗巢乃解圍去梁太祖入陳州犨兄弟迎謁馬首甚恭然犨陰識太祖必成大事乃降心屈迹爲自託之計以梁援巳恩爲太祖立生祠朝夕拜謁以其子巖尚太祖女是謂長樂公主黃巢巳去秦宗權復亂淮西陷旁二十餘州而陳去蔡最近犨兄弟力拒之卒不能下後巢宗權皆敗死唐昭宗即以陳州爲忠武軍拜犨節度使犨巳病乃以位與其弟昶後數月卒昶乘大寇新滅乃休兵課農事

梁尤謹梁兵攻戰四方昶饋輓供億未嘗少懈昶卒珝代立珝頗知書乃求鄧艾故迹決翟王陂溉民田兄弟居陳二十餘年陳人大賴之梁太祖巳降韓建取同華徙珝爲同州留後入唐爲右金吾衛上將軍歲餘以疾免官歸卒于家陳人爲之罷市犨次子巖梁末帝時爲户部尚書租庸使與張漢傑漢倫等居中用事梁自太祖以暴虐殺戮爲事而末帝爲人特和柔恭謹然性庸愚以漢傑婦家而巖壻也故親信之大臣老將皆切齒末帝獨不悟以至於亡初友珪

殺太祖自立以末帝爲東都留守巖如東都末帝與之飲酒從容以誠款告之巖爲末帝謀遣人召楊師厚兵起事巖還西都卒與袁象先以禁兵誅友珪取傳國寶以授末帝末帝立巖自以有功於梁又尚公主聞唐駙馬杜悰位至將相自奉甚豐恥其不及乃占天下良田大宅裒刻商旅其門如市租庸之物半入其私巖飲食必費万錢故時魏州牙兵驕數爲乱羅紹威盡誅之太祖崩楊師厚逐羅氏據魏州復置牙兵二千末帝患之師厚死巖與租庸判官邵贊議

曰魏爲唐患百有餘年自先帝時嘗切齒紹威以其前恭而後倨今先帝新棄天下師厚復爲陛下憂所以然者以魏地大而兵多也陛下不以此時制之寧知後人不爲師厚也不若分相魏爲兩鎮則無北顧之憂矣末帝以爲然乃分相澶衛爲昭德軍牙兵亂以魏博降晉梁由是盡失河北是時梁將劉鄩等與莊宗相距澶魏之間兵數敗巖曰古之王者必郊祀天地陛下即位猶未郊天議者以爲朝廷無異藩鎮如此何以威重天下今河北雖失天下幸安願陛下

趙巖

力行之敬翔以爲不可曰今府庫虛竭箕斂供軍若行郊禋則必賞賚是取虛名而受實弊也末帝不聽乃備法駕幸西京而莊宗取楊劉或傳晉兵入東都矣或曰扼汜水矣或曰下鄆濮矣京師大風拔木末帝大懼從官相顧而泣末帝乃還東都遂不果郊鎮州張文禮殺王鎔使人告梁曰臣已北召契丹願梁以兵萬人出德棣州則晉兵備矣敬翔以爲然巖與漢傑皆以爲不可乃止其後黜王彥章用段凝皆巖力也莊宗兵將至汴末帝惶惑不知所爲登建國樓

以問羣臣或曰晉以孤軍遠來勢難持久雖使入汴不能守也宜幸洛陽保險以召天下兵徐圖之勝負未可知也末帝猶豫巖曰勢已如此一下此樓何人可保末帝卒死於樓上當巖用事時許州溫韜尤曲事巖巖因顧其左右曰吾常待韜厚今以急投之必不幸吾爲利乃走投韜韜斬其首以獻莊宗已滅梁巖素所善段凝奏請誅巖家屬乃族滅之

嗚呼禍福之理豈可一哉君子小人之禍福異也老子曰禍兮福所倚福兮禍所伏後世之談禍福者皆以其言爲至論也夫爲善而受福焉得禍爲惡而受禍焉得福惟君子之罹非禍者未必不爲福小人求非福者未嘗不及禍此自然之理也始巖自以先見之明深結梁太祖及其子孫皆享其祿利自謂知所託矣安知其族卒與梁俱滅也巖之求福於梁蓋老氏之所謂福也非君子之所求也可不戒哉

馮行襲

馮行襲字正臣均州人也唐末山南盜孫喜以衆千人襲均州刺史呂燁燁不能禦行襲爲州

校乃陰選勇士伏江南獨乘小舟迎喜告曰州人聞公至皆欲歸矣然知公兵多民懼虜掠恐其驚擾請留兵江北獨與腹心數人從行願爲前導以慰安州民事可立定喜以爲然乃留其兵江北獨與行襲渡江軍吏前謁行襲擊喜仆地斬之伏兵發盡殺從行者餘兵在江北聞喜死皆潰山南節度使劉巨容表行襲均州刺史是時僖宗在蜀諸鎮貢獻行在者皆道山南盜賊多據州西長山以邀劫之行襲盡破諸賊洋州葛佐辟行襲行軍司馬使以兵鎮谷口通秦

蜀道行龔由此知名李茂貞兼領山南遣子繼臻守金州行龔逐之遂據金州昭宗乃以金州爲戎昭軍拜行龔節度使昭宗在岐梁太祖引兵而西中尉韓全誨遣中官郄文晏等二十餘人召兵江淮以拒太祖行龔已附梁乃盡殺文晏等太祖攻趙匡凝于襄陽行龔遣子勗以舟兵會均房以功遷匡國軍節度使行龔爲人嚴酷少恩所至輒夭幸境旱有蝗則飛鳥食之歲凶田中鹵穀自生唐衰知梁必興尤盡心傾附事梁官至司空封長樂郡王卒贈太傅謚曰忠敬

十九　固用

五代史記卷第四十二

五代史記卷第四十三

雜傳第三十一

氏叔琮

氏叔琮開封尉氏人也爲梁騎兵伍長梁兵擊黄巢陳許間叔琮戰數有功太祖壯之使將後院馬軍從攻徐兖表宿州刺史使攻襄陽戰數敗降爲陽翟鎮遏使久之遷曹州刺史太祖下河中取晉絳晉王遣使致書太祖求成太祖以晉書詞嫚乃遣叔琮與賀德倫等攻之叔琮自太行入取澤潞出石會營于洞渦久之糧盡乃

一　固用

旋表晉州刺史晉人復取絳州攻臨汾叔琮選壯士二人深目而胡鬚者牧馬襄陵道旁晉人以爲晉兵雜行道中伺其怠擒晉二人而歸晉人大驚以爲有伏兵乃退屯于蒲縣太祖遣友寧兵萬人會叔琮擊晉友寧欲休兵以待叔琮曰敵聞救至必走走則何功邪乃夜擊之晉人大敗逐之至于太原太祖大喜曰破太原非氏老不可已而兵大疫叔琮班師令曰病不能行者焚之病者懼皆言無恙乃以精卒爲殿而還石會留數騎以大將旗幟立于高岡晉兵疑其

有伏乃不敢追父之徒保大軍節度使昭宗遷洛拜右龍武統軍太祖遣叔琮與李彥威等弒昭宗已而殺之

李彥威

李彥威壽州人也少事梁太祖爲人穎悟善揣人意太祖憐之養以爲子冒姓朱氏名友恭歷汝潁二州刺史昭宗下洛拜右龍武統軍劉季述廢昭宗立皇太子裕爲天子昭宗反正以爲太子幼爲賊所立赦之復其始封爲德王昭宗自岐還太祖見裕眉目疎秀惡之謂宰相崔胤

曰德王嘗爲季述所立安得猶在乎公白天子殺之胤奏之昭宗不許佗日以問太祖太祖曰臣安敢及之胤欲賣臣爾昭宗遷洛謂蔣玄暉曰德王朕愛子也全忠何爲欲殺之因泣下齧指流血玄暉具以白太祖太祖益惡之是時昭宗改元天祐遷于東都爲梁所迫而晉人蜀人以爲天祐之號非唐所建不復稱之但稱天復王建亦傳檄天下舉兵誅梁太祖大懼恐昭宗奔佗鎮以兵七萬如河中陰遣敬翔至洛告彥威與氏叔琮等使行弒逆八月壬辰彥威叔琮以龍武兵宿禁中夜二鼓以兵百人叩宮門奏事夫人裴正一開門問曰奏事安得以兵入龍武牙官史太殺之趨椒蘭殿問昭宗所在昭宗方醉起走太持劍逐之昭宗單衣旋柱而走太劍及之昭宗崩訃至河中太祖陽爲驚駭投地號哭罵曰奴輩負我俾我被惡名於後世邪太祖至洛流彥威叔琮嶺南使張廷範殺之彥威臨刑大呼曰賣我以滅口其如神理何顧廷範曰勉之公行自及遂見殺已而還其姓名莊宗時得故唐内人景姹言當彥威等殺昭宗時諸

王宗屬數百人皆遇害而同爲一坑瘞于龍興寺北請合爲一冢而改葬之詔以故濮王爲首葬以一品禮云

李振

李振字興緒其祖抱真唐潞州節度使振爲唐金吾衛將軍拜台州刺史盜起浙東不果行乃西歸過梁以策干太祖太祖留之太祖兼領鄆州表振節度副使振奏事長安舍梁邸宦官劉季述謀廢昭宗遣其姪希正因梁邸吏程巖見振曰今主上嚴急誅殺不辜中尉懼及禍將行

廢立請與諸邸吏協力以定中外如何振駁然曰百歲奴事三歲主而敢爾邪今梁王百萬之師方仗大義尊天子君等無爲此不祥也振還季述卒與嚴等廢昭宗幽之東宮號太上皇立皇太子裕爲天子是時太祖用兵在邢洺間季述詐爲太上皇誥告太祖太祖猶豫未知所爲振曰夫豎刁伊戾之亂所以爲霸者資也今閹官作亂天子危辱此王仗義立功之時太祖大悟乃囚季述使者遣振詣京師見崔胤謀出昭宗昭宗返正太祖大喜執振手曰卿謀得之矣

王師範以青州降梁遣振往代師範師範疑懼不知所爲振曰獨不聞漢張繡乎繡與曹公爲敵然不歸袁紹而歸曹公者知其志大不以私讎殺人也今梁王方欲成大事豈以故怨害忠臣乎師範洸然自釋乃西歸梁昭宗遷洛振往來京師朝臣皆以目振視之若無人有所小怒必加譴謫故振一至京師朝廷必有貶降時人目振爲鴟梟太祖之弑昭宗也遣振至京師與朱友恭氏叔琮謀之昭宗崩太祖問振所以待友恭等宜如何振曰昔晉司馬氏殺魏君而誅成濟

不然何以塞天下口太祖乃歸罪友恭等而殺之振嘗舉進士咸通乾符中連不中尤憤唐公卿及裴樞等七人賜死白馬驛振謂太祖曰此輩嘗自言清流可投之河使爲濁流也太祖笑而從之太祖即位累遷戶部尚書友珪時以振代敬翔爲崇政院使莊宗滅梁入汴振謁見郭崇韜崇韜曰人言李振一代奇才吾今見之乃常人爾已而伏誅

裴迪

裴迪字昇之河東聞喜人也爲人明敏善治財

賦精於簿書唐司空裴璩判度支辟爲出使巡官都統王鐸鎮滑州奏迪汴宋鄆等州供軍院使鐸爲租庸使辟租庸招納使梁太祖鎮宣武辟節度判官太祖用兵四方常留迪以調兵賦太祖乃牓門以兵事自處而以貨財獄訟一切任迪太祖西攻岐王師範謀襲汴遣健卒苗公立持書至汴陰伺虛實迪召公立問東事公立色動乃屏人密詰之具得其事迪不暇啓遣朱友寧以兵巡兗鄆以故師範雖竊發而事卒不成太祖自岐還將吏皆賜迎鑾叶贊功臣將吏

入見太祖目迪曰吁贊之功惟裴公有之佗人不足當也迪入唐累遷太常卿太祖即位召拜右僕射居一歲告老以司空致仕卒于家

韋震

韋震字東卿雍州萬年人也初名肇爲人彊敏有口辯事梁太祖爲都統判官申叢執秦宗權欲送于太祖又欲自獻於京師又欲挾宗權奪其兵太祖遣震入蔡州視之叢遣騎兵三百迎震欲殺之震以計得免還白太祖曰叢不足慮爲其謀者牙將裴涉妻甯人也叢後果爲郭璠所殺璠以宗權歸于太祖太祖欲大其事請獻俘于唐唐以時溥破黃巢獻馘而已宗權不足俘左拾遺徐彥樞亦疏請所在斬決太祖遣震奏事京師往復論列卒俘宗權太祖德之表爲節度副使昭宗幸石門太祖遣震由虢略間道奉表行在昭宗賜其名震太祖已破兗鄆遂攻吳兵大敗于清口太祖懼諸鎮乘間圖已乃諷杜洪鍾傳王師範錢鏐等薦已爲元帥且求兼領鄆州昭宗初不許震彊辯敢大言語數不遜昭宗卒許梁以鄆州太祖遂兼四鎮表震鄆州留後昭宗遷洛震入爲河南尹六軍諸衛副使以病瘖守太子太保致仕太祖受禪改太子太傅末帝即位加太師卒

孔循

孔循不知其家世何人也少孤流落於汴州富人李讓闌得之養以爲子梁太祖鎮宣武以李讓爲養子循乃冒姓朱氏稍長給事太祖帳中太祖諸兒乳母有愛之者養循爲子乳母之夫姓趙循又冒姓爲趙氏名殷衡昭宗東遷洛陽太祖盡去天子左右悉以梁人代之以王殷爲宣徽使循爲副使循與蔣玄暉張廷範等共與弒昭宗之謀其後循與玄暉有隙哀帝即位將有事于南郊循因與王殷譖于太祖曰玄暉私侍何太后與廷範等奉天子郊天冀延唐祚太祖大怒是時梁兵攻壽春大敗而歸哀帝遣裴迪勞軍太祖見迪怒甚迪還哀帝不敢郊封太祖魏王備九錫太祖拒而不受玄暉與宰相柳璨相次馳至梁自解璨曰自古王者之興必有封國而唐所以不即遜位者當先建國備九錫然後禪也太祖曰我不由九錫作天子可乎璨懼

馳去太祖遣循與王殷弑何皇后因殺蔣玄暉廷範等以循爲樞密副使唐亡事梁爲汝州防禦使左衛大將軍租庸使始改姓孔名循莊宗時權知汴州明宗自魏兵反而南莊宗東出汜水循持兩端遣迎明宗於北門迎莊宗於西門供帳牲餼其禮如一而戒其人曰先至者入之明宗先至遂納之明宗即位以爲樞密使明宗幸汴州循留守東都民有犯麴者循族殺其家明宗知其冤因詔天下除麴禁許民得造麴循爲人柔佞而險猾安重誨尤親信之凡循所

言無不聽用明宗嘗欲以皇子娶重誨女重誨以問循循曰公爲機密之臣不宜與皇子婚重誨信之乃止而循陰使人白明宗求女妻皇子明宗即以宋王從厚娶循女重誨始惡其爲人出循爲忠武軍節度使徙鎮横海卒于鎮年四十八贈太尉

孫德昭

孫德昭鹽州五原人也其父惟最有材略黄巢陷長安惟最率其鄉里子弟得義兵千人南攻巢于咸陽興平州將壯其所爲益以州兵二千

與破賊功拜右金吾衛大將軍朱玫乱京師僖宗幸興元惟最率兵擊賊累遷鄜州節度使留京師宿衛鄜州將吏詣闕請惟最之鎮京師民數萬與神策軍復遮留不得行改荆南節度使在京制置分判神策軍號扈駕都是時京師乱民皆賴以爲保德昭以父任爲神策軍指揮使光化三年劉季述廢昭宗幽之東宮宰相崔胤謀反正陰使人求義士可共成事者德昭乃與孫承誨董從實應胤胤裂衣襟爲書以盟天復元年正月朔未旦季述將朝德昭伏甲士道旁邀

其輿斬之承誨等分索餘黨皆盡昭宗聞外諠譁大恐德昭馳至扣門曰季述誅矣皇帝當反正何皇后呼曰汝可進逆首德昭擲其首入已而承誨等悉取餘黨首以獻昭宗信之德昭破鎖出昭宗御丹鳳樓反正以功拜静海軍節度使賜姓李號扶傾濟難忠烈功臣與承誨等皆拜節度使同中書門下平章事圖形淩煙閣俱留京師號三使相恩寵無比是時崔胤方欲誅唐宦官外交梁以爲恃而宦官亦倚李茂貞爲扞蔽梁岐交爭冬十月宦者韓全誨劫昭宗幸

鳳翔承誨從實皆從而德昭獨與梁乃率兵衞胤及百官保東街趣梁兵以西梁太祖頗德其附已以龍鳳劍鬭雞紗遺之太祖至華州德昭以軍礼迎謁道旁太祖至京師表同州留後將行京師民復請留遂爲兩街制置使梁兵圍鳳翔德昭以其兵八千屬太祖太祖益德之使先之洛陽賜甲第一區昭宗東遷拜左威衞上將軍以疾免太祖即位以烏銀帶袍笏名馬賜之疾少間以爲左衞大將軍末帝立拜左金吾大將軍以卒承誨從實至鳳翔與官者俱見殺

王敬蕘

王敬蕘潁州汝陰人也事州爲牙將唐末王仙芝等攻劫汝潁間刺史不能拒敬蕘遂代之即拜刺史敬蕘爲人狀貌魁傑而沈勇有力善用鐵槍重二十斤潁州與淮西爲鄰境數爲秦宗權所攻力戰拒之宗權悉陷河南諸州獨敬蕘不可下由是潁旁諸州民皆保敬蕘避賊是時所在殘破獨潁州户二萬梁太祖攻淮南道過潁州敬蕘供饋梁兵甚厚太祖大喜表敬蕘沿淮指揮使其後梁兵攻吳龐師古死清口敗兵

亡歸過潁大雪士卒飢凍敬蕘乃沿淮積薪爲作糜粥餔之士卒多賴以全活太祖表敬蕘武寧軍留後遂拜節度使天祐三年爲左衞上將軍太祖即位敬蕘以疾致仕後卒于家

蔣殷

蔣殷幼爲王重盈養子冒姓王氏梁太祖取河中以王氏舊恩録其子孫表殷牙將太祖尤愛之唐遷洛陽殷爲宣徽北院使太祖已下襄陽轉攻淮南還屯正陽哀帝遣殷勞軍是時哀帝方卜郊殷與樞密使蔣玄暉等有隙因譖之太祖言玄暉等欲天子卜郊祈天且待諸侯助祭者以謀興復太祖大怒哀帝爲改卜郊是時大祖將有篡弑之謀何太后嘗泣涕叩頭爲玄暉等言梁王禪位後願全唐家子母殷乃誣玄暉嘗私侍太后太祖斬玄暉及張廷範柳璨等遣殷弑太后於積善宮哀帝下詔慙愧自言以母后故無以奉天乃卒不郊庶人友珪與殷善友珪弑太祖自立拜殷武寧軍節度使末帝即位以福王友璋代殷殷不受代王瓚亦王氏子懼爲殷所累乃言殷非王氏子本姓蔣末帝詔削

官爵還其姓遣牛存節討之㲄舉族自燔死

五代史記卷第四十三

五代史記卷第四十四

雜傳第三十二

劉知俊

劉知俊字希賢徐州沛人也少事時溥溥與梁相攻知俊與其麾下二千人降梁太祖以爲左開道指揮使知俊姿貌雄傑能被甲上馬輪劒入敵勇出諸將當是時劉開道名重軍中歷海懷鄭三州刺史從破青州以功表匡國軍節度使邠州楊崇本以兵六萬攻雍州屯于美原是時太祖方與諸將攻滄州知俊不俟命與康懷英等擊敗崇本斬馘二萬獲馬三千匹執其偏裨百人李思安爲夾城攻潞州久不下太祖罷思安拜知俊行營招討使未至潞夾城已破徙西路行營招討使敗邠岐兵於幕谷是時延州高萬興叛楊崇本降梁太祖遣知俊會萬興攻下丹延鄜坊四州加檢校太尉兼侍中封大彭郡王知俊功益高太祖性多猜忌屢殺諸將王重師無罪見殺知俊益懼不自安太祖已下鄜坊遣知俊復攻邠州知俊以軍食不給未行太祖幸河中使宣徽使王殷召知俊其弟知浣爲親

軍指揮使閻遣人告知俊以不宜來知俊遂叛臣於李茂貞以兵攻雍華執劉捍送于鳳翔太祖使人謂知俊曰朕待卿至矣何相負邪知俊報曰王重師不負陛下而族滅臣非背德但畏死爾太祖復使語曰朕固知卿以此吾誅重師乃劉捍誤我致卿至此吾豈不恨之邪今捍已死未能塞責知俊不報以兵斷潼關太祖遣劉鄩牛存節攻知俊知俊遂奔于茂貞茂貞地狹無以處之使之西攻靈武韓遜告急太祖遣康懷英寇彥卿等攻邠寧以牽之知俊大敗懷英於昇平殺梁將許從實茂貞大喜以知俊爲涇州節度使攻興元取興鳳圍西縣已而茂貞左右忌知俊功以事間之茂貞奪其軍知俊乃奔于蜀王建以爲武信軍節度使使返攻茂貞取秦鳳階成四州建雖待知俊甚厚然亦陰忌其材嘗謂左右曰吾老矣吾且死知俊非爾輩所能制不如早圖之而蜀人亦共嫉之知俊爲人色黑而其生歲在丑建之諸子皆以宗承爲名乃於里巷構爲謠言曰黑牛出圈椶繩斷建益惡之遂見殺

丁會

丁會字道隱壽州壽春人也少工挽喪之歌尤能悽愴其聲以自喜後去爲盜與梁太祖俱從黃巢梁太祖鎮宣武以爲宣武都押衙光啓四年東都張全義襲破河陽逐李罕之罕之召晉兵圍河陽全義告急是時梁軍在魏乃遣會及葛從周等將萬人救之會等行至河陰謀曰罕之料吾不敢渡九鼎以吾兵少而來遠且不虞吾之速至也出其不意擊其不備者兵家之勝策也乃渡九鼎直趨河陽戰于沇水罕之大敗河陽圍解大順元年梁軍擊魏會及葛從周破黎陽臨河遂敗羅弘信于內黃梁軍攻時溥於徐州遣會別攻宿州刺史張筠閉城距守會堰汴水浸其東城壞筠降兗州朱瑾以兵萬餘擊單父會及瑾戰于金鄉大敗之光化二年李罕之叛晉以潞州降梁會自河陽攻晉澤州下之乃以會爲昭義軍留後會與梁太祖雄猜常稱疾者累年天復元年太祖復起會爲昭義軍節度使昭宗遇弒會與三軍縞素發哀梁軍攻燕滄州燕王守光乞師于晉晉人爲攻潞州會乃降

晉晉王以會歸于太原賜以甲第位在諸將上莊宗立以會爲鄜招討使天祐七年以疾卒于太原唐興追贈太師

賀德倫

賀德倫河西人也少爲滑州牙將梁太祖兼領宣義德倫從太祖征伐以功累遷平盧軍節度使貞明元年魏州楊師厚卒末帝以魏兵素驕難制乃分相澶衛三州建昭德軍以張筠爲節度使魏博貝三州仍爲天雄軍以德倫爲節度使遣劉鄩以兵六萬渡河聲言攻鎮定王彥章以騎兵五百入魏州屯金波亭以虞變分魏牙兵之半入昭德租庸使遣孔目吏閱魏兵籍檢校府庫德倫促牙兵上道牙兵親戚相訣別哭聲盈塗效節軍將張彥謀於其衆曰朝廷以我軍府彊盛設法殘破之況我六州舊爲藩府未嘗遠出河門一旦離親戚去鄉里生不如死乃相與夜攻金波亭彥章走出遲明魏兵攻牙城殺五百餘人執德倫致之樓上縱兵大掠末帝遣供奉官扈異馳至魏諭彥許以刺史彥謂異曰爲我報皇帝三軍不負朝廷朝廷負三軍割

隸無名所以亂耳但以六州還魏而詔劉鄩反兵皇帝可以高枕異還言彥狂蹶不足畏宜促鄩兵擊之末帝使人諭彥以制置已定不可復易使者三反彥怒曰傭保兒敢如是耶乃召羅紹威故吏司空頲曰爲我作奏若復依違則渡河虜之耳末帝優詔答之言王鎔死鎮人請降遣鄩以兵定鎮州非有佗也若魏不便之即召鄩還戒彥勿爲朝廷生事彥乃以楊師厚鎮魏州嘗帶招討使逼德倫論列之末帝不許諭以詔書彥裂詔書抵于地曰愚主聽人穿鼻難與共事矣乃迫德倫降晉德倫惶恐曰惟將軍命乃遣牙將曹廷隱奉書莊宗莊宗入魏德倫以彥逼已遣人陰訴於莊宗莊宗斬彥於臨清而後入徙德倫爲大同軍節度使行至太原監軍張承業留之王檀攻太原德倫麾下多奔檀承業懼德倫爲變殺之

閻寶

閻寶字瓊美鄆州人也少爲朱瑾牙將瑾走淮南寶降於梁梁太祖時爲諸軍都虞候常從諸將征伐未嘗獨立戰功至末帝時以寶爲保義

軍節度使貞明三年賀德倫以魏博降晉晉軍攻下洺磁相衛移兵圍邢州末帝遣捉生都指揮使張溫將五百騎救寶溫至內黃遇晉軍乃降晉晉遣溫將所降梁軍至城下招寶寶遂降晉晉王拜寶檢校太尉同中書門下平章事領天平軍節度使東南面招討使位在諸將上梁晉戰胡柳晉軍敗莊宗欲引兵退保臨濮寶曰夫決勝料勢決戰料情情勢既得斷在不疑今梁兵窘蹙其勢可破勝而驕怠其情可知此不可失之時也莊宗謝曰微公幾敗吾事乃整軍復戰遂敗梁兵十八年晉軍討張文禮於鎮州以寶爲招討使明年三月寶戰敗退保趙州慙憤發疽卒追贈太師晉天福中追封太原王

康延孝

康延孝代北人也爲太原軍卒有罪亡命于梁末帝遣段凝軍于河上以延孝爲左右先鋒指揮使延孝見梁末帝任用羣小知其必亡乃以百騎奔于唐見莊宗于朝城莊宗解御衣金帶以賜之拜延孝博州刺史捧日軍使兼南面招收指揮使莊宗屏人問延孝梁事延孝具言末帝懦弱趙巖婿也張漢傑婦家皆用事段凝姦邪以入金多爲大將自其父時故將皆出其下王彥章驍將也遣漢傑監其軍而制之小人進任而忠臣勇士皆見踈斥此其必亡之勢也莊宗又問梁計如何曰臣在梁時竊聞其議期以仲冬大舉遣董璋以陝虢澤潞之衆出石會以攻太原霍彥威以關西汝洛之兵掠邢洺以趨鎮定王彥章以京師禁衛擊鄆州段凝以河上之軍當陛下莊宗初聞延孝言梁必亡喜及聞其大舉也懼曰其將何以禦之延孝曰梁兵雖衆分則無餘臣請待其既分以鐵騎五千自鄆

趨汴出其不意擣其空虛不旬日天下定矣莊宗甚壯其言後董璋等雖不出兵而梁悉屬段凝于河上京師無備莊宗卒用延孝策自鄆入汴凡八日而滅梁以功拜鄭州防禦使賜姓名曰李紹琛二年遷保義軍節度使三年征蜀以延孝爲先鋒排陣斬斫使破鳳州取固鎮降興州與王衍戰三泉衍敗走斷吉柏江浮橋延孝造舟以渡進取綿州衍復斷綿江浮橋延孝謂招撫使李巖曰吾遠軍千里入人之國利在速

戰乘衔破膽之時但得百騎過鹿頭關彼將迎降不暇若修繕橋梁必留數日使衔得閉關爲備則勝負未可知也因與嚴乘馬浮江軍士隨之濟者千餘人遂入鹿頭關下漢州居三日後軍始至衔弟宗弼果以蜀降延孝屯漢州以俟魏王繼岌蜀平延孝功爲多左廂馬步軍都指揮使董璋位在延孝下然特見重於郭崇韜崇韜有軍事獨召璋與計議而不問延孝延孝大怒責璋曰吾有平蜀之功公等僕遬相從反俛首郭公之門吾爲都將獨不能以軍法斬公邪

璋訴于崇韜崇韜解璋軍職表爲東川節度使延孝愈怒曰吾冒白刃犯險阻以定兩川璋有何功而得旄節因見崇韜言其不可崇韜曰紹琛反邪敢違吾節度延孝懼而退明年崇韜死延孝謂璋曰公復俛首何門邪璋求哀以免繼岌班師命延孝以萬二千人爲殿行至武連聞朱友謙無罪見殺友謙有子令德在遂州莊宗遣使者詔繼岌即誅之繼岌不遣延孝而遣董璋延孝已自疑及璋過延孝軍又不謁延孝大怒謂其下曰南平梁西取蜀其謀皆出於郭公而汗馬之勞攻城破敵者我也今郭公已死我豈得存而友謙與我俱背梁以歸唐者友謙之禍次及我矣延孝部下皆友謙舊將知友謙被族皆號哭訴于軍門曰朱公無罪二百口被誅舊將往往從死我等死必矣延孝遂擁其衆自劒州返入蜀自稱西川節度三川制置等使馳檄蜀人數日之間衆至五萬繼岌遣任圜以七千騎追之及于漢州會孟知祥兵攻之延孝戰敗被擒載以檻車圜置酒軍中引檻車至坐上知祥酌大危從車中飲之而謂曰公自梁朝脫

身歸命遂擁節旄今平蜀之功何患富貴而入此檻車邪延孝曰郭崇韜佐命之臣功在第一兵不血刃而取兩川一旦無罪闔門受戮顧如延孝何保首領以此不敢歸朝耳任圜東還延孝檻車至鳳翔莊宗遣宦者殺之

五代史記卷第四十四

五代史記卷第四十五

雜傳第三十三

張全義

張全義字國維濮州臨濮人也少以田家子役于縣縣令數困辱之全義因亡入黄巢賊中巢陷長安以全義爲吏部尚書水運使巢賊敗去事諸葛爽于河陽爽死事其子仲方仲方爲孫儒所逐全義與李罕之分據河陽洛陽以附于梁二人相得甚歡然罕之性貪暴日以寇鈔爲事全義勤儉御軍有法督民耕殖以故罕之常乏食而全義常有餘罕之仰給全義全義不能給二人因有隙罕之出兵攻晉絳全義襲取河陽罕之奔晉晉遣兵助罕之圍全義甚急全義乞兵于梁梁遣牛存節丁會等以兵萬人自九鼎渡河擊敗罕之於沇水晉軍解去梁以丁會守河陽全義還爲河南尹全義德梁出已由是盡心焉是時河南遭巢儒兵火之後城邑殘破戶不滿百全義披荆棘勸耕殖躬載酒食勞民畎畝之間築南北二城以居之數年人物完盛民甚賴之及梁太祖劫唐昭宗東遷繕理宮闕府廨

倉庫皆全義之力也全義初名言唐昭宗賜名全義唐亡全義事梁又請改名太祖賜名宗奭太祖猜忌晚年尤甚全義奉事益謹卒以自免自梁與晉戰河北兵數敗亡全義輒蒐卒伍鎧馬月獻之以補其缺太祖兵敗蓨縣道病還洛幸全義會節園避暑留旬日全義妻女皆廹淫之其子繼祚憤恥不自勝欲剸刃太祖全義止之曰吾爲李罕之兵圍河陽啖木屑以爲食惟有一馬欲殺以餉軍死在朝夕而梁兵出之得至今日此恩不可忘也繼祚乃止嘗有言全義於太祖者太祖召全義其意不測全義妻儲氏明敏有口辯遽入見厲聲曰宗奭種田叟爾守河南三十年開荒斸土捃拾財賦助陛下創業今年齒衰朽已無能爲而陛下疑之何也太祖笑曰我無惡心嫗勿多言全義事梁累拜中書令食邑至萬三千戶兼領忠武陝虢鄭滑河陽節度使判六軍諸衛事天下兵馬副元帥封魏王初全義爲李罕之所敗其弟全武及其家屬爲晉兵所得晉王給以田宅待之甚厚全義常陰遣人通問於太原及梁亡莊宗入汴全義自

洛來朝泥首待罪莊宗勞之曰卿家弟姪幸復相見全義俯伏感涕年老不能進趨遣人掖扶而登宴犒盡歡命皇子繼岌皇弟存紀等皆兄事之全義因去梁所賜名請復其故名而全義猶不自安乃厚賂劉皇后以自託初梁末帝幸洛陽將祀天於南郊而不果其儀仗法物猶在全義因請幸洛陽曰南郊儀物已具莊宗大悅加拜全義太師尚書令明年十一月莊宗幸洛陽南郊而禮物不具因改用來年二月然不以前語責全義以皇后故待之愈厚數幸其第命

五代史四十五　三　正

皇后拜全義為父改封齊王初莊宗滅梁欲掘梁太祖墓斵棺戮尸全義以謂梁雖仇敵今已屠滅其家足以報怨剖棺之戮非王者以大度示天下也莊宗以為然鏟去墓闕而已全義監軍嘗得李德裕平泉醒酒石德裕孫延古因託全義復求之監軍忿然曰自黃巢亂後洛陽園宅無復能守豈獨平泉一石哉全義嘗在巢賊中以為譏已因大怒奏笞殺監軍者天下冤之其聽訟以先訴者為直民頗以為苦同光四年趙在禮反於魏元行欽討賊無功莊宗欲自將

張全義

討之大臣皆諫以為不可因言明宗可將是時郭崇韜朱友謙皆已見殺明宗自鎮州來朝處之私第莊宗疑之不欲遣也羣臣固請不從最後全義力以為言莊宗乃從已而明宗至魏果反全義以憂卒年七十五謚曰忠肅子繼祚官至上將軍晉高祖時與張從賓反於河陽當族誅而宰相桑維翰以其父珙嘗事全義有恩乞全活之不許止誅繼祚及其妻子而已

朱友謙

朱友謙字德光許州人也初名簡以卒隸澠池

五代史四十五　四　正

鎮有罪亡去為盜石濠三鄉之間商旅行路皆苦之久之去為陝州軍校陝州節度使王珙為人嚴酷與其弟珂爭河中戰敗其牙將李璠與友謙謀共殺珙附于梁太祖表璠代珙璠立友謙復以兵攻之璠得逃去梁太祖又表友謙代璠梁兵西攻李茂貞太祖往來過陝友謙奉事尤謹因請曰僕本無功而富貴至此元帥之力也且幸同姓願更名以齒諸子太祖益憐之乃更其名友謙錄以為子太祖即位徙鎮河中累遷中書令封冀王太祖遇弒友珪立加友謙侍

朱友謙

中友謙雖受命而心常不平已而友珪使召友
謙入覲友謙不行乃附于晉友珪遣招討使韓
勍將康懷英等兵五萬擊友謙晉王出澤潞以
救之遇懷英于解縣大敗之追至白逕嶺夜秉
炬擊之懷英又敗梁兵乃解去友謙謁晉王
帳中晉王視之顧左右曰冀王雖甚貴然恨其
臂短耳末帝即位友謙復臣于梁而不絕晉也
貞明六年友謙遣其子令德襲同州逐節度使
程全暉因求兼鎮末帝初不許已而許之制命
未至友謙復叛始絕梁而附晉矣末帝遣劉鄩

等討之鄩爲李存審所敗晉封友謙西平王加
守太尉以其子令德爲同州節度使莊宗滅梁
入洛友謙來朝賜姓名曰李繼麟賜予鉅萬明
年加守太師尚書令賜鐵券恕死罪以其子令
德爲遂州節度使令錫忠武軍節度使諸子及
其將校爲刺史者十餘人恩寵之盛時無與比
是時宦官伶人用事多求賂于友謙友謙不能
給而辭焉宦官伶人皆怒唐兵伐蜀友謙閱其
精兵命其子令德將以從軍及郭崇韜見殺伶
人景進言唐兵初出時友謙以爲討已閱兵自

備又言與崇韜謀反且曰崇韜所以反于蜀者
以友謙爲內應友謙見崇韜死謀與存乂爲郭
氏報冤莊宗初疑其事群伶宦官日夜以爲言
友謙聞之大恐將入朝以自明將吏皆勸其毋
行友謙曰郭公有大功於國而以讒死我不自
明誰爲我言者乃單車入朝景進使人誣爲變
書告友謙反莊宗惑之乃徙友謙義成軍節度
使遣朱守殷夜以兵圍其館驅友謙出徽安門
外殺之復其姓名詔魏王繼岌殺令德於遂州
王思同殺令錫於許州夏魯奇族其家屬于河

中魯奇至其家友謙妻張氏率其宗族二百餘
口見魯奇曰朱氏宗族當死願無濫及平人乃
別其婢僕百人以其族百口就刑張氏入室取
其鐵券示魯奇曰此皇帝所賜也不知爲何語
魯奇亦爲之慙友謙死其將史武等七人皆坐
友謙族誅天下冤之

袁象先

袁象先宋州下邑人唐南陽王恕已之後也父
敬初梁太府卿駙馬都尉尚太祖妹是爲萬安
大長公主象先以梁甥爲宣武軍內外馬步軍

袁象先

都指揮使歷宿洛陳三州刺史太祖即位累遷左龍武統軍在京馬步軍都指揮使太祖遇弑友珪立末帝留守東都以大事謀於趙巖巖曰此事如反掌耳但得招討楊令公一言諭禁軍則事可成末帝即遣人之魏州以謀告楊師厚師厚遣裨將王舜賢至洛陽與象先謀象先許諾是時龍驤軍將劉重遇戍于懷州以其軍作亂友珪遣霍彥威擊敗于鄢陵其餘兵奔散捕之甚急末帝即召龍驤軍在東京者告之曰上以重遇故欲盡召龍驤軍至洛而誅之乃僞爲

五代史四十五　七　正

友珪詔書示之龍驤軍恐懼不知所爲因告之曰友珪弑父與君天下之賊也爾能趨洛陽擒之以其首祭先帝則所謂轉禍而爲福也軍士踴躍曰王言是也末帝即馳奏言龍驤軍反象先聞之即引禁軍千人入宮攻友珪友珪死末帝即位拜象先鎮南軍節度使同中書門下平章事開封尹判在京馬步軍諸軍事貞明四年爲平盧軍節度使徙鎮宣武象先爲梁將未嘗有戰功徙以賜故掌親軍及誅友珪有功於末帝在宋州十餘年誅斂其民積貲千萬莊宗滅

朱漢賓

梁象先來朝洛陽輦其貲數十萬賂唐將相伶官宦者及劉皇后等由是內外翕然稱其爲人莊宗待之甚厚賜姓名爲李紹安改宣武軍爲歸德軍曰歸德之名爲鄉設也遣之還鎮是歲卒年六十贈太師象先二子正辭官至刺史義周世宗時爲横海軍節度使象先平生所積財產數千萬邸舍四千間其卒也不以分諸子而悉與正辭正辭初以父任爲飛龍副使唐廢帝時獻錢五萬緡領衢州刺史晉高祖入立復獻五萬緡求爲真刺史拜雄州刺史州在靈武之

五代史四十五　八　正

西吐蕃界中正辭憚不欲行復獻錢數萬乃得免正辭不勝其忿以衣帶自經其家人救之而止出帝時又獻錢三萬緡銀萬兩出帝憐之欲與一內郡未及而卒正辭積錢盈室室中嘗有聲如牛人以爲妖勸其散積以禳之正辭曰吾聞物之有聲求其同類爾宜益以錢聲必止聞者傳以爲笑

朱漢賓

朱漢賓字績臣亳州譙人也其父元禮爲軍校從梁軍戰歿于清口漢賓爲人有膽力梁太祖

以其父死戰憐之以爲養子是時梁方東攻兖
鄆鄆州朱瑾募其軍中驍勇者黥雙鴈于其頰
號鴈子都太祖聞之乃更選勇士數百人號落
鴈都以漢賓爲指揮使及漢賓貴人猶以爲朱
落鴈漢賓事梁爲天威軍使歷磁滑宋亳曹五
州刺史安遠軍節度使莊宗滅梁罷漢賓爲右
龍武統軍待之頗薄後莊宗因出遊幸其第漢
賓妻有色而惠因侍左右進酒食奏歌舞莊宗
懽甚留至夜漏二更而去漢賓自此有寵初漢
賓在梁也與朱友謙俱爲太祖養子而友謙年

長漢賓以兄事之其後梁亡漢賓數寓書友謙
友謙不荅漢賓銜之其後友謙見族人皆以爲
漢賓有力明宗入立以漢賓爲莊宗所厚惡之
以爲右衛上將軍安重誨用事漢賓依附之相
爲婚姻由是復得爲昭義軍節度使重誨死漢
賓罷爲上將軍遂以太子少保致仕漢賓爲將
未嘗有戰功而臨政能守法好施惠人頗愛之
清泰二年卒年六十四晉高祖時贈太子少傅
謚曰貞惠

段凝

段凝開封人也初名明遠後更名凝爲澠池主
簿其父事梁太祖以事坐徙後凝棄官亦事太
祖爲軍巡使又以其妹内太祖妹有色後爲美
人凝爲人佞巧善窺迎人意又以妹故太祖漸
親信之常使監諸軍爲懷州刺史梁太祖北征
過懷州凝獻饋甚豐太祖大悅過相州相州刺
史李思安獻饋如常禮比凝爲薄太祖怒思安
因以得罪死遷凝鄭州刺史使監兵於河上李
振亟請罷之太祖曰凝未有罪振曰待其有罪
則社稷亡矣然終不罷也莊宗已下魏博與梁相

距河上梁以王彥章爲招討使凝爲副是時末
帝昏亂小人趙巖張漢傑等用事凝依附巖等
爲姦彥章爲招討使三日用奇計破唐德勝南
城而凝與彥章各自上其功巖等從中匿彥章
功狀悉歸其功於凝凝因納金巖等求代彥章
末帝惑巖等言卒以凝爲招討使軍于王村是
時唐已下鄆州凝乃自酸棗決河東注鄆以隔
絕唐軍號護駕水鄆莊宗自鄆趨汴汴兵悉已
屬凝京師無備乃遣張漢倫馳驛召凝于河上
漢倫中道墜馬傷不能進已而梁亡凝率精兵

五萬降唐莊宗賜以錦袍御馬明日凝奏故梁姦人趙巖張漢傑等千餘人侮弄權柄殘害生靈請皆族之凝出入唐朝無愧色見唐將相若倡優因伶人景進納賂劉皇后以求恩寵莊宗甚親愛之賜姓名曰李紹欽以爲泰寧軍節度使居月餘用庫錢數千萬有司請責其償莊宗釋之郭崇韜固請以爲不可莊宗怒曰朕爲卿所制都不自由終釋之莊宗遣李紹宏監諸將備契丹凝軍屯檔關以諂事紹宏紹宏數薦凝可大用郭崇韜每以爲不可遷武勝軍節度使

趙在禮反紹宏請以凝招討莊宗使凝條奏方略凝所請偏裨皆其故黨莊宗疑之乃止明宗即位勒歸田里明年長流遼州賜死

劉玘

劉玘汴州雍丘人也世爲宣武軍牙將梁太祖鎮宣武玘以軍卒補隊長稍以戰功遷牙將爲襄州都指揮使山南節度使王班爲亂軍所殺亂軍推玘爲留後玘僞許之明日饗士于庭伏甲幕中酒半擒爲亂者殺之會梁遣陳暉兵亦至襄州平以功拜復州刺史徙亳安二州末帝

時爲晉州觀察留後凡八年日與晉人交戰莊宗滅梁玘來朝莊宗勞之曰劉侯亡恙爾居晉陽之南鄙久矣不早相聞今日見訪不其晚邪玘頓首謝罪遣還鎮遂以爲節度使徙鎮安遠天成元年以史敬鎔代之玘還京師未至拜武勝軍節度使以疾卒于道中贈侍中

周知裕

周知裕字好問幽州人也爲劉仁恭騎將仁恭爲其子守光所囚知裕去事守光兄守文守光又攻殺守文乃與張萬進立守文子延祚而事

之守光又殺延祚以其子繼威代之萬進殺繼威與知裕俱奔于梁梁太祖得知裕喜甚爲置歸化軍以知裕爲指揮使凡與晉戰所得及兵背晉而歸梁者皆以隸知裕梁晉相拒河上十餘年其摧堅陷陣歸化一軍爲最然知裕位不過刺史莊宗入汴知裕與段凝軍河上聞梁已亡欲自殺爲賓客故人止之乃降唐莊宗尤寵待之諸將嫉其寵因獵射之知裕走以免莊宗爲殺射者以知裕爲房州刺史明宗時歷絳淄二州刺史遷宿州團練使安州留後所居皆有

善政安州近淮俗惡病者父母有疾置之他室以竹竿繫飲食委之至死不近知裕深患之加以教道由是稍革罷爲右神武統軍應順中卒贈太傅

陸思鐸

陸思鐸澶州臨黃人也少事梁爲宣武軍卒以善射知名累遷拱宸左廂都指揮使領恩州刺史梁晉相拒河上思鐸鏤其姓名於箭筈以射晉軍而矢中莊宗馬鞍莊宗拔矢見思鐸姓名奇之其後滅梁思鐸謁見莊宗出其矢以示之思鐸伏地請死莊宗慰而起之拜龍武右廂都指揮使晉高祖時爲陳蔡二州刺史卒年五十四思鐸在陳州有善政臨終戒其子曰陳人愛我我死則葬焉遂葬于陳州

五代史記卷第四十五

五代史記卷第四十六

雜傳第三十四

趙在禮

趙在禮字幹臣涿州人也少事劉仁恭爲軍校仁恭遣佐其子守文襲取滄州其後守文爲其弟守光所殺在禮乃奔于晉莊宗時爲効節指揮使將魏兵戍瓦橋關還至貝州軍士皇甫暉作亂推其將楊仁晸爲首仁晸不從殺之又推一小校小校不從又殺之乃攜二首詣在禮在禮聞亂衣不及帶方踰垣而走暉曳其足而下之環以白刃示之二首曰不從我者如此首在禮從之遂反在禮自貝州還攻魏縱軍大掠是時興唐尹王正言年老病昏闇在禮至呼吏草奏吏已奔散正言猶不知方據案大怒左右告曰賊已市中殺人吏民皆走矣誰呼邪正言大驚曰吾初不知此即索馬將去廐吏曰公妻子爲虜矣安得馬乎正言惶恐步出府門見在禮望而下拜在禮呼正言曰公何自屈之甚邪此軍士之情非吾志也在禮即自稱兵馬留後莊宗遣元行欽討之行欽攻魏不克乃遣明宗代行

欽明宗至鄴軍變因入城與在禮合明宗兵反嚮京師在禮留于魏明宗即位拜在禮義成軍節度使在禮不受命遂拜鄴都留守興唐尹久之皇甫暉等皆去在禮獨在魏患魏軍之驕懼及禍乃求徙鎮橫海歷鎮泰寧匡國天平忠武武寧歸德晉昌所至邸店羅列積貲巨萬晉出帝時以在禮爲北面行營馬步都虞候以擊契丹未嘗有戰功在禮在宋州人尤苦之已而罷去宋人喜而相謂曰眼中拔釘豈不樂哉既而復受詔居職乃籍管内口率錢一千自號拔釘

錢晉亡契丹入汴在禮自宋馳至洛陽遇契丹拽剌等拜於馬首拽剌等兵共侵辱之誅責貨財在禮不勝其憤行至鄭州聞晉大臣多爲契丹所鎖中夜惶惑解衣帶就馬櫪自經而卒年六十二漢高祖立贈中書令

霍彥威

霍彥威字子重洺州曲周人也少遭兵亂梁將霍存掠得之愛其儁爽養以爲子嘗從存戰中矢眇其一目後事梁太祖太祖亦愛之稍遷左龍驤軍使右監門衛上將軍頃誅友珪以功拜

洺州刺史遷邠寧節度使李茂貞遣梁叛將劉知俊攻邠州彥威固守踰年每獲知俊兵必縱還之知俊德之後不復攻徙鎮義成又徙天平兼北面行營招討使與晉軍相持河上彥威屢敗降爲陝州留後莊宗滅梁彥威自陝來朝莊宗置酒故梁崇元殿彥威與梁將段凝袁象先等皆在莊宗酒酣指彥威等舉酒屬明宗曰此皆前日之勍敵今侍吾飲乃卿功也彥威等惶恐伏地請死莊宗勞之曰吾與總管戲爾卿無畏也賜姓名曰李紹眞明年從鎮武寧從明宗

擊契丹明宗愛其爲人甚親厚之其後趙在禮反彥威別討趙太於邢州破之還以兵屬明宗討在禮明宗軍變從馬直軍吏張破敗率衆殺將校縱火焚營譟呼明宗叱之曰自吾爲帥十有餘年何負爾輩今賊城破在旦夕乃爾輩立功名取富貴之時況爾天子親軍返効賊邪軍士對曰城中之人何罪戍卒思歸而不得耳天子不垂原宥志在勦除且聞破魏之後欲盡坑魏博諸軍其等初無叛心直畏死耳今宜與城中合勢擊退諸鎮之兵請天子帝河南令公鎮

河北明宗涕泣諭之亂兵環列而呼曰令公不欲帝河北則佗人有之我輩很虎豈識尊卑彥威與安重誨勸明宗許之乃擁兵入城與在禮合彥威獨不入明宗入城與在禮置酒大會而部兵在外者聞明宗反皆潰去獨彥威所將五千人營城西北隅不動居二日明宗復出得彥威兵乃之魏縣謀欲還鎮州彥威重誨勸明宗以兵南向莊宗崩彥威從明宗入洛陽首率羣臣勸進內外機事皆決彥威彥威素與段凝溫韜有隙因擅捕凝韜下獄將殺之安重誨曰凝

韜之惡天下所知然主上方平內難以恩信示人豈公報仇之時彥威乃止明宗即位乃赦凝韜放歸田里已而卒賜死彥威徙鎮平盧朱守殷反伏誅彥威遣使者馳騎獻兩箭爲賀明宗賜兩箭以報之夷狄之法起兵令衆以傳箭爲號令然非下得施於上也明宗本出夷狄而彥威武人君臣皆不知禮動多此類然彥威客有淳于晏者登州人也少舉明經及第遭世亂依彥威自彥威爲偏裨時已從之彥威嘗戰敗脫身走麾下兵無從者獨晏徒步以一劍從之榛

棘間以免彥威高其義所歷方鎮常辟以自從至其家事無大小皆決於晏彥威以故得少過失當時諸鎮辟召賓寮皆以晏爲法天成二年冬彥威卒于鎮是時明宗方獵于近郊青州馳騎奏彥威卒明宗涕泣還宮輟朝仍終其月不舉樂贈彥威太師謚曰忠武

房知溫

房知溫字伯玉兗州瑕丘人也少以勇力爲赤甲都官健後隸魏州馬鬬軍稍遷親隨軍指揮使莊宗取魏博得知溫賜姓李氏名曰紹英以

爲澶州刺史歷曹貝二州刺史戍瓦橋關明宗自魏反兵南向知溫首馳赴之天成元年拜泰寧軍節度使明年爲北面招討使屯于盧臺明宗遣烏震往代知溫還鎮其戍卒劾節軍將龍晊等攻震殺之劾節魏州軍也魏州自羅紹威誅衙軍楊師厚爲節度使復置銀槍劾節軍當梁末帝時師厚幾爲梁患師厚卒以賀德倫代之末帝患魏軍彊難制與趙巖等謀分相魏爲兩鎮魏軍由此作亂劫德倫叛梁而降晉梁遂失河北莊宗自得魏兵與梁戰河上數有功許

房知温

其軍以滅梁而厚賞及梁亡魏軍雖數賜與而驕縱無猒常懷怨望皇甫暉之亂劫趙在禮入魏皆此軍也明宗入立在禮領天雄軍以魏軍素驕常懼禍不皇居陰遣人訴于明宗求解去明宗乃以皇子從榮代在禮而遣魏効節九指揮北戍盧臺軍發之日不給兵甲惟以長竿繫旗幟以表隊伍軍士頗自疑惑明年明宗遣烏震代知温戍而知温意尤不樂盧臺戍軍夾水東西爲兩寨震初至與知温會東寨方博効節軍亂噪于門外知温即乘馬而出亂軍擊殺震執留知温知温紿曰騎兵皆在西寨今獨步軍恐無能爲也知温即躍馬登舟渡河入西寨以騎軍盡殺亂者明宗下詔悉誅其家屬于魏州凡九指揮三千餘家數萬口驅至漳水上殺之漳水爲之變色魏之驕兵於是而盡明宗知變自知温起釋而不問從鎮武寧加兼侍中歷鎮天平平盧初明宗爲北面招討使而知温爲副使廢帝時以裨將事知温甚謹後因杯酒失意及廢帝起兵鳳翔愍帝出奔知温乘間有窺覦之意謂其司馬李沖曰吾有錢數萬養兵數

五代史四十六　六

千因時建義功必有成沖曰今天子孱弱上下離心潞王兵威甚盛事未可知沖請懷表而西以覘之及沖至京師廢帝已入立沖即奉表稱賀還勸知温入朝廢帝慰勞之甚厚知温還鎮封東平王太常上言策拜王公皇帝臨軒遣策其在外者止衙命使而鹵簿鼓吹輅車法物不出都城考之故事無明文今北平王德鈞東平王知温受封遣策請下兵部太常太僕給鹵簿鼓吹輅車法物赴本道禮畢還有司知温在鎮常厚斂其民積貲鉅萬治第青州南城出入以聲妓游嬉不恤政事天福元年卒于官贈太尉知温卒後其子彥儒獻其父錢三萬緡絹布三萬匹金百兩銀千兩茶千五百斤絲十萬兩拜沂州刺史其將吏分其餘貲者皆爲富家云

王晏球

王晏球字瑩之洛陽人也少遇亂爲盜所掠汴州富人杜氏得之養以爲子冒姓杜氏梁太祖鎮宣武選富家子之材武者置之帳下號廳子都晏球爲人倜儻有大節爲廳子都指揮使太祖即位爲右千牛衛將軍友珪立龍驤戍卒反

五代史四十六　七

自懷州趣京師遣晏球擊敗之于河陽以功遷龍驤第一指揮使末帝即位遷龍驤四軍指揮使梁遣捉生軍將李霸將千人戍楊劉霸夜作亂自水門入縱火大譟以長竿縛布沃油仰燒建國門晏球聞亂不俟命率龍驤五百騎擊之賊勢稍却末帝登樓見之呼曰此非吾龍驤軍耶晏球奏曰亂者李霸一都爾陛下嚴守宮城而責臣破賊遲明盡殺之以功拜澶（古本作單）州刺史梁晉軍河上以晏球為行營馬步軍都指揮使莊宗入汴晏球以兵追之行至封丘聞末帝已崩

即解甲降唐莊宗賜姓名曰李紹虔拜齊州防禦使戍瓦橋關明宗兵變自鄴而南遣人招晏球晏球從至洛陽拜歸德軍節度使定州王都反以晏球為招討使與宣徽南院使張延朗等討之都遣人北招契丹契丹遣禿餒將萬騎救都晏球聞禿餒等兵且來留張延朗屯新樂自擊延朗軍延朗大敗收餘兵會晏球趨曲陽都逆於望都而契丹從他道入定州與都出不意乘勝追之晏球先至水次方坐胡牀指麾而都衆擁至晏球與左右十餘人連矢射之都衆稍

却而後軍亦至晏球立高岡號令諸將皆橐弓矢用短兵回顧者斬符彥卿以左軍攻其左高行珪以右軍攻其右中軍騎士抱馬項馳入都軍都遂大敗自曲陽至定州橫尸棄甲六十餘里都與禿餒入城不敢復出契丹又遣惕隱以七千騎益都晏球遇之唐河追擊至滿城斬首二千級獲馬千匹契丹自中國多故彊於北方北方諸夷無大小皆畏伏而中國之兵遭契丹者未甞少得志自晏球擊敗禿餒又走惕隱其餘衆奔潰投村落村落之人以鉏耰白梃所在擊

殺之無復遺類惕隱與數十騎走至幽州西為趙德鈞擒送京師明宗下詔責誚契丹契丹後數遣使至中國求歸惕隱等辭甚卑遜輒斬其使以絕之於是時中國之威幾於大震而契丹少衰伏矣自晏球始也晏球攻定州久不克明宗數遣人促其破賊晏球以謂未可急攻其偏將朱弘昭張虔釗等宣言曰晏球怯耳乃驅兵以進兵果敗殺傷三千餘人由是諸將不敢復言攻晏球乃休養士卒食其三州之賦悉以俸禄所入具牛酒日與諸將高會久之都城中食

盡先出其民萬餘人數與兗餘謀決圍以走不果都將馬讓能以城降都自焚死晏球為將有機略善撫士卒其擊兗餘既因敗以為功而諸將皆欲乘勝取都晏球返獨不動卒以持久弊之自天成三年四月都反明年二月始克之軍中未嘗戮一人以破都功拜天平軍節度使又徙平盧累官至兼中書令是歲卒年六十二贈太尉

安重霸

安重霸雲州人也初與明宗俱事晉王重霸得

大三百廿九小九　五代史四六　十　徐

罪奔于梁又奔于蜀重霸為人狡譎多智善事人蜀王建以為親將王衍立少年官者王承休用事重霸深結承休以自託梁末蜀取李茂貞秦成階三州重霸勸承休求鎮秦州衍以承休為節度使重霸為其副使重霸與承休多取秦川花木獻衍請衍東遊唐魏王兵伐蜀承休大恐以問重霸重霸曰劍門天下之險雖有精兵不可過也然公受國恩聞難不可不赴願與公俱西承休素親信之以為然承休整軍將發秦人送之帳飲城外酒罷承休上道重霸立承休

馬前辭曰秦隴不可失願留為公守承休業已上道無如之何唐軍已破蜀重霸亦以秦成階三州降唐明宗以為閬州團練使罷為左衛大將軍久之以為匡國軍節度使廢帝時為京兆尹西京留守徙鎮大同以病罷還卒于潞州

王建立

王建立遼州榆社人也唐明宗為代州刺史以建立為虞候將莊宗嘗遣女奴之代州祭墓女奴侵擾代人建立捕而笞之莊宗怒欲殺之明宗為庇護之以免明宗自魏反犯京師曹皇后

大三百四十四小十二　五代史四十六　十一　徐

王淑妃皆在常山建立殺常山監軍并其守兵明宗家屬因得無患由是明宗益愛之明宗即位以為成德軍節度副使已而拜節度使檢校太尉同中書門下平章事建立與安重誨素不協定州王都有二志數以書通建立約為兄弟重誨知之以為言明宗不欲傷建立亟召還京師建立入見亦多言重誨過失明宗大怒欲亟罷重誨群臣左右諷解之乃止然卒以建立為右僕射同中書門下平章事判三司事居歲餘自言不識文字願解三司明宗不許久之建立

稱疾明宗笑曰人固有詐疾而得疾者乃出爲平盧節度使又徙上黨建立怏怏不得志遂求解職乃以太子少保致仕建立數請朝見不許乃自詣京師闌至後樓見明宗涕泣言已無罪爲重誨所擯明宗曰汝爲節度使不作好事豈獨重誨讒汝邪賜以茶藥而遣之廢帝立復起爲天平軍節度使晉高祖時徙鎮平盧天福五年來朝高祖勞之曰三十年前老兄可毋拜賜以肩輿入朝給二臣者掖而升殿宴見甚渥又徙昭義賜以玉斧蜀馬累封韓王建立好殺人其晚節始感浮圖法戒殺生所至人稍安之卒年七十贈尚書令子守恩以廕補稍遷諸衛將軍建立已卒家于潞守恩自京師得告歸而契丹滅晉昭義節度使張從恩與守恩姻家乃以守恩權巡檢使以守潞州而從恩入見契丹從恩既去守恩因剽劫從恩家貲以潞州降漢漢高祖即位以守恩爲昭義軍節度使徙鎮靜難西京留守加同中書門下平章事守恩性貪鄙人甚苦之時周太祖以樞密使將白文珂等軍西平三叛還過洛陽守恩以使相自處有輿出

迎太祖怒即日以頭子命文珂代守恩爲留守而守恩方詣館謁坐於客次以俟見而吏馳報新留守視事於府矣守恩大驚不知所爲遂罷去奉朝請于京師後隱帝殺史弘肇等召羣臣上殿慰諭之羣臣恐懼無敢言者獨守恩前對曰陛下始睡覺矣聞者皆縮頸顯德中爲左金吾衛上將軍以卒

嗚呼道德仁義所以爲治而法制綱紀亦所以維持之也自古亂亡之國必先壞其法制而後亂從之亂與壞相乘至蕩然無復綱紀則必極於大亂而後返此勢之然也五代之際是已若文珂守恩皆位兼將相漢大臣也而周太祖以一樞密使頭子易置之如更戍卒是時太祖與漢未有間隙之端其無君叛上之志宜未萌于心而其所爲如此者何哉蓋其習爲常事故特發於喜怒頤指之間而文珂不敢違守恩不得拒太祖既處之不疑而漢廷君臣亦置而不問其上下安然而不怪者豈非朝廷法制綱紀壞亂相乘其來也遠既極而至於此歟是以善爲天下慮者不敢忽於微而常杜其漸也可不戒

戕

康福

康福蔚州人也世為軍校福以騎射事晉王為
偏將莊宗嘗曰吾家以羊馬為生福狀貌類胡
人而豐厚宜主羊馬乃令福牧馬于相州為小
馬坊使逾年馬大蕃息明宗自魏反兵過相州
福以小坊馬二千匹歸命明宗軍勢由是益盛
明宗入立拜飛龍使領磁州刺史襄州兵馬都
監從劉訓討荊南無功而還福為將無佗能善
謂戎語明宗嘗召入便殿訪以外事福輒為蕃

大三行廿七小十八　五代史四十六　十四　徐

語以對樞密使安重誨惡之常戒福曰無妄奏
事當斬汝福懼求外任靈武韓洙死其弟澄立
而偏將李從賓作亂澄表請朝廷命帥而重誨
以謂靈武深入夷境為帥者多遇害乃拜福涼
州刺史朔方河西軍節度使福入見明宗涕泣
言為重誨所擠明宗召重誨為福更佗鎮重誨
曰福為刺史無功效而建節旄其敢有所擇耶
明宗怒謂福曰重誨遣汝非吾意也吾當遣兵
護汝可無憂乃令將軍牛知柔以兵衛福行至
方渠而羌夷果出邀福福以兵擊走之至青岡

康福

峽遇雪福登山望見川谷中煙火有吐蕃數千
帳不覺福至福分其兵為三道出其不意襲之
吐蕃大駭棄車帳而走殺之殆盡獲其玉璞綾
錦羊馬甚衆由是威聲大振福居靈武三歲歲
常豐稔有馬千駟蕃夷畏服言事者疑福有異
志重誨亦言福必負朝廷明宗遣人謂福曰我
何少汝而欲負我福言受國恩深有死無二因
乞還朝不許福章再上即隨而至明宗不之罪
徙鎮彰義歷靜難雄武充西面都部署晉高祖
時徙鎮河中代還卒于京師贈太師謚曰武安福

大三行卅四小十七　五代史四十六　十五　徐

世本夷狄夷狄貴沙陀故常自言沙陀種也福嘗
有疾臥閤中寮佐入問疾見其錦衾相顧竊戲
曰錦衾爛兮福聞之怒曰我沙陀種也安得謂
我為奚聞者笑之

郭延魯

郭延魯沁州綿上人也父饒以驍勇事晉數立
軍功為沁州刺史者九年為政有惠愛州人思
之延魯以善槊為將累遷神武都知兵馬使朱
守殷反從攻汴州以先登功為汴州馬步軍都
指揮使累遷復州刺史延魯歎曰吾先君為沁

郭延魯

州者九年民到于今思之吾今幸得爲刺史其敢忘吾先君之志由是益以廉平自勵民甚賴之秩滿州人乞留不許皆遮道攀號天福中拜單州刺史卒于官當是時刺史皆以軍功拜言事者多以爲言以謂方天下多事民力困敝之時不宜以刺史任武夫恃功縱下爲害不細而延魯父子特以善政著聞焉

嗚呼五代之民其何以堪之哉上輸兵賦之急下困剥斂之苛自莊宗以來方鎮進獻之事稍作至於晉而不可勝紀矣其添都助國之物動以千數計至於來朝奉使買宴贖罪莫不出於進獻而功臣大將不幸而死則其子孫率以家貲求刺史其物多者得大州善地蓋自天子皆以賄賂爲事矣則爲其民者其何以堪之哉於此之時循廉之吏如延魯之徒者誠難得而可貴也哉

五代史記卷第四十六

五代史記卷第四十七

雜傳第三十五

華温琪

華温琪字德潤宋州下邑人也世本農家温琪身長七尺少從黄巢爲盜巢陷長安以温琪爲供奉官都知巢敗温琪走滑州顧其狀貌魁偉懼不自容乃投白馬河流數十里不死河上人援而出之又自經于桑林桑輒枝折乃之胙縣有田父見之曰子狀貌堂堂非常人也乃匿于家後歲餘聞濮州刺史朱裕募士爲兵乃往依之後事梁爲開道指揮使累以戰功爲絳棣二州刺史棣州苦河水爲患温琪徙于新州以避之民賴其利歷齊晉二州莊宗攻晉州踰月不能破梁末帝嘉温琪善守升晉州爲定昌軍以温琪爲節度使坐掠部民妻爲其夫所訟罷爲金吾衞大將軍左龍武統軍朱友謙以河中叛附于晉末帝拜温琪汝州防禦使河中行營排陣使遷耀州觀察留後莊宗滅梁見温琪曰此爲梁守平陽者也嘉之因以耀州爲順義軍拜温琪節度使徙鎮雄武明宗時來朝願留闕下

以爲左驍衛上將軍踰年明宗謂樞密使安重誨曰溫琪舊人宜與一重鎮重誨意不欲與對以無負闕佗日明宗語又及之重誨曰可代者惟樞密使耳明宗曰可重誨不能答溫琪聞之懼稱疾不出者累月已而以爲鎮國軍節度使廢帝時以太子太保致仕天福元年卒贈太子太傅

萇從簡

萇從簡陳州人也世本屠羊從簡去事晉爲軍校力敵數人善用槊莊宗用兵攻城從簡多爲

梯頭莊宗愛其勇以功累遷步軍都指揮使莊宗與梁軍對陣梁軍有執大旗出入陣間者莊宗登高丘望見之歎曰彼猛士誰能爲我取之者從簡因前請往莊宗惜之不許從簡潛率數騎馳入梁軍奪其旗而還軍中皆鼓譟莊宗壯之賜與甚厚從簡嘗中流矢鏃入髀骨命工取之工無良藥欲鑿其骨人皆以爲不可從簡遽使鑿之工遲疑不忍下從簡叱其亟鑿左右視者皆若不勝其毒而從簡言笑自若然其爲人剛暴難制莊宗每屈法優容之累遷泰州防禦

使明宗時歷麟汝汾金四州防禦使明宗嘗戒之曰富貴可惜然汝不能守也先帝能貸爾吾恐不能從簡性不可悛明宗亦不之責廢帝舉兵於鳳翔從簡與諸鎮兵圍之已而兵潰從簡東走被執廢帝責其不降從簡曰事主不敢二心廢帝釋之拜潁州團練使晉高祖起兵太原廢帝將親征召爲招討副使從至河陽拜河陽三城節度使廢帝還洛陽從簡即降晉歷鎮忠武武寧入爲左金吾衛上將軍卒年六十五贈太師從簡好食人肉所至多潛捕民間小兒以

食許州富人有玉帶欲之而不可得遣二卒夜入其家殺而取之卒夜踰垣隱木間見其夫婦相待如賓二卒歎曰吾公欲奪其寶而害斯人吾必不免因躍出而告之使其速以帶獻遂踰垣而去不知其所之

張筠

張筠海州人也世以貲爲商賈筠事節度使時溥爲宿州刺史梁兵攻溥取宿州得筠愛其辯惠以爲四鎮客將長直軍使累拜宣徽使末帝分相魏衞三州爲昭德軍以筠爲節度使由是

魏博軍叛于晉晉王攻相州鈞弃城走後以爲永平軍節度使梁亡事唐仍爲京兆尹從郭崇韜伐蜀爲劒南兩川安撫使蜀平拜河南尹從鎮興元鈞嘗有疾不見將吏副使符彦琳入問疾鈞又辭不見彦琳疑鈞已死即請出牌印鈞怒命左右收彦琳下獄以其反聞明宗知彦琳無反狀召彦琳釋之陽徙鈞爲西京留守戒守者不内鈞至長安不得入乃朝京師以爲左驍衛上將軍鈞弟鏻嘗留鈞爲京兆尹時以爲牙内指揮使二百渠營田制置使鈞西伐蜀留鏻守京

兆蜀平魏王繼岌班師至興平而明宗自魏起京師大亂鏻乃斷咸陽浮橋以拒繼岌繼岌乃自殺初鈞代康懷英爲永平軍節度使而懷英死鈞即掠其家貲又於唐故宫掘地多得金玉有偏將侯莫陳威者嘗與温韜發唐諸陵分得寶貨鈞因以事殺威而取之魏王繼岌死渭南鏻悉取其行槖而王衍自蜀行至秦川莊宗遣宦者向延嗣殺之延嗣因盡得衍蜀中珍寶明宗即位即遣人捕誅宦者延嗣亡命而蜀之珍寶鏻又取之由是兄弟貲皆鉅萬然鈞爲人好

施予以其富故所至不爲聚斂民賴以安而鏻嗜酒貪鄙歷沂密二州刺史晉出帝時以將軍市馬於回鶻坐馬不中式有司理其價直鏻性鄙因鬱鬱而卒鈞居洛陽擁其貲以酒色聲妓自娱足者十餘年人謂之地仙天福二年徙居長安是歲張從賓作亂入洛陽鈞遂以免卒贈太子少師

嗚呼五代反者多矣吾於明宗獨難其辭至於魏王繼岌之死然後終其事也莊宗遇弑繼岌以元子握重兵死于外而不得立此大事也而前

史不書其所以然夫繼岌之存亡於張鏻無所利害鏻何爲而拒之不使之東乎豈其有所使而爲之乎然明宗於符彦超深以爲德而待鏻無所厚此其又可疑也不然好亂之臣望風而響應乎使鏻不斷浮橋而繼岌得以兵東明宗未必能自立則繼岌之死由鏻之拒其所繫者豈小哉

楊彦詢

楊彦詢字成章河中寶鼎人也少事青州王師範師範好學聚書萬卷使彦詢掌之彦詢爲人

聰悟遂見親信師範降梁後見殺彥詢無所歸乃之魏事楊師厚爲客將魏博叛梁入于晉彥詢因留事晉莊宗滅梁以彥詢爲引進副使奉使吳蜀常稱旨歷德州刺史羽林將軍晉高祖鎮太原廢帝疑其有貳志擇諸將之謹厚者佐之乃以彥詢爲太原節度副使其後晉高祖以疑見徙欲拒命不行以問彥詢彥詢不敢正言因曰太原之力能與唐敵否公其審計之高祖反意已決彥詢亦不復敢言高祖左右以彥詢異議欲殺之高祖遽止之曰惟副使一人我自保

之乃免是時高祖乞兵於契丹契丹耶律德光立高祖于太原以兵送至河上彥詢爲宣徽使數往來虜帳中德光亦愛其爲人明年拜感德軍節度使後入爲宣徽使又拜安國軍節度使天福七年徙鎮鎮國遭歲大饑爲政有惠愛以病風罷爲右金吾衞上將軍卒年七十四贈太子太師

李周

李周字通理邢州內丘人唐昭義軍節度使抱眞之後也父矩遭世亂不仕嘗謂周曰邯鄲用

武之地今世道未平汝當從軍旅以興吾門周年十六爲內丘捕賊將以勇聞是時梁晉兵爭山東羣盜充斥道路行者必以兵衞內丘人盧嶽將徙家太原舍逆旅傍偟不敢進周意憐之爲送至西山有盜從林中射嶽中其馬周大呼曰吾在此孰敢爾邪盜聞其聲曰此李周也因各潰去周送嶽至太原嶽謂之曰吾少學星曆且工相人子方頤隆準眉目疎徹身長七尺眞將相也吾占天象晉必有天下子宜留事晉以圖富貴周以母老辭歸是時梁遣葛從周攻下邢

洺晉王柵兵青山口周未知所歸乃思嶽言至青山歸晉晉王以周爲萬勝黃頭軍使後從征伐常有功從戰柏鄉先登遷匡霸指揮使守楊劉周爲將甚勇其於用兵善守能與士卒同甘苦梁兵攻周周堅守久之周聞母喪奔歸莊宗遣佗將代周守幾爲梁兵所破莊宗遽追周還守之乃得不破其後梁人已破德勝因東擊楊劉以巨艦絕河斷晉餉援周遣人馳趨莊宗求救請日行百里以赴急莊宗笑曰周爲我守何憂日行六十里且行且獵曰周非梁將可敵也比至

周已絶糧三日莊宗以巨舩積薪沃油順流縱火焚梁艦梁兵解去莊宗見周勞曰微公諸將爲梁擒矣歷相祭二州刺史明宗時拜武信軍節度使徙鎮靜難武寧安遠永興宣武四鎮所至多善政晉高祖時復鎮靜難罷還出帝幸澶淵以周留守東京還拜開封尹卒年七十四贈太師

劉處讓

劉處讓字德謙滄州人也少爲張萬進親吏萬進入梁梁爲泰寧軍節度使以處讓爲牙將萬進叛梁附晉梁遣劉鄩討之萬進遣處讓求救于晉晉王方與梁相拒未能出兵處讓乃於軍門截耳而訴曰萬進所以見圍者以附晉故也奈何不顧其急苟不出兵願請死晉王壯之曰義士也爲之發兵未渡河而萬進爲梁兵所敗處讓因留事晉莊宗即位爲客省使常使四方多稱旨天成中遷引進使累遷左驍衛大將軍廢帝時魏州軍亂逐其帥劉延皓遣范延光招討以處讓爲河北都轉運使晉高祖立歷宣徽南院使范延光反高祖命楊光遠爲招討使以處讓參其軍事已而副招討使張從賓叛于河陽處讓分兵擊破從賓還與光遠攻鄴逾年不能下其後延光有降意而遲疑處讓入城譬以禍福延光乃出降唐制樞密使常以宦者爲之自梁用敬翔李振至莊宗始用武臣而權重將相高祖時以宰相桑維翰李崧兼樞密使處讓與諸宦者心不平之光遠之討延光也以晉重兵在已掌握舉動多驕恣其所求請高祖頗裁抑之處讓爲光遠言此非上意皆維翰崧等嫉公耳光遠大怒及兵罷光遠見高祖訴以維翰等沮已高祖不得已罷維翰等以處讓爲樞密使處讓在職凡所陳述多不稱旨處讓丁母憂高祖遂不復拜樞密使以其印付中書而廢其職處讓居喪期年起復爲彰德軍節度使右金吾衛上將軍以疾卒年六十三累贈太師

李承約

李承約字德儉薊門人也少事劉仁恭爲山後八軍巡檢使將騎兵二千人仁恭爲其子守光所囚承約以其騎兵奔晉晉王以爲匡霸指揮使從破夾寨戰臨清以功累遷洺汾二州刺史

潁州團練使天成中邠州節度使毛璋有異志明宗拜承約涇州節度副使使往伺璋動靜承約見璋諭以禍福後明宗遣人代璋璋即時受代明宗大喜即拜承約黔南節度使承約以恩信撫諸夷落勸民農桑興起學校居數年當代黔南人詣京師乞留爲許留一年召爲左衞上將軍改左龍武統軍拜昭義軍節度使復爲左龍武統軍天福二年遷左驍衞上將軍數請老不許卒年七十五贈太子太師

大三百卅九小十　五代史四十七　十　寿

張希崇

張希崇字德峯幽州薊人也少好學通左氏春秋劉守光不喜儒士希崇因事軍中爲偏將附于將兵戍平州其後契丹攻陷平州得希崇知其儒者也以爲盧龍軍行軍司馬明宗時盧文進自平州亡歸契丹因以希崇代文進爲平州節度使遣其親將以三百騎監之居歲餘虜將喜其爲人監兵稍怠希崇因與其麾下謀走南歸其麾下皆言兵多不可俱亡懼不得脫因勸希崇獨去希崇曰虜兵守我者三百騎爾其其將其兵必散走且平州去虜帳千餘里使其聞亂而呼

兵則吾與汝等在漢界矣衆皆曰善乃先爲穽實以石灰明日虜將謁希崇希崇飲之以酒殺之穽中其兵皆潰去希崇率其麾下得生口二萬南歸明宗嘉之拜汝州防禦使遷靈武節度使靈州地接戎狄戍兵餉道常苦抄掠希崇乃開屯田教士耕種軍以足食而省轉饋明宗下詔襃美希崇撫養士卒招輯夷落自回鶻瓜沙皆遣使入貢居四歲上書求還内地徙鎮邠寧晉高祖入立復拜靈武節度使希崇歎曰吾當老死邊徼豈非命邪希崇事母至孝朝夕母食必侍立左右徹饌乃敢退爲將不喜聲色好讀書頗知星曆天福三年月掩畢口大星希崇歎曰畢口大星邊將也我其當之乎明年正月卒贈太師有子仁謙

大三百廿示小十　五代史四十七　十一　寿

相里金

相里金字奉金并州人也爲人勇悍而能折節下士事晉王爲五院軍隊長梁晉戰柏鄉胡柳皆有功遷黃甲指揮使同光中拜忻州刺史是時諸州皆用武人多以部曲主場務漁蠹公私以利自入金獨禁部曲不與事厚其給養使掌

張廷蘊

家事而已遷隴州防禦使廢帝起兵鳳翔馳檄四隣四隣未有應者獨金首遣判官薛文遇見廢帝往來計事廢帝即位德之拜保義軍節度使晉高祖起太原廢帝以金爲太原四面步軍都指揮使高祖入立徙鎮建雄罷爲上將軍天福五年卒贈太師

張廷蘊

張廷蘊開封襄邑人也少爲宣武軍卒去事晉稍遷軍校常從莊宗征伐先登力戰金瘡滿體莊宗壯之以爲帳前黃甲二十指揮步軍都虞

大三了卅四九 五代史四十七 十二 寿

候魏博三城巡檢使是時莊宗在魏以劉皇后從行劉氏多縱其下擾人爲不法人無敢言者廷蘊輒收而斬之李繼韜叛于潞州莊宗遣明宗爲招討使元行欽爲都部署廷蘊爲馬步軍都指揮使將兵爲前鋒廷蘊至潞日已暮即率兵百餘踰濠登城城守者不能禦遂破潞州明日明宗與行欽後至明宗心頗慊之廷蘊以功遷羽林都指揮使申懷沂三州刺史金頼隴絳四州防禦團練使左監門衛上將軍開運中以疾卒廷蘊武人所識不過數字而平生重文士嘗

馬全節

從明宗破梁鄆州復判官趙鳳廷蘊謂曰吾視汝貌必儒人可無隱也鳳以實對廷蘊亟薦於明宗後鳳貴爲相數薦廷蘊於安重誨重誨憂言之明宗以廷蘊破潞之隙終恨之故終不秉旄節廷蘊素廉歷七州卒之日家無餘貲

馬全節

馬全節字大雅大名元城人也唐同光中全節爲捉生指揮使趙在禮反鄴都以全節爲馬步軍指揮使明宗即位歷博單郢沂四州刺史金州防禦使廢帝時蜀人攻金州州兵纔數百全

大三了四十四十 五代史四十七 十三 寿

節散家財與士卒堅守蜀人去廢帝召全節以爲滄州留後晉高祖入立即位拜全節橫海軍節度使徙鎮安遠代李金全金全叛附于李昪高祖發兵三萬使全節與安審暉討之金全南奔昇將李承裕守安州全節與承裕戰州南大敗承裕斬首三千級生擒千餘人承裕棄城去審暉追至雲夢執承裕及其兵二千人全節斬千五百人以其餘兵并承裕獻于京師承裕謂全節曰吾掠城中所得百萬計將軍皆取之矣吾見天子必訴此而後就刑全節懼因殺承裕

高祖置而不問從全節鎮昭義又從安國從杜重威討安重榮以功徙鎮義武自出帝與契丹交惡全節未嘗不在兵間開運元年爲行營都虞候契丹與晉大軍相距澶魏之間全節別攻白團城破之虜七百人克秦州虜二千人降其守將晉廷謙四月契丹敗于戚城引兵分道而北全節敗之于定豐執其將安暉七月從廣晉尹留守鄴都十月杜重威爲招討使以全節爲副大敗契丹于衛村全節爲人謙謹事毋至孝其臨政決事必問法如何初從廣晉過元城衣白

襴謁其縣令州里以爲榮開運二年徙鎮順國未至而卒年五十五贈中書令

皇甫遇

皇甫遇常山真定人也爲人有勇力虬髯善射少從唐明宗征伐事唐爲武勝軍節度使所至苛暴以誅斂爲務賓佐多解官逃去以避其禍晉高祖時歷義武昭義建雄河陽四鎮罷爲神武統軍契丹入寇陷貝州出帝以高行周爲北面行營都部署遇爲馬軍右廂排陣使是時青州楊光遠據城反出帝乃遣李守貞及遇分兵

守鄆州遇等至馬家渡契丹方將渡河光遠遇等擊敗之以功拜義成軍節度使馬軍都指揮使開運二年契丹寇西山遣先鋒趙延壽圍鎮州杜重威不敢出戰延壽分兵大掠攻破欒城柏鄉等九縣南至邢州是時歲除出帝與近臣飲酒過量得疾不能出征乃遣北面行營都監張從恩會馬全節安審琦及遇等禦之從恩等至相州陣安陽河南遣遇與慕容彥超率數千騎前視虜遇渡漳河逢虜數萬轉戰十餘里至榆林爲虜所圍遇馬中箭而踣得其僕杜知敏馬

乘之以戰知敏爲虜所擒遇謂彥超曰知敏義士也豈可失之即與彥超躍馬入虜取之而還虜兵與遇戰自午至未解而復合益出生兵勢甚盛遇戒彥超曰今日之勢戰與走爾戰尚或生走則死也等死死戰猶足以報國張從恩與諸將怪遇視虜無報皆謂遇已陷虜矣已而有馳騎報遇被圍安審琦率兵將赴之從恩疑報者詐不欲往審琦曰成敗天也當與公共之雖虜不南來吾屬失皇甫遇復何面目見天子即引騎渡河諸軍皆從而北拒虜十餘里虜望見

救兵來即解去遇與審琦等收軍而南契丹亦皆北去是時契丹兵已深入人馬俱乏其還也諸將不能追而從恩率遇等退保黎陽虜因得解去三年冬以杜重威爲都招討使遇爲馬軍右廂都指揮使屯于中渡重威已陰送款契丹伏兵幕中悉召諸將列坐告以降虜遇與諸將愕然不能對重威出降表遇等俛首以次自畫其名即麾兵解甲出降契丹遣遇與張彥澤先入京師遇行至平棘絕吭而死

嗚呼梁亡而敬翔死不得爲死節晉亡而皇甫

遇死不得爲死事五豈無意哉梁之篡唐用翔之謀爲多由子佐其父而弑其祖可乎其不戮於斧鉞爲幸免矣方晉兵之降虜也士卒初不知及使解甲哭聲震天則降豈其欲哉使遇奮然攘臂而起殺重威於坐中雖不幸不免而見害猶爲得其死矣其義烈豈不凜然哉既俛首聽命相與亡人之國矣雖死不能贖也豈足貴哉君子之於人或推以恕或責以備恕故遷善自新之路廣備則難得難得故可貴焉然知其所可恕與其所可貴豈不又難哉

安彥威

安彥威字國俊代州崞縣人也少以軍卒隸唐明宗麾下彥威善射頗知兵法明宗鎮天平宣武成德以彥威常爲牙將以謹厚見信明宗入立皇子從榮鎮鄴彥威爲護聖指揮使以從榮判六軍彥威遷捧聖指揮使領寧國軍節度使晉高祖入立拜彥威北京留守徙鎮歸德是時河決滑州命彥威塞之彥威出私錢募民治隄遷西京留守遭歲大饑彥威賑撫饑民民有犯法皆寬貸之饑民愛之不忍流去丁母憂哀毀

過制出帝與契丹隳盟拜彥威北面行營副都統彥威悉以家財佐軍用以疾卒于京師彥威與安太妃同宗出帝事以爲舅彥威未嘗以爲言及卒太妃臨哭人始知同宗也當時益稱其慎重

李瓊

李瓊滄州饒安人也少爲騎將與晉高祖隸唐明宗麾下同光二年契丹犯塞明宗出涿州遇契丹與戰不勝諸將各稍引去而晉高祖獨戰不已契丹漸合而圍之瓊引高祖衣與俱避至

劉李河而追兵且及瓊浮水先至南岸高祖至河中流馬踣瓊以長矛援出之又以所乗馬與高祖而步護之走十餘里乃得免明宗兵變于魏而南瓊從高祖以三百騎先趨汴州高祖爲保義軍節度使以爲牙隊指揮使高祖建國以爲護聖都虞候賜與金帛甚厚而不與之官爵瓊亦欝欝以之拜相申二州刺史出帝時爲棣州刺史楊光遠反以書招瓊瓊拒而不納遷洺州團練使又爲護聖右廂都指揮使晉亡契丹入京師以瓊爲威州刺史行至鄭州遇盜見殺

劉景巖

劉景巖延州人也其家素富能以貲交游豪俊事高萬金爲部曲其後爲丹州刺史晉高祖起兵太原唐廢帝調民七户出一卒爲義兵延州節度使楊漢章發鄉民赴京師將行景巖遣人激怒之義兵亂殺漢章迎景巖爲留後晉高祖即位即拜景巖節度使景巖從事熊皦爲人多智陰察景巖跋扈難制懼其有異心欲以利愚之因語景巖以謂邊地不可以久安爲陳保名享利之策言邠涇多善田其利百倍宜多市田射利以自厚景巖信之歲餘其獲甚多景巖使皦朝京師皦乃言景巖不宜在邊可徙之内地乃移景巖邠州皦入拜補闕而景巖又徙鎮保義居未幾又徙武勝景巖乃悟皦爲賣己遂誣奏皦隱己玉帶皦坐貶商州上津令皦懼景巖邀害之道亡匿山中開運三年景巖罷武勝以太子太師致仕居華州契丹犯京師以周密鎮延州景巖乃還故里而州人逐密立高允權允權妻劉氏景巖孫女子也景巖良田甲第僮僕甚盛党項司家族畜牧近郊尤富彊景巖與之往來允權頗患之允權妻歲時歸省景巖謂曰

高郎一縣令而有此州其可保乎允權益惡之而心又利其田宅乃誣其反而殺之年八十餘長子行琮德州刺史罷留京師亦被誅次子行謙允權婦翁也爲奏言非劉氏子遂免不誅

五代史記卷第四十七

五代史記卷第四十八

雜傳第三十六

盧文進

盧文進字大用范陽人也爲劉守光騎將唐莊宗攻范陽文進以先降拜壽州刺史莊宗以屬其弟存矩存矩爲新州團練使統山後八軍莊宗與劉鄩相拒於莘召存矩會兵擊鄩存矩募山後勁兵數千人課民出馬民以十牛易一馬山後之人皆怨而兵又不樂南行行至祁溝關聚而謀爲亂文進有女幼而美存矩求之爲側室文進以其大將不敢拒雖與之常歉之也因與亂軍殺存矩反攻新州不克攻武州又不克遂奔于契丹契丹使守平州明宗即位文進自平州率衆數萬歸唐明宗得之喜甚以爲義成軍節度使居歲餘徙鎮威勝加同平章事入爲上將軍出鎮昭義徙安遠晉高祖立與契丹約爲父子文進懼不自安天福元年冬殺其行軍司馬馮知兆副使杜重貴送款於李昪昪遣兵迎之文進居數鎮頗有善政兵民愛之其將行也從數騎自至營中别其將士告以避契丹之意將士皆再拜

爲訣乃南奔昪以文進爲天雄統軍宣潤節度使文進身長七尺狀貌偉然自其奔契丹也數引契丹攻掠幽薊之間虜其人民教契丹以中國織紝工作無不備契丹由此益彊同光中契丹數以奚騎出入塞上攻掠燕趙人無寧歲唐兵屯涿州歲時餽運自瓦橋關至幽州嚴兵斥候常苦鈔奪爲唐患者十餘年皆文進爲之也及其南奔始屈身晦迹務爲恭謹禮接文士謙謙若不足其所談論近代朝廷儀制臺閣故事而已未嘗言兵後以左衛上將軍卒于金陵

李金全

李金全其先出於吐谷渾金全少爲唐明宗廝養以驍勇善騎射常從明宗戰伐以功爲刺史天成中爲彰武軍節度使在鎮務爲貪暴罷歸獻馬數十匹居數日又以獻明宗謂曰卿患馬多邪何進獻之數也且卿在涇州治狀如何無乃以馬爲事乎金全慙不能對徙鎮横海又之罷爲右衛上將軍晉高祖時安州屯防指揮使王暉殺節度使周瓌高祖遣金全將騎兵千人以往下詔書招暉曰暉降以爲唐州刺史又以

信箭諭安州不殺一人且戒金全曰無失吾信金全未至襄州安從進意暉必走江南以精兵遮其要路暉聞金全來果南走爲從進兵所殺金全後至得暉餘黨數百人皆送京師暉之亂也大掠城中三日金全利其所掠貲因擒其將武克和等十餘人殺之克和呼曰王暉首亂猶賜之信誓以爲刺史我等何罪反見殺邪若朝廷之命何以示信苟將軍違詔而殺降亦將不免也高祖不能詰即以金全爲安遠軍節度使金全左都押衙明漢榮用事所爲不法高祖患

大三日大十小十　五代史四十八　二　寿

之不欲因漢榮以累功臣爲選廉吏賈仁沼代之且召漢榮漢榮教金全留己而不遣金全客龐令圖諫曰仁沼昔事王晏球晏球攻王都於中山都遣善射者登城射晏球中兜鍪仁沼從後引弓射善射者一發而斃晏球求其人欲厚賞之仁沼退而不言此天下之忠臣也都敗晏球遣仁沼獻捷于京師凡所賜與甚厚悉以分故人親戚之貧者此天下之廉士也爲人如此豈有爲人謀而不善者乎宜納仁沼而遣漢榮漢榮聞之夜使人殺令圖而酖仁沼仁沼舌壞而死天福

五年夏高祖以馬全節代金全而仁沼二子欲詣京師訴其父寃漢榮大懼紿金全曰前日天子召漢榮公違詔而不遣仁沼之死其二子將訴于朝今以全節代公是召公對獄也金全信之遂叛送欵于李昪高祖發兵三萬授全節討之昪遣其將李承裕入安州金全遂南奔行至泌州引頸北望涕泣而去昪以金全爲天威統軍漢隱帝時李守貞反河中乞兵於昪金全爲昪潤州節度使與查文徽等出沭陽昪之諸將皆銳於攻取金全獨以謂遠不相及不可行乃止其後亦不復用不知其所終

大三日卅六小十　五代史四十八　四　寿

楊思權

楊思權邠州新平人也事梁爲控鶴右第一軍使唐莊宗滅梁以爲夾馬都指揮使明宗時秦王從榮爲河東節度使以馮贇爲副思權爲北京步軍都指揮使以佐佑之從榮素驕所爲多不法是時宋王從厚爲河南尹從厚年少謙恭好禮明宗陰遣人從容語從厚之善以諷勉之從榮不悅告思權曰天下共賢河南而非我我將廢矣奈何思權曰公有甲士而思權在何患

也乃勸從榮招募死士增利器械以爲備馮贇
患之以其事聞明宗召思權還京師以從榮故
亦不之責也後爲右羽林都指揮使將兵戍興
元潞王從珂反鳳翔與元張虔釗會諸鎮兵討
賊諸鎮兵圍鳳翔思權攻城西嚴衛指揮使尹
暉攻城東破其兩關城從珂登城呼外兵告以
己非反者其語甚哀外兵聞者皆悲之而虔釗
督戰甚急軍士反兵逐虔釗思權因呼其衆曰
潞王真吾主也即擁軍士入城降暉聞思權已
降亦麾其軍使解甲由是諸鎮之兵皆潰思權

與暉入見從珂思權前曰臣以赤心奉殿下殿
下事成願不以防禦團練使處臣乃出一紙於懷
中曰願志臣姓名以爲驗從珂即書曰可邠寧節
度使廢帝入立拜思權靜難軍節度使後爲右龍
武統軍左衛上將軍天福八年卒于京師贈太傅

尹暉

尹暉者魏州大名人也從廢帝入洛陽而晉高
祖來朝與暉遇于道暉時猶爲嚴衛指揮使特
先降功不爲高祖屈馬上橫鞭揖之高祖怒白
廢帝暉不可與名藩乃以爲應州節度使晉高

祖入立罷爲右衛大將軍范延光反以書招暉
暉懼出奔淮南爲人所殺有子勳

王弘贄

王弘贄不知其世家何人也唐明宗時爲合階
二州刺史右千牛衛將軍衛州刺史潞王從珂
反於鳳翔擁兵東至陝愍帝懼夜以百餘騎出
奔至衛州東七八里遇晉高祖將朝于京師騶
呵前導者不避愍帝遣左右叱之對曰成德軍
節度使石敬瑭也愍帝即下馬慟哭謂敬瑭曰
潞王反康義誠等皆叛我我無所依長公主教

我逆爾于路高祖曰衛州刺史王弘贄宿將也
且多知時事請就圖之即馳騎前見弘贄曰主上
危迫吾戚屬也何以圖全弘贄曰天子避狄自
古有之然將相大臣從乎曰無也國寶乘輿法
物從乎曰無也弘贄歎曰所謂大木將顛非一
繩所維今萬乘之主以百騎出奔而將相大臣
無一人從者則人心去就可知也雖欲興復其
得乎即從高祖上謁於驛舍高祖且以弘贄語
白愍帝弓箭庫使沙守榮奔弘進前謂高祖曰
主上明宗愛子公愛壻也公於此時不能報國

而反問大臣國寶所在公亦助賊反邪乃抽佩刀刺高祖高祖親將陳暉扞之守榮與暉戰死弘進亦自刎高祖因盡殺帝從兵獨留帝于驛而去弘贄奉帝居于州廨弘贄有子巒為殿直廢帝入立遣巒持鴆與弘贄初愍帝在衛州弘贄令市中酒家獻酒愍帝見之大驚遽頓于地久而蘇弘贄曰此酒家也願獻酒以慰無憀愍帝受之由是日獻一觴及巒持酖至因使酒家獻之愍帝飲而不疑遂崩弘贄後事晉為鳳翔行軍司馬以光祿卿致仕卒贈太傅

劉審交

劉審交字求益幽州文安人也少略知書通於吏事為唐興令補范陽牙校劉守光僭號以審交為兵部尚書守光敗歸于太原唐莊宗以為從事其後趙德鈞鎮范陽北面轉運使馬紹宏辟審交判官王晏球討王都以為轉運供軍使定州平拜遼州刺史復為北面轉運使改慈州刺史以母老去官母喪哀毀過禮不調累年晉高祖即位楊光遠討范延光於魏州審交復為供軍使是時晉高祖分戶部度支鹽鐵為三使

歲餘三司益煩弊乃復合為一拜審交三司使議者請檢天下民田宜得益租審交曰租有定額而天下比年無閑田民之苦樂不可等也遂止不檢而民賴以不擾遷右衛上將軍陳州防禦使出視民田見民耕器薄陋乃取河北耕器為範為民更鑄安從進平徙審交襄州又從青州皆有善政罷還契丹犯京師留蕭翰而去翰復以審交為三司使已而翰召許王從益守京師漢高祖起義太原從益召高行周以拒高祖行周不至從益母王淑妃與羣臣謀迎高祖或以謂燕兵在京師者猶數千可以城守而待行周淑妃不從議未決審交進曰余燕人也今為燕守城當為燕謀然事勢不可為也太妃語是從益乃罷不設備遣人西迎高祖高祖至罷審交不用隱帝時為汝州防禦使有能名乾祐三年卒年七十四州人聚哭柩前上疏乞留葬近郊使民得歲時祠祭詔特贈太尉起祠立碑

王周

王周魏州人也少以勇力從軍事唐莊宗明宗為裨校以力戰有功拜刺史晉天福中從楊光

遠討范延光於魏州又從杜重威討安重榮於鎮州皆有功歷貝州涇州節度使涇州張彥澤爲政苛虐民多流亡周乃更爲寬恕問民疾苦去其苛弊二十餘事民皆復歸歷遷武勝保義義武成德四鎮皆有善政定州橋壞覆民租車周曰橋梁不修刺史過也乃償民粟爲治其橋杜重威降契丹契丹兵過鎮州臨城呼周使出降周泣曰受晉厚恩不能死戰而以城降何面目南行見人主與士大夫乎乃劇飲求刀欲自引決家人止之迫以出降契丹以周爲武勝軍節度使漢高祖入立徙鎮武寧卒于鎮贈中書令

高行周 行珪附

高行周字尚質嬀州人也世爲懷戎戍將父思繼思繼兄弟皆以武勇雄於北邊爲幽州節度使李匡威戍將匡威爲其弟匡儔所篡晉王將討其亂謀曰高思繼兄弟在孔領關有兵三千此後患也不如遣人招之思繼爲吾用則事無不成克用遣人招思繼兄弟燕俗重氣義思繼等聞晉兵爲匡威報仇乃欣然從之爲晉兵前鋒匡儔聞思繼兄弟皆叛乃棄城走克用以劉

仁恭守幽州以其兄某爲先鋒都指揮使思繼爲中軍都指揮使弟某爲後軍都指揮使高氏兄弟分掌燕兵克用臨訣謂仁恭曰思繼兄弟勢傾一方爲燕患者必高氏也宜善爲防克用留晉兵千人爲仁恭衛而晉兵多犯法思繼等數誅殺之克用以責仁恭仁恭以高氏爲訴由是晉盡誅思繼兄弟仁恭以其兄某之子行珪爲牙將而思繼子行周年十餘歲亦收之帳下稍長補以軍職仁恭被囚守光立以行珪爲武州刺史其後守光背晉晉兵攻之守光將元行

欽牧馬山後聞守光且見圍即率所牧馬赴援而麾下兵叛于道推行欽爲幽州留後行欽曰吾所憚者行珪也乃遣人之懷戎得行珪子繫之兵過武州招行珪曰守光可取而代也當從我行不然且殺公子行珪謝曰與君俱劉公將而忍叛之吾當爲劉氏也尚何顧吾子耶行欽即以兵圍行珪月餘行珪城中人食盡召其州人告曰吾非不爲父老守也今劉公救兵不至奈何可殺吾以降晉父老皆泣願以死守是時行周適從行珪在武州即夜縋行周馳入晉見莊

宗莊宗因遣明宗救武州比至行欽已解去行珪乃降晉莊宗時歷朔忻嵐三州刺史大同軍節度使明宗入立徙鎮威勝安遠行珪性貪鄙所爲多不法副使范延策爲人剛直數規諫之行珪不聽嗛之已而戍兵有謀叛者行珪先覺之因潛徙軍兵于佗所戍兵叛趨庫劫兵無所得乃潰去行珪追而殺之因誣奏延策同反并其子皆見殺天下寃之行珪卒于鎮贈太尉當行珪之降晉也行周隸明宗帳下初爲裨將趙德鈞識之謂明宗曰此子貌厚而小心佗日必

大貴宜善待之梁晉軍河上莊宗遣明宗東襲鄆州行周將前軍夜遇雨軍中皆欲止不進行周曰此天贊我也鄆人恃雨不備吾來宜出其不意即夜馳涉濟入其城鄆人方覺遂取之莊宗滅梁以功領端州刺史遷絳州明宗時從平朱守殷克王都遷潁州團練使振武軍節度使歷鎮彰武昭義晉高祖時爲西京留守徙鎮天雄安從進叛以行周爲襄州行營都部署討平之徙鎮歸德出帝時代景延廣爲侍衛親軍都指揮使是時李彥韜馮玉等用事乃求歸鎮契丹滅晉留蕭翰守汴翰又棄去召唐故許王從益入汴而漢高祖起太原從益遣人召行周將以拒漢行周歎曰衰世難輔況兒戲乎乃不從漢高祖入京師加行周守中書令徙鎮天平軍封臨清王周太祖入立封齊王卒贈尚書令追封秦王有子懷德

白再榮

白再榮不知其世家何人也少爲軍卒唐晉之間爲護聖指揮使契丹犯京師再榮從契丹北歸至鎮州契丹留麻荅守鎮州而去晉人從者

多留焉居未幾李筠何福進等謀逐麻荅使人召再榮再榮遲疑不欲往軍士迫之乃往共攻之麻荅走諸將以再榮名次最高乃推爲留後再榮出於行伍貪而無謀是時李崧和凝等皆隨契丹留鎮州再榮以兵環其居迫而求物又欲害崧取其貲李穀謂曰公等親被契丹之苦憂死不暇然逐麻荅者乃衆人所爲非獨公力也今纔得生路而遽殺宰相此契丹尚或不爲然它日至京師天子問宰相何在何以對之再榮默然乃止而悉拘賞軍麻荅者取其財鎮人

謂之白麻答漢高祖即位拜再榮為留後遷義成軍節度使罷還京師周太祖以兵入京師軍士攻再榮於第悉取其財已而前啓曰士卒嘗事公隷麾下一旦無禮如此亦復何面見公乎乃斬之携其首而去家人以帛贖而葬之

安叔千

安叔千字胤宗沙陀三部落人也少善騎射事唐莊宗以為奉安指揮使明宗時與討王都拜秦州刺史從擊契丹為先鋒都指揮使以功拜昭武軍節度使歷靜難橫海安國建雄四鎮叔千狀貌堂堂而不通文字所為鄙陋人謂之没字碑晉出帝時為左金吾衛上將軍契丹犯京師晉百官迎見耶律德光于赤岡叔千出班夷言德光勞曰是安没字否汝在邢州已通誠款吾今至此當與汝一喫飯處叔千再拜乃以為鎮國軍節度使漢高祖入立罷歸京師自以常私附契丹頗懷媿懼以太子太師致仕周太祖兵入京師軍士大掠叔千家貲已盡而軍士意其所藏者箠掠不已傷重歸于洛陽卒年七十二

五代史記卷第四十八

五代史記卷第四十九

雜傳第三十七

翟光鄴

翟光鄴字化基濮州鄄城人也其父景珂倜儻有膽氣梁晉相距于河上景珂率聚邑人守永定驛晉人攻之踰年不能下景珂卒戰死光鄴時年十歲為晉兵所掠明宗愛其穎悟常以自隨光鄴事唐官至耀州團練使晉高祖時歷棣沂二州刺史西京副留守出帝已破楊光遠以光鄴為青州防禦使光鄴招輯兵民甚有恩意契丹滅晉遣光鄴知曹州許王從益入汴以為樞密使漢高祖入京師改右領軍衛大將軍充街使周太祖入立拜宣徽使樞密副使出知永興軍卒于官光鄴為人沈默多謀事繼母以孝聞雖貴不營財產常假官舍以居蕭然僅蔽風雨雍睦親族麤衣糲食與均有無光鄴處之晏然日與賓客飲酒聚書為樂其所臨政務以寬靜休息為意病亟戒其左右氣絶以尸歸洛無久留以煩軍府既卒州人上書乞留葬立祠不許

馮暉

馮暉魏州人也爲効節軍卒以功遷隊長唐莊宗入魏與梁相距于河上暉以隊長亡入梁軍王彥章以暉驍勇隷之麾下梁亡莊宗赦暉不問從明宗討楊立魏王繼岌平蜀畧遷夔興二州刺史董璋反東川暉從晉高祖討璋軍至劒門劒門兵守不得入暉從佗道出其左擊蜀守兵殆盡會晉高祖班師拜暉澶州刺史天福中范延光反魏州遣暉襲滑州不克遂入于魏爲延光守已而出降拜義成軍節度使從鎮靈武

靈武自唐明宗已後市馬糴粟招來部族給賜軍士歲用度支錢六千萬自關以西轉輸供給民不堪役而流亡甚衆青岡土橋之間氐羌剽掠道路商旅行必以兵暉始至則推以恩信部族懷惠止息侵奪然後廣屯田以省轉餉治倉庫亭館千餘區多出俸錢民不加賦管內大治晉高祖下詔書褒美党項拓拔彥超最爲大族諸族嚮背常以彥超爲去就暉之至也彥超來謁遂留之爲起第於城中賜予豐厚務足其意彥超既留而諸部族爭以羊馬爲市易期年有

馬五千匹晉見暉馬多而得夷心反以爲患徙鎮靜難又徙保義歲中召爲侍衛步軍都指揮使領河陽節度使暉於是始覺晉有患己意是時隱帝昏亂馮玉李彥韜等用事暉曲意事之因得復鎮靈武時王令溫鎮靈武失夷落心大爲邊患暉即請曰今朝廷多事必不能以兵援臣願得自募兵以爲衛乃募得兵千餘人行至梅戍蕃夷稍稍來謁暉顧首領一人指其佩劒曰此板橋王氏劒邪吾聞王氏劒天下利器也俛而取諸腰間若將翫之因擊殺首領者其從騎

十餘人皆殺之裨將藥元福曰今去靈武尚五六百里奈何暉笑曰此夷落之豪部族之所恃也吾能殺之其餘豈敢動哉已而諸族皆以兵扼道路暉以言譬諭之獨所殺首領一族求戰即與之戰而敗走諸族遂不敢動暉至靈武撫綏邊部凡十餘年恩信大著官至中書令封陳留王廣順三年卒追封衛王子繼業

皇甫暉

皇甫暉魏州人也爲魏軍卒戍瓦橋關歲滿當代歸而留屯貝州是時唐莊宗已失政天下離

心暉爲人驍勇無賴夜博軍中不勝乃與其徒謀爲亂劫其都將楊仁晟曰唐能破梁而得天下者以先得魏而盡有河北兵也魏軍甲不去體馬不解鞍者十餘年今天下已定而天子不念魏軍久戍之勞去家咫尺不得相見今將士思歸不可遏公當與我俱行不幸天子怒吾軍則坐據一州足以起事仁晟曰公等何討之過也今英主在上天下一家精甲銳兵不下數十萬公等各有家屬何故出此不祥之言軍士知不可彊遂斬之推一小校爲主不從又斬之乃携

二首以詣裨將趙在禮在禮從之乃夜焚貝州以入于魏在禮以暉爲馬步軍都指揮使暉擁甲士數百騎大掠城中至一民家問其姓曰姓國暉曰吾當破國遂盡殺之又至一家問其姓曰姓萬暉曰殺萬家足矣又盡殺之及明宗入魏遂與在禮合謀莊宗之禍自暉始明宗即位暉自軍卒擢拜陳州刺史終唐世常爲刺史晉天福中以衞將軍居京師在禮已秉旄節罷鎮來朝暉往候之曰與公俱起甘陵卒成大事然由我發也公今富貴能卹我乎不然禍起坐中

在禮懼遽出器幣數千與之而飲以酒暉飲自若不謝而去久之爲密州刺史契丹犯闕暉率其州人奔于江南李景以爲歙州刺史奉化軍節度使鎮江州周師征淮景以暉爲北面行營應援使屯清流關爲周師所敗并其都監姚鳳皆被擒世宗召見暉金瘡被體哀之賜以金帶鞍馬後數日卒拜鳳左屯衞上將軍

唐景思

唐景思秦州人也幼善角觝以屠狗爲生後去爲軍卒累遷指揮使唐魏王繼岌伐蜀景思爲

蜀守固鎮繼岌兵至景思以城降拜興州刺史晉高祖時爲貝州行軍司馬出帝時契丹攻陷貝州景思爲趙延壽所得以爲壕砦使契丹滅晉拜景思亳州防禦使漢高祖時爲鄧州行軍司馬後爲沿淮巡檢漢法酷而史弘肇用事喜以告訐殺人景思有奴嘗有所求不如意即馳見弘肇言景思與李景交通而私畜兵甲弘肇遣吏將三十騎往收景思奴謂吏曰景思勇者也得則殺之不然將失之也吏至景思迎前以兩手抱吏呼冤請詣獄自理吏引奴與景思驗景

思曰我家在此請索之有錢十千爲受外賂有甲一屬爲私畜兵吏索之惟一衣笥軍籍糧簿而已吏閲而寛之景思請械送京師以自明景思有僕王知權在京師聞景思被告乃見弘肇願先下獄明景思不反弘肇憐之送知權獄中日勞以酒食景思既械就道頴亳之人隨至京師共明之弘肇乃鞫其奴具伏即奏斬奴而釋景思後從世宗戰高平世宗以所得漢降兵數千爲効順指揮以景思爲指揮使後戍淮上周師伐淮南以功領饒州刺史遷濠州刺史兵攻濠州以戰傷重卒贈武清軍節度使

王進

王進幽州良鄉人也爲人勇悍走及奔馬少聚徒爲盜鄉里患之符彦超遣人以賂招置麾下彦超鎮安遠軍軍中有變遣進馳奏京師明宗怪其來速嘉其足力以隸宣衛指揮漢高祖爲侍衛親軍指揮使以進爲軍校高祖鎮河東因以之從每有急遣進馳至京師往返不過五六日由是愈親愛之累遷奉國軍都指揮使從周太祖起魏遷虎捷右廂都指揮使歷汝鄭二州防禦使彰德軍節度使顯德元年秋（一本作初）以疾卒贈太師

嗚呼予述舊史至於王進之事未嘗不廢書而歎曰甚哉五代之君皆武人崛起其所與俱勇夫悍卒各裂土地封侯王何異豺狼之牧斯人也雖其附託遭遇出於一時之幸然猶必皆横身陣敵非有百夫之勇則必一日之勞至如進者徒以疾足善走而秉旄節何其甚歟豈非名器之用隨世而輕重者歟世治則君子居之而重世亂則小人易得而輕歟抑因緣僥倖未始不有而尤多於亂世既其極也遂至於是歟豈其又有甚於是者歟當此之時爲國長者不過十餘年短者三四年至一二年天下之人視其上易君代國如吏戍長無異蓋其輕如此況其下者乎如進等者豈足道哉易否泰消長君子小人常相上下視在上者如進等則其在下者可知矣予書進事所以哀斯人之亂而見當時賢人君子之在下者可勝道哉可勝道哉

常思

常思字克恭太原人也初從唐莊宗爲卒後爲

長劒指揮使歷唐晉爲六軍都虞候漢高祖爲河東節度使以思爲牢城指揮使高祖入立領武勝軍節度使從鎮昭義思起軍卒未嘗有戰功徒以幸會漢興遂秉旄節在潞州五年以聚斂爲事而性鄙儉初思微時周太祖方少孤無依食于思家以思爲叔後思與周太祖俱事漢以取富貴周太祖已即位每呼思爲常叔拜其妻如家人禮廣順三年徙鎮歸德居二年來朝又徙平盧思因啓曰臣居宋宋民負臣絲息十萬兩願以劵上進太祖領之即焚其劵詔宋州悉蠲除之思居青州踰年得疾歸于洛陽卒贈中

書令

孫方諫

孫方諫鄭州清苑人也初定州西北有狼山堡定人常保以避契丹有尼深意居其中以佛法誘民民多歸之後尼死堡人言其尸不朽因奉而事之尼姓孫氏方諫自以爲尼族人即繼行其法堡人推以爲主晉出帝時義武軍節度使惡方諫聚徒山中恐爲邊患因表以爲游奕使方諫因有所求不得乃北通契丹契丹後滅晉以方諫爲義武軍節度使已而徙方諫於雲中方諫不受命率其徒復入狼山漢高祖起契丹縱火燒定州虜其人民北去方諫聞之自狼山入據之以歸漢高祖嘉之即拜方諫義武軍節度使周太祖時徙鎮鎮國以其弟行友爲定州留後世宗攻太原方諫朝于行在從還京至洛得疾徙鎮匡國卒于洛陽年六十二贈太師

五代史記卷第四十九

五代史記卷之五十

雜傳第三十八

王峻

王峻字秀峯相州安陽人也父豐爲樂營將峻少以善歌事梁節度使張筠唐莊宗已下魏博筠弃相州走歸京師租庸使趙巖過筠家筠命峻歌佐酒巖見而悅之是時巖方用事筠因以峻遺巖梁亡巖族誅峻流落民間久之事三司使張延朗延朗不甚愛之晉高祖滅唐殺延朗是時漢高祖從晉起兵因悉以延朗貲産賜之峻因得事漢高祖高祖鎮河東峻爲客將高祖即位拜峻客省使漢遣郭從義討趙思綰以峻監其軍累遷宣徽北院使周太祖鎮天雄軍峻爲監軍漢隱帝已殺大臣史弘肇等又遣人殺周太祖及峻等峻等遂與太祖舉兵犯京師太祖監國以漢太后命拜峻樞密使太祖將兵北出至澶州返軍嚮京師是時太祖已遣馮道迎湘陰公贇于徐州而漢宗室蔡王信在許州峻與王殷謀遣侍衛馬軍指揮使郭崇率兵之宋州前申州刺史馬鐸之許州以伺變崇鐸遂殺贇信太祖入立拜峻右僕射門下侍郎同中書門下平章事監修國史劉旻攻晉州峻爲行營都部署得以便宜從事別遣陳思讓康延沼自烏嶺出絳州與峻會峻至陝州留不進太祖遣使者翟守素馳至陝州諭峻欲親征峻屏左右謂守素曰晉州城堅不可近而劉旻兵鋭亦未可當臣所以留此者非怯也蓋有待爾且陛下新即位四方藩鎮未有威德以加之豈宜輕舉而兖州慕容彥超反迹已露若陛下出汜水則彥超入京師陛下何以待之守素馳還具道峻言是時太祖已下詔西幸聞峻語遽自提其耳曰幾敗吾事乃止不行峻軍出自絳州前鋒報過蒙阬峻喜謂其屬曰蒙阬晉絳之險也旻不分兵扼之使吾過此可知其必敗也峻軍去晉州一舍旻聞周兵大至即解去諸將皆欲追之峻猶豫不決明日遣騎兵追旻不及而還從討慕容彥超爲隨駕都部署率衆先登峻與太祖俱起于魏自謂佐命之功以天下爲己任凡所論請事無大小期於必得或小不如志言色輒不遜太祖每優容之峻年長於太祖二歲往往

王峻

呼峻爲兄或稱其字峻由是益横鄭仁誨李重
進向訓等皆太祖故時偏裨太祖初即位謙抑
未欲進用而峻心忌之自破慕容彦超還即求
解樞密以探上意太祖慰勞之峻多發書諸鎮
求爲保薦居數日諸鎮皆馳騎上峻書太祖大
駭峻連章求解因不視事太祖遣近臣召之曰
卿若不出吾當自往候卿峻曰車駕若來是致
臣有不測也然殊無出意樞密直學士陳同與
峻相善太祖即遣同召峻同還奏曰峻意少解
然請陛下聲言嚴駕若將幸之則峻必出矣太

祖僶俛從之峻聞太祖且來遂馳入謁峻於樞
密院起廳事極其華侈邀太祖臨幸賜予甚厚
太祖於内園起一小殿峻輒奏曰宫室已多何
用此爲太祖曰樞密院屋不少卿亦何必有作
峻慚不能對峻爲樞密使兼宰相又求兼領平
盧已受命暫之鎮又請借左藏庫綾萬匹太祖
皆勉從之又請用顔衎陳同代李穀范質爲相
太祖曰進退宰相豈可倉卒當徐思之峻論請
不已語漸不遜日亭午太祖未食峻爭不已是
時寒食假太祖曰俟假開當爲卿行峻乃退太

王殷

祖遂不能忍明日御便殿召百官皆入即幽峻
於别所太祖見馮道泣曰峻凌朕不能忍即貶
商州司馬卒于貶所峻已被黜太祖以峻監修
國史意其所書不實因召史官取日曆讀之史
官以禁中事非外所知懼以漏落得罪峻貶後
李穀監修因請命近臣録禁中事付史館乃命
樞密直學士就樞密院録送史館自此始

王殷

王殷大名人也少爲軍卒以軍功累遷靈武馬
步軍都指揮使唐廢帝時從范延光討張令昭

于魏以功拜祁州刺史晉天福中徙原州刺史
殷事母以孝聞欲與人游必先白母母所不可
者未嘗敢往及爲刺史政事有小失母責之殷
即取杖授婢僕自笞於母前母亡服喪晉高祖
詔殷起復以爲憲州刺史殷乞終喪服除出帝
以爲奉國右廂都指揮使後從漢高祖討杜重
威先登力戰矢中其腦鏃自口出而不死高祖
嘉之以爲侍衛歩軍都指揮使領寧江軍節度
使契丹犯邊漢遣殷以兵屯澶州隱帝已殺楊
邠等詔鎮寧軍節度使李弘義殺殷于澶州又

詔郭崇殺周太祖于魏詔書至澶州弘義恐事不果反以告殷殷遣人馳至魏告周太祖遂起兵反太祖入立拜侍衛親軍都指揮使出爲天雄軍節度使同中書門下平章事仍領親軍自河以北皆受殷節度殷頗務聚斂太祖聞而惡之遣人謂之曰吾起魏時帑廪儲畜豈少邪汝爲國家用足矣殷不聽殷與王峻俱從太祖起自魏後峻得罪殷不自安廣順三年秋九月永壽節殷求入爲壽太祖許之而懼其疑也復遣使止之明年太祖有事于南郊是冬殷來朝殷握兵柄職當警衛出入多以兵從又求兵甲以備非常是時太祖卧疾疑殷有異志乃力疾御滋德殿殷入起居即命執之削奪在身官爵長流登州已而殺之徙其家屬于登州

劉詞

劉詞字好謙大名元城人也少事楊師厚以勇悍知名唐莊宗下魏博與梁戰夾河詞以軍功爲效節軍使遷長劍指揮使坐事左遷汝州十餘年廢帝時詔諸州鎮選驍勇者充禁軍詞得選爲禁軍校從破張從賓楊光遠以功選奉國

第一軍都虞候從馬全節破安州以功遷指揮使從杜重威破鎮州以先登功拜泌州刺史晉軍討安從進爲襄州行營都虞候以功遷泌州團練使徙房州歲餘爲政不苛撓人頗便之詞居暇日常被甲枕戈而卧謂人曰我以此取富貴豈可一日輒忘之且人情易習若一墮其筋力有事何以報國漢高祖時復爲奉國右廂都指揮使漢軍討李守貞于河中詞以侍衛步軍都指揮使領寧江軍節度使爲行營都虞候以功拜鎮國軍節度使周太祖入立加同中書門下平章事歷鎮安國河陽三城世宗戰高平樊愛能等軍敗南走遇詞而止之曰軍敗矣可無前也詞不聽輒趣兵以進世宗嘉之以爲隨駕都部署及班師以爲河東行營副都部署徙鎮永興明年卒于鎮年六十五贈侍中謚忠惠

王環

王環鎮州真定人也以勇力事孟知祥爲御者及知祥僭號于蜀使典衞兵晉開運之亂秦鳳階成入于蜀孟昶以環爲鳳州節度使周世宗即位明年遣王景向訓攻秦鳳州數爲環所敗

大臣皆請罷兵世宗曰吾欲一天下以爲家而聲教不及秦鳳今兵已出無功而返吾有慚焉乃決意攻之周兵糧道頗艱昶遣兵五千出堂倉抵黃花谷以爭糧道景訓先知其來命排陣使張建雄以兵二千當谷口別遣裨將以勁兵千人出其後伏堂倉以待其歸蜀兵前遇建雄戰不勝退走堂倉伏發盡殪之由是蜀兵守諸城堡者皆潰初昶遣其秦州節度使高處儔以兵援環未至聞堂倉兵敗亦潰歸處儔判官趙玭閉城不內處儔遂奔成都玭乃以城降成階二州相繼亦降獨環堅守百餘日然後克之世宗召見環歎曰三州已降環獨堅守吾數以書招之而環不荅至於力屈就擒雖不能死亦忠其所事也用之可勸事君者乃拜環右驍衛將軍是時周師已征淮即以環佐侯章爲攻取賊城水砦副部署初周師南征李景陳兵於淮舟楫甚盛周師無水戰之具世宗患之乃置造船務於京城之西爲戰艦數百艘得景降卒教之水戰明年世宗再征淮使環將水戰卒數千自蔡河以入淮環居軍中未嘗有戰功蜀卒與環

俱擒者世宗不殺悉以從軍後多南奔於景世宗待環益不疑已而景將許文縝邊鎬等皆被擒世宗悉以爲將軍與環等列第京師歲時賜與甚厚明年又幸淮南又以環從遇疾卒于泗州

折從阮

折從阮字可久初名從遠避漢高祖名改爲阮雲中人也其父嗣倫爲麟州刺史從阮爲人溫恭長者居父喪以孝聞唐莊宗鎮太原以爲牙將後以爲府州刺史晉出帝與契丹敗盟從阮以兵攻契丹取其城堡十餘遷本州團練使兼領朔州刺史安北都護振武軍節度使契丹西南面行營馬步軍都虞候漢高祖入立於府州建永安軍以從阮爲節度使明年以其族朝京師徙鎮武勝即拜從阮子德扆爲府州團練使周太祖入立從阮歷徙宣義保義靜難三鎮顯德二年罷還京師行至洛陽卒贈中書令

五代史記卷之五十

五代史記卷第五十一

雜傳第三十九

朱守殷

朱守殷少事唐莊宗爲奴名曰會兒莊宗讀書會兒常侍左右莊宗即位以其廝養爲長直軍以守殷爲軍使故未嘗經戰陣之用然好言人陰私長短以自結莊宗以爲忠遷蕃漢馬步軍都虞候使守德勝王彥章攻德勝守殷無備遂破南城莊宗罵曰駑才果悞予事明宗請以守殷行軍法莊宗不聽同光二年領鎮武軍節度

使是時莊宗初入洛守殷巡檢京師恃恩驕恣凌侮勳舊與伶人景進相爲表裏魏王繼岌已殺郭崇韜進誣朱友謙與崇韜謀反莊宗遣守殷圍其第而殺之是時明宗自鎮州來朝居于私第莊宗方惑羣小疑忌大臣遣守殷伺察明宗動靜守殷陰使人告明宗曰位高人臣者身危功蓋天下者不賞公可謂位高而功著矣宜自圖歸藩無與禍會也明宗曰吾洛陽一匹夫爾何能爲也既而明宗卒反于魏莊宗東討守殷將騎軍陣宣仁門外以俟駕郭從謙作亂犯興教門以入莊宗亟召守殷等軍守殷按軍不動莊宗獨與諸王宦官百餘人射賊守殷等終不至方稅兵憩北邙山下聞莊宗已崩即馳入宮中選載嬪御寶貨以歸縱軍士劫掠遣人趣明宗入洛明宗即位拜守殷同中書門下平章事河南尹判六軍諸衛事明年遷宣武軍節度使九月明宗詔幸汴州議者喧然或以爲征吳或以爲東諸侯有屈彊者將制置之守殷尤不自安乃殺指揮使馬彥超閉城反明宗行至京水聞守殷反遣范延光馳兵傅其城汴人開

門納延光守殷自殺其族乃引頸命左右斬之明宗至汴州命轘其尸梟首于市七日傳徇洛陽守殷之將反也召都指揮使馬彥超與計事彥超不從守殷殺之明宗憐彥超之死以其子承祚爲洺州長史

董璋

董璋不知其世家何人也少與高季興孔循俱爲汴州富人李讓家僮梁太祖鎮宣武養讓爲子是爲朱友讓其僮奴以友讓故皆得事梁太祖璋以軍功爲指揮使晉李繼韜以潞州叛降

梁末帝遣璋攻下澤州即以璋爲刺史梁亡璋事唐爲邠寧節度使與郭崇韜相善崇韜伐蜀以璋爲行營右廂馬步軍都虞候軍事大小皆與參决蜀平以爲劒南東川節度使孟知祥鎮西川其後二人有異志安重誨居中用事議者多言知祥必不爲唐用而能制知祥者璋也往往稱璋忠義重誨以爲然頗優寵之以故璋益橫天成四年明宗祀天南郊詔兩川貢助南郊物五十萬使李仁矩賫安重誨書往諭璋璋訴不肯出秖出十萬而已又因事欲殺仁矩仁矩涕泣而免

歸言璋必反其後使者至東川璋益倨慢使者還多言璋欲反狀重誨患之乃稍擇將吏爲兩川刺史以精兵爲其牙衞分布其諸州又分閬州置保寧軍以仁矩爲節度使遣姚洪將兵千人從仁矩戍閬州璋及知祥覺唐疑已且削其地遂連謀以反璋因爲其子娶知祥女以相結又遣其將李𡵆劉抵劒門關爲七砦於關北增置關號永定凡唐戍兵東歸者皆遮留之獲其逃者覆以鐵籠火炙之或刲肉釘面剖心而啖長興元年九月知祥攻陷遂州璋攻陷閬州執李仁矩姚洪皆殺之初璋等反唐獨誅璋家屬知祥妻子皆在成都其踈屬留京師者皆不誅石敬瑭討璋等兵久無功而關以西饋運不給遠近勞敝明宗患之安重誨自往督軍敬瑭不納重誨遂得罪死敬瑭亦還明宗乃遣西川進奏官蘇愿東川軍將劉澄西歸諭璋等使改過知祥遣人告璋欲與俱謝過自歸璋曰唐不殺孟公家族於西川恩厚矣我子孫何在何謝之有璋由此疑知祥賣已三年四月以兵萬人攻知祥戰于彌牟璋大敗還走梓州初唐陵州刺史

王暉代還過璋璋邀留之至是暉執璋殺之傳其首於知祥

范延光

范延光字子瓌相州臨漳人也唐明宗爲節度使置延光麾下而未之奇也明宗破鄆州梁兵方扼楊劉其先鋒將康延孝陰送款於明宗明宗求可以通延孝款於莊宗者延光輙自請行乃懷延孝蠟丸書西見莊宗致之且曰今延孝雖有降意而梁兵扼楊劉者甚盛未可圖也不如築壘馬家口以通汶陽莊宗以爲然壘成梁遣王

彥章急攻新壘明宗使延光間行求兵夜至河上為梁兵所得送京師下延光獄榜掠數百脅以白刃延光終不肯言晉事繫之數月稍為獄吏所護莊宗入汴獄吏去其桎梏拜而出之莊宗見延光喜拜檢校工部尚書明宗時為宣徽南院使明宗行幸汴州至滎陽朱守殷反延光曰守殷反迹始見若緩之使得為計則城堅而難近故乘人之未備者莫若急攻臣請騎兵五百馳至城下以神速駭之乃以騎兵五百自昏疾馳至半夜行二百里戰于城下遲明明宗亦馳至

汴兵望見天子乘輿乃開門而延光先入猶巷戰殺傷甚衆守殷死汴州平明年遷樞密使出為成德軍節度使安重誨死復召延光與趙延壽並為樞密使明宗問延光馬數幾何對曰騎軍三萬五千明宗撫髀歎曰吾兵間四十年自太祖在太原時馬數不過七千莊宗取河北與梁家戰河上馬纔萬匹今有馬三萬五千而不能一天下吾老矣馬多奈何延光因曰臣嘗計一馬之費可養步卒五人三萬五千匹馬十五萬兵之食也明宗曰肥戰馬而瘠吾人

此吾所媿也夏州李仁福卒其子彝超自立而邀旄節明宗遣安從進代之彝超不受代以兵攻之久不克隰州刺史劉遂凝馳驛入見獻策言綏銀二州之人皆有內嚮之意請除二刺史以招降之延光曰王師問罪本在彝超夏州已破綏銀豈足顧哉若不破夏州雖得綏銀不能守也遂凝又請自馳入說彝超使出降延光曰一遂凝萬一失之不足惜所惜者朝廷大體也是時王淑妃用事遂凝兄弟與淑妃有舊方倚以蒙恩寵所言無不聽而大臣以妃故多不敢

爭獨延光從容沮止之明宗有疾不能視朝京師之人訩訩異議藏竄山谷或寄匿於軍營有司不能禁或勸延光以嚴法制之延光曰制動當以靜宜少待之已而明宗疾少間京師乃定是時秦王握兵驕甚宋王弱而且在外議者多屬意於潞王延光懼禍之及也乃求罷去延壽陰祭延光有避禍意亦遽求罷明宗再三留之二人辭益懇至繼之以泣明宗不得已乃皆罷之延光復鎮成德而用朱弘昭馮贇為樞密使已而秦王舉兵見誅明宗崩潞王反殺愍帝唐

室大亂弘昭贇皆及禍以死末帝復詔延光爲
樞密使拜宣武軍節度使天雄軍亂逐節度使
劉延皓遣延光討平之即以爲天雄軍節度使
延光常夢大蛇自臍入其腹半入而掣去之以
問門下術士張生張生賛曰蛇龍類也入腹内
王者之兆也張生自延光微時言其必貴延光
素神之常置門下言多輒中遂以其言爲然由
是頗畜異志當晉高祖起太原末帝遣延光以
兵二萬屯遼州與趙延壽掎角既而延壽先降
延光獨不降高祖即位延光賀表又頗後諸侯

至又其女爲末帝子重美妃以此遂懷反側高
祖封延光臨清王以慰其心有平山人秘瓊者
爲成德軍節度使董温其衙内指揮使後温其
爲契丹所虜瓊乃悉殺温其家族瘞之一穴而
取其家貲鉅萬討晉高祖入立以瓊爲齊州防
禦使橐其貲裝道出于魏延光陰遣人以書招
之瓊不納延光怒遣兵伏境上伺瓊過殺之于夏
津悉取其貲以戍邏者誤殺聞由是高祖疑其
必爲亂乃幸汴州天福二年六月延光遂反遣
其牙將孫銳澶州刺史馮暉以兵二萬距黎陽

掠滑衛高祖以楊光遠爲招討使引兵自滑州
渡胡梁攻之銳輕脫無謀兵行以娼女十餘自
隨張蓋操扇酣歌飲食自若軍士苦大熱皆不
爲用光遠得諜者詗得其謀誘銳等渡河半濟
而擊之兵多溺死銳暉退走入魏閉壁不復出
初延光反意未決而得暴疾不能興銳乃陰召
暉入城迫延光反延光惶惑遂從之高祖聞延
光用銳等以反笑曰吾雖不武然嘗從明宗取
天下攻堅破彊多矣如延光已非我敵況銳等
兒戲耶行取孺子爾乃決意討之延光初無必

反意銳等敗延光遣牙將王知新賫表自歸高
祖不見以知新屬武德司延光又附楊光遠表
請降不報延光遂堅守晉以箭書亘一百射城中
悉赦魏人募能斬延光者然魏城堅難下攻之
逾年不克師老糧匱宗正丞石昂上書極諫請
赦延光願以單車入説而降之高祖亦悔悟三
年九月使謁者入魏赦延光延光乃降册封東
平郡王天平軍節度使賜鐵券居數月來朝因
懇請老以太子太師致仕初高祖赦降延光語
使者謂之曰許卿不死矣若降而殺之何以享

國延光謀於副使李式式曰王上彰信明義許之不死則不死矣乃降及致仕居京師歲時宴見高祖待之與羣臣無間然心不欲使在京師歲餘使宣徽使劉處讓載酒夜過延光謂曰上遣處讓來時適有契丹使至北朝皇帝問晉魏博反臣何在恐晉不能制當鏁以來免爲中國後患延光聞之泣下莫知所爲處讓曰當且之洛陽以避契丹使者延光曰楊光遠留守河南吾之仇也吾有田宅在河陽可以往乎處讓曰可也乃挈其帑歸河陽其行輜重盈路光遠利

其貲果圖之因奏曰延光反覆姦臣若不圖之非北走胡則南走吳越請拘之洛陽高祖猶豫未決光遠兼鎮河陽其子承勳知州事乃遣承勳以兵脅之使自裁延光曰天子賜我鐵券許之不死何得及此乃以壯士驅之上馬行至浮橋推墮水溺死以延光自投水死聞因盡取其貲高祖以適會其意不問爲之輟朝贈太傅永運軍使曹千獲其流尸于繆家灘詔許歸葬相州已葬墓輒崩破其棺槨頭顱皆碎初秘瓊殺董温其取其貲延光又殺瓊而取之而終以貲

爲光遠所殺而光遠亦不能免也當延光反時有李彥珣者爲河陽行軍司馬張從賓反河陽彥珣附之從賓敗彥珣奔于魏延光以爲步軍都監使之守城招討使楊光遠知彥珣邢州人也其母尚在乃遣人之邢州取其母至城下示彥珣以招之彥珣望見自射殺之及延光出降晉高祖拜彥珣房州刺史大臣言彥珣殺母當誅高祖以謂赦令已行不可失信後以坐臟誅嗚呼甚哉人性之慎於習也故聖人於仁義深矣其爲教也勤而不怠緩而不迫欲民漸習而

自趨之至於久而安以成俗也然民之無知習見善則安於爲善習見惡則安於爲惡五代之亂其來遠矣自唐之衰干戈飢饉父不得育其子子不得養其親其始也骨肉不能相保蓋出于不幸因之禮義日以廢恩愛日以薄其習久而遂以大壞至於父子之間自相賊害五代之際其禍害不可勝道也夫人情莫不共知愛其親莫不共知惡於不孝然彥珣彎弓射其母高祖從而赦之非徒彥珣不自知爲大惡而高祖亦安焉不以爲怪也豈非積習之久而至於是

歟語曰性相近習相遠至其極也使人心不若禽獸可不哀哉若彦珣之惡而恬然不以爲怪則晉出帝之絶其父宜其舉世不知爲非也

婁繼英

婁繼英不知何許人也歷梁唐爲絳冀二州刺史北面水陸轉運使耀州團練使晉高祖時爲左監門衛上將軍繼英子婦溫延沼女也自明宗時誅其父韜延沼兄弟廢居于許心常怨望及范延光反繼英有弟爲魏州子城都虞候延光遣人以蠟書招繼英繼英乃遣延沼見延光

延光大喜與之信箭使陰圖許延沼與其弟延濬延袞募不逞之徒千人期以攻許而許州節度使萇從簡以延光之反疑有應者爲備甚嚴延沼未及發延光蠟書事泄於京師繼英惶恐不自安乃出奔許高祖下詔招慰之使復位繼英懼不敢出溫氏兄弟謀殺繼英以自歸延沼以其女故不忍張從賓反於洛陽延沼兄弟乃與繼英俱投從賓於汜水繼英知溫氏之初欲殺已也反譖延沼兄弟於從賓從賓殺之從賓敗繼英爲杜重威所殺

安重榮

安重榮小字鐵胡朔州人也祖從義利州刺史父全勝州刺史振武馬步軍都指揮使重榮有力善騎射爲振武巡邊指揮使晉高祖起太原使張穎陰招重榮其母與兄皆以爲不可重榮業已許穎母兄謀共殺穎以止之重榮曰未可吾當爲母卜之乃立一箭百步而射之曰石公爲天子則中一發輒中又立一箭而射之曰吾爲節度使則中一發又中其母兄乃許重榮以巡邊千騎叛入太原高祖即位拜重榮成德軍節

度使重榮雖武夫而曉吏事其下不能欺有夫婦訟其子不孝者重榮拔劍授其父使自殺之其父泣曰不忍也其母從傍詬罵奪其劍而逐之問之乃繼母也重榮叱其母出後射殺之重榮起於軍卒暴至富貴而見唐廢帝晉高祖皆自藩侯得国嘗謂人曰天子寧有種邪兵強馬壯者爲之爾雖懷異志而未有以發也是時高祖與契丹約爲父子契丹驕甚高祖奉之愈謹重榮憤然以謂詘中国以尊夷狄困已敝之民而充無厭之欲此晉萬世恥也數以此非誚高祖契

丹使者往來過鎮州重榮箕踞慢罵不爲之禮
或執殺之是時吐渾白氏役屬契丹苦其暴虐
重榮誘之入塞契丹數遣使責髙祖并求使
者髙祖對使者鞠躬俯首受責愈謹多爲好辤
以自解而姑息重榮不能詰乃遣供奉官張澄
以兵二千搜索并鎮忻代山谷中吐渾悉驅出
塞吐渾去而復來重榮卒納之因招集亡命課
民種稗食馬萬疋所爲益驕因怒殺指揮使賈
章誣之以反章女尚幼欲捨之女曰吾家三十
口皆死於兵存者特吾與父尓今父死吾何忍

大三又六十小十一　五代史五十一　十三　虛

獨生願就死遂殺之鎮人於是髙賈女之烈而
知重榮之必敗也重榮既僭侈以爲金魚袋不
足貴刻玉爲魚佩之娶二妻髙祖因之並加封
爵天福六年夏契丹使者拽刺過鎮重榮侵辱
之拽刺言不遜重榮怒執拽刺以輕騎掠幽州
南境之民處之博野上表曰臣昨據熟吐渾白
承福赫連功德等領本族三萬餘帳自應州來
奔又據生吐渾渾契苾兩突厥三部南北將沙
陀安慶九府等各領其族牛羊車帳甲馬七八
路來奔具言契丹殘害掠取生口羊馬自今年

安重榮

二月已後號令諸蕃點閲彊壯辦具軍裝期以
上秋南向諸蕃部誠恐上天不祐敗滅家族願
先自歸其諸部勝兵衆可千萬又據沿河党項
山前後逸越利諸族首領皆遣人送契丹所授
告身敕牒旗幟來歸款皆號泣告勞願治兵甲
以報怨又據朔州節度副使趙崇殺節度使劉
山以城來歸竊以諸蕃不招呼而自至朔州不
攻伐而自歸雖繫人情盡由天意又念陷蕃諸
將等本自勲勞久居富貴沒身虜塞酷虐不勝
企足朝廷思歸可諒苟聞傳檄必盡到戈其表

大三又四十小十二　五代史五十一　十四　虛

數千言又爲書以遺朝廷大臣四方藩鎮皆以
契丹可取爲言髙祖患之爲之幸鄴報重榮曰
前世與虜和親皆所以爲天下計今吾以天下
臣之尓以一鎮抗之大小不等無自辱焉重榮
謂晉無如我何反意乃決重榮雖以契丹爲言
反陰遣人與幽州節度使劉晞相結契丹亦利
晉多事幸重榮之亂期兩斃之欲因以窺中國
故不加怒於重榮重榮將反也其母又以爲不
可重榮曰爲母卜之指其堂下幡竿龍口仰射
之曰吾有天下則中之一發而中其母乃許饒

安重榮

陽令劉巖獻水鳥五色重榮曰此鳳也畜之後潭又使人為大鐵鞭以獻誑其民曰鞭有神指人人輙死號鐵鞭郎君出則以為前驅鎮之城門抱關鐵胡人無故頭自落鐵胡重榮小字雖甚惡之然不悟也其冬安從進反襄陽重榮聞之乃亦舉兵是歲鎮州大旱蝗重榮聚飢民數萬驅以嚮鄴聲言入覲行至宗城破家堤高祖遣杜重威逆之兵已交其將趙彥之與重榮有隙臨陣卷旗以奔晉軍其鎧甲鞍轡皆裝以銀晉軍不知其來降爭殺而分之重榮聞彥之降

晉大懼退入于輜重中其兵二萬皆潰去是冬大寒潰兵飢凍及見殺無孑遺重榮獨與十餘騎奔還以牛馬革為甲驅州人守城以待重威兵至城下重榮裨將自城西水碾門引官軍以入殺守城二萬餘人重榮以吐渾數百騎守牙城重威使人擒之斬首以獻高祖御樓受馘命漆其首送于契丹改成德軍為順德鎮州曰恒州常山曰恒山云

安從進

安從進振武索葛部人也祖父皆事唐為騎將

從進初從莊宗於兵間為護駕馬軍都指揮使領貴州刺史明宗時為保義彰武軍節度使未嘗將兵征伐李彝超自立於夏州從進嘗一以兵往卒亦無功愍帝即位徙領順化為侍衛馬軍都指揮使潞王反鳳翔從進巡檢京城殺樞密使馮贇送欵於從珂愍帝出奔從珂將至京師從進率百官班迎于郊清泰中從鎮山南東道晉高祖即位加同中書門下平章事高祖取天下不順常以此軟藩鎮多務過為姑息而藩鎮之臣或不自安或心慕高祖所為謂舉可成

事故在位七年而反者六起從進最後反然皆不免也自范延光反鄴從進已畜異志恃江為險招集亡命益置軍兵南方貢輸道出襄陽者多擅留之邀遮商旅皆黜以充軍與安重榮陰相結託期為表裏高祖患之謀從從進使人謂曰東平王建立來朝願還鄉里已徙上黨朕虛青州以待卿卿誠樂行朕即降制從進報曰移青州在漢江南臣即赴任高祖亦優容之其子弘超為宮苑副使居京師從進請賜告歸遂不遣王令謙潘知麟者皆從進牙將也常從從進最久

知其必敗切諫之從進遣子弘超與令謙遊南
山酒酣令人推墮崖死天福六年安重榮執殺
契丹使者反迹見高祖爲之幸鄴鄭王重貴留守
京師宰相和凝曰陛下且北從進必反何以制
之高祖曰卿意奈何凝曰臣聞兵法先人者奪
人願爲空名宣勑十數通授鄭王有急則命將
以往從進聞高祖北遂殺知麟以反鄭王以空
名勑授李建崇郭金海等討之從進引兵攻鄧
州不克進至湖陽遇建崇等大駭以爲神速復
爲野火所燒遂大敗從進以數十騎奔還襄陽

高祖遣高行周圍之踰年粮盡從進自焚死執
其子弘受及其將佐四十三人送京師高祖御
樓受俘徇于市而斬之降襄陽爲防禦贈令謙
忠州刺史知麟順州刺史

楊光遠

楊光遠字德明其父曰阿噔啜蓋沙陀部人也
光遠初名阿檀爲唐莊宗騎將從周德威戰契
丹於新州折其一臂遂廢不用久之以爲幽州
馬步軍都指揮使戍瓦橋關光遠爲人病禿折
臂不通文字然有辨智長於吏事明宗時爲嬀

瀛冀易四州刺史以治稱初唐兵破王都於中
山得契丹大將萴剌等十餘人已而契丹與中
國通和遣使者求萴剌等明宗與大臣議皆欲
歸之獨光遠不可曰萴剌皆北狄善戰者彼失
之如去手足且居此久熟知中國事歸之豈吾
利也明宗曰蕃人重盟誓已與吾好豈相負也
光遠曰臣恐後悔不及爾明宗嘉其說卒不遣
萴剌等光遠自易州刺史拜振武軍節度使清
泰二年徙鎮中山兼北面行營都虞候禦契丹
於雲應之間晉高祖起太原末帝以光遠佐張

敬達爲太原四面招討副使爲契丹所敗退守
晉安寨契丹圍之數月人馬食盡殺馬而食馬
盡乃殺敬達出降耶律德光見之嘆曰爾輩大
是惡漢兒光遠與諸將初不知其謂已猶爲謙
言以對德光曰不用鹽酪食一萬匹戰馬豈非
惡漢兒邪光遠等大慙伏德光問曰懼否皆曰
甚懼曰何懼曰懼皇帝將入蕃德光曰吾國無
土地官爵以居汝汝等勉事晉晉高祖以光遠
爲宣武軍節度使侍衛馬步軍都指揮使光遠
進見佯爲悒悒之色常如有所恨者高祖疑其

有所不足使人問之對曰臣於富貴無不足也惟不及張生鐵死得其所此常爲愧爾由是高祖以爲忠頗親信之范延光反以爲魏府都招討使久之不能下高祖卒用佗計降延光而光遠自以握重兵在外謂高祖畏已始爲恣橫高祖每優容之爲選其子承祚尚長安公主其次子承信等皆超拜官爵恩寵無比樞密使桑維翰惡之數以爲言光遠自魏來朝屢指維翰擅權難制高祖不得已罷出維翰於相州亦徙光遠西京留守兼鎮河陽奪其兵職光遠始大怨

望陰以寶貨奉契丹訴已爲晉疎斥所養部曲千人撓法犯禁河洛之間甚於寇盜天福五年徙鎮平盧封東平王光遠請其子以行乃拜承祚單州刺史承勲萊州防禦使父子俱東車騎連屬數十里出帝即位拜太師封壽王是時晉馬少括天下馬以佐軍景延廣請取光遠前所借官馬三百匹光遠怒曰此馬先帝賜我安得復取是疑我反也遂謀爲亂而承祚自單州逃歸出帝即以承祚爲淄州刺史遣使者賜以玉帶御馬以慰安之光遠益驕乃反召契丹入寇

陷貝州博州刺史周儒亦叛降契丹是時出帝與耶律德光相距澶魏之間鄆州觀察判官竇儀計事軍中謀曰今不以重兵大將守博州渡使儒得引契丹東過河與光遠合則河南危矣出帝乃遣李守貞皇甫遇以兵萬人沿河而下儒果引契丹自馬家渡濟河方築壘守貞等急擊之契丹大敗遂與光遠隔絶德光聞河上兵大敗與晉決戰戚城亦敗契丹已北出帝復遣守貞符彦卿東討光遠嬰城固守自夏至冬城中人相食幾盡光遠北望契丹稽首以呼德光

曰皇帝悞光遠邪其子承勲等勸光遠出降光遠曰我在代北時嘗以紙錢祭天池投之輒沒人言我當作天子宜且待時毋輕議也承勲知不可乃殺節度判官丘濤親將杜延壽楊瞻白延祚等劫光遠幽之遣人奉表待罪承信承祚皆詣闕自歸而光遠亦上章請死出帝以其二子爲侍衛將軍賜光遠詔書許以不死羣臣皆以爲不可乃敕李守貞便宜處置守貞遣客省副使何延祚殺之于其家延祚至其第光遠方閱馬于廐延祚使一都將入謂之曰天使在門

欲歸報天子未有以藉手光遠曰何謂也曰願得大王頭爾光遠罵曰我有何罪昔我以晉安寨降契丹使爾家世世爲天子我亦望以富貴終身而反負心若此遂見殺以病卒聞承勲事晉爲鄭州防禦使德光滅晉使人召承勲至京師責其劫父臠而食之乃以承信爲平盧節度使漢高祖贈光遠尚書令封齊王命中書舍人張正撰光遠碑銘文賜承信使刻石于青州碑石既立天大雷電擊折之阿噎啜初非姓氏其後改名瑊而姓楊氏光遠初名檀清泰二年有司言明宗廟諱犯偏傍者皆易之乃賜名光遠云光遠既病禿而妻又跛其足也人爲之語曰自古豈有禿瘡天子跛脚皇后邪相傳以爲笑然而召夷狄爲天下首禍卒滅晉氏殘蠹中國者三十餘年皆光遠爲之也

五代史記卷第五十一

五代史記卷第五十二

雜傳第四十

杜重威

杜重威朔州人也其妻石氏晉高祖之女弟高祖即帝位封石氏爲公主拜重威舒州刺史以典禁兵從侯益攻破張從賓於汜水以功拜潞州節度使范延光反於鄴重威從高祖攻降延光徙領忠武加同平章事又徙領天平遷侍衛親軍都指揮使安重榮反重威逆戰于宗城重榮爲偃月陣重威擊之不動重威欲少却以伺之偏將王重胤曰兩兵方交退者先敗乃分兵爲三重威先以左右隊擊其兩翼戰酣重胤以精兵擊其中軍重榮將趙彥之來奔重榮遂大敗走還鎮州閉壁不敢出重威攻破之以功拜重威成德軍節度使重威出於武卒無行而不知將略破鎮州悉取府庫之積及重榮之貲皆没之家高祖知而不問及出帝與契丹絶好契丹連歲入寇重威閉城自守屬州城邑多所屠戮胡騎驅其人民千萬過其城下重威登城望之未嘗出救開運元年加重威北面行營招討使

明年引兵攻秦州破滿城遂城契丹已去至古北還兵擊之重威等南走至陽城爲虜所困賴符彥卿張彥澤等因大風奮擊契丹大潰諸將欲追之重威爲俚語曰逢賊得命更望複子乎乃收馬馳歸重威居鎮州重斂其民戶口彫敝又懼契丹之至乃連表乞還京師未報亟上道朝廷莫能止即拜重威爲鄴都留守而鎮州所留私粟十餘萬斛穀中監王欽祚和市軍儲乃錄以聞給絹數萬匹以償之重威大怒曰吾非反者安得籍沒邪三年秋契丹高牟翰詐以瀛州降復以重威爲北面行營招討使是秋天下大水霖雨六十餘日飢殍盈路居民拆木以供爨剉藁席以秣馬牛重威兵行浧潦中調發供饋遠近愁苦重威至瀛州牟翰已弃城去重威退屯武彊契丹寇鎮定重威西趨中渡橋與虜夾滹沲河而軍偏將宋彥筠王清渡水力戰而重威按軍不動彥筠遂敗清戰死轉運使李谷教重威以三脚木爲橋募敢死士過河擊賊諸將皆以爲然獨重威不許契丹遣騎兵夜並西山擊欒城斷重威軍後是時重威已有異志而糧

道隔絕乃陰遣人詣契丹請降契丹大悅許以中國與重威爲帝重威信以爲然乃伏甲士召諸將告以降虜諸將愕然以上將先降乃皆聽命重威出降表使諸將書名乃令軍士陣于柵外軍士猶喜躍以爲決戰重威告以糧盡出降軍士解甲大哭聲震原野契丹賜重威赭袍使衣以示諸軍拜重威太傅契丹犯京師重威以晉兵屯陳橋士卒凍餓不勝其苦重威出入道中市人隨而詬之重威俛首不敢仰顧契丹據京師率城中錢帛以賞軍將相皆不免重威當率萬緡乃訴於契丹曰臣以晉軍十萬先降乃獨不免率乎契丹笑而免之遣還鄴都明年契丹北歸重威與其妻石氏詣虜帳中爲別漢高祖定京師拜重威太尉歸德軍節度使重威懼不受命遣高行周攻之不克高祖乃自將攻之遣給事中陳同以詔書召之重威不聽命而漢兵數敗圍之百餘日初契丹留燕兵千五百人在京師高祖自太原入告者言其將反高祖悉誅於繁臺其云者奔于鄴燕將張璉先以兵二千在鄴聞燕兵見殺乃勸重威固守高祖已殺

燕兵悔之數遣人招璉等璉登城呼曰敵臺之
誅燕兵何罪既無生理請以死守重威食盡胥
麴而食民多逾城出降皆無人色重威乃遣判
官王敏及其妻相次請降高祖許之重威素服
出見高祖高祖赦重威拜檢校太師守太傅兼
中書令悉誅璉及重威將吏而録其私帑以重
威歸京師高祖病甚顧大臣曰善防重威高祖
崩祕不發喪大臣乃共誅之及其子弘璋弘璨
弘璲尸於市市人臠而詬之吏不能禁支裂蹈
踐斯須而盡

李守貞

李守貞河陽人也晉高祖鎮河陽以爲客將其
後常從高祖高祖即位拜客省使監馬全節軍
破李金全於安州以功拜宣徽使出帝即位楊
光遠反召契丹入寇守貞領義成軍節度使爲
侍衛親軍都虞候從出帝幸澶州麻荅以奇兵
入鄆州渡馬家口柵於河東守貞馳往破之契
丹兵多溺死獲馬數百匹裨將七十餘人徙領
泰寧軍節度使以兵二萬討之光遠降其故吏
宋顏悉取光遠寶貨名姬善馬獻之守貞守貞

德之除置顏麾下是時凡出師破賊必有德音
赦其餘類而光遠黨與千餘人皆亡命捕之甚急
樞密使桑維翰緩其制書久而不下言事者告
顏匿守貞所詔取顏殺之守貞大怒乃與維翰
有隙賊平行賞守貞悉以麤茶染木給之軍中
大怒以帛裹之爲人首梟於木間曰守貞首也
守貞以功拜同平章事賜以光遠舊第守貞取
旁官民舍大治之爲京師之甲出帝臨幸燕錫
恩禮出於諸將契丹入寇出帝再幸澶州杜重威
爲北面招討使守貞爲都監晉兵素驕而守貞

重威爲將皆無節制行營所至居民蒙園一空
至於草木皆盡其始發軍也有賜賚曰掛甲錢
及班師又加賞勞曰卸甲錢出入之費常不下
三十萬由此晉之公私重困守貞與重威等攻
下秦州破滿城殺二千餘人還爲侍衛親軍都
指揮使領天平軍節度使又領歸德是時出帝
遣人以書招趙延壽使歸國延壽詐言思歸願
得晉兵爲應而契丹高牟翰亦詐以瀛州降出
帝以爲然命杜重威等將兵應之初晉大臣皆
言重威不忠有怨望之心不可用乃用守貞是

李守貞

時重威鎮魏州守貞嘗將兵往來過魏重威待
之甚厚多以戈甲金帛奉之出帝嘗謂守貞曰
卿常以家財散士卒可謂忠於國者乎守貞謝
曰皆重威與臣者因請與重威俱北於是卒以
重威爲招討使守貞爲都監屯于武彊契丹寇
鎮定守貞等軍於中渡遂與重威降于契丹契
丹以守貞爲司徒契丹犯京師拜守貞天平軍
節度使漢高祖入京師守貞來朝拜太保河中
節度使高祖崩杜重威死守貞懼不自安以謂
漢室新造隱帝初立天下易以圖而門下僧揔

五代史五十二

倫以方術陰干守貞爲言有非常之相守貞乃
決計反而趙思綰先以京兆反遣人以赭黃衣
遺守貞守貞大喜以爲天人皆應乃發兵西據
潼關招誘草寇所在竊發漢遣白文珂常思等
出軍擊之已而王景崇又以鳳翔反景崇與思
綰遣人推守貞爲秦王守貞拜景崇等官爵又
遣人間以蠟丸書遺吳蜀契丹使出兵以牽漢
文珂等攻景崇思綰等久無功隱帝乃遣樞密
使郭威率禁兵將文珂等督攻之諸將皆請先
擊思綰景崇威計未知所向行至華州節度使

李守貞

扈彥珂謂威曰三叛連衡以守貞爲主守貞先
敗則思綰景崇可傳聲而破矣若捨近圖遠使
守貞出兵于後思綰景崇拒戰于前則漢兵屈
矣威以爲然遂先擊守貞是時馮道罷相居河
陽威初出兵過道家問策道曰君知博乎威少
無賴好蒲博以爲道譏之赧然而怒道曰凡博
者錢多則多勝錢少則多敗非其不善博所以
敗者勢也今合諸將之兵以攻一城較其多少
勝敗可知威大悟謀以遲久困之乃與諸將分
爲三柵柵其城三面而闕其南發五縣丁夫築

代五十二　十七

長城以連三柵守貞出其兵壞長城威輒補其
所壞守貞輒出爭之守貞兵常失十三四如此
逾年守貞城中兵無幾而食又盡殺人而食威
曰可矣乃爲期日督兵四面攻而破之初守貞
召揔倫問以濟否揔倫曰王當自有天下然分
野方災俟殺人垂盡則王事濟矣守貞以爲然
嘗會將吏大飲守貞指畫虎圖曰吾有天命者
中其掌引弓一發中之將吏皆拜賀守貞益以
自負城破守貞與妻子自焚漢軍入城於煙燼
中斬其首傳送京師梟於南市其餘黨皆磔之

張彥澤

張彥澤其先突厥部人也後徙居陰山又徙大原彥澤爲人驍悍殘忍目睛黄而夜有光顧視如猛獸以善射爲騎將數從莊宗明宗戰伐與晉高祖連姻高祖時已爲護聖右廂都指揮使曹州刺史與討范延光拜鎮國軍節度使歲中徙鎮彰義爲政暴虐常怒其子數笞辱之子逃至齊州州捕送京師高祖以歸彥澤彥澤上章請殺之其掌書記張式不肯爲作章屢諫止之彥澤怒引弓射式式走而免式素爲彥澤所厚多任以

事左右小人皆素嫉之因共譖式且迫之曰不速去當及禍式乃出奔彥澤遣指揮使李興以二十騎追之戒曰式不肯來當取其頭以來式至衍州刺史以兵援之邠州節度使李周留式馳騎以聞詔流式商州彥澤遣司馬鄭元昭詣闕論請期必得式且曰彥澤若不得張式患在不測高祖不得已與之彥澤得式剖心決口斷手足而斬之高祖遣王周代彥澤以爲右武衛大將軍周奏彥澤所爲不法者二十六條并述涇人殘敝之狀式父鐸詣闕訴冤諫議大夫鄭

受益曹國珍尚書刑部郎中李濤張麟員外郎麻濤王禧伏閤上疏論彥澤殺式之寃皆不省濤見高祖切諫高祖曰彥澤功臣吾嘗許其不死濤厲聲曰彥澤罪若可容延光鐵券何在高祖怒起去濤隨之諫不已高祖不得已召式父鐸弟守貞子希範等皆拜以官爲蠲涇州民稅免其雜役一年下詔罪己然彥澤止削階降爵而已於是國珍等復與御史中丞王易簡率三院御史詣閤門連疏論之不報出帝時彥澤爲左龍武軍大將軍遷右武衛上將軍又遷右神武統

軍自契丹與晉戰河北彥澤在兵間數立戰功拜彰國軍節度使與契丹戰陽城爲契丹所圍而軍中無水鑿井輒壞又天大風契丹順風揚塵奮擊甚銳軍中大懼彥澤以問諸將諸將皆曰今虜乘上風而吾居其下宜待風回乃可戰彥澤以爲然諸將皆去偏將藥元福獨留謂彥澤曰今軍中飢渴已甚若待風回吾屬爲虜矣且逆風而戰敵人謂我必不能所謂出其不意彥澤即拔拒馬力戰契丹奔北二十餘里追至衛村又大敗之契丹遯去開運三年秋杜重威

為都招討使李守貞兵馬都監彥澤馬軍都排陣使彥澤往來鎮定之閒敗契丹于泰州斬首二千級重威守貞攻瀛州不克退及武彊聞契丹空國入寇惶惑不知所之而彥澤適至言虜可破之狀乃與重威等西趨鎮州彥澤為先鋒至中渡橋已為虜所據彥澤猶力戰爭橋燒其半虜小敗却乃夾河而寨十二月丙寅重威守貞叛降契丹彥澤亦降耶律德光犯闕遣彥澤與傅住兒以二千騎先入京師彥澤倍道疾驅至河銜枚夜渡壬申夜五鼓自封丘門斬關而入有

頃宮中火發出帝以劒擁後宮十餘人將赴火為小吏薛超所持彥澤自寬仁門傳德光與皇太后書入乃滅火大內都點檢康福全宿衛寬仁門登樓覘賊彥澤呼而下之諸門皆啓彥澤頓兵明德樓前遣傅住兒入傳戎王宣語帝脫黃袍素服再拜受命使人召彥澤彥澤謝曰臣無面目見陛下復使召之彥澤笑而不荅明日遷帝於開封府帝與太后皇后肩轝宮嬪官者十餘人皆步從彥澤遣控鶴指揮使李筠以兵監守內外不通帝與太后所上德光表章皆先

示彥澤乃敢遣帝取內庫帛數段主者曰此非帝有也不與又使求酒於李崧崧曰臣家有酒非敢惜慮陛下憂躁飲之有不測之虞所以不敢進帝姑烏氏公主私賂守門者得入與帝訣歸第自經死德光渡河帝欲郊迎彥澤不聽遣白德光德光報曰天無二日豈有兩天子相見於道路邪乃止初彥澤至京師李濤謂人曰吾禍至矣與其逃於溝竇而不免不若往見之濤見彥澤為俚語以自投死彥澤笑而厚待之彥澤自以有功於契丹晝夜酣飲自娛出入騎從常

數百人猶題其旗幟曰赤心為主迫遷出帝遂輦內庫輸之私第因縱軍士大掠京師軍士邏獲罪人彥澤醉不能問瞋目視之出三手指軍士即驅出斷其要領皇子延煦母楚國夫人丁氏有色彥澤使人求於皇太后太后遲疑未與即劫取之彥澤與閤門使高勳有隙乘醉入其家殺數人而去耶律德光至京師聞彥澤劫掠怒鏁之高勳亦自訴於德光德光以其狀示百官及都人問彥澤當誅否百官皆請不赦而都人爭投狀疏其惡乃命高勳監殺之彥澤前所殺士

大夫子孫皆縗絰杖哭隨而詬詈以杖朴之彥澤俛首無一言行至北市斷腕出鐐然後用刑勳剖其心祭死者市人爭破其腦取其髓臠其肉而食之

嗚呼晉之事醜矣而惡亦極也其禍亂覆亡之不暇蓋必然之理爾使重威等雖不叛以降虜亦未必不亡然關虜之隙自一景延廣而卒成晉禍者此三人也視重威彥澤之死而晉人所以甘心者可以知其憤疾怨怒於斯人者非一日也至於爭已戮之尸臠其肉刳其髓而食之擠裂蹈踐斯須而盡何其甚哉此自古未有也然當是時舉晉之兵皆在北面國之存亡繫此三人之勝敗則其任可謂重矣蓋天下惡之如彼晉方任之如此而終以不悟豈非所謂臨亂之君各賢其臣者歟

五代史記卷第五十二

五代史記卷第五十三

雜傳第四十一

王景崇

王景崇邢州人也為人明敏巧辯善事人唐明宗鎮邢州以為牙將其後嘗從明宗隸麾下明宗即位拜通事舍人歷引進閤門使馳詔方鎮監軍征伐必用景崇後事晉累拜左金吾衛大將軍嘗怏怏人主不能用其材晉亡蕭翰據京師景崇厚賂其將高牟翰以求用已而翰北歸許王從益居京師用景崇為宣徽使監左藏庫漢高祖起太原景崇取庫金奔迎高祖高祖至京師拜景崇右衛大將軍未之奇也高祖攻鄴景崇不得從乃求留守起居表詣行在（一本作宮）見高祖顧留軍中効用為高祖畫攻戰之策甚有辯高祖乃奇其材是時漢方新造鳳翔侯益永興趙贊皆嘗受命契丹高祖立益等內顧自疑乃陰召蜀人為助高祖患之及已破鄴益等懼皆請入朝會回鶻入貢言為党項所隔不得通願得漢兵為援高祖遣景崇以兵迎回鶻景崇將行高祖已疾召入臥內戒之曰益等已來善矣若猶遲疑

則以便宜圖之景崇行至陜趙贇已東入朝而蜀兵方寇南山景崇擊破蜀兵追至大散關而還高祖乃詔景崇兼鳳翔巡檢使景崇至鳳翔侯益未有行意而高祖崩或勸景崇可速誅益景崇念獨受命先帝而少主莫知猶豫未決益從事程渥與景崇同鄉里有舊往說景崇曰吾與子爲故人吾位不過賓佐而子已貴矣奈何欲以陰狡害人而取之乎侯公父子爪牙數百子毋妄發禍行及矣非吾誰爲子言之於是景崇頗不欲殺益益乃亡去景崇大悔失不殺之

益至京師隱帝新立史弘肇楊邠等用事益乃厚賂邠等陰以事中景崇已而益拜開封尹景崇心不自安諷鳳翔將吏求已領府事朝廷患之拜景崇邠州留後以趙暉爲鳳翔節度使景崇乃叛盡殺侯益家屬與趙思綰共推李守貞爲秦王隱帝即以趙暉討之景崇西招蜀人爲助蜀兵至保雞爲暉將藥元福李彥從所敗暉攻鳳翔塹而圍之數以精兵挑戰景崇不出暉乃令千人潛之城南一舍僞爲蜀兵旗幟循南山而下聲言蜀救兵至矣須臾塵起景崇以爲

然乃令數千人潰圍而出以爲應暉設伏以待之景崇兵大敗由是不敢復出明年守貞思綰相次皆敗景崇客周璨謂景崇曰公能守此者以有河中京兆也今皆敗矣何所恃乎不如降也景崇曰誠累君等然事急矣吾欲爲萬有一得之計可乎吾聞趙暉精兵皆在城北今使公孫輦等燒城東門僞降吾以牙兵擊其城北兵使不成而死猶勝於束手也璨等皆然之遲明輦燒東門將降而府中火起景崇自焚矣輦乃降暉

趙思綰

趙思綰魏州人也爲河中節度使趙贇牙將漢高祖即位徙贇鎮永興贇入朝京師留思綰兵數百人於永興高祖遣王景崇至永興與齊藏珍以兵迎回鶻陰以西事屬之景崇至永興贇雖入朝而其所召蜀兵已據子午谷景崇用思綰兵擊走之遂與思綰俱西然以非已兵懼思綰等有二心意欲黥其面以自隨而難言之乃稍微風其旨思綰厲聲請先黥以率衆齊藏珍惡之竊勸景崇殺思綰景崇不聽與俱西高祖遣使者召思綰等是時侯益來朝思綰以兵從益

東歸思綰謂其下常彥卿曰趙公已入人手吾屬
至井死矣奈何彥卿曰事至而變勿預言也益
行至永興永興副使安友規出迎益飲于郊亭
思綰前曰兵館城東然將士家屬皆居城中願
縱兵入城挈其家屬益信之以爲然思綰與部
下入城有州校坐於城門思綰毆之奪其佩刀
斬之并斬門者十餘人遂閉門劫庫兵以叛高
祖遣郭從義王峻討之經年莫能下而王景崇
亦叛與思綰俱送欵於李守貞守貞以思綰爲
晉昌軍節度使隱帝遣郭威西督諸將兵先圍

守貞於河中居數月思綰城中食盡殺人而食
每犒宴殺人數百庖宰一如羊豕思綰取其膽
以酒吞之語其下曰食膽至千則勇無敵矣思
綰計窮募人爲地道將走蜀其判官陳讓能謂
思綰曰公比於國無嫌但懼死而爲此爾今國
家用兵三方勞敝不已誠能翻然効順率先自
歸以功補過庶幾有生若坐守窮城待死而已
思綰然之乃遣教練使劉珪詣從義乞降而遣
其將劉筠奉表朝廷拜思綰鎮國軍留後趣使
就鎮思綰遲留不行蜀陰遣人招思綰思綰將

奔蜀而從義亦疑之乃遣人白郭威威命從義
圖之從義因入城召思綰趣之上道至則擒之
思綰聞曰何以用刑告者曰立釘也思綰厲聲
曰爲吾告郭公吾死未足塞責然釘磔之醜壯
夫所恥幸少假之從義許之父子俱斬於市

慕容彥超

慕容彥超吐谷渾部人漢高祖同產弟也嘗冒
姓閻氏彥超黑色胡髯號閻昆侖少事唐明宗爲
軍校累遷刺史唐晉之間歷磁單濮棣四州坐濮
州造麴受賕法當死漢高祖自太原上章論救得

減死流于房州契丹滅晉漢高祖起太原彥超
自流所逃歸漢拜鎮寧軍節度使杜重威反於
魏高祖以天平軍節度使高行周爲部署以討
之以彥超爲副彥超與行周謀議多不協行周
用兵持重兵至城下久之不進彥超欲速進戰
而行周不許行周有女嫁重威子彥超揚言行
周以女故惜賊城而不攻行周大怒高祖聞二
人不相得懼有佗變由是遽親征彥超數以事
凌辱行周行周不能忍見宰相涕泣以糞塞口
以自訴高祖知曲在彥超遣人慰勞行周召彥

超責之又遣詣行周謝過行周意稍解是時漢兵頓魏城下已久重威守益堅諸將皆知未可圖方伺其隙而彥超獨言可速攻高祖以爲然因自督士卒急攻死傷者萬餘人由是不敢復言攻後重威出降高祖以行周爲天雄軍節度使行周辭不敢受高祖遣蘇逢吉諭之曰吾當爲爾徙彥超行周乃受而彥超徙鎮泰寧隱帝已殺史弘肇等又遣人之魏殺周太祖及王峻等懼事不果召諸將入衛京師使者至兗彥超方食釋匕箸而就道周兵犯京師開封尹侯益

謂隱帝曰北兵之來其家屬皆在京師宜閉門以挫其銳遣其妻子登陴以招北兵可使解甲彥超譖益曰益老矣此懦夫之計也隱帝乃遣彥超副益將兵于北郊周兵至益夜叛降于周彥超力戰于七里隱帝出勞軍太后使人告彥超善備帝彥超大言報曰北兵何能爲當於陣上喝坐使歸營又謂隱帝曰官家宮中無事明日可出觀臣戰明日隱帝復出勞軍彥超戰敗奔兗州隱帝遇弒于北郊周太祖入立彥超不自安數有所獻太祖報以玉帶又賜詔書安慰之

呼彥超爲弟而不名又遣翰林學士魚崇諒往慰諭之彥超心益疑懼已而劉旻自立于太原出兵攻晉絳太祖遣王峻用兵西方彥超乘間亦謀反遣押衙鄭麟至京師求入朝太祖知其詐手詔許之彥超復稱管内多盜而止又爲高行周所與書以進其辭皆指斥周過失若欲共反者太祖驗其印文僞以書示行周彥超又遣人南結李昪昪爲出兵攻沭陽爲周兵所敗而劉旻攻晉絳不克解去太祖乃遣侍衛步軍指揮使曹英客省使向訓討之彥超閉城自守初彥

超之反也判官崔周度諫曰魯詩書之國也自伯禽以來未有能霸者然以禮義守之而長世者多矣今公英武一代之豪傑也若量力相時而動可以保富貴終身李河中安襄陽鎮陽杜令公近歲之龜鑑也彥超大怒未有以害之已而見圍因大括城中民貲以犒軍前陝州司馬閻弘魯懼其鞭扑乃悉家貲以獻彥超以爲未盡又欲并罪周度乃令周度監括弘魯家周度謂弘魯曰公命之死生繫財之多少願無隱也弘魯遣家僮與周度劚掘搜索無所得彥超又

遣鄭麟持刃迫之弘魯惶恐拜其妻妾妻妾皆言無所隱周度入白彥超彥超不信下弘魯及周度于獄弘魯乳母於泥中得金纏臂獻彥超欲贖出弘魯彥超大怒遣軍校笞弘魯夫婦肉爛而死遂斬周度于市是歲鎮星犯角亢占曰角亢鄭分兖州當焉彥超即率軍府將吏步出西門三十里致祭迎於開元寺塑像以事之日常一至又使民家立黃幡以禳之彥超爲人多智詐而好聚斂在鎮嘗置庫質錢有姦民爲僞銀以質者主吏久之乃覺彥超陰教主吏夜穴庫垣

盡徙其金帛于佗所而以盜告彥超即牓于市使民自占所質以償之民皆爭以所質物自言已而得質僞銀者寘之深室使教十餘人日夜爲之皆鐵爲質而包以銀號鐵胎銀其被圍也勉其城守者曰吾有銀數千鋌當悉以賜汝軍士私相謂曰此鐵胎爾復何用哉皆不爲之用明年五月太祖親征城破彥超夫妻皆投井死其子繼勳率其徒五百人出奔被擒遂滅其族兖州平太祖詔贈閻弘魯左驍衛大將軍崔周度祕書監

五代史記卷第五十三

五代史記卷第五十四

雜傳第四十二

傳曰禮義廉恥國之四維四維不張國乃滅亡善乎管生之能言也禮義治人之大法廉恥立人之大節蓋不廉則無所不取不恥則無所不爲人而如此則禍亂敗亡亦無所不至況爲大臣而無所不取不爲則天下其有不亂國家其有不亡者乎予讀馮道長樂老敘見其自述以爲榮其可謂無廉恥者矣則天下國家可從而知也予於五代得全節之士三死事之臣十有五而怪士之被服儒者以學古自名而享人之祿任人之國者多矣然使忠義之節獨出於武夫戰卒豈於儒者果無其人哉豈非高節之士惡時之亂薄其世而不肯出歟抑君天下者不足顧而莫能致之歟孔子以謂十室之邑必有忠信豈虛言也哉予嘗得五代時小說一篇載王凝妻李氏事以一婦人猶能如此則知世固嘗有其人而不得見也凝家青齊之間爲虢州司戶參軍以疾卒于官凝家素貧一子尚幼李氏携其子負其遺骸以歸東過開封止旅舍旅舍主

人見其婦人獨携一子而疑之不許其宿李氏顧天已暮不肯去主人牽其臂而出之李氏仰天長慟曰我爲婦人不能守節而此手爲人執邪不可以一手并汚吾身即引斧自斷其臂路人見者環聚而嗟之或爲彈指或爲之泣下開封尹聞之白其事于朝官爲賜藥封瘡厚卹李氏而笞其主人者嗚呼士不自愛其身而忍耻以偷生者聞李氏之風宜少知愧哉

馮道

馮道字可道瀛州景城人也事劉守光爲叅軍守光敗去事宦者張承業承業監河東軍以爲巡官以其文學薦之晉王爲河東節度掌書記莊宗即位拜戶部侍郎充翰林學士道爲人能自刻苦爲儉約當晉與梁夾河而軍道居軍中爲一茅菴不設牀席卧一束蒭而已所得俸祿與僕厮同器飲食意恬如也諸將有掠得人之美女者以遺道道不能却寘之別室訪其主而還之其解學士居父喪于景城遇歲飢悉出所有以賙鄉里而退耕于野躬自負薪有荒其田不耕者與力不能耕者道夜往潛爲之耕其人

後來媿謝道殊不以爲德服除復召爲翰林學士行至汴州遇趙在禮亂明宗自魏擁兵還犯京師孔循勸道少留以待道曰吾奉詔赴闕豈可自留乃疾趨至京師莊宗遇弒明宗即位雅知道所爲問安重誨曰先帝時馮道何在重誨曰爲學士也明宗曰吾素知之此真吾宰相也拜道端明殿學士遷兵部侍郎歲餘拜中書侍郎同中書門下平章事天成長興之間歲屢豐熟中國無事道甞戒明宗曰臣爲河東掌書記時奉使中山過井陘之險懼馬蹶失不敢怠於

銜轡及至平地謂無足慮遽跌而傷凡蹈危者慮深而獲全居安者患生於所忽此人情之常也明宗問曰天下雖豐百姓濟否道曰穀貴餓農穀賤傷農因誦文士聶夷中田家詩其言近而易曉明宗顧左右録其詩常以自誦水運軍將於臨河縣得一玉杯有文曰傳國寶萬歲杯明宗甚愛之以示道道曰此前世有形之寶爾王者固有無形之寶也明宗問之道曰仁義者帝王之寶也故曰大寶曰位何以守位曰仁明宗武君不曉其言道已去召侍臣講說其義嘉

馮道

納之道相明宗十餘年明宗崩相愍帝潞王反於鳳翔愍帝出奔衛州道率百官迎潞王入是爲廢帝遂相之廢帝即位愍帝猶在衛州後三日愍帝始遇弑崩已而廢帝出道爲同州節度使踰年拜司空晉滅唐道又事晉晉高祖拜道守司空同中書門下平章事加司徒兼侍中封魯國公高祖崩道相出帝加太尉封燕國公罷爲匡國軍節度使徙鎮威勝契丹滅晉道又事契丹朝耶律德光於京師德光責道事晉無狀道不能對又問曰何以來朝對曰無城無兵安

五代史五十四　四

敢不來德光誚之曰爾是何等老子對曰無才無德癡頑老子德光喜以道爲太傅德光北歸從至常山漢高祖立乃歸漢以太師奉朝請周滅漢道又事周周太祖拜道太師兼中書令道少能矯行以取稱於世及爲大臣尤務持重以鎮物事四姓十君益以舊德自處然當世之士無賢愚皆仰道爲元老而喜爲之稱譽耶律德光嘗問道曰天下百姓如何救得道爲俳語以對曰此時佛出救不得惟皇帝救得人皆以謂契丹不夷滅中國之人者賴道一言之善也周

馮道

兵反犯京師隱帝已崩太祖謂漢大臣必行推戴及見道道殊無意太祖素拜道因不得已拜之道受之如平時太祖意少沮知漢未可代遂陽立湘陰公贇爲漢嗣遣道迎贇于徐州贇未至太祖將兵北至澶州擁兵而反遂代漢議者謂道能沮太祖之謀而緩之終不以晉漢之亡責道也然道視喪君亡國亦未嘗以屑意當是時天下大亂戎夷交侵生民之命急於倒懸道方自號長樂老著書數百言陳已更事四姓及契丹所得階勳官爵以爲榮自謂孝於家忠

五代史五十四　五

於國爲子爲弟爲人臣爲司長爲夫爲父有子有孫時開一卷時飲一杯食味別聲被色老安於當代老而自樂何樂如之蓋其自述如此道前事九君未嘗諫諍世宗初即位劉旻攻上黨世宗曰劉旻少我謂我新立而國有大喪必不能出兵以戰且善用兵者出其不意吾當自將擊之道乃切諫以爲不可世宗曰吾見唐太宗平定天下敵無大小皆親征道曰陛下未可比唐太宗世宗曰劉旻烏合之衆若遇我師如山厭卵道曰陛下作得山定否世宗怒起去卒自

將擊晏果敗晏于高平世宗取淮南定三關威武之振自高平始其擊晏也鄗道不以從行以爲太祖山陵使葬畢而道卒年七十三謚曰文懿追封瀛王道既卒時人皆共稱歎以謂與孔子同壽其喜爲之稱譽蓋如此道有子吉

李琪

李琪字台秀河西燉煌人也其兄珽唐末舉進士及第爲監察御史丁内艱貧無以葬乞食而後葬珽飢卧廬中聞者哀憐之服除還拜御史荆南成汭辟掌書記吳兵圍杜洪梁太祖遣汭與馬殷等救洪汭以大舟載兵數萬珽爲汭謀曰今一舟容甲士千人糗糧倍之緩急不可動若爲敵人覆之則武陵武安必爲公之後患不若以勁兵屯巴陵壁不與戰吳兵糧盡則圍解矣汭不聽果敗溺死趙匡凝鎮襄陽又辟掌書記太祖破匡凝得珽喜曰此眞書記也太祖即位除考功員外郎知制誥珽度太祖不欲先用故吏固辭不拜出知曹州曹州素劇難理前刺史十餘輩皆坐廢珽至以治聞遷兵部郎中崇政院直學士許州馮行襲病行襲有牙兵二千

皆故蔡卒太祖懼爲變行襲爲人嚴酷從事魏峻切諫行襲怒誣以贓下獄欲誅之乃遣珽代行襲爲留後珽至許州止傳舍慰其將吏行襲病甚欲使人代受詔珽曰東首加朝服禮也乃即卧内見行襲道太祖語行襲感泣解印以授珽珽乃理峻寃出之還報太祖太祖喜曰珽果辦吾事會歲飢盜劫汴宋閒曹州尤甚太祖復遣珽治之珽至索賊得大校張彦珂珽甥李郊等及牙兵百餘人悉誅之召拜左諫議大夫太祖幸河北至内黃顧珽曰何謂内黃珽曰河南有外黃下黃故此名内黃太祖曰外黃下黃何在珽曰秦有外黃都尉今在雍丘下黃爲北齊所廢今在陳留太祖平生不愛儒者聞珽語大喜友珪立除右散騎常侍侍講袁象先討賊珽爲亂兵所殺琪少舉進士博學宏辭累遷殿中侍御史與其兄珽皆以文章知名唐亡事梁太祖爲翰林學士梁兵征伐四方所下詔書皆琪所爲下筆輒得太祖意末帝時爲御史中丞尚書左丞拜同中書門下平章事與蕭頃同爲宰相頃性畏慎周密琪倜儻負氣不拘小節二

人多所異同琪內結趙巖張漢傑等爲助以故頊言多沮頊嘗摘撫其過琪所私吏當得試官琪改試爲守爲頊所發末帝大怒欲竄逐之而巖等救解乃得罷爲太子少保唐莊宗滅梁得琪欲以爲相而梁之舊臣多嫉忌之乃以爲太常卿遷吏部尚書同光三年秋天下大水京師乏食尤甚莊宗以朱書御札詔百寮上封事琪上書數千言其說漫然無足取而莊宗獨稱重之遂以爲國計使方欲以爲相而莊宗崩明宗入洛陽羣臣勸進有司具儀用柩前即位故事

霍彥威孔循等請改國號絕土德明宗武君不曉其說問何謂改號對曰莊宗受唐錫姓爲宗屬繼昭宗以立而號國曰唐今唐天命已絕宜改號以自新明宗疑之下其事羣臣羣臣依違不決琪議曰殿下宗室之賢立功三世今興兵向闕以赴難爲名而欲更易統號使先帝便爲路人則煢然梓宮何所依往明宗以爲然乃發喪成服而後即位以琪爲御史中丞自唐末喪亂朝廷之禮壞天子未嘗視朝而入閤之制亦廢常參之官日至正衙者傳聞不坐即退獨大

臣奏事日一見便殿而侍從內諸司日再朝而已明宗初即位乃詔羣臣五日一隨宰相入見內殿謂之起居琪以謂非唐故事請罷五日起居而復朔望入閤明宗曰五日起居吾思所以數見羣臣也不可罷而朔望入閤可復然唐故事天子日御殿見羣臣曰常參朔望薦食諸陵寢有思慕之心不能臨前殿則御便殿見羣臣曰入閤宣政前殿也謂之衙衙有仗紫宸便殿也謂之閤其不御前殿而御紫宸也乃自正衙喚仗由閤門而入百官俟朝于衙者因隨以入

見故謂之入閤然衙朝也其禮尊閤宴見也其事殺自乾符已後因亂禮闕天子不能日見羣臣而見朔望故正衙常日廢仗而朔望入閤有仗其後習見遂以入閤爲重至出御前殿猶謂之入閤其後亦廢至是而復然有司不能講正其事凡羣臣五日一入見中興殿便殿也此入閤之遺制而謂之起居朔望一出御文明殿前殿也反謂之入閤琪皆不能正也琪又建言入閤有待制次對官論事而內殿起居一見而退欲有言者無由自陳非所以數見羣臣之意也

明宗乃詔起居日有言事者許岀行自陳又詔
百官以次轉對是時樞密使安重誨專權用事
重誨前騶過御史臺門殿直馬延誤衝之重誨
即臺門斬延而後奏琪爲中丞畏重誨不敢彈
糾又懼諫官論列乃託宰相任圜先白重誨而
後糾然猶依違不敢正言其事豆盧革等罷相
任圜議欲以琪爲相而孔循鄭珏沮之乃止遷
尚書右僕射琪以狀申中書言開元禮僕射上
事日中書門下率百官送上中書下太常禮院
言無送上之文而琪已落新授復舉上儀皆不

可明宗討王都已破定州自汴還洛琪當率百
官至上東門而請至偃師奉迎其奏章言敗契
丹之兇黨破真定之逆城坐誤以定州爲真定
罰俸一月霍彥威卒詔琪撰神道碑文彥威故
梁將而琪故梁相也敘彥威在梁事不曰僞爲
馮道所駮琪爲人重然諾喜稱人善少以文章
知名亦以此自負既貴乃刻牙版爲金字曰前
鄉貢進士李琪常置之坐側爲人少持重不知
進退故數爲當時所沮以太子少傅致仕卒年
六十

鄭珏

鄭珏唐宰相綮之諸孫也其父徽爲河南尹張
全義判官珏少依全義居河南舉進士數不中
全義以珏屬有司乃得及第昭宗時爲監察御
史梁太祖即位拜左補闕梁諸大臣以全義故
數薦之累拜中書舍人翰林學士奉旨末帝時
拜中書侍郎同中書門下平章事唐莊宗自鄆
州入汴末帝聞唐兵且至惶恐不知所爲與李
振敬翔等相持慟哭因召珏問計安出珏曰臣
有一策不知陛下能行否末帝問其策如何珏

曰願陛下以傳國寶馳入唐軍以緩其行而待
救兵之至帝曰事急矣寶固不足惜顧卿之行
能了事否珏俛首徐思曰但恐不易了於是左
右皆大笑莊宗入汴珏率百官迎謁道左貶萊
州司户叅軍量移曹州司馬張全義爲言於郭
崇韜復召爲太子賓客明宗即位欲用任圜爲
相而安重誨以圜新進不欲獨相之以問樞密
使孔循循嘗事梁與珏善因言珏故梁相性謹
愼而長者乃拜珏平章事明宗幸汴州六軍家
屬自洛遷汴而明宗又欲幸鄴都軍士愁怨大

臣頗以為言明宗不省上下洶洶轉相動搖獨
珏稱贊以為當行趙鳳極言於安重誨重誨驚
懼入見明宗切諫乃詔罷其行而珏又稱贊之
以為宜罷珏在相位既碌碌無所為又病聾孔循
罷樞密使珏不自安亟以疾求去職明宗數留
之珏章四上乃拜左僕射致仕賜鄭州莊一區
卒贈司空

李愚

李愚字子晦渤海無棣人也愚為人謹重寡言
好學為古文滄州節度使盧彥威以愚為安陵
主簿丁母憂解去後遊關中劉季述幽昭宗於
東內愚以書說韓建使圖興復其言甚壯建不
能用乃去之洛陽舉進士宏詞為河南府參軍
白馬之禍愚復去之山東與李延光相善延光
以經術事梁末帝為侍講數稱薦愚愚由此得召
以之拜左拾遺崇政院直學士衡王友諒末帝
兄也梁大臣李振等皆拜之獨愚長揖末帝以
責愚曰衡王朕拜之卿獨揖可乎愚曰陛下以
家人禮見之則拜宜也臣於王無所私豈宜妄
有所屈坐言事忤旨罷為鄧州觀察判官唐莊

史五十四　十二

李愚

宗滅梁愚朝京師唐諸公卿素聞愚學古重之
拜主客郎中翰林學士魏王繼岌伐蜀辟愚都
統判官蜀道阻險議者以謂宜緩師待變而進
招討使郭崇韜以決於愚愚曰王衍荒怠亂國
之政其人厭之乘其倉卒擊其無備其利在速
不可緩也崇韜以為然而所至迎降遂以滅蜀
初軍行至寶雞招討判官陳乂稱疾請留愚厲
聲曰陳乂見利則進知難則止今大軍涉險人
心易搖正可斬之以徇由是軍中無敢言留者
明宗即位累遷兵部侍郎承旨明宗祀天南郊
愚為宰相馮道趙鳳草加恩制道鄙其辭罷為
太常卿任圜罷相乃拜愚中書侍郎同平章事
愚為相不治第宅借延賓館以居愚有疾明宗
遣宦官視之見其敗氈敝席四壁蕭然明宗嗟
嘆命以供帳物賜之潞王反犯京師愍帝夜出
奔明日愚與馮道至端門聞帝已出而朱弘昭
馮贇皆已死愚欲至中書俟太后進止道曰潞
王已處處張榜招安今即至矣何可俟太后旨
也乃相與出迎廢帝入立罷道出鎮同州以劉
昫為相昫性褊急而愚素剛介動輒違戾昫與

五代史五十四　十三

李愚

馮道姻家愚數以此誚昫兩人遂相諠詬乃俱
罷愚守左僕射是時兵革方興天下多事而愚
爲相欲依古以創理乃請頒唐六典示百司使
各舉其職州縣貢士作鄉飲酒禮時以其迂闊
不用廢帝即位有意於治數召學士問以時事
而以愚爲迂未嘗有所問廢帝亦謂愚等無所
事常目宰相曰此粥飯僧爾以謂飽食終日而
無所用心也清泰二年以疾卒

盧導

盧導字熙化范陽人也唐末舉進士爲監察御

三乙三八 小九 五代史五十四 十四 枝

史唐亡事梁累遷左司郎中侍御史知雜事以
病免唐明宗時召拜右諫議大夫遷中書舍人
潞王從珂自鳳翔以兵犯京師愍帝出奔于衛
州宰相馮道李愚集百官于天宮寺將出迎潞
王于郊京師大恐都人藏竄百官久而不集惟
導與舍人張昭先至馮道請導草牋勸進導曰
潞王入朝郊迎可也若勸進之事豈可輕議哉
道曰勸進其可已乎導曰今天子蒙塵于外遽
以大位勸人若潞王守節不回以忠義見責其
將何辭以對且上與潞王皆太后子也不如率

盧導

百官詣宮門取太后進止語未終有報曰潞王
至矣京城巡檢使安從進催百官班迎百官紛
然而去潞王止于正陽門外道又促導草牋導
對如初李愚曰吾輩罪人盧舍人言是也導終
不草牋導後事晉爲吏部侍郎天福六年卒年
七十六

司空頲

司空頲貝州清陽人也唐僖宗時舉進士不中
後去爲羅紹威掌書記紹威卒入梁爲太府少
卿楊師厚鎮天雄頲解官往依之師厚卒賀德

三乙三十 五代史五十四 十五 枝

倫代之張彥之亂命判官王正言草奏詆斥梁
君臣正言素不能文辭又爲兵刃所迫流汗浹
背不能下筆彥怒推正言下榻詬曰鈍漢辱我
顧書吏問誰可草奏者吏即言頲羅王時書記
乃馳騎召之頲爲亂兵刼其衣以敝服蔽形而
至見彥長揖神氣自若揮筆成文而言甚淺鄙
彥以其易曉甚喜即給以衣服僕馬遂以爲德
倫判官德倫以魏博降晉晉王兼領天雄仍以頲
爲判官梁晉相距河上常以頲權軍府事頲爲
郭崇韜所惡崇韜數言其受賂都虞候張裕多

司空頲

過失頗屢以法繩之頗有姪在梁遣家奴召之
裕擒其家奴以謂通書于梁莊宗族殺之

五代史記卷第五十四

五代史記卷第五十五

雜傳第四十三

劉昫

劉昫涿州歸義人也昫爲人美風儀與其兄暄弟晫皆以好學知名燕薊之間後爲定州王處直觀察推官處直爲子都所囚昫兄暄亦爲怨家所殺昫乃避之滄州唐莊宗即位拜昫太常博士以爲翰林學士明宗時累遷兵部侍郎居職明宗素重昫而愛其風韻遷端明殿學士長興三年拜中書侍郎兼刑部尚書同中書門下平章事昫詣中興殿門謝是日大祠不坐昫入謝端明殿昫自端明殿學士拜相當時以此爲榮廢帝入立遷吏部尚書門下侍郎監修國史初廢帝入問三司使王玫帑廩之數錢何玫言其數百萬及責以賞軍而無十一廢帝大怒罷玫命昫兼判三司昫性察而嫉三司蠹敝尤甚乃句計文簿覈其虛實殘租積負悉蠲除之往時吏幸積年之負蓋而不發因以把持州縣求賄賂及昫一切蠲除民間歡然以爲德而三司吏皆沮然先是馮道與昫爲姻家而同爲相道罷

劉昫

李愚代之愚素惡道爲人凡事有稽失者必指以誚昫曰此公親家翁所爲也昫性少容恕而愚特剛介遂相詆訴相府史吏惡此兩人剛直因共揚言其事聞廢帝並罷之以昫爲右僕射是時三司諸吏提印聚立月華門聞宣麻罷昫相皆歡呼相賀曰自此我曹快活矣昫在相位不習典故初明宗崩太常卿崔居儉以故事當爲禮儀使居儉辭以祖諱蠡馮道改居儉秘書監居儉怏怏失職中書舍人李詳爲居儉誥詞有聞名心懼之語昫輒易曰有恥且格居儉訴曰名諱有令式于何罪也當時聞者皆傳以爲笑又爲僕射入朝遇雨移班廊下御史臺吏引僕射立中丞御史下昫詰吏以故事自宰相至臺省皆不能知是時馮道罷相爲司空自隋唐以來三公無職事不特置又道爲司空問有司班次亦皆不能知由是不入朝堂俟臺官兩省入而後入宰相出則隨而出至昫爲僕射自以由宰相罷與道同乃隨道出入有司不能彈正而議者多竊笑之晉高祖時張從賓反殺皇子重乂於洛陽乃以昫爲東都留守判鹽鐵開運中拜司空同中書門下平章事復判三司契丹犯京師昫以目疾罷爲太保是歲卒年六十

盧文紀

盧文紀字子持其祖簡求爲唐太原節度使父嗣業官至右補闕文紀舉進士事梁爲刑部侍郎集賢殿學士唐明宗時爲御史中丞初上事百官臺參吏白諸道進奏官賀文紀問當如何吏對曰朝廷在長安時進奏官見大夫中丞如胥史自唐衰天子微弱諸侯彊盛貢奉不至朝廷姑息方鎮假借邸吏大夫中丞上事進奏官至客次通名勞以茶酒而不相見相傳以爲故事文紀曰吾雖德薄敢隳舊制因遣吏諭之進奏官奮臂諠然欲去不得已入見文紀據牀端笏臺吏通名贊拜既出恚怒不自勝訴於樞密使安重誨重誨曰吾不知故事可上訴于朝即相率詣閤門求見以狀訴明宗問宰相趙鳳進奏吏比外何官鳳曰州縣發遞知後之流也明宗怒曰乃吏卒爾安得慢吾法官皆杖而遣之文紀又請悉復中外官校考法將相天子自書之詔雖施行而官卒不考歲餘遷工部尚書文紀素與宰相

盧文紀

崔協有隙協除工部郎中于鄴文紀以鄴與其父名同音大怒鄴赴省參上文紀不見之因請連假已而鄴奉使未行文紀即出視事鄴因醉忿自經死文紀坐貶石州司馬久之爲秘書監太常卿奉使于蜀過鳳翔時廢帝爲鳳翔節度使文紀爲人形貌魁偉語音琅然廢帝奇之後廢帝入立欲擇宰相問於左右左右皆言文紀及姚顗有人望廢帝因悉書清望官姓名内琉璃缾中夜焚香呪天以筯挾之首得文紀欣然相之乃拜中書侍郎同中書門下平章事是時

天下多事廢帝數以責文紀文紀因請罷五日起居復唐故事開延英冀得從容奏議天下事廢帝以謂五日起居明宗所以見羣臣也不可罷而便殿論事可以從容何必延英因詔宰相有事不以時詣閤門請對晉高祖起太原廢帝北征過拜徽陵休仗舍顧文紀曰吾自鳳翔識卿不以常人爲待自卿爲相詢于輿議皆云可致太平今自使吾至此卿宜如何文紀皇恐謝罪廢帝至河陽文紀勸帝扼橋自守不聽晉高祖入立罷爲吏部尚書累遷太子太師致仕周太祖入立即拜司空于家卒年七十六贈司徒

馬胤孫

馬胤孫字慶先棣州商河人也爲人儒暗少好學學韓愈爲文章舉進士爲唐潞王從珂河中觀察支使從珂爲楊彥温所逐罷居于京師里第胤孫從而不去從珂爲京兆尹徙鎮鳳翔胤孫常從之以爲觀察判官潞王將舉兵反與將吏韓昭胤等謀議已定召胤孫告之曰受命移鎮路出京師何向爲便胤孫曰君命召不俟駕今大王爲國宗屬而先帝新弃天下臨喪赴鎮臣

子之忠也左右皆笑其愚然從珂心獨重之廢帝入立以爲戶部郎中翰林學士久之拜中書侍郎同中書門下平章事胤孫不通世務故事多壅塞是時馮道罷匡國軍節度使拜司空司空自唐已來無特拜者有司不知故事朝廷議者紛然或曰司空三公宰相職也當參與大政而宰相盧文紀獨以謂司空之職祭祀掃除而已胤孫皆不能決時劉昫亦罷相爲僕射右散騎常侍孔昭序建言常侍班當在僕射前胤孫責御史臺檢例臺言故事無所見據今南北班

位常侍在則胤孫即判其狀施行劉昫大怒崔居儉揚言于朝曰孔昭序解語是朝廷無解語人也且僕射師長百寮中丞大夫就班脩敬而常侍在南宮六卿之下況僕射乎昭序癡兒豈識事體朝士聞居儉言流議稍息胤孫臨事多不能決當時號爲三不開謂其不開口以論議不開印以行事不開門以延士大夫也晉兵起太原廢帝幸河陽是時勢已危迫胤孫自洛來朝行在人皆冀其有所建言胤孫獻綾三百匹而已晉高祖入立罷歸田里胤孫既學韓愈爲

三フ四十六　小九　五代史五十五　六　祐

文故多斥浮屠氏之説及罷歸乃返學佛撰法喜集佛國記行于世時人誚之曰佞清泰不徹乃來佞佛清泰廢帝年號也人有譏胤孫曰公素慕韓愈爲人而常誦傅奕之論今反佞佛是佛佞公邪公佞佛邪胤孫答曰豈知非佛佞我也時人傳以爲笑後以太子賓客分司居于洛陽周廣順中卒胤孫卒後其家婢有爲胤孫語者初崔協爲明宗相在位無所發明既死而有降語其家胤孫又然時人嘲之曰生不能言死而後語云

馬胤孫

姚顗

姚顗字百眞京兆長安人也少蠢愚不修容止時人莫之知中條山處士司空圖一見以爲奇以其女妻之舉進士事梁爲翰林學士中書舍人唐莊宗滅梁貶復州司馬已而以爲左散騎常侍兼吏部侍郎尚書左丞廢帝欲擇宰相選當時清望官知名於世者得盧文紀及顗乃拜顗中書侍郎同中書門下平章事顗爲人仁恕不知錢陌銖兩之數御家無法在相位齪齪無所爲唐制吏部分爲三銓尚書一人曰尚書銓侍

三フ廿八　小八　五代史五十五　七　祐

郎二人曰中銓東銓每歲集以孟冬三旬而選盡季春之月天成中馮道爲相建言天下未一選人歲纔數百而吏部三銓分注雖曰故事其實徒繁而無益始詔三銓合爲一而尚書侍郎共行選事至顗與盧文紀爲相復奏分銓爲三而循資長定舊格歲久多舛因增損之選人多不便之往往邀遮宰相喧訴不遜顗等無如之何廢帝爲下詔書禁止晉高祖立罷顗爲戶部尚書卒年七十五卒之日家無餘貲尸不能斂官爲賻贈乃能斂聞者哀憐之

姚顗

劉岳

劉岳字昭輔洛陽人也唐民部尚書政會之八代孫崇龜崇望其諸父也岳名家子好學敏於文辭善談論舉進士事梁爲左拾遺侍御史末帝時爲翰林學士累官至兵部侍郎梁亡貶鈞州司馬復用爲太子詹事唐明宗時爲吏部侍郎故事吏部文武官告身皆輸朱膠紙軸錢然後給其品高者則賜之貧者不能輸錢往往但得敕牒而無告身五代之亂因以爲常甲者無復給告身中書但錄其制辭編爲敕甲岳建言

以謂制辭或任其材能或襃其功行或申以訓誡而受官者旣不給告身皆不知受命之所以然非王言所以告詔也請一切賜之由是百官皆賜告身自岳始也宰相馮道世本田家狀貌質野朝士多笑其陋道旦入朝兵部侍郎任贊與岳在其後道行數反顧贊問岳道反顧何爲岳曰遺下兔園冊爾兔園冊者鄉校俚儒教田夫牧子之所誦也故岳舉以誚道道聞之大怒徙岳祕書監其後李愚爲相遷岳太常卿初鄭餘慶嘗採唐士庶吉凶書疏之式雜以當時家

人之禮爲書儀兩卷明宗見其有起復冥昏之制歎曰儒者所以隆孝悌而敦風俗且無金革之事起復可乎婚吉禮也用於死者可乎乃詔岳選文學通知古今之士共刪定之岳與太常博士段顒田敏等增損其書而其事出鄙俚皆當時家人女子傳習所見往往轉失其本然猶時有禮之遺制其後亡失愈不可究其本末其婚禮親迎有女坐壻鞍合髻之說尤爲不經公卿之家頗遵用之至其久也又益訛謬可笑其類甚多岳卒于官年五十六贈吏部尚書子溫叟

嗚呼甚矣人之好爲禮也在上者不以禮示之使人不見其本而傳其習俗之失者尚拳拳而行之五代干戈之亂不暇於禮久矣明宗武君出於夷狄而不通文字乃能有意使民知禮而岳等皆當時儒者卒無所發明但因其書增損而已然其後世士庶吉凶皆取岳書以爲法而十又轉失其三四也可勝歎哉

馬縞

馬縞不知其世家少舉明經又舉宏詞事梁爲太常少卿以知禮見稱于世唐莊宗時累遷中

書舍人刑部侍郎權判太常卿明宗入立繼唐
太祖莊宗而不立親廟縞言漢諸侯王入繼統
者必別立親廟光武皇帝立四廟于南陽請如
漢故事立廟以申孝享明宗下其議禮部尚書
蕭頃等請如縞議宰相鄭珏等議引漢桓靈爲
比以謂桓帝尊其祖解瀆亭侯淑爲孝元皇父
萇爲孝仁皇請下有司定謚四代祖考爲皇置
園陵如漢故事事下太常博士王丕議漢桓帝
尊祖爲孝穆皇帝父爲孝崇皇帝縞以謂孝穆
孝崇有皇而無帝惟吳孫皓尊其父和爲文皇

帝不可以爲法右僕射李琪等議與縞同明宗
詔曰五帝不相襲禮三王不相沿樂惟皇與帝
異世殊稱爰自嬴秦已兼厥號朕居九五之位
爲億兆之尊奈何總二名於眇躬惜一字於先
世乃命宰臣集百官於中書各陳所見李琪等
請尊祖禰爲皇帝曾高爲皇宰相鄭珏合羣議
奏曰禮非天降而本人情可止可行有損有益
今議者引古以漢爲據漢之所制夫復何依開
元時尊皐陶爲德明皇帝涼武昭王爲興聖皇
帝皆立廟京師此唐家故事也臣請四代祖考

皆加帝如詔旨而立廟京師詔可其加帝而立
廟應州劉岳脩書儀其所增損皆決於縞縞又言
縗麻喪紀所以別親疏辨嫌疑禮叔嫂無服推
而遠之也唐太宗時有司議爲兄之妻服小功
五月今有司給假爲大功九月非是廢帝下其
議太常博士段顒議嫂服給假以大功者令文
也令與禮異者非一而喪服之不同者五禮姨
舅皆服小功今皆大功妻父母壻外甥皆服緦
今皆小功禮令之不可同如此右贊善大夫趙
咸乂議曰喪與其易也寧戚儀禮五服或以名

加或因尊制推恩引義各有所當據禮爲兄之
子妻服大功今爲兄之子母服小功是輕重失
其倫也以名則兄子之妻疏因尊則嫂非卑嫂
服大功其來已久令國之典不可滅也司封郎中
曹琛請下其議并以禮令之違者定議詔尚書
省集百官議左僕射劉昫等議曰令於喪服無
正文而嫂服給大功假乃假寧附令而敕無年
月請凡喪服皆以開元禮爲定下太常具五服
制度附于令令有五服自縞始也縞明宗時嘗
坐覆獄不當貶綏州司馬復爲太子賓客遷户

部兵部侍郎盧文紀作相以其迂儒鄙之改國子祭酒卒年八十贈兵部尚書

崔居儉

崔居儉清河人也祖蠡父蕘皆爲唐名臣居儉美文辭風骨清秀少舉進士梁貞明中爲中書舍人翰林學士御史中丞唐莊宗時爲刑部侍郎太常卿崔氏自後魏隋唐與盧鄭皆爲甲族吉凶之事各著家禮至其後世子孫專以門望自高爲世所嫉明宗崩居儉以故事爲禮儀使居儉以祖諱蠡辭不受宰相馮道即徙居儉爲秘書監居儉歷兵吏部侍郎尚書左丞戶部尚書晉天福四年卒年七十贈右僕射居儉拙於爲生居顯官衣常乏死之日貧不能葬聞者哀之

崔棁

崔棁字子文深州安平人也父涿唐末爲刑部郎中棁少好學頗涉經史工於文辭遭世亂寓居于滑甚不遊里巷者十餘年人罕識其面梁貞明三年舉進士甲科開封尹王瓚辟掌奏記棁性至孝其父涿病不肯服藥曰死生有命何

用藥爲棁屢進醫藥不納每賓客問疾者棁輒迎拜門外泣涕而告之涿終不服藥而卒棁居喪哀毀服除唐明宗以爲監察御史不拜踰年再命乃拜累遷都官郎中翰林學士晉高祖時以戶部侍郎爲學士承旨權知天福二年貢舉初棁爲學士嘗草制爲宰相桑維翰所改棁以唐故事學士草制有所改者當罷職乃引經據爭之維翰頗不樂而棁少專於文學不能涖事維翰乃命棁知貢舉棁果不能舉職時有進士孔英者素有醜行爲當時所惡棁既受命往見維翰維翰素貴嚴尊而語簡謂棁曰孔英來矣棁不諭其意以謂維翰以孔英爲言乃考英及第物議大以爲非即罷學士拜尚書左丞遷太常卿八年高祖詔太常復文武二舞詳定正冬朝會禮及樂章自唐末之亂禮樂制度亡失已久棁與御史中丞竇貞固刑部侍郎呂琦禮部侍郎張允等草定之其年冬至高祖會朝崇元殿廷設宮縣二舞在北登歌在上文舞郎八佾六十有四人冠進賢黃紗袍白中單白練襹襠白布大口袴革帶履左執籥右秉翟執纛引者二人

武舞郎八佾六十有四人服平巾幘緋絲布大袖繡襠甲金飾白練褴錦縢蛇起梁帶豹文大口袴烏鞾左執干右執戚執旌引者二人加鼓吹十二按負以熊豹以象百獸率舞按設羽葆鼓一大鼓一金錞一歌簫笳各二人王公上壽天子舉爵奏玄同三舉登歌奏文同舉食文舞舞昭德武舞舞成功之曲禮畢高祖大悅賜棁金帛羣臣左右睹者皆嗟歎之然禮樂廢久而制作簡繆又繼以龜茲部霓裳法曲參亂雅音其樂工舞郎多教坊伶人百工商賈州縣避役

之人又無老師良工教習明年正旦復奏于廷而登歌發聲悲離煩慝如薤路虞殯之音舞者行列進退皆不應節聞者皆悲憤其年高祖崩棁以風痺改太子賓客分司西京以卒開運二年太常少卿陶穀奏廢二舞明年契丹滅晉耶律德光入京師太常請備法駕奉迎樂工教習鹵簿鼓吹都人聞者爲之流涕焉

李懌

李懌京兆人也少好學頗工文辭唐末舉進士爲秘書省校書郎集賢校理唐亡事梁爲監察

御史累遷中書舍人翰林學士梁亡責授懷州司馬遇赦量移稍遷衛尉少卿天成中復爲中書舍人翰林學士累遷尚書右丞承旨時右散騎常侍張文寶知貢舉所放進士中書有覆落者乃請下學士院作詩賦爲貢舉格學士竇夢徵張礪等所作不工乃命懌爲之懌笑曰年少舉進士登科蓋偶然爾後生可畏來者未可量假令予復就禮部試未必不落第安能與英俊爲準格聞者多其知體後遷刑部尚書分司洛陽卒年七十餘

五代史記卷第五十五

五代史記卷第五十六

雜傳第四十四

和凝

和凝字成績鄆州須昌人也其九世祖逢堯爲唐監察御史其後世遂不復官學凝父矩性嗜酒不拘小節然獨好禮文士每傾貲以交之以故凝得與之游而凝幼聰敏形神秀發舉進士梁義成軍節度使賀瓌辟爲從事瓌與唐莊宗戰于胡柳瓌戰敗脫身走獨凝隨之反顧見凝麾之使去凝曰丈夫當爲知己死吾恨未得死所爾豈可去也已而一騎追瓌幾及凝叱之不止即引弓射殺之瓌由此得免瓌歸戒其諸子曰和生志義之士也後必富貴爾其謹事之因妻之以女天成中拜殿中侍御史累遷主客員外郎知制誥翰林學士知貢舉是時進士多浮薄喜爲諠譁以動主司主司每放牓則圍之以棘閉省門絶人出入以爲常凝徹棘開門而士皆肅然無譁所取皆一時之秀稱爲得人晉初拜端明殿學士兼判度支爲翰林學士承旨高祖數召之問以時事凝所對皆稱旨天福五年

拜中書侍郎同中書門下平章事高祖將幸鄴而襄州安從進反迹已見凝曰陛下幸鄴從進必因此時反則將奈何高祖曰卿將何以待之凝曰先人者所以奪人也請爲宣敕十餘通授之鄭王有急則命將擊之高祖以爲然是時鄭王爲開封尹留不從幸乃受以宣敕高祖至鄴從進果反鄭王即以宣敕命騎將李建崇焦繼勳等討之從進謂高祖方幸鄴不意晉兵之速也行至花山遇建崇等兵以爲神遂敗走出帝即位加右僕射歲餘罷平章事遷左僕射漢高祖時拜太子太傅封魯國公顯德二年卒年五十八贈侍中凝好飾車服爲文章以多爲富有集百餘卷嘗自鏤板以行于世識者多非之然性樂善好稱道後進之士唐故事知貢舉者所放進士以己及第時名次爲重凝舉進士及第時第五後知舉選范質爲第五後質位至宰相封魯國公官至太子太傅皆與凝同當時以爲榮焉

趙瑩

趙瑩字玄輝華州華陰人也爲人純厚美風儀

事梁將康延孝爲從事晉高祖爲保義軍節度使以瑩掌書記自是從鎮常以瑩從高祖將起兵太原以問諸將吏將吏或贊成之瑩獨懼形于色勸高祖毋反高祖雖不用其言心甚愛之高祖即位拜翰林學士承旨戶部侍郎同中書門下平章事累拜中書令出爲晉昌軍節度使開封君是時出帝童昏馮玉李彥韜等用事與桑維翰爭權乃共譖去之以瑩柔而易制故復引以爲相契丹滅晉瑩從出帝北徙虜中瑩事兀欲爲太子太保周太祖時與契丹通好遣尚書

五代史五十六　三　程元

左丞田敏使于契丹遇瑩于幽州瑩見敏悲不自勝瑩子易則易從當其徙而北也與易從俱而易則留事漢官至刑部郎中後瑩病將卒告于契丹願以尸還中國契丹許之及卒遣易從護其喪南歸太祖憐之贈瑩太傅葬于華陰

馮玉

馮玉字璟臣定州人也少舉進士不中馮贇爲河東節度使辟爲推官入拜監察御史累遷禮部郎中爲鹽鐵判官晉出帝納玉姊爲后玉以后戚知制誥拜中書舍人玉不知書而與殷鵬同爲舍人制誥常遣鵬代作頃之玉出爲潁州團練使拜端明殿學士戶部侍郎遷樞密使中書侍郎同中書門下平章事是時出帝童昏馮皇后用事軍國大務一決於玉玉嘗有疾在告自刺史已上宰相不敢除授以俟玉決玉除中書舍人盧價爲工部侍郎桑維翰以價資望淺爲不可由是與維翰有隙維翰由此罷相玉爲相四方賄積貲鉅萬契丹滅晉張彥澤先以兵入京師兵士爭先入玉家其貲一夕而盡明日見彥澤猶謟笑自言願得持晉玉璽獻契丹以冀恩獎

五代史五六　四　程元

彥澤不納出帝之北玉從入契丹契丹以爲太子太保周廣順三年其子傑自契丹逃歸玉懼以憂卒

盧質

盧質字子徵河南人也父望唐司勳郎中質幼聰惠善屬文事唐爲秘書郎丁母憂解職後去遊太原晉王以爲河東節度掌書記質與張承業等定議立莊宗爲嗣莊宗將即位以質爲大禮使拜行臺禮部尚書莊宗即位欲以質爲相質性踈逸不欲任責因固辭不受拜太原尹北

盧質

京留守遷戸部尚書翰林學士從平梁權判租
庸遷兵部尚書後爲學士承旨仍賜論思匡佐
功臣天成元年拜匡國軍節度使三年拜兵部
尚書判太常卿事歷鎮河陽横海初梁已篡唐
封及帝爲濟陰王既而酖殺之瘞于曹州同光
三年莊宗將議改葬而曹太后崩乃止因其故
壠稍廣其封以時薦饗而已質乃建議立廟追
謚曰昭宣光烈孝皇帝廟號景宗天成四年八
月戊申明宗御文明殿遣質奉冊立廟于曹州
而議者以謂輝王不幸爲賊臣所立而昭宗何
皇后皆爲梁所弑遂以亡國而昭宣光烈非所
宜稱且立廟稱宗而不入太廟皆非是共以
此非質大臣亦知其不可乃奏去廟號秦王從
榮坐謀反誅質以右僕射權知河南府事廢帝
反鳳翔愍帝發兵誅之竭帑藏以厚賞而兵至
鳳翔皆叛降廢帝悉將而東事成許以重賞而
軍士皆過望廢帝入立有司獻籍數甚少廢帝
暴怒自諸鎮至刺史皆進錢帛助國用猶不足
三司使王玫請率民財以佐用乃使質與玫等
共議配率而貧富不均怨訟並起囚繫滿獄六

七日間所得不滿十萬廢帝患之乃命質等借
民屋課五月由是民大怨質高祖入立質以
疾分司西京拜太子太保卒年七十六贈太子
太師謚曰文忠

呂琦

呂琦字輝山幽州安次人也父兖爲横海軍節
度判官節度使劉守文與其弟守光以兵相攻
守文敗死其吏民立其子延祚而事之以兖爲
謀主已而延祚又爲守光所敗兖見殺守光怒
兖并族其家琦年十五見執將就刑兖故客趙
玉紿其監者曰此吾弟也監者信之縱琦去玉
與琦得俱走琦足弱不能行玉負之而行逾數
百里變姓名乞食于道以免琦爲人美風儀重
節槩少喪其家游學汾晉之間唐莊宗鎮大原
以爲代州軍事推官後爲横海趙德鈞節度推
官入爲殿中侍御史明宗時爲駕部員外郎兼
侍御史知雜事河陽主藏吏盜所監物下軍巡
獄獄吏尹訓納賂反其獄其寃家訴于朝下御
史臺按驗得訓贓狀奏擿訓赴臺訓爲安重誨
所庇不與琦請不已訓懼自殺獄乃辨蒙活者

甚衆歲餘遷禮部郎中史館脩撰長興中廢帝失守河中罷居清化坊與琦同巷琦數往過之後廢帝入立待琦甚厚拜知制誥給事中樞密院直學士端明殿學士是時晉高祖鎮河東有二志廢帝患之琦與李崧俱備顧問多所裨畫琦言太原之患必引契丹爲助不如先事制之自明宗時王都反定州契丹遣禿餒荝剌等助都而爲趙德鈞王晏球所敗禿餒見殺荝剌等皆送京師其後契丹數遣使者求荝剌等其辭甚卑恭明宗輒斬其使者不報而東丹王又亡入中國契丹由此數欲求和琦因言方今之勢不如與契丹通和如漢故事歲給金帛妻之以女使彊藩大鎮顧外無所引援可弭其亂心崧以琦語語三司使張延朗延朗欣然曰苟能紓國患歲費縣官十數萬緡責吾取足可也因共建其事廢帝大喜佗日以琦等語問樞密直學士薛文遇文遇大以爲非因誦戎昱社稷依明主安危託婦人之詩以誚琦等廢帝大怒急召崧琦等問和戎計如何琦等察帝色怒亟曰臣等爲國計非與契丹求利於中國也帝即發怒曰卿等佐朕欲致太平而

若是邪朕一女尚幼欲棄之夷狄金帛所以養士而扞國也又輸以資虜可乎崧等惶恐拜謝拜無數琦足力乏不能拜而先止帝曰呂琦彊項肯以人主視我邪琦曰臣素病羸拜多而乏容臣少息須之喘定奏曰陛下以臣等言非罪之可也雖拜何益帝稍解曰勿拜賜酒一卮而遣之其議遂寢因遷琦御史中丞居數月復爲端明殿學士其後晉高祖起太原果引契丹爲助遂以亡唐琦事晉爲祕書監累遷兵部侍郎天福八年卒趙玉仕至職方員外郎琦事之如父玉疾親嘗藥扶侍及卒爲其家主辦喪葬玉子文度幼孤琦教以學如己子後舉進士及第云琦有子餘慶端

薛融

薛融汾州平遥人也少以儒學知名唐莊宗時爲右補闕直弘文館晉高祖鎮太原融爲觀察判官高祖從軍欲據太原拒命延見賓佐問以可否而坐中或贊成之或恐懼不敢言融獨從容對曰融本儒生爾軍旅之事未嘗學也進退存亡之理豈易言哉高祖不之責也高祖入立

拜吏部郎中兼侍御史知雜事累拜左諫議大夫遷中書舍人融曰文辭非臣所長也遂辭不拜時詔修洛陽大内融上疏切諫高祖褒納其言即詔罷其役遷御史中丞改尚書右丞分司西京卒年六十

何澤

何澤廣州人也父鼎唐末爲容管經略使澤少好學長於歌詩舉進士爲洛陽令唐莊宗好畋獵數踐民田澤乃潛身伏草間伺莊宗當馬諫曰陛下未能一天下以休兵而暴斂疲民以給

軍食分田將熟奈何恣畋游以害多稼使民何以出租賦吏以何督民耕陛下不聽臣言願賜臣死於馬前使後世知陛下之過莊宗大笑爲之止獵拜倉部郎中明宗時數上書言事明宗幸汴州又欲幸鄴而人情不便大臣屢言不聽澤伏閤切諫明宗嘉之拜吏部郎中史館修撰澤外雖直言而内實邪佞嘗於内殿起居班退獨留以笏叩額北望而呼曰明主明主聞者皆哂之五代之際民苦於兵往往因親疾以割股或旣喪而割乳廬墓以規免州縣賦役戶部歲給

蠲符不可勝數而課州縣出紙號爲蠲紙澤上書言其敝明宗下詔悉廢戶部蠲紙澤與宰相趙鳳有舊數私于鳳求爲給諫鳳薄其爲人以爲太常少卿敕未出而澤先知之即稱新官上章自訴章下中書鳳等言澤未拜命而稱新官輕侮朝廷請坐以法乃以太僕少卿致仕居于河陽澤時年已七十尚希仕進即遣婢宜子詣匭上章言事請立秦王爲皇太子秦王素驕多不軌遂成其禍由澤而始晉高祖入立召爲太常少卿以疾卒于家

王權

王權字秀山太原人也唐左僕射起之曾孫父蕘官至右司郎中權舉進士爲右補闕唐亡事梁爲職方員外郎知制誥翰林學士累遷御史中丞唐莊宗滅梁貶權隨州司馬起爲右庶子累遷戶部尚書晉高祖時爲兵部尚書是時高祖以父事契丹權當奉使歎曰我雖不才安能稽顙於穹廬乎因辭不行坐是停任踰年以太子少傅致仕卒年七十八贈左僕射

史圭

史圭常山石邑人也爲人明敏好學爲寧晉樂壽縣令有善政縣人立碑以頌之郭崇韜鎮成德辟爲從事明宗時爲尚書郎安重誨爲樞密使薦圭直學士故事直學士職雖清而承領文書參掌庶務與判官無異重誨素不知書倚圭以備顧問始白許圭升殿侍立樞密直學士升殿自圭始改尚書右丞判吏部銓事重誨敗死圭出爲貝州刺史罷歸常山閉絶人事出入閭里乘輜軿車晉高祖立召拜刑部侍郎鹽鐵副使遷吏部侍郎分知銓事有能名以疾罷卒于常山

龍敏

龍敏字欲訥幽州永清人也少仕州爲參軍劉守光亂敏避之滄州遂客於梁久不調敏素善馮道道爲唐莊宗從事乃潛往依之監軍張承業謂道曰閣子有客可與俱來道以敏見承業辟敏監軍巡官使掌奏記莊宗即位召拜司門員外郎敏父咸式年七十餘而其王父年九十餘皆在鄴敏乃求爲興唐尹事祖父以孝聞丁母憂去職趙在禮反逼敏起視事明宗即位在禮鎮滄州敏乃復得居喪服除累拜兵部侍郎馮贇留守北京辟敏副留守贇入爲樞密使敏拜吏部侍郎是時晉高祖起太原乞兵契丹唐廢帝在懷州趙德鈞父子有異志張敬達屯于晉安勢甚危急廢帝問計從臣敏曰晉所恃者契丹也東丹王失國之君今在京師若以兵送東丹自幽州而入西樓契丹且有內顧之憂何暇助晉晉失契丹大事去矣又謂李懿曰敏燕人也能知德鈞德鈞爲將守城嬰壍篤勵健兒而已使其當大敵奮不顧身非其能也況有異志乎今聞駕前之馬猶有五千願得壯者千匹健兵千人與勇將郎萬金自平遥沿山冒虜中而趨官砦且戰且行得其半達則事濟矣懿爲言之廢帝廢帝莫能用然人皆壯其大言歷晉爲太常卿使于吳越是時使吳越者見吳越王皆下拜敏獨揖之還遷工部侍郎乾祐元年瘍發於首卒贈右僕射

五代史記卷第五十六

五代史記卷第五十七

雜傳第四十五

李崧

李崧深州饒陽人也崧幼聰敏能文章爲鎮州參軍唐魏王繼岌爲興聖宮使領鎮州節度使以推官李堯掌書記崧謂掌書記呂柔曰魏王皇子天下之望書奏之職非堯所當柔私使崧代爲之以示盧質馮道道等皆以爲善乃以崧爲興聖宮巡官拜協律郎繼岌與郭崇韜伐蜀以崧掌書記繼岌已破蜀劉皇后聽讒者言陰遣

人之蜀教繼岌殺崇韜人情不安崧入見繼岌曰王何爲作此危事誠不能容崇韜至洛誅之何晚今遠軍五千里不見咫尺之詔殺大臣動搖人情是召亂也繼岌曰吾亦悔之奈何崧乃召書吏三四人登樓去梯夜以黃紙作詔書倒用都統印明旦告諭諸軍人心乃定師還繼岌死於道崧至京師任圜判三司用崧爲鹽鐵判官以內憂去職還鄉里服除范延光居鎮州辟崧掌書記延光爲樞密使崧拜拾遺直樞密院累遷戶部侍郎端明殿學士長興中明宗春秋

高秦王從榮多不法晉高祖爲六軍副使懼禍及求出外藩是時契丹入鴈門明宗選將以捍太原晉高祖欲之樞密使范延光趙延壽等議將久不決明宗怒甚責延壽等延壽等惶恐欲以康義誠應選崧獨曰太原國之北門宜得重臣非石敬瑭不可也由是從崧議晉高祖深德之陰遣人謝崧曰爲浮屠者必合其尖蓋欲使崧終始成已事也其後晉高祖以兵入京師崧竄匿伊闕民家晉高祖召爲戶部侍郎拜中書侍郎同中書門下平章事兼樞密使丁內艱起

復高祖崩出帝即位以崧兼判三司與馮玉對掌樞密是時晉兵敗契丹於陽城趙延壽在幽州詐言思歸以誘晉兵崧等信之初漢高祖在晉掌親軍爲侍衛都指揮使與杜重威同制加平章事漢高祖恥之怒不肯謝晉高祖遣和凝諭之乃謝其後漢高祖出居太原重威代爲侍衛使崧亦數稱重威之材於是漢高祖以崧爲排已深恨之崧又信延壽之詐以爲然卒以重威將大兵其後敗于中渡晉遂以亡契丹耶律德光犯京師德光素聞延壽等稱崧爲人及入

京師謂人曰吾破南朝得崧一人而已乃拜崧太子太師契丹北還命崧以族俱行留之鎮州其後麻荅弃鎮州崧與馮道等得還高祖素不悅崧又爲怨者譖之言崧爲契丹所厚故崧遇漢權臣常惕惕爲謙謹莫敢有所忤漢高祖入京師以崧第賜蘇逢吉崧家遭亂多埋金寶逢吉悉有之而崧弟嶼嶬與逢吉子弟同舍酒酣出怨言以爲奪我第崧又以宅券獻逢吉逢吉尤不喜漢法素嚴楊邠史弘肇多濫刑法嶼僕葛延遇爲嶼商賈多乾沒其貲嶼笞責之延遇

夜宿逢吉部曲李澄家以情告澄是時高祖將葬睿陵河中李守貞反澄乃教延遇告變言崧與其甥王凝謀因山陵放火焚京師又以蠟丸書通守貞逢吉遣人召崧至第從容告之崧知不免乃以幼女託逢吉逢吉送崧侍衛獄崧出乘馬從者去無一人崧恚曰自古豈有不死之人然亦豈有不亡之國乎乃自誣伏族誅崧素與翰林學士徐台符相善後周太祖入立台符告宰相馮道請誅葛延遇道以延遇數經赦宥難之樞密使王峻聞之多台符有義乃奏誅延

遇

李鏻

李鏻唐宗室子也其伯父陽事唐咸通間爲給事中鏻少舉進士累不中客河朔間自稱清海軍掌書記謁定州王處直處直不爲禮乃易其緑衣更爲緋衣謁常山李弘規弘規進之趙王王鎔鎔留爲從事其後張文禮弒鎔自立遣鏻聘唐莊宗於太原鏻爲人利口敢言乃陰爲莊宗畫一丈禮可破之策後文禮敗莊宗以鏻爲支使莊宗即位拜鏻宗正卿以李瓊爲少卿獻祖懿祖墓

在趙州昭慶縣唐國初建鏻瓊上言獻祖宣皇帝建初陵懿祖光皇帝啓運陵請置臺令縣中無賴子自稱宗子者百餘人宗正無譜諜莫能考按有民諂寺自言世爲丹陽竟陵臺令厚賂宗正吏鏻瓊不復詳考遂補爲令民即持縧幡招置部曲侵奪民田百餘頃以謂陵園壖地民訴于官不能決以聞莊宗下公卿博士問故唐諸帝陵寢所在公卿博士言丹陽在今潤州而竟陵非唐事鏻不學無知不足以備九卿坐貶司農少卿出爲河中節度副使明宗即位以鏻故

人召還累遷戶部尚書鏻意頗希大用嘗謂馮道趙鳳曰唐家故事宗室皆爲宰相今天祐中興宜按舊典鏻雖不才嘗事莊宗覇府識今天子於藩邸論才較業何後衆人而久寘班行於諸君安乎道等惡其言後楊溥諜者見鏻言事鏻謂安重誨曰楊溥欲歸國久矣若朝廷遣使諭之可以召也重誨信之以玉帶與諜者使爲信久而無効由是貶鏻兗州行軍司馬鏻與廢帝有舊愍帝時爲兵部尚書奉使湖南聞廢帝立喜以謂必用已爲相還過荆南謂高從誨曰

三ㄋ六十　小六　五代五七　五　褚

士固有否泰吾不爲時用久矣今新天子即位我將用矣乃就從誨求寶貨入獻以爲賀從誨與馬紅裝拂二裸獮皮一因爲鏻置酒問其副使馬承翰今朝廷之臣孰有公輔之望承翰曰尚書崔居儉左丞姚顗其次太常盧文紀也從誨笑顧左右取進奏官報狀示鏻顗與文紀皆拜平章事矣鏻慙失色還遂獻其皮拂廢帝終不用初李愚自太常卿作相而盧文紀代之及文紀作相鏻乃求爲太常卿及拜命中謝曰臣叨入相之資朝士傳以爲笑鏻事晉累遷太子

李鏻

太保漢高祖即位拜鏻司徒居數月卒年八十八贈太傅

賈緯

賈緯鎮州獲鹿人也少舉進士不中州辟參軍唐天成中范延光鎮成德辟趙州軍事判官遷石邑令緯長於史學唐自武宗已後無實録史官之職廢緯采次傳聞爲唐年補録六十五卷當唐之末王室微弱諸侯彊盛征伐擅出天下多事故緯所論次多所闕誤而喪亂之際事迹粗存亦有補於史氏晉天福中爲太常博士非

大三ㄋ三十　小七　五代史五七　六　褚

其好也數求爲史職改屯田員外郎起居郎史館脩撰與脩唐書丁內艱服除知制誥累遷中書舍人諫議大夫給事中復爲脩撰漢隱帝時詔與王伸竇儼等同修晉高祖出帝漢高祖實録初桑維翰爲相常惡緯爲人待之甚薄緯爲維翰傳言維翰死有銀八千鋌翰林學士徐台符以爲不可數以非緯緯不得已更爲數千鋌廣順元年實録成緯求遷官不得由是怨望是時宰相王峻監修國史緯書日曆多言當時大臣過失峻見之怒曰賈給事子弟仕官亦要門

賈緯

閥奈何歷詆當朝之士使其子孫何以仕進言之高祖貶平盧軍行軍司馬明年卒于青州

段希堯

段希堯河内人也晉高祖爲河東節度使以希堯爲判官高祖軍屯忻州軍中有擁高祖呼万歲者高祖惶惑不知所爲希堯勸高祖斬其亂首乃止高祖將舉兵太原與其賓佐謀希堯以爲不可高祖雖不聽然重其爲人不責之也高祖入立希堯比諸將吏恩澤最薄久之稍遷諫議大夫使于吳越是時江淮不通凡使吳越者皆泛海而多風波之患希堯過海遭大風左右皆恐懼希堯曰吾平生不欺汝等恃吾可無恐也已而風亦止歷萊懷棣三州刺史出帝時爲吏部侍郎判東西銓事累遷禮部尚書卒年七十九贈太子少保

張允

張允鎭州人也少事州爲張文禮參軍唐莊宗討張文禮允脫身降莊宗繫之獄文禮敗乃出之爲魏州功曹趙在禮辟節度推官歷滄兗二鎭掌書記入爲監察御史累遷水部員外郎知制誥廢帝皇子重美爲河南尹掌六軍以允剛介乃拜允給事中爲六軍判官罷遷左散騎常侍晉高祖即位屢赦天下允爲駁赦論以獻曰管子曰凡赦者小利而大害久而不勝其禍無赦者小害而大利久而不勝其福又漢之吳漢疾篤帝問漢所欲言漢曰惟願陛下無赦爾蓋行赦不以爲恩不行赦不以爲無恩罰有罪故也自古皆以水旱則降德音而宥過開狴牢而出囚冀感天心以救其災者非也假有二人之訟者一有罪而一無罪若有罪者見捨則無罪者銜冤此乃致災之道非救災之術也至使小人遇天災則皆喜而相勸以爲惡曰國將赦矣必捨我以救災如此則是教民爲惡也夫天之爲道福善而禍淫若捨惡人而變災爲福則是天又喜人爲惡也凡天之降災所以警戒人主節嗜欲務勤儉恤鰥寡正刑罰而已是時晉高祖方好臣下有言覽之大喜允事漢爲吏部侍郎隱帝誅殺大臣京師皆恐允常退朝不敢還家止于相國寺周太祖以兵入京師允匿于佛殿承塵墜而卒年六十五

王松

王松父徽爲唐僖宗宰相松舉進士後唐時歷刑部郎中唐末從事方鎮晉高祖鎮太原辟松節度判官晉高祖即位拜右諫議大夫累拜工部尚書出帝北遷蕭翰立許王從益於京師以松爲左丞相漢高祖入洛先遣人馳詔東京百官嘗授僞命者皆焚之使勿自疑由是御史臺悉斂百官僞勑焚之松以手指其胷引郭子儀自誚以語人曰此乃二十四考中書令也聞者笑之後松子仁寶爲李守貞河中支使守貞反松以子故上書自陳高祖憐之但使解職而已松有田城東歲時往來京師以疾卒

裴皞

裴皞字司東河東人也裴氏自晉魏以來世爲名族居燕者號東眷居涼者號西眷居河東者號中眷皞出於名家而容止端秀性剛急直而無隱少好學唐光化中舉進士拜校書郎拾遺補闕事梁爲翰林學士中書舍人事後唐爲禮部侍郎皞喜論議每陳朝廷闕失多斥權臣改太子賓客以老拜兵部尚書致仕晉高祖起爲工部尚書後以老告拜右僕射致仕卒年八十五贈太子太保皞以文學在朝廷久宰相馬胤孫桑維翰皆皞禮部所放進士也後胤孫知舉放牓引新進士詣皞皞喜作詩曰門生門下見門生世傳以爲榮維翰巳作相嘗過皞皞不迎不送人或問之皞曰我見桑公於中書庶寮也桑公見我於私第門生也何送迎之有人亦以爲當

王仁裕

王仁裕字德輦天水人也少不知書以狗馬彈射爲樂年二十五始就學而爲人儁秀以文辭知名秦隴間無本有此三字秦帥辟爲秦州節度判官王蜀仁裕因事蜀爲中書舍人翰林學士唐莊宗平蜀仁裕事唐復爲秦州節度判官王思同鎮興元辟爲從事思同留守西京以爲判官廢帝舉兵鳳翔思同戰敗廢帝得仁裕聞其名不殺寘之軍中自廢帝起事至其入立馳檄諸鎮詔書告命皆仁裕爲之父之以都官郎中充翰林學士晉高祖入立罷職爲郎中歷司封左司郎中諫議大夫漢高祖時復爲翰林學士承旨累遷户部尚書罷爲兵部尚書太子少保顯德三年卒

年七十七贈太子少師仁裕性曉音律晉高祖初定雅樂宴羣臣於永福殿奏黃鍾仁裕聞之曰音不純肅而無和聲當有爭者起於禁中已而兩軍校鬭昇龍門外聲聞于內人以爲神喜爲詩其少也嘗夢剖其腸胃以西江水滌之顧見江中沙石皆爲篆籀之文由是文思益進乃集其平生所作詩萬餘首爲百卷號西江集仁裕與和凝於五代時皆以文章知名又嘗知貢舉仁裕門生王溥凝門生范質皆至宰相時稱其得人

裴羽

裴羽字用化其父贄相唐僖宗官至司空羽以一品子爲河南壽安尉事梁爲御史臺主簿改監察御史唐明宗時爲吏部郎中與右散騎常侍陸崇使于閩爲海風所飄至錢塘是時吳越王錢鏐與安重誨有隙唐方絕鏐朝貢羽等被留經歲而崇以疾卒後鏐遣羽還羽求載崇尸與俱歸鏐初不許羽以語感動鏐鏐惻然許之因附羽表自歸明宗得鏐表大喜由是吳越復通於中國羽護崇喪至京師及其槖裝還其

家士人皆多羽之義羽周太祖時爲左散騎常侍卒贈戶部尚書

王延

王延字世美鄭州長豐人也少好學嘗以賦謁梁相李琪琪爲之稱譽薦爲即墨縣令馮道作相與延故人召拜左補闕遷水部員外郎知制誥拜中書舍人權知貢舉吏部尚書盧文紀與故相崔協有隙是時協子頎方舉進士文紀謂延曰吾嘗譽子于朝貢舉選士當求實効無以虛名取人昔有越人善泅生子方晬其母浮之水上人怪而問之則曰其父善泅子必能之若是

可乎延退而笑曰盧公之言爲崔協也恨其父遂及其子邪明年選頎甲科人皆稱其公累遷刑部尚書以太子少保致仕卒年七十三延爲人重然諾與其弟規相友愛五代之際稱其家法焉

馬重績

馬重績字洞微其先出於北狄而世事軍中重績少學數術明太一五紀八象三統大曆居于太原唐莊宗鎮太原每用兵征伐必以問之重

馬重績

續所言無不中拜大理司直明宗時廢不用晉高祖以太原拒命廢帝遣兵圍之勢甚危急命重績筮之遇同人曰天火之象乾健而離明健者君之德也明者南面而嚮之所以治天下也同人者人所同也必有同我者焉易曰戰乎乾乾西北也又曰相見乎離離南方也其同我者自北而南乎乾西北也戰而勝其九月十月之交乎是歲九月契丹助晉擊敗唐軍晉遂有天下拜重績太子右贊善大夫遷司天監明年張從賓反命重績筮之遇隨曰南瞻析木木不自

續虛而動之動隨其覆歲將秋矣無能爲也七月而從賓敗高祖大喜賜以良馬器幣天福三年重績上言曆象王者所以正一氣之元宣萬邦之命而古今所紀考審多差宣明氣朔正而星度不驗崇玄五星得而歲差一日以宣明之氣朔合崇玄之五星二曆相參然後符合自前世諸曆皆起天正十一月爲歲首用太古甲子爲上元積歲愈多差闊愈甚臣輒合二曆創爲新法以唐天寶十四載乙未爲上元雨水正月中氣爲氣首詔下司天監趙仁錡張文皓等考覈得失仁錡等言明年庚子正月朔用重績曆考之皆合無舛乃下詔班行之號調元曆行之數歲輒差遂不用重績又言漏刻之法以中星考晝夜爲一百刻六十分刻之二十爲一時時以四刻十分爲正此自古所用也今失其傳以午正爲時始下侵未四刻十分而爲午由是晝夜昏曉皆失其正請依古改正從之重績卒年六十四

趙延義

趙延義字子英秦州人也曾祖省躬通數術避

亂于蜀父溫珪事蜀王建爲司天監每爲建占吉凶小不中輒加詰責溫珪臨卒戒其子孫曰數術吾世業然吾仕亂國得罪而幾死者數矣子孫能以佗道仕進者不必爲也然延義少亦以此仕蜀爲司天監蜀亡仕唐爲星官延義兼通三式頗善相人契丹滅晉延義隨虜至鎮州李筠白再榮謀逐麻荅歸漢猶豫未決延義假述數術贊成之周太祖自魏以兵入京師太祖召延義問漢祚短促者天數邪延義言王者撫天下當以仁恩德澤而漢法深酷刑罰枉濫天

下稱寃此其所以亡也是時太祖方以兵圍鄆逢吉劉銖第欲誅其族聞延義言悚然因貸其族二家獲全延義事周爲太府卿判司天監以疾卒

魯郡曾　三異　校定

五代史記卷第五十七

五代史記卷第五十八

嗚呼五代禮樂文章吾無取焉其後世有欲知之者不可以遺也作司天職方考

司天考第一

司天掌日月星辰之象周天一歲四時二十四氣七十二候行十日十二辰以爲曆而謹察其變者以爲占占者非常之兆也以驗吉凶以求天意以覺人事其術藏於有司曆者有常之數也以推寒暑以先天道以勉人事其法信於天下術有時而用法不可一日而差差之毫釐則亂天人之序乖百事之時蓋有國之所重也然自堯命羲和見於書中星閏餘略存其大法而三代中間千有餘歲遺文曠廢六經無所述而孔子之徒亦未嘗道也至於後世其學一出於陰陽之家其事則重其學則末夫天人之際遠哉微矣而使一藝之士布算積分上求數千萬歲之前必得甲子朔旦夜半冬至而日月五星皆會于子謂之上元以爲曆始蓋自漢而後其說始詳見於世其源流所自止於如此是果堯舜三代之法歟皆不可得而考矣然自是以來

曆家之術雖世多不同而未始不本於此五代之初因唐之故用崇玄曆至晉高祖時司天監馬重績始更造新曆不復推古上元甲子冬至七曜之會而起唐天寶十四載乙未爲上元用正月雨水爲氣首初唐建中時術者曹士蔿始變古法以顯慶五年爲上元雨水爲歲首號符天曆然世謂之小曆秖行於民間而重績乃用以爲法遂施于朝廷賜號調元曆然行之五年輒差不可用而復用崇玄曆周廣順中國子博士王處訥私撰明玄曆于家民間又有萬分曆

而蜀有永昌曆正象曆南唐有齊政曆五代之際曆家可考見者止於此而調元曆法既非古明玄又止藏其家萬分止行於民間其法皆不足紀而永昌正象齊政曆皆止用於其國今亦亡不復見世宗即位外伐僭叛內修法度端明殿學士王朴通於曆數乃詔朴撰定歲餘朴奏曰臣聞聖人之作也在乎知天之變者也人情之動則可以言知之天道之動則當以數知之數之爲用也聖人以之觀天道焉歲月日時由斯而成陰陽寒暑由斯而節四方之政由斯而

行夫爲國家者履端立極必體其元布政考績必因其歲禮動樂舉必正其朔三農百工必順其時五刑九伐必順其氣庶務有爲必從其日月是以聖人受命必治曆數故五紀有常度庶徵有常應正朔行之於天下也自唐之季凡曆數朝亂日失天垂將百載天之曆數汨陳而已陛下順考古道寅畏上天咨詢庶官振舉墜典臣雖非能者敢不奉詔乃包萬象以爲法齊七政以立元測圭箭以候氣審朓朒以定朔明九道以步月校遲疾以推星考黃道之斜正辨天

勢之昇降而交蝕詳焉夫立天之道曰陰與陽陰陽各有數合則化成矣陽之策三十六陰之策二十四奇偶相命兩陽三陰同得七十二何則陰陽之數合七十二者化成之數也化成則謂之五行之數五行之得期數過之者謂之氣盈不及者謂之朔虛至於應變分用無所不通故以七十二爲經法經者常用之法也百者數之節也隨法進退不失舊位故謂之通法以通法進經法得七千二百謂之統法自元入經先用此法統曆之諸法也以通法進統法得七十二萬氣朔

之下收分必盡謂之全率以通法進全率得七千二百萬謂之大率而元紀生焉元者歲月日時皆甲子日月五星合在子當盈縮先後之中所謂七政齊矣古者植圭於陽城以其近洛也蓋尚慊其中乃在洛之東偏開元十二年遣使天下候影南距林邑北距橫野中得浚儀之岳臺應南北弦居地之中大周建國定都於汴樹圭置箭測岳臺晷漏以爲中數晷漏正則日之所至氣之所應得之矣日月皆有盈縮日盈月縮則後中而朔月盈日縮則先中而朔自古朓

朒之法率皆平行之數入曆既有前次而又衰稍不倫皇極舊術則迂而難用降及諸曆則疎遠而多失今以月離朓朒隨曆校定日躔朓朒臨用加減所得者入離定日也一日之中分爲九限每限損益衰稍有倫朓朒之法可謂審矣赤道者天之紘帶也其勢圜而平紀宿度之常數焉黃道者日軌也其半在赤道內半在赤道外去極二十四度當與赤道近則其勢斜當與赤道遠則其勢直當斜則日行宜遲當直則日行宜速故二分前後加其度二至前後減其度

九道者月軌也其半在黃道內半在黃道外去極遠六度出黃道謂之正交入黃道謂之中交若正交在秋分之宿中交在春分之宿則比黃道益斜若正交在春分之宿中交在秋分之宿則比黃道反直若正交中交在二至之宿則其勢差斜故校去二至二分遠近以考斜正乃得加減之數自古雖有九道之說蓋亦知而未詳徒有祖述之文而無推步之用今以黃道一周分爲八節一節之中分爲九道盡七十二道而使日月無所隱其斜正之勢焉九道之法可謂

明矣星之行也近日而疾遠日而遲去日極遠勢盡而留自古諸曆分段失實隆降無準今日行分尚多次日便留自留而退惟用平行仍以入段行度爲入曆之數皆非本理遂至乖戾今校逐日行分積以爲變段然後自疾而漸遲勢盡而留自留而行亦積微而後多別立諸段變曆以推變差俾諸段變差際會相合星之遲疾可得而知之矣自古相傳皆謂去交十五度以下則日月有蝕殊不知日月之相掩與闇虛之所射其理有異今以日月徑度之大小校去交

之遠近以黃道之斜正天勢之昇降度仰視旁視之分數則交虧得其實矣臣考前世無食神首尾之文近自司天卜祝小術不能舉其大體遂爲等接之法蓋從假用以求徑捷於是乎交有逆行之數後學者不能詳知因言曆有九曜以爲注曆之常式今並削而去之謹以步日步月步星步發斂爲四篇合爲曆經一卷曆十一卷草三卷顯德三年七政細行曆一卷以爲欽天曆昔在帝堯欽若昊天陛下考曆象日月星辰唐堯之道也天道玄遠非微臣之所盡知世宗嘉之詔司天監用之以明年正月朔旦爲始

顯德欽天曆

演紀上元甲子距今顯德三年丙辰積七千二百六十九萬八千四百五十三筭外

欽天統法七千二百

欽天經法七十二

欽天通法一百

欽天步日躔術

歲率二百六十二萬九千七百六十

四十

司天考

軌率二百六十二萬九千八百四十四

八十

朔率二十一萬二千六百二十　二十八

歲策三百六十五　一千七百六十

四十

軌策三百六十五　一千八百四十四

八十

歲中一百八十二　四千四百八十

二十

軌中一百八十二　四千五百二十二

四十

朔策二十九　三千八百二十　二十八

氣策一十五　一千五百七十三

三十五

象策七　二千七百五十五　七

周紀六十　歲差八十四　四十

辰則六百　八刻二十四分

赤道宿次

斗二十六度牛八度女十二度虛一十度少危十七度室十六度壁九度

北方七宿九十八度少
奎十六度婁十二度胃十四度昴十一度畢十七度觜一度參一十度
西方七宿八十一度
井三十三度鬼三度柳十五度星七度張十八度翼十八度軫十七度
南方七宿一百一十一度
角十二度亢九度氐十五度房五度心五度尾十八度箕十一度
東方七宿七十五度

中節

置歲率以演紀上元距所求積年乘之爲氣積統法而一爲日盈周紀去之命甲子筭外即天正中氣日辰及分杪也以氣策累加之杪盈通法從分分盈統法從日日盈周紀去之即各得次氣日辰及分杪也

朔弦望

置氣積以朔率去之不盡爲閏餘用減氣積爲朔積統法而一爲日盈周紀去之命甲子筭外即天正常朔日辰及分杪也以象策累加之即各得弦望及次朔也

日躔入曆

置歲率以閏餘減之統法而一爲日歲中以下爲盈以上減去歲中爲縮即天正常朔加時所入也累加象策滿歲中去之盈縮互命即四象所入也

日躔脁朒

置加時入曆分杪以其日損益率乘之統法而一損益其日脁朒數爲日躔脁朒定數

赤道日度

置氣積以軌率去之餘統法而一爲度命赤道虛八筭外即天正中氣加時日躔赤道宿度及分杪也加歲中以次命之即夏至之宿也

黃道宿次

置二至日躔赤道宿度距前後每五度爲限初率八每限减一盡九限末率空乃一度少彊亦限率空其半當四立之宿自後亦五度爲限初率空每限增一盡九限末率八設二分之宿自二分至二至亦如之各以限率乘所入限度爲分經法而一爲度二至前後各九限以减二分前後各九限以

加赤道　爲黄道宿及分就其分爲少太半之數

黄道日度

置天正中氣加時日躔赤道宿度各與所入限率相乘皆以統法通之所入限率乘其分以從之經法而一爲分盈統法爲度用減赤道所躔即天正中氣加時日躔黄道宿度及分也加歳中以黄道宿次命之即夏至加時日度及分也

午中日躔

置二至分減去半法爲午後分不足反減爲午前分以乘初日躔分經法而一午前以加午後以減加時黄道日度爲午中日度及分也各以次日躔分加之滿統法從度依宿次命之即次日午中日躔也

午中日躔入曆

置天正中氣午前分便爲午中入盈曆日分其在午後者以午後分減歳中爲午中入縮曆日分累加一日滿歳中即去之盈縮互命爲每日午中入曆也

岳臺中晷

置午中入曆分以其日損益率乘之加統法而

一爲分分十爲寸用損益其下中晷數爲定數也

晨昏分

各置入曆分以其日損益率乘之加統法而一用損益其下晨分即所求晨定分也用損加益減其下昏分即所求昏定分也

日出入辰刻

置晨昏分以一百八十加晨減昏爲日出入分各以辰除爲辰數餘滿經法爲刻命辰數子正筭外則日出入辰刻也

晝夜刻

置日入分以日出分減之爲晝分用減統法爲夜分各滿經法爲晝夜刻

五夜辰刻

置昏分以辰則除爲辰數經法除爲刻數命辰數子正筭外即甲夜辰刻也倍晨分五約之爲更用分又五約之爲籌用分用累加甲夜滿辰則爲辰滿經法爲刻即各得五夜辰刻也

昏曉中星

置昏分減去半統用乘軌率統法除之爲距中

入分盈統法爲度加午中日躔爲昏中星減之爲
曉中星

赤道内外數

置入曆分以其日損益率乘之加統法而一用
損益其下内外數如不足損則反損之内外互
命即得所求赤道内外定數也

九服距軌數

置距岳臺南北里數以三百六十通之爲步一
千七百五十六除之用北加南減二千五百一
十三爲其地戴中數以赤道内外定數内減外

加之即九服距軌數也

九服中晷

置距軌數二十五乘之一百三十七除爲天用
分置之以二十二乘六約之用減四千爲晷法
又以天用分自相乘如晷法而一爲地用分相
從爲晷分分十爲寸即得其地中晷也

九服刻漏

經法通軌中而半之用自相乘如其地戴中數
而一以乘二百六十三經法除之爲漏法通軌
中於上置赤道内外數於下以下減上餘用乘之

盈漏法爲漏分赤道内以減赤道外以加一千六
百二十爲其地晨分減統法爲昏分置晨昏分
各如岳臺術入之即得其地日出入辰刻五夜
辰刻昏曉中星也

欽天步月離術

離率一十九萬八千三百九十三　九
交率一十九萬五千九百三十七
九十七　五十六
離策二十七　三千九百九十三　九
交策二十七　一千五百二十七
九十七　五十六

望策一十四　五千五百一十　一十四
交中一十三　四千三百六十三
九十八　七十八
離朔一　七千二十七　一十九
交朔二　二千二百九十二　三十二
四十四
中準一千七百三十六
中限四千七百八十
平離九百六十三

程節八百

月離入曆

置朔積以離率去之餘滿統法爲日即天正常朔加時入曆也累加象策盈離策去之即弦望及次朔入曆也

月離朓朒

置入曆分以日躔朓朒定數朓減朒加之程節除之爲限數餘乘所入限損益率程節而一用損益其限朓朒爲定數

朔弦望定日

各以日躔月離朓朒定數朓減朒加朔弦望常分爲定日定朔加時日入後則進一日有交見初則不進弦望加時日未出則退一日日雖出有交見初亦如之元日有交則消息定之定朔與後朔干同者大不同者小無中氣者爲閏

朔望加時日度

各置日躔入曆以日躔月離朓朒定數朓減朒加之爲定朔加時入曆以曆分乘其日損益率統法而一損益其下盈縮數爲定數置定朔曆入分通法約之以定數盈加縮減之各命以冬夏

至之宿筭外即所求也

月離入交

置朔積以交率去之餘滿統法爲日即天正常朔入交泛日也以望策累加之盈交策去之即望及次朔所入也各以日躔朓朒定數朓減朒加之爲入交常日置月離朓朒定數經法乘之平離而一朓減朒加常分即入交定日也

黃道正交月度

經統法通朔交定日以二百五十四乘之十九而一復以統法除爲入交度用減其朔加時日

度即朔前月離正交黃道宿度也

九道宿次

月離出入黃道六度變從八節敘正不同故月有九道黃道八節各有九限若正交起八節後第一限之宿爲月行其節第一道起第一限之宿爲月行其節第二道即以所起限爲正交後第一限初率八每限減一盡九限末率空又九限初率空每限增一末率八般半交之宿自後亦九限初率八每限減一末率空又九限初率空每限增一末率八復與黃道相會謂之中交

自中交至正交亦如之各置所入限度以限率乘之爲泛差其正交中交前後各九限以距二至之宿限數乘之半交前後各九限以距二分之宿限數乘之皆如經法而一爲黄道差在冬至之宿後正交前後各九限爲減中交前後各九限爲加在夏至之宿後正交前後各九限爲加中交前後各九限爲減凡月正交後出黄道外中交後入黄道内其半交前後各九限在春分之宿後出黄道外秋分之宿後入黄道内皆以差爲加在春分之宿後入黄道内秋分之宿後出黄道外皆以差爲減四約泛差以黄道差減之爲赤道差正交中交前後各九限皆以差爲加半交前後各九限皆以差爲減以黄赤二差加減黄道爲九道宿次就其分爲少太半之數八節各九道七十二道周焉

九道正交月度

置月離正交黄道宿度各以所入限率乘之亦乘其分經法約之爲泛差用求黄赤二差以加減之即月離正交九道宿度也

九道朔月度

置月離正交九道宿度以入交度加之命以九道宿次即其朔加時月離九道宿度也

九道望月度

置朔望加時日相距之度以軌中加之爲加時象積用加其朔九道月度命以其道宿次即所求也自望推朔亦如之

月離午中入曆

置朔望月離入曆加半統減去定分各以日躔月離朓朒定數朓減朒加之即所求也

晨昏月度

置其日晨昏分以定分減之爲前不足返減爲後用乘其日離程統法一而滿經法爲度爲晨昏前後度前加後減加時月爲晨昏月度

晨昏象積

置加時象積以前象前後度前減後加又以後象前後度前加後減之即所求也

每日晨昏月度

累計距象離度以減晨昏象積爲加不足反減之爲減以距後象日數除之用加減每日離度爲定度累加晨昏月度命以九道宿次即所求

月去黃道度

置入交定日交中以下月行陽道以上去之月行陰道皆以經法通之用減九百八十餘以乘之五百五十六而一爲分滿經法爲度行陽道在黃道外行陰道在黃道內即所求月去黃道內外度也

日月食限

置定交行陰陽道日半交中以下爲交後以上用減交中爲交前皆以統法通之爲距交分朔視距交分陽道四千二百一十九陰道一萬三百八十三以下日入食限望視距交分陰陽道皆六千九百九十五以下月入蝕限

日月食甚加時定分

置朔定分半統以上以半統減之半統以下用減半統爲距午分十一乘之經法而一半統以下以減半統以上以加朔定而爲日食加時定分望以其日晨分與一千六百二十相減餘以二百四十五乘之三百一十三而一用減二百四十五餘以損益望定分爲月食加時定分

日食常準

置中準與其日赤道內外數相乘二千五百一十三除爲黃道出入食差以距午分減半晝分以乘之半晝分而一赤道內以減赤道外以加中準爲日食常準

日食定準

置日躔入曆以經法通之三千二百八十七以下用減三千二百八十七爲二至後以上減去三千二百八十七爲二分前六千五百七十四以上用減九千八百六十一爲二分後以上減去九千八百六十一爲二至前各三約之二至前後用加二千七百七十二爲黃道斜正食差以距午分乘之半晝分而一以加常準爲定準

日食分

以定準加中限爲陰道定準減中限爲陽道定限不足減者反減之爲限外分視陰道距交分定準以上定限以下爲陰道食即置定限以距交分減之爲距食分定準以下雖曰陰道亦爲陽道食即加陽道定限爲距食分其有限外分者即減去限外分爲距食分不足減者不食其

陰道距交分定限以下爲入定食限即用減陽道定限爲距食分各置距食分皆以四百七十八除爲日食之大分餘爲小分命大分以十爲限命小分以半及彊弱

月食分

視距交分中準以下皆既以上用減食限爲距食分置之以五百二十六除爲月食之大分餘爲小分命大分以十爲限命小分以半及彊弱

日食泛用分

置距食分一千九百一十二以上用減四千七

百八十餘自相乘六萬三千二百七十二除之以減六百四十七爲泛用分九百五十六以上用減一千九百一十二餘以通法乘之七百三十五而一以減五百一十七爲泛用分九百五十六以上以距食分自相乘二千三百六十二除之用減三百八十七爲泛用分

月食泛用分

置距食分二千一百四以上用減五千二百六十餘自相乘六萬九千一百六十九除之以減七百一十一爲泛用分一千五十二以上用減

二千一百四十餘七除之以減五百六十七爲泛用分一千五十二以下以距食分減之餘自相乘二千六百五十四而一用減四百一十七爲泛用分

日月初末加時定分

各置泛用分以平離乘之其日離程而一爲定用分以減朔望定分爲虧初加之爲復末加時常分如食甚術推之得虧初復末定分置初甚末定分各以辰則除之爲辰經法除之爲刻即初甚末之辰刻也

虧食所起

日食起虧自西月食起虧自東其食分少者月行陽道則日食偏南月食偏北陰道則日食偏北月食偏南此常數也立春後立夏前食分多則日食偏南月食偏北立秋後立冬前食分多則日食偏北月食偏南此黃道斜正也陽道交前陰道交後食分多則日食偏南月食偏北陽道交後陰道交前食分多則日食偏北月食偏南此九道斜正也黃道比常數所偏差少九道比黃道所偏又四分之一皆據午而言之若午前

午後一理偏南一理偏北及消息所食分數多少以定初甚末之方即各得所求也

帶食出入分

視其日出入分在虧初定分已上復末定分已下即帶食出入食甚在出入分已下者以出入分減復末定分爲帶食差食甚在出入分已上者以虧初定分減出入分爲帶食差爰置帶食差以距食分乘之定用分而一日以四百七十八月以五百二十六除爲帶食之大分餘爲小分

食入更籌

各置初甚末定分晨分已下以晨分加之昏分已上以昏分減之皆更用分而一爲更數餘籌用分而一爲籌數

欽天步五星術

歲星

周率二百八十七萬一千九百七十六

六

變率二十四萬二千二百一十五

六十六

曆率二百六十二萬九千九百六十六

七十八

周策三百九十八　六千三百七十六

六

曆中一百八十二　四千四百八十

八十九

變段	變日	變度	變曆
晨見	一十七	三 三十七	二 二十四
順疾	九十	一十六 六十三	一十一 一十三
順遲	二十五	二 九	一 二十九
前留	二十六 三十二		
退遲	一十四	一 一十二	空 二十八
退疾	二十七	四 三十八	一 三十七
退疾	二十七	四 三十八	一 三十七
退遲	一十四	一 一十二	空 二十八
後留	二十六 三十二		
順遲	二十五	二 九	一 二十九
順疾	九十	一十六 六十三	一十一 一十三
夕伏	一十七	三 三十七	二 二十四

熒惑

周率五百六十一萬五千四百二十二

一十一

變率二百九十八萬五千六百六十一

七十一

曆率二百六十二萬九千七百六十

空

周策七百七十九　六千六百二十二

一十一

曆中一百八十二　四千四百八十

空

變段	變日	變度	變曆
晨見	七十三	五十三六十八	五十五十八
順疾	七十三	五十一一	四十八三
次疾	七十一	四十六六十九	四十四一十七
次遲	七十一	四十五二十三	四十二五十八
順遲	六十二	一十九二十九	一十八二十
前留	八六十九		
退遲	一十	一五十八	空四十四
退疾	二十一	七四十六	二四十
退疾	二十一	七四十六	二四十

退遲	一十	一五十八	空四十四
後留	八六十九		
順遲	六十二	一十九二十九	一十八二十
次遲	七十一	四十五二十三	四十二五十八
次疾	七十一	四十六六十九	四十四一十七
順疾	七十三	五十一一	四十八三
夕伏	七十三	五十三六十八	五十五十八

鎮星

周率二百七十二萬二千一百七十六

九十

變率九萬二千四百一十六　五十

曆率二百六十二萬九千七百五十九

八十

周策三百七十八　五百七十六　九十

曆中一百八十二　四千四百七十九

九十

變段	變日	變度	變曆
晨見	一十九	二七	一一十四
順疾	六十五	六三十八	三五十一
順遲	一十九	空六十三	空三十五

變段	變日	變度	變曆
前留	三十七 三		
退遲	一十六	空 四十 三	空 一十 四
退疾	三十三	二 三十 五	空 十六
退疾	三十三	二 三十 五	空 十六
退遲	一十六	空 四十 三	空 一十 四
後留	三十七 三		
順遲	一十九	空 六十 三	空 三十 五
順疾	六十五	六 三十 八	三 五十 一
夕伏	一十九	二 七	一 一十 四

太白

周率四百二十萬四千一百四十三

九十六

變率四百二十萬四千一百四十三

九十六

曆率二百六十二萬九千七百五十

五十六

周策五百八十三　六千五百四十三

九十六

曆中一百八十二　四千四百七十五

二十八

變段	變日	變度	變曆
夕見	四十二	五十三 四十	五十一 七十
順疾	九十六	一百一十 五十 七	一百一十六 三十 九
次疾	七十三	八十 三十 七	七十七 二
次遲	三十三	三十四 一	三十二 十四
順遲	二十四	一十一 六十	一十一 二十 四
前留	六 六十 九		
退遲	四	一 二十 二	空 三十 一
退疾	六	三 六十 五	一 二十 二
夕伏	七	四 十四	一 三十 七
晨見	七	四 十四	一 三十 七
退疾	六	三 六十 五	一 二十 二
退遲	四	一 二十 二	空 三十 一
後留	六 六十 九		
順遲	二十四	一十一 六十	一十一 二十 四
次遲	三十三	三十四 一	三十二 十四
次疾	七十三	八十 三十 七	七十七 二
順疾	九十六	一百一十 五十 七	一百一十六 三十 九
晨伏	四十二	五十三 四十	五十一 七十

辰星

周率八十三萬四千三百三十五

五十二

變率八十三萬四千三百三十五

五十二

曆率二百八十二萬九千七百六十

四十四

周策一百一十五　六千三百二十五

五十二

曆中一百八十二　四千四百八十

二十二

變段	變日	變度	變曆
夕見	一十七	三十四 一	二十九 三十四
順疾	一十一	一十八 二十四	一十六 四
順遲	一十六 四十三	一十一 四十三	一十 一十
前留	二 六十八		
夕伏	一十一	六	二
晨見	一十一	六	二
後留	二 六十八		
順遲	一十六 四十三	一十一 四十三	一十 一十
順疾	一十一	一十八 二十四	一十六 四

晨伏	十七	三十四 一	二十九 三十四

中日中星

置氣積以其星周率除之爲周數不盡爲天正中氣積前合用減歲率爲前年天正中氣後合如不足減則加歲率以減之爲次前年天正中氣後合各以統法約之爲日爲度即所求平合中日中星也置中日以逐段變日累加之即逐段中日也置中星以逐段變度順加退減之即得逐段中星金水夕伏晨見皆退變也

入曆

置變率以周數乘之以曆率去之餘滿統法爲度曆中以下爲先以上減去曆中爲後即所求平合入曆以逐段變曆累加之得逐段入曆也

先後定數

置入曆分以其度損益率乘之經法而一用損益其下先後數即所求也

常日定星

置中日中星各以先後定數先加後減之留用前段先後數太白順伏見及前順疾次疾後次遲次疾疾辰星順伏見及前疾後遲並先減後

加之即各爲其段常日定星置定星以其年天正中氣日躔黃道宿次加而命之得逐段末日加時宿度也

盈縮定數

置常日如歲中以下爲在盈以上減去歲中餘爲在縮即常日盈縮曆也置曆分以其日損益率乘之經法而一用損益其下盈縮數即得所求也

定日

置常日以盈縮定數盈減縮加之爲定日以其年天正中氣加而命之即逐段末日加時日辰也

入中節

置定日以氣策除之命起冬至即所入氣日數也

平行分

置定日以前段定日減之爲日率定星與前段定星相減爲度率通度率以經法乘之通日率而一爲平行分

初末行分

近伏段與伏段平行分合而半之爲其段近伏

行分以平行分減之餘減平行分爲其段遠伏行分近留段近留行分空倍平行分爲其段遠留行分其不近伏留段皆以順行二段平行分合而半之爲前段末日後段初日行分各與其段平行分相減平行分多則加平行分平行分少則減平行分即前段初日後段末日行分其不近伏留段退行則以遲段近疾行分爲疾段近遲行分所得與平行分相減平行分多則加之少則減之皆爲遠遲行分也

初行夜半宿次

置經法以前段末日加時分減之餘乘前段末日行分經法而一用順加退減前段末日加時宿度爲其段初行昏後夜半宿度也

每日行分

初末行分相減爲差率累計其段初行昏後夜半距後段初行昏後夜半日數除之爲日差半日差以減多加少爲其段初末定行分置初定行分用日差末多則累加末少則累減爲每日行分以每日行分順加退減初行昏後夜半宿度爲每日昏後夜半星所至宿度也

先定日昏後夜半宿次

自初日累計距所求日數以乘其段日差末多用加末少用減初日行分爲其日行分合初日而半之以所累計日乘之用順加退減其段初行昏後夜半宿次即所求也

欽天步發斂術

候策五　五百二十四　四十五

卦策六　六百二十九　三十四

外策三　三百一十四　六十七

維策一十二　一千二百五十八　六十八

氣盈一千五百七十三　三十五

朔虛三千三百九十九　七十二

氣候圖

冬至十一月中　蚯蚓結　麋角解
水泉動

小寒十二月節　鴈北鄉　鵲始巢
雉始雊

大寒十二月中　雞始乳　鷙鳥厲疾
水澤腹堅

立春正月節　東風解凍　蟄蟲始振
魚上冰

雨水正月中　獺祭魚　鴻鴈來
草木萌動

驚蟄二月節　桃始華　倉庚鳴
鷹化爲鳩

春分二月中　玄鳥至　雷乃發聲
始電

清明三月節　桐始華　田鼠化爲鴽
虹始見

穀雨三月中　萍始生　鳴鳩拂其羽
戴勝降于桑

立夏四月節　螻蟈鳴　蚯蚓出
王瓜生

小滿四月中　苦菜秀　靡草死
小暑至

芒種五月節　螳螂生　鵙始鳴
反舌無聲

夏至五月中　鹿角解　蜩始鳴
半夏生

小暑六月節　溫風至　蟋蟀居壁
鷹乃學習
大暑六月中　腐草為螢　土潤溽暑
大雨時行
立秋七月節　涼風至　白露降
寒蟬鳴
處暑七月中　鷹祭鳥　天地始肅
禾乃登
白露八月節　鴻鴈來　玄鳥歸
羣鳥養羞
秋分八月中　雷乃收聲　蟄蟲坏戶
水始涸
寒露九月節　鴻鴈來賓　雀入水為蛤
菊有黃華
霜降九月中　豺祭獸　草木黃落
蟄蟲咸俯
立冬十月節　水始冰　地始凍
雉入水為蜃
小雪十月中　虹藏不見　天氣上騰地氣下降
閉塞成冬

大雪十一月節　鶡鳥不鳴　虎始交
荔挺出

爻象圖

冬至坎初六	公中孚	辟復	侯屯內
小寒坎九二	侯屯外	大夫謙	卿睽
大寒坎六三	公升	辟臨	侯小過內
立春坎六四	侯小過外	大夫蒙	卿益
雨水坎九五	公漸	辟泰	侯需內
驚蟄坎上六	侯需外	大夫隨	卿晉
春分震初九	公解	辟大壯	侯豫內
清明震六二	侯豫外	大夫訟	卿蠱
穀雨震六三	公革	辟夬	侯旅內
立夏震九四	侯旅外	大夫師	卿比
小滿震六五	公小畜	辟乾	侯大有內
芒種震上六	侯大有外	大夫家人	卿井
夏至離初九	公咸	辟姤	侯鼎內
小暑離六二	侯鼎外	大夫豐	卿渙
大暑離九三	公履	辟遯	侯恒內
立秋離九四	侯恒外	大夫節	卿同人
處暑離六五	公損	辟否	侯巽內

白露離上九　侯巽外　大夫萃　卿大畜
秋分兌初九　公賁　辟觀　侯歸妹內
寒露兌九二　侯歸妹外　大夫无妄　卿明夷
霜降兌六三　公困　辟剝　侯艮內
立冬兌九四　侯艮外　大夫既濟　卿噬嗑
小雪兌九五　公大過　辟坤　侯未濟內
大雪兌上六　侯未濟外　大夫蹇　卿頤

七十二候

各置中節即初候也以候策累加之即次候也

六十四卦

置中氣即公卦也以卦策累加之即次卦也置候卦以外策加之即外卦也

五行用事

置四立之節而命之即春木夏火秋金冬水用事之初也置四季之節各以維策加之即土用事

沒日

中節分五千六百二十六秒六十五已上者用減統法爲有沒分過氣策以乘之氣盈而一滿統法爲日用加其氣而命之即所求沒日也

滅日

常朔分朔虛已下者爲滅分以朔率乘之朔虛而一盈統法爲日用加其朔而命之即所求滅日也

右朴所撰欽天曆經四篇舊史亡其步發斂一篇而在者三篇簡略不完不足爲法朴曆世既罕傳予嘗問於著作佐郎劉羲叟羲叟爲予求得其本經然後朴之曆大備羲叟好學知書史尤通於星曆嘗謂予曰前世造曆者其法不同而多差至唐一行始以天地之中數作大衍曆最爲精密後世善治曆者皆用其法惟寫分擬數而已至朴亦能自爲一家朴之曆法總日躔差爲盈縮二曆分月離爲遲疾二百四十八限以考衰殺之漸以審朓朒而朔望正矣校赤道九限更其率數以步黃道使日躔有常度分黃道八節辨其內外以揆九道使月行如循環而二曜協矣觀天勢之升降察軌道之斜正以制食差而交會密矣測岳臺之中晷以辨二至之日夜而軌漏實矣推星行之逆順伏留使常徑有漸而五緯齊矣然不能宏深簡易而徑急是取

至其所長雖聖人出不能廢也義叟之言蓋如
此覽者得以考焉

五代史記卷第五十八

魯郡曾　三異　校定

大卌四小文个　五代史　三十八　寿

五代史記卷第五十九

司天考第二

昔孔子作春秋而天人備予述本紀書人而不
書天予何敢異於聖人哉其文雖異其意一也
自堯舜三代以來莫不稱天以舉事孔子刪詩
書不去也蓋聖人不絕天於人亦不以天參人
絕天於人則天道廢以天參人則人事惑故常
存而不究也春秋雖書日食星變之類孔子未
嘗道其所以然者故其弟子之徒莫得有所述
於後世也然則天果與於人乎果不與乎曰天

大三三九小三字　伯

吾不知質諸聖人之言可也易曰天道虧盈而
益謙地道變盈而流謙鬼神害盈而福謙人道
惡盈而好謙此聖人極論天人之際最詳而明
者也其於天地鬼神以不可知爲言其可知者
人而已夫日中則昃盛衰必復天吾不知吾見
其虧益於物者矣草木之成者變而衰落之物
之下者進而流行之地吾不知吾見其變流於
物者矣人之貪滿者多禍其守約者多福鬼神
吾不知吾見人之禍福者矣天地鬼神不可知
其心則因其著於物者以測之故據其迹之可

司天考

見者以爲言曰虧益曰變流曰害福若人則可知者故直言其情曰好惡其知與不知異辭也參而會之與人無以異也其果與於人乎不與於人乎則所不知也以其不可知故常尊而遠之以其與人無所異也則修吾人事而已人事者天意也書曰天視自我民視天聽自我民聽未有人心悅於下而天意怒於上者未有人理逆於下而天道順於上者然則王者君天下子生民布德行政以順人心是之謂奉天至於三辰五星常動而不息不能無盈縮差忒之變而占之有中有不中不可以爲常者有司之事也本紀所述人君行事詳矣其興亡治亂可以見至於三辰五星逆順變見有司之所占者故以其官誌之以備司天之所考嗚呼聖人既没而異端起自秦漢以來學者惑於災異矣天文五行之說不勝其繁也予之所述不得不異乎春秋也考者可以知焉

開平二年夏四月辛丑熒惑犯上將甲寅地震四年十二月庚午月有食之乾化元年春正月丙戌朔日有食之五月客星犯帝坐二年正月

丙申熒惑犯房第二星戊申月犯心大星四月甲寅月掩心大星壬申彗出於張甲戌彗出靈臺同光元年十月辛未朔日有食之二年六月甲申衆星交流丙戌衆星交流八月戊子熒惑犯星十一月丁巳地震三年三月丙申熒惑犯上相戊申月有食之四月癸亥朔日有食之甲子熒惑犯左執法六月甲子太白晝見丙寅歲犯右執法己巳太白晝見庚寅衆星流自二更盡三更而止辛卯衆小星流于西南九月甲辰月有食之丁未天狗墮有聲如雷野雉皆雊丙辰太白歲相犯十一月甲寅地震天成元年三月惡星入天庫流星犯天棓四月庚戌金犯積尸六月乙未衆小星交流七月己未月犯太白庚申太白晝見乙丑月入南斗魁八月乙酉朔日有食之癸卯太白犯心大星乙巳月犯五諸侯辛亥熒惑犯上將九月丁巳月犯心大星己巳月犯昴庚午熒惑犯右執法己卯熒惑犯左執法十月戊子熒惑犯上相己丑至于庚子日月赤而無光丙午月掩左執法十一月丁丑月暈匝火木戊寅月犯金木土十二月戊戌熒惑

犯氐乙巳月掩庶子二年正月甲戌熒惑歲相
犯二月辛卯熒惑犯鍵閉三月戊午月掩鬼庚
申衆小星流于西北巳巳熒惑犯上相乙亥月
入羽林四月丁亥月犯右執法癸卯月入羽林
六月辛丑熒惑犯房八月巳卯朔日有食之庚
子月犯五諸侯九月壬子歲犯房庚申月入羽
林壬申月犯上將十月壬午月犯五諸侯癸未
地震十一月乙卯月入羽林辛未地震壬申地
震十二月癸未地震三年春正月壬申金火合
于奎二月丁丑朔日有食之四月丁酉月犯五

諸侯五月丁巳月掩房距星六月乙酉月掩心
庶子癸巳月入羽林自正月至于是月宗人宗
正搖不止七月乙卯月入南斗魁閏八月癸卯
朔熒惑犯上將戊申月犯南斗乙卯熒惑犯右
執法庚戌太白犯右執法九月庚辰土木合于
箕辛巳金火合于軫十月庚午彗出西南十一
月戊子月掩軒轅大星乙未太白犯鎮月掩房
十二月壬寅朔熒惑犯房金木相犯于斗乙卯
月有食之四年正月癸巳月入南斗魁二月辛
酉月及火土合于斗三月壬辰歲犯牛六月癸

丑月有食之既七月丁丑月入南斗九月丙子
熒惑入哭星十二月庚戌月有食之既長興元
年六月癸巳朔日有食之乙卯太白犯天罇八
月巳亥月犯南斗乙卯月犯積尸九月辛酉朔
衆小星交流而殞十一月壬戌熒惑犯氐十二
月丙辰熒惑犯天江二年正月乙亥太白犯羽
林庚辰月犯心距星二月丁未月犯房四月甲
寅熒惑犯羽林五月癸亥太白晝見閏五月乙
巳歲晝見六月壬午地震八月丁巳辰犯端門
九月丙戌衆星交流丁亥衆星交流而殞戊子

太白晝見丁未雷十一月甲申朔日有食之丙
戌太白犯鍵三年四月庚辰熒惑犯積尸九月
庚寅太白犯哭星十月壬申太白晝見十一月
巳亥太白犯壁壘四年五月癸卯太白晝見六
月庚午衆星交流七月乙亥朔衆星交流九月
辛巳太白犯右執法乙未雷應順元年二月丁
酉衆星流于西北四月戊寅白虹貫日是月改
元清泰元年五月己未太白晝見六月甲戌太
白犯右執法九月辛丑衆星交流壬寅雨雹于
京師冬十一月丁未彗出虛危掃天壘及哭星

天福元年三月壬子熒惑犯積尸二年正月乙
卯朔日有食之七月丙寅月有食之十二月己
卯朔日有白虹二三年三月壬子日有白虹二
五月壬子月犯上將四年四月辛巳太白犯東
井北轅甲午太白犯五諸侯五月丁未太白犯
輿鬼中星七月庚子朔日有食之九月癸未月
掩畢五年十一月丁丑月有食之六年八月辛
卯太白犯軒轅九月己卯熒惑犯上將壬子彗
出于西掃天市垣八年四月戊申朔日有食之
八月丙子熒惑犯右掖十月庚戌彗出東方丙

辰熒惑犯進賢十一月庚子月犯房開運元年
二月辛亥日有白虹二壬戌太白犯昴己巳熒
惑犯天鑰三月戊子月有食之四月丁巳太白
犯五諸侯七月庚辰月犯熒惑壬午月入南斗
甲申太白犯東井八月甲辰熒惑入南斗九月
庚午朔日有食之丙子月入南斗乙酉月食昴
丙戌月有食之庚寅月犯五諸侯十月癸卯月
入南斗十一月辛巳月犯昴十二月癸丑太白
犯辰二年七月乙未朔月犯角壬寅月犯心前
大星庚戌歲犯井鉞八月甲子朔日有食之甲

戌歲犯東井九月己酉月犯昴甲寅太白犯南
斗魁十一月甲午朔太白犯哭星癸丑月掩角
距星戊午月犯心後星三年二月壬戌朔日有
食之天福十二年四月丙子太白晝見十月己
丑太白犯亢距星十一月壬子雨木冰辛酉雨
木冰壬戌月犯昴癸酉雨木冰乙亥月掩心大
星己卯月犯南斗十二月乙未月有食之乾祐
元年四月甲午月犯南斗六月戊寅朔日有食
之乙未月入南斗七月甲寅月掩心庶子星八
月乙酉鎮犯太微西垣戊戌歲犯右執法九月

丁卯月掩鬼十月丁丑歲犯左執法二年四月
壬午太白晝見六月癸酉朔日有食之壬午月
犯心丙戌月犯天關八月乙亥月犯房次將九
月壬寅太白犯右執法庚戌太白犯鎮辛酉鎮
犯右執法丁卯太白犯歲鎮自元年八月己丑
入太微垣犯上將執法內屏謁者勾已往來至
是歲十一月辛亥而出（四百四十三日）甲寅月犯昴三
年二月甲戌月犯昴六月乙卯鎮犯左掖七月
甲申熒惑犯司怪八月癸卯太白犯房庚戌太
白犯心大星十月辛酉月犯心太星太白犯木

十一月甲子朔日有食之廣順元年二月丁巳歲犯咸池己未熒惑犯五諸侯三月甲子歲守心己卯熒惑犯鬼壬午熒惑犯天户四月甲午歲犯鉤鈐二年二月庚寅太白經天四月丙戌朔日有食之七月乙丑熒惑犯井鉞八月乙未熒惑犯天罇九月辛酉熒惑犯鬼庚辰太白掩右執法十月壬辰太白犯進賢三年四月乙丑熒惑犯靈臺五月辛巳熒惑犯上將丙申熒惑犯右執法七月乙酉月犯房十二月戊申雨木氷顯德元年正月庚寅有大星墜有聲如雷牛

馬皆逸京城以為曉鼓皆伐鼓以應之三年正月壬戌有星孛于參十一月庚午白虹貫日癸酉月有食之

五代亂世文字不完而史官所記亦有詳略其日月五星之變大者如此至於氣祲之象出没銷散不常尤難占據而五代之際日有冠珥環暈纓紐負抱戴履背氣十日之中常七八其繁不可以勝書而背氣尤多天福八年正月丙戌黄霧四塞九年正月乙未大霧中二白虹相偶四月庚戌大霧中有蒼白二虹廣順元年十一

月甲子白虹竟天此其尤異者也至於吴火出楊林江水中鬬天雨豆之數皆非中國耳目所及者不可得而悉書矣

五代史記卷第五十九

五代史記卷第六十

職方考第三

嗚呼自三代以上莫不分土而治也後世鑒古
矯失始郡縣天下而自秦漢以來爲國孰與三
代長短及其亡也未始不分至或无地以自存
焉蓋得其要則雖萬國而治失其所守則雖一
天下不能以容豈非一本於道德哉唐之盛時
雖名天下爲十道而其勢未分旣其衰也置軍
節度號爲方鎭鎭之大者連州十餘小者猶兼
三四故其兵驕則逐帥帥彊則叛上土地爲其

世有干戈起而相侵天下之勢自兹而分然唐
自中世多故矣其興衰救難常倚鎭兵扶持而
侵凌亂亡亦終以此豈其利害之理然歟自僖
昭以來日益割裂梁初天下別爲十一國南有吳
浙荊湖閩漢西有岐蜀北有燕晉而朱氏所有
七十八州以爲梁莊宗初起并代取幽滄有州
三十五其後又取梁魏博等十有六州合五十
一州以滅梁岐王稱臣又得其州七同光破蜀
巳而復失惟得秦鳳階成四州而營平二州陷
于契丹其增置之州一合一百二十三州以爲

唐石氏入立獻十有六州于契丹而得蜀金州又
增置之州一合百九州以爲晉劉氏之初秦鳳
階成復入于蜀隱帝時增置之州一合一百六
州以爲漢郭氏代漢十州入于劉旻世宗取秦
鳳階成瀛莫及淮南十四州又增置之州五而
廢者三合一百一十八州以爲周
宋興因之此中國之大略也其餘外屬者彊弱
相并不常其得失至於周末閩巳先亡而在者
七國自江以南二十一州爲南唐自劒以南及
山南西道四十六州爲蜀自湖南北十州爲楚

自浙東西十三州爲吳越自嶺南北四十七州爲
南漢自太原以北十州爲東漢而荊歸峽三州
爲南平合中國所有二百六十八州而軍不在
焉唐之封疆遠矣前史備載而羈縻寄治虛名
之州在其間五代亂世文字不完而時有廢省
又或陷于夷狄不可考究其詳其可見者具之
如譜

州	梁	唐	晉	漢	周
汴	都	有宣武	都	都	都
洛	都	都	都	都	都

雍	有永平	都	有晉昌	有永興	有
兗	有太甯	有	有	有	有罷
沂	有	有	有	有	有
密	有	有	有	有	有
青	有平盧	有	有罷	有平盧	有
淄	有	有	有	有	有
齊	有	有	有	有	有
棣	有	有	有	有	有
登	有	有	有	有	有
萊	有	有	有	有	有

徐	有武寧	有	有	有	有
宿	有	有	有	有	有
鄆	有天平	有	有	有	有
曹	有	有	有威信	有罷	有彰信
濮	有	有	有	有	有
濟					有太祖置
宋	有宣武	有歸德	有	有	有
亳	有	有	有	有	有
單	有輝州	有改曰單州	有	有	有
潁	有	有	有	有	有

陳	有	有	有鎮安	有軍廢	有復
蔡	有	有	有	有	有
許	有匡國	有忠武	有	有	有
汝	有	有	有	有	有
鄭	有	有	有	有	有
滑	有宣義	有義城	有	有	有
襄	有初曰忠義後復爲山南東道	有	有	有	有
均	有	有	有	有	有
房	有	有	有	有	有
金	有蜀武雄	有蜀	有懷德尋罷	有	有

鄧	有宣化	有威勝	有	有	有威勝
隨	有	有	有	有	有
郢	有	有	有	有	有
唐	有	有	有	有	有
復	有	有	有	有	有
安	有宣威	有安遠	有威勝	有復	有罷
申	有	有	有	有	有
蒲	有護國	有	有	有	有
孟	有河陽三城	有	有	有	有
懷	有	有	有	有	有

晉	有 初曰定昌後曰建寧	有 建雄	有	有	有
絳	有	有	有	有	有
陝	有 鎮國	有 保義	有	有	有
虢	有	有	有	有	有
華	有 感化	有 鎮國	有	有	有 罷軍
商	有	有	有	有	有
同	有	有 匡國	有	有	有
耀	岐 義勝 有 崇州靜勝	有 復曰耀州改順義	有	有	有
解				有 隱帝置	有
邠	岐 靜難 有	有	有	有	有
寧	岐 有	有	有	有	有
慶	岐 有	有	有	有	有
衍	岐 有	有	有	有	廢
威			有 高祖置	有	有 改曰環州
鄜	岐 保大 有	有	有	有	有
坊	岐 有	有	有	有	有
丹	岐 有	有	有	有	有
延	岐 忠義 有	有 彰武	有	有	有
夏	有 定難	有	有	有	有
銀	有	有	有	有	有

綏	有	有	有	有	有
宥	有	有	有	有	有
靈	有 朔方	有	有	有	有
鹽	有	有	有	有	有
岐	岐 鳳翔	有	有	有	有
隴	岐	有	有	有	有
涇	岐 彰義	有	有	有	有
原	岐	有	有	有	有
渭	岐	有	有	有	有
武	岐	有	有	有	有
秦	岐 雄武 蜀 天雄	有	有	蜀	有
成	岐 蜀	有	有	蜀	有
階	岐 蜀	有	有	蜀	有
鳳	岐 蜀	有	有	蜀	有
乾	岐 李茂貞置	有	有	有	有
魏	有 天雄 唐	有 鄴都	有 鄴都	有 鄴都	有 罷都
博	有 唐	有	有	有	有
貝	有 唐	有	有 永清	有	有
衛	有 唐	有	有	有	有
澶	有 唐	有	有 鎮寧	有	有

相	有昭德唐	有	有乾德	有	有
邢	有保義唐	有安國	有	有	有
洺	有	有	有	有	有
磁	有改曰惠州	有復曰磁州	有	有	有
鎮	有武順唐	有成德	有順德	有成德	有
冀	有唐	有	有	有	有
深	有唐	有	有	有	有
趙	有唐	有	有	有	有
易	有唐	有	有	有	有
祁	有唐	有	有	有	有
定	有義武唐	有	有	有	有
滄	唐橫海	有	有	有	有
景	唐	有	有	有	有廢
德	唐	有	有	有	有
濱					有世宗置
瀛	唐	有	契丹	契丹	有
莫	唐	有	契丹	契丹	有
雄					有世宗置
霸					有世宗置
幽	唐盧龍	有	契丹	契丹	契丹

涿	唐	有	契丹	契丹	契丹
檀	唐	有	契丹	契丹	契丹
薊	唐	有	契丹	契丹	契丹
順	唐	有	契丹	契丹	契丹
營	唐	有契丹	契丹	契丹	契丹
平	唐	有契丹	契丹	契丹	契丹
蔚	唐	有	契丹	契丹	契丹
朔	唐振武	有	契丹	契丹	契丹
雲	唐大同	有	契丹	契丹	契丹
應	唐	有彰國	契丹	契丹	契丹
新	唐	有威塞	契丹	契丹	契丹
媯	唐	有	契丹	契丹	契丹
儒	唐	有	契丹	契丹	契丹
武	唐	有	契丹	契丹	契丹
寰		有明宗置	契丹	契丹	契丹
忻	唐	有	有	有	東漢
代	唐鴈門	有	有	有	東漢
嵐	唐	有	有	有	東漢
石	唐	有	有	有	東漢
憲	唐	有	有	有	東漢

職方考

麟	唐	有	有	有	東漢
府	唐	有	有 永安	有 罷軍	有 永安
幷	唐 河東	有 北都	有	有	東漢
汾	唐	有	有	有	東漢
慈	唐	有	有	有	有
隰	唐	有	有	有	有
澤	唐	有	有	有	有
潞	唐 昭義	有 安義 昭義	有	有	有
沁	唐	有	有	有	東漢
遼	唐	有	有	有	東漢
揚	吳 淮南	吳	南唐	南唐	有
楚	吳	吳	南唐	南唐	有
泗	吳	吳	南唐	南唐	有
滁	吳	吳	南唐	南唐	有
和	吳	吳	南唐	南唐	有
光	吳	吳	南唐	南唐	有
黃	吳	吳	南唐	南唐	有
舒	吳	吳	南唐	南唐	有
蘄	吳	吳	南唐	南唐	有
廬	吳	吳	南唐	南唐	有 保信

五代六十　九

職方考

壽	吳 忠正	吳	南唐	南唐	有 忠正
海	吳	吳	南唐	南唐	有
泰	吳	吳	南唐	南唐	有
濠	吳	吳	南唐	南唐	有
通					有 世宗置
潤	吳	吳	南唐	南唐	南唐
常	吳	吳	南唐	南唐	南唐
宣	吳 寧國	吳	南唐	南唐	南唐
歙	吳	吳	南唐	南唐	南唐
鄂	吳 武昌	吳	南唐	南唐	南唐
昇	吳	吳	南唐	南唐	南唐
池	吳	吳	南唐	南唐	南唐
饒	吳	吳	南唐	南唐	南唐
信	吳	吳	南唐	南唐	南唐
江	吳	吳	南唐	南唐	南唐
洪	吳 鎮南	吳	南唐	南唐	南唐
撫	吳	吳	南唐	南唐	南唐
袁	吳	吳	南唐	南唐	南唐
吉	吳	吳	南唐	南唐	南唐
虔	有 吳	吳	南唐	南唐	南唐

五代六十　十

筠			南唐 李璟置	南唐	南唐
建	閩	閩	南唐	南唐	南唐
汀	閩	閩	南唐	南唐	南唐
劍			南唐 李璟置	南唐	南唐
漳	閩	閩	南唐 留從効	南唐 留從効	南唐 留從効
泉	閩	閩	南唐 留從効	南唐 留從効	南唐 留從効
福	閩 武威	閩	吳越	吳越	吳越
杭	吳越 鎮海	吳越	吳越	吳越	吳越
越	吳越 鎮東	吳越	吳越	吳越	吳越
蘇	吳越	吳越	吳越	吳越	吳越
湖	吳越	吳越	吳越	吳越	吳越 宣德
温	吳越	吳越	吳越 靜海	吳越	吳越
台	吳越	吳越	吳越	吳越	吳越
明	吳越	吳越	吳越	吳越	吳越
處	吳越	吳越	吳越	吳越	吳越
衢	吳越	吳越	吳越	吳越	吳越
婺	吳越	吳越	吳越	吳越	吳越
睦	吳越	吳越	吳越	吳越	吳越
秀			吳越 元瓘置	吳越	吳越
荆	南平 荆南	南平	南平	南平	南平

歸	蜀	南平	南平	南平	南平
峽	蜀	南平	南平	南平	南平
益	蜀 成都	有後蜀	蜀	蜀	蜀
漢	蜀	有後蜀	蜀	蜀	蜀
彭	蜀	有後蜀	蜀	蜀	蜀
蜀	蜀	有後蜀	蜀	蜀	蜀
綿	蜀	有後蜀	蜀	蜀	蜀
眉	蜀	有後蜀	蜀	蜀	蜀
嘉	蜀	有後蜀	蜀	蜀	蜀
劍	蜀	有後蜀	蜀	蜀	蜀
梓	蜀 劍南東川	有後蜀	蜀	蜀	蜀
遂	蜀 武信	有後蜀	蜀	蜀	蜀
果	蜀	有後蜀	蜀	蜀	蜀
閬	蜀	有後蜀 保寧	蜀	蜀	蜀
普	蜀	有後蜀	蜀	蜀	蜀
陵	蜀	有後蜀	蜀	蜀	蜀
資	蜀	有後蜀	蜀	蜀	蜀
榮	蜀	有後蜀	蜀	蜀	蜀
簡	蜀	有後蜀	蜀	蜀	蜀
邛	蜀	有後蜀	蜀	蜀	蜀

黎	蜀	有後蜀	蜀	蜀	蜀
雅	蜀 永平	有後蜀	蜀	蜀	蜀
維	蜀	有後蜀	蜀	蜀	蜀
茂	蜀	有後蜀	蜀	蜀	蜀
文	蜀	有後蜀	蜀	蜀	蜀
龍	蜀	有後蜀	蜀	蜀	蜀
黔	蜀 武泰	有後蜀	蜀	蜀	蜀
施	蜀	有後蜀	蜀	蜀	蜀
夔	蜀 鎮江	有後蜀	蜀	蜀	蜀
忠	蜀	有後蜀	蜀	蜀	蜀
萬	蜀	有後蜀	蜀	蜀	蜀
興	蜀	有後蜀	蜀	蜀	蜀
利	蜀 昭武	有後蜀	蜀	蜀	蜀
開	蜀	有後蜀	蜀	蜀	蜀
通	蜀	有後蜀	蜀	蜀	蜀
涪	蜀	有後蜀	蜀	蜀	蜀
渝	蜀	有後蜀	蜀	蜀	蜀
瀘	蜀	有後蜀	蜀	蜀	蜀
合	蜀	有後蜀	蜀	蜀	蜀
昌	蜀	有後蜀	蜀	蜀	蜀

巴	蜀	有後蜀	蜀	蜀	蜀
蓬	蜀	有後蜀	蜀	蜀	蜀
集	蜀	有後蜀	蜀	蜀	蜀
壁	蜀	有後蜀	蜀	蜀	蜀
渠	蜀	有後蜀	蜀	蜀	蜀
戎	蜀	有後蜀	蜀	蜀	蜀
梁	蜀 山南西道	有後蜀	蜀	蜀	蜀
洋	蜀 武定	有後蜀	蜀	蜀	蜀
潭	楚 武安	楚	楚	楚	周行逢
衡	楚	楚	楚	楚	周行逢
澧	楚	楚	楚	楚	周行逢
朗	楚	楚 武平	楚	楚	周行逢
岳	楚	楚	楚	楚	周行逢
道	楚	楚	楚	楚	周行逢
永	楚	楚	楚	楚	周行逢
邵	楚	楚	楚	楚	周行逢
全			楚 馬希範置	楚	周行逢
辰	楚	楚	楚	楚	周行逢
融	楚	楚	楚	南漢	南漢
郴	楚	楚	楚	南漢	南漢

連	楚	楚	楚	南漢	南漢
昭	楚	楚	楚	南漢	南漢
宜	楚	楚	楚	南漢	南漢
桂	楚靜江	楚	楚	南漢	南漢
賀	楚	楚	楚	南漢	南漢
梧	楚	楚	楚	南漢	南漢
蒙	楚	楚	楚	南漢	南漢
嚴	楚	楚	楚	南漢	南漢
富	楚	楚	楚	南漢	南漢
柳	楚	楚	楚	南漢	南漢

大百八五 小十五　五代六十　十五　山

象	楚	楚	楚	南漢	南漢
容	南漢寧遠	南漢	南漢	南漢	南漢
邕	南漢建武	南漢	南漢	南漢	南漢
端	南漢	南漢	南漢	南漢	南漢
康	南漢	南漢	南漢	南漢	南漢
封	南漢	南漢	南漢	南漢	南漢
恩	南漢	南漢	南漢	南漢	南漢
春	南漢	南漢	南漢	南漢	南漢
新	南漢	南漢	南漢	南漢	南漢
高	南漢	南漢	南漢	南漢	南漢

賓	南漢	南漢	南漢	南漢	南漢
雷	南漢	南漢	南漢	南漢	南漢
化	南漢	南漢	南漢	南漢	南漢
部	有南漢	南漢	南漢	南漢	南漢
藤	南漢	南漢	南漢	南漢	南漢
白	南漢	南漢	南漢	南漢	南漢
廉	南漢	南漢	南漢	南漢	南漢
欽	南漢	南漢	南漢	南漢	南漢
廣	南漢清海	南漢	南漢	南漢	南漢
橫	南漢	南漢	南漢	南漢	南漢

大百十九 小十九　五代六十　十六　山

賓	南漢	南漢	南漢	南漢	南漢
潯	南漢	南漢	南漢	南漢	南漢
惠	南漢	南漢	南漢	南漢	南漢
鬱林	南漢	南漢	南漢	南漢	南漢
英		南漢劉龑大置	南漢	南漢	南漢
雄		南漢劉龑大置	南漢	南漢	南漢
瓊	南漢	南漢	南漢	南漢	南漢
崖	南漢	南漢	南漢	南漢	南漢
儋	南漢	南漢	南漢	南漢	南漢
萬安	南漢	南漢	南漢	南漢	南漢

羅	南漢	南漢	南漢	南漢	南漢
潘	南漢	南漢	南漢	南漢	南漢
勤	南漢	南漢	南漢	南漢	南漢
瀧	南漢	南漢	南漢	南漢	南漢
辦	南漢	南漢	南漢	南漢	南漢

汴州唐改曰宣武軍梁以汴州爲開封府建爲東都後唐滅梁復爲宣武軍晉天福三年升爲東京漢周因之

洛陽梁唐晉漢周常以爲都唐故爲東都梁爲西都後唐爲洛京晉爲西京漢周因之

雍州唐故上都昭宗遷洛廢爲佑國軍梁初改京兆府曰大安佑國軍曰永平唐滅梁復爲西京晉廢爲晉昌軍漢改曰永興周因之

曹州故屬宣武軍節度晉開運二年置威信軍漢初軍廢周廣順二年復置彰信軍

宋州故屬宣武軍節度梁初徙置宣武軍唐滅梁改曰歸德

陳州故屬忠武軍節度晉開運二年置鎮安軍漢初軍廢周廣順二年復之

許州唐故曰忠武梁改曰匡國唐滅梁復曰忠

武

滑州唐故曰義成以避梁王父諱改曰宣義唐滅梁復其故

襄州唐故曰山南東道唐梁之際改曰忠義軍後以延州爲忠義襄州復曰山南東道

鄧州故屬山南東道節度梁破趙匡凝分鄧州置宣化軍唐改曰威勝周改曰武勝

安州梁置宣威軍唐改曰安遠晉罷漢復曰安遠周又罷

晉州故屬護國軍節度梁開平四年置定昌軍

貞明三年改曰建寧唐改曰建雄

金州故屬山南東道節度唐末置戎昭軍已而廢之遂入于蜀至晉高祖時又置懷德軍尋罷

陝州唐故曰保義梁改曰鎮國後唐復曰保義

華州唐故曰鎮國梁改曰感化後唐復曰鎮國

同州唐故曰匡國梁改曰忠武後唐復曰匡國

耀州本華原縣唐末屬李茂貞建爲耀州置義勝軍梁末帝時茂貞養子溫韜以州降梁梁改耀州爲崇州義勝曰靜勝後唐復爲耀州改曰順義

延州故屬保大軍節度梁置忠義軍唐改曰彰武

魏州唐故曰大名府置天雄軍五代皆因之後唐建鄴都晉漢因之至周罷大名府後唐曰興唐晉曰廣晉漢周復曰大名

澶州故屬天雄軍節度晉天福九年置鎮寧軍

相州故屬天雄軍節度梁末帝分置昭德軍而天雄軍亂遂入于晉莊宗滅梁復屬天雄晉高祖置彰德軍

邢州故屬昭義軍節度昭義所統澤潞邢洺磁

五州唐末孟方立爲昭義軍節度使徙其軍額于邢州而澤潞二州入于晉方立但有邢洺磁三州故當唐末有兩昭義軍梁晉之爭或入于梁或入于晉梁以邢洺磁三州爲保義軍莊宗滅梁改曰安國

鎮州故曰成德軍梁初以成音犯廟諱改曰武順唐復曰成德晉又改曰順德漢復曰成德

應州故屬大同軍節度唐明宗即位以其應州人也乃置彰國軍

新州唐同光元年置威塞軍

府州晉置永安軍漢罷之周復

并州後唐建北都其軍仍曰河東

潞州唐故曰昭義梁末帝時屬梁改曰匡義歲餘唐滅梁改曰安義晉復曰昭義

廬州周世宗克淮南置保信軍

壽州唐故曰忠正南唐改曰清淮周世宗平淮南復曰忠正

五代之際外屬之州揚州曰淮南宣州曰寧國鄂州曰武昌洪州曰鎮南復州曰武威杭州曰鎮海越州曰鎮東江陵府曰荊南益州梓州曰

劍南東西川遂州曰武信興元府曰山南西道洋州曰武定黔州曰黔南潭州曰武安桂州曰靜江容州曰寧遠邕州曰建武廣州曰清海皆唐故號更五代無所易而今因之者也其餘僭位改置之名不可悉考而不足道其因著于今者略注于譜

濟州周廣順二年置割鄆州之鉅野鄆城兗州之任城單州之金鄉爲屬縣而治鉅野

單州唐末以宋州之碭山梁太祖鄉里也爲置輝州已而徙治單父後唐滅梁改輝州爲單州

其屬縣置徙傳記不同今領單父碭山成武魚臺四縣

耀州李茂貞置治華原縣梁初改曰崇州唐同光元年復爲耀州

解州漢乾祐元年九月置割河中之聞喜安邑解縣爲屬而治解

威州晉天福四年置割靈州之方渠寧州之木波烏嶺三鎮爲屬而治方渠周廣順二年改曰環州顯德四年廢爲通遠軍五代置軍六皆寄治於縣隷於州故不別出監者物務之名爾故不載於地理皇朝軍監始自置屬縣與州府並列矣

乾州李茂貞置治奉先縣

磁州梁改曰惠州唐復曰磁州

景州唐故置弓高周顯德三年廢爲定遠軍割其屬安陵縣屬德州廢弓高縣入東光縣爲定遠軍治所

濵州周顯德三年置以其濵海爲名初五代之際置榷鹽務於海傍後爲贍國軍周因置州割棣州之渤海蒲臺爲屬縣而治渤海

雄州周顯德六年克瓦橋關置治歸義割易州之容城爲屬尋廢

霸州周顯德六年克益津關置治永清割莫州之文安瀛州之大城爲屬

通州本海陵之東境南唐置靜海制置院周世宗克淮南升爲靜海軍後置通州分其地置靜海海門二縣爲屬而治靜海

筠州南唐李景置割洪州之高安上高萬載清江四縣爲屬而治高安

劒州南唐李煜置割建州之延平劒浦富沙三縣爲屬而治延平

全州楚王馬希範置以潭州之湘川縣爲清湘縣又割灌陽縣爲屬而治清湘

秀州吳越王錢元瓘置割杭州之嘉興縣爲屬而治之

雄州南漢劉龑割韶州之保昌置治保昌

英州南漢劉龑割廣州之湞陽置治湞陽

開封府故統六縣梁開平元年割滑州之酸棗長垣鄭州之中牟陽武宋州之襄邑曹州之考城更曰戴邑許州之扶溝陽陵陳州之太康隷焉唐分酸棗中牟襄邑陽陵太康五縣還其故晉升汴州爲東京復割五縣隷焉

雍丘晉改曰杞漢復其故長垣唐改曰匡城
黎陽故屬滑州晉割隸衞州
葉襄城故屬許州唐割隸汝州
楚丘故屬單州梁割隸宋州
密州膠西故曰輔唐梁改曰安丘唐復其故晉
改曰膠西
渭南故屬京兆周改隸華州
同官故屬京兆府梁割隸同州唐割隸耀州
美原故屬同州李茂貞置鼎州而治之梁改爲
裕州屬順義軍節度後不見其廢時唐同光三

年割隸耀州
平涼故屬涇州唐末渭州陷吐蕃權於平涼置
渭州而縣廢後唐清泰三年以故平涼之安國
耀武兩鎮置平涼縣屬涇州
臨涇故屬涇州唐末原州陷吐蕃權於臨涇置
原州而涇州兼治其民後唐清泰三年割隸原
州○鄜州咸寧周廢
稷山故屬河中唐割隸絳州
慈州仵城呂香周廢
大名府大名故曰貴鄉後唐改曰廣晉漢改曰

大名
滄州長蘆乾符周廢入清池無棣周置保順軍
安陵故屬景州周割隸德州
澶州頓丘晉置德清軍
博州武水周廢入聊城
博野故屬深州周割隸定州
武康故屬湖州梁割隸杭州
福州閩清梁乾化元年王審知於梅溪場置
蘇州吳江梁開平三年錢鏐置
明州望海梁開平三年錢鏐置

處州長松故曰松陽梁改曰長松
潭州龍喜漢乾祐三年馬希範置
天長六合故屬揚州南唐以天長爲軍六合爲
雄州周復故○漢陽故屬鄂州周置漢陽軍
汉川故屬沔州周割隸安州
襄州樂鄉周廢入宜城
鄧州臨湍漢改曰臨瀨菊潭向城周廢
復州竟陵晉改曰景陵
監利故屬復州梁割隸江陵
唐州慈丘周廢

商州乾元漢改曰乾祐割隸京兆

洛南故屬華州周割隸商州

隨州唐城梁改曰漢東後唐復舊晉又改漢東漢復舊。雄勝軍本鳳州固鎮周置軍

秦州天水隴城唐末廢後唐復置

成州栗亭後唐置

自唐有方鎮而史官不錄於地理之書以謂方鎮兵戎之事非職方所掌故也然而後世因習以軍目地而沒其州名若今永興本節度軍名而今命守臣遂曰知永興軍府事而不言雍州京兆是也又今置軍者徒以虛名升建爲州府之重此不可以不書也州縣凡唐故而廢於五代若五代所置而見於今者及縣之割隸今因之者皆宜列以備職方之考其餘嘗置而復廢嘗改割而復舊者皆不足書山川物俗職方之掌也五代短世無所遷變故亦不復錄而錄其方鎮軍名以與前史互見之云

五代史記卷第六十

五代史記卷第六十一

嗚呼自唐失其政天下乘時黥髡盜販袞冕峩巍吳暨南唐姦豪竊攘蜀險而富漢險而貧貧能自彊富者先亡閩陋荊蹙楚開蠻服剝剽弗堪吳越其尤牢牲視人嶺蠻遭劉百年之間並起爭雄山川亦絕風氣不通語曰清風興羣陰伏日月出爝火息故真人作而天下同作十國世家

吳世家第一

楊行密 子渥 隆演 溥

楊行密字化源廬州合淝人也爲人長大有力能手舉百斤唐乾符中江淮羣盜起行密以爲盜見獲刺史鄭棨奇其狀貌釋縛縱之後應募爲州兵戍朔方遷隊長歲滿戍還而軍吏惡之復使出戍行密將行過軍吏舍軍吏陽爲好言問行密行何所欲行密奮然曰惟少公頭爾即斬其首攜之而出因起兵爲亂自號八營都知兵馬使刺史郎幼復弃城走行密遂據廬州中和三年唐即拜行密廬州刺史淮南節度使高駢爲畢師鐸所攻駢表行密行軍司馬行密率

兵數千赴之行至天長師鐸已囚駢召宣州秦彥入揚州行密不得入屯于蜀岡師鐸兵衆數萬擊行密行密陽敗弃營走師鐸兵飢乘勝爭入營收軍實行密反兵擊之師鐸大敗單騎走入城遂殺高駢行密聞駢死縞軍向城哭三日攻其西門彥及師鐸奔于東塘行密遂入揚州是時城中倉廪空虛飢民相殺而食其夫婦父子自相牽就屠賣之屠者刲剔如羊豕行密不能守欲走而蔡州秦宗權遣其弟宗衡掠地淮南彥及師鐸還自東塘與宗衡合行密閉城不

敢出已而宗衡爲偏將孫儒所殺儒攻高郵破之行密益懼其客袁襲曰吾以新集之衆守空城而諸將多駢舊人非有厚恩素信力制而心服之也今儒兵方盛所攻必克此諸將持兩端因強弱擇嚮背之時也海陵鎮使高霸駢之舊將必不爲吾用行密乃以軍令召霸霸率其兵入廣陵行密欲使霸守天長襲曰吾以疑霸而召之其可復用乎且吾能勝儒無所用霸不幸不勝天長豈吾有哉不如殺之以并其衆行密因犒軍擒霸族之得其兵數千已而孫儒殺秦彥

畢師鐸并其兵以攻行密行密欲走海陵襲曰海陵難守而廬州吾舊治也城廪完實可爲後圖行密乃走廬州久之未知所嚮問襲曰吾欲卷甲倍道西取洪州可乎襲曰鍾傳新得江西勢未可圖而秦彥之入廣陵也召池州刺史趙鍠委以宣州今彥且死鍠失所恃而守宣州非其本志且其爲人非公敵此可取也行密乃引兵攻鍠戰于曷山大敗之進圍宣州鍠弃城走追及殺之行密遂入宣州龍紀元年唐拜行密宣州觀察使行密遣田頵安仁義李神福等攻

浙西取蘇常潤州二年取滁和州景福元年取楚州孫儒自逐行密入廣陵久之亦不能守乃焚其城殺民老疾以餉軍驅其衆渡江號五十萬以攻行密諸將田頵劉威等遇之輒敗行密欲走銅官其客戴友規曰儒來氣銳而兵多蓋其鋒不可當而可以挫其衆不可敵而可久以斃之若避而走是就擒也劉威亦曰背城堅柵可以不戰疲之行密以爲然久之儒兵飢又大疫行密悉兵擊之儒敗被擒將死仰顧見威曰聞公爲此策以敗我使我有將如公者其可敗

邪行密收儒餘兵數千以皂衣蒙甲號黑雲都常以爲親軍是歲復入楊州唐拜行密淮南節度使乾寧二年加檢校太傅同中書門下平章事行密以田頵守宣州安仁義守潤州昇州刺史馮弘鐸來附分遣頵等攻掠自淮以南江以東諸州皆下之進攻蘇州擒其刺史成及四年兗州朱瑾奔于行密初瑾爲梁所攻求救于晉晉遣李承嗣將勁騎數千助瑾瑾敗因與俱奔行密行密兵皆江淮人淮人輕弱得瑾勁騎而兵益振是歲梁太祖遣葛從周龐師古攻行密壽

州行密擊敗梁兵清口殺師古而從周收兵走追至渒河又大敗之五年錢鏐攻蘇州及周本戰于白方湖本敗蘇州復入于越天復元年遣李神福攻越戰臨安大敗之擒其將顧全武以歸二年馮弘鐸叛襲宣州及田頵戰于葛山弘鐸敗將入于海行密自至東塘邀之使人謂弘鐸曰勝敗用兵常事也一戰之衄何苦自弃于海島吾府雖小猶足容君弘鐸感泣行密從十餘騎馳入其軍以弘鐸爲節度副使以李神福代弘鐸爲昇州刺史是歲唐昭宗在岐遣江淮

宣諭使李儼拜行密東面諸道行營都統檢校太師中書令封吳王三年以李神福爲鄂岳招討使以攻杜洪荊南成汭救洪神福敗之于君山梁兵攻青州王師範來求救遣王茂章救之大敗梁兵殺朱友寧友寧梁太祖子也太祖大怒自將以擊茂章兵號二十萬復爲茂章所敗田頵叛襲昇州執李神福妻子歸于宣州行密召神福以討頵頵遣其將王壇逆之又遺神福書以其妻子招之神福曰吾以一卒從吳王起事今爲大將忍背德而顧妻子乎立斬其使以

自絕軍士聞之皆感奮行至吉陽磯頵執神福子承鼎以招之神福叱左右射之遂敗壇兵于吉陽行密別遣臺濛擊頵頵敗死初頵及安仁義朱延壽等皆從行密起微賤及江淮甫定思漸休息而三人者皆猛悍難制頗欲除之未有以發天復二年錢鏐爲其將許再思等叛而圍之再思召頵攻鏐杭州垂克而行密納鏐賂命頵解兵頵恨之頵嘗計事廣陵行密諸將多就頵求賂而獄吏亦有所求頵怒曰吏欲我下獄也歸而遂謀反仁義聞之亦反焚東塘以襲常州

常州刺史李遇出戰望見仁義大罵之仁義止其軍曰李遇乃敢辱我如此其必有伏兵遂引軍却而伏兵果發追至夾岡仁義植幟解甲而食遇兵不敢追仁義復入潤州行密遣王茂章李德誠米志誠等圍之吳之軍中推朱瑾善槊志誠善射皆爲第一而仁義嘗以射自負曰志誠之弓十不當瑾槊之一瑾槊之十不當仁義弓之一每與茂章等戰必命中而後發以此吳軍畏之不敢近行密亦欲招降之仁義猶豫未決茂章乘其怠穴地道而入執仁義斬于廣陵延壽者行密夫人朱氏之弟也頗及仁義之將叛也行密疑之乃陽爲目疾每接延壽使者必錯亂其所見以示之嘗行故觸柱而仆朱夫人扶之良久乃蘇泣曰吾業成而喪其目是天廢我也吾兒子皆不足以任事得延壽付之吾無恨矣夫人喜急召延壽延壽至行密迎之寢門刺殺之出朱夫人以嫁之天祐二年遣劉存攻鄂州焚其城城中兵突圍而出諸將急擊之存曰擊之復入則城愈固聽其去城可取也是日城破執杜洪斬于廣陵九月梁兵攻破襄州趙匡凝奔于

行密十一月行密卒年五十四謚曰武忠子渥立溥僭號追尊行密爲太祖武皇帝陵曰興陵

渥字承天行密長子也行密病出渥爲宣州觀察使右衙指揮使徐溫私謂渥曰今王有疾而出嫡嗣必有姦臣之謀若它日召子非溫使者慎無應命渥涕泣謝溫而去行密病甚命判官周隱作符召渥隱慮渥幼弱不任事勸行密用舊將有威望者代主軍政乃薦大將劉威行密未許溫與嚴可求入問疾行密以隱議告之溫等大驚遽詣隱所計事隱未出而溫見隱作召符猶在案上急取遣之渥見溫使乃行行密卒渥嗣立召周隱罵曰汝欲賣吾國者復何面目見楊氏乎遂殺之以王茂章爲宣州觀察使渥之入也多輦宣州庫物以歸廣陵茂章惜而不與渥怒命李簡以兵五千圍之茂章奔于錢塘天祐三年二月劉存取岳州四月江西鍾傳卒其子匡時代立傳養子延規怨不得立以兵攻匡時渥遣秦裴率兵攻之九月克洪州執匡時及司馬陳象以歸斬象於市赦匡時以秦裴爲江西制置使梁太祖代唐改元開平渥仍稱天祐鄂州

劉存岳州陳知新以舟師伐楚敗于劉陽楚人
執存及知新以歸楚　王馬殷素聞其名皆欲
活之存等大罵殷曰昔歲宣城脫吾刃下今日
之敗乃天亡我我肯事汝以求活耶我豈負楊
氏者殷知不可屈乃殺之岳州復入于楚初渥
之入廣陵也留帳下兵三千於宣州以其腹心
陳璠范遇將之既入立惡徐温典牙兵召璠等
爲東院馬軍以自衛而温與左衙都指揮使張
顥皆行密時舊將又有立渥之功共惡璠等侵
其權四年正月渥視事璠等侍側温顥擁牙兵

入捽璠等下斬之渥不能止由是失政而心未
能發温等益不自安五年三月温顥共遣盜入
寢中殺渥渥說羣盜能反殺温等者皆爲刺史
羣盜皆諾惟紀祥不從執渥縊殺之時年二十
三謚曰景弟隆演立溥僭號追尊渥爲烈宗景
皇帝陵曰紹陵
隆演字鴻源行密第二子也初名瀛又名渭初
温顥之弒渥也約分其地以臣於梁及渥死顥
欲背約自立温患之問其客嚴可求可求曰顥雖
剛愎而闇於成事此易爲也明日顥列劒戟府中

召諸將議事自大將朱瑾而下皆去衛從然後
入顥問諸將誰當立者諸將莫敢對顥三問可
求前密啓曰方今四境多虞非公主之不可然
恐爲之太速且今外有劉威陶雅李簡李遇皆
先王一等人也公雖自立未知此輩能降心以
事公否不若輔立幼主漸以歲時待其歸心然
後可也顥不能對可求因趨出書一教内袖中
率諸將入賀諸將莫知所爲及出教宣之乃渥
母史氏教言楊氏創業艱難而嗣王不幸隆演
以次當立告諸將以無負楊氏而善事之辭旨

激切聞者感動顥氣色皆沮卒無能爲隆演乃
得立顥由此與温有隙諷隆演出温潤州可求
謂温曰今捨衙兵而出外郡禍行至矣温患之
可求因說顥曰公與徐温同受顧託議者謂公
奪其衙兵是將殺之於外信乎顥曰事已行矣安
可止乎可求曰甚易也明日從顥與諸將造温
可求陽責温曰古人不忘一飯之恩況公楊氏
三世之將今幼嗣新立多事之時乃求居外以
苟安乎温亦陽謝曰公等見留不願去也由是
不行行軍副使李承嗣與張顥善覺可求有附

温意諷顥使客夜刺殺之客刺可求不能中明日可求詣温謀先殺顥陰遣鍾章選壯士三十人就衙堂斬顥因以弑渥之罪歸之温由是專政隆演備位而已六月撫州危全諷叛攻洪州袁州彭彦章吉州彭玗信州危仔倡皆起兵叛隆演召嚴可求問誰可用者可求薦周本時本方攻蘇州敗歸慙不肯出可求彊起之本曰蘇州之敗非怯也乃上將權輕而下多專命爾若必見任願無用偏裨乃請兵七千戰于象牙潭敗之執全諷彦章而玗奔于楚仔倡奔于錢塘

全諷至廣陵諸將議曰昔先王攻趙鍠全諷餽饟給吳軍乃釋不殺初全諷欲舉兵也錢鏐送王茂章于梁道過全諷謂曰聞公欲大舉願見公兵以知濟否全諷陳兵與茂章登城望之茂章曰我素事吳吳兵三等如公此衆可當其下將爾非得益兵十萬不可而全諷卒以此敗八年徐温領昇州刺史治舟師於金陵宣州李遇自行密時爲大將勲位已高憤温用事嘗曰徐温何人吾猶未識而驟至於此温聞之怒遣柴再用以兵送王檀代遇且召之遇疑不受命再

用圍之隆演使客將何蕘諭遇使自歸蕘因説曰公若欲反可殺蕘以示衆若本無心何不隨蕘以出遇自以無反心乃隨蕘出温諷再用伺其出殺之并族其家九年温率將吏進隆演位太師中書令吳王温爲行軍司馬鎮海軍節度使同中書門下平章事陳章攻楚取岳州執其刺史苑玫十年越人攻常州徐温敗之于無錫梁遣王茂章攻壽春温敗之霍丘十二年封徐温齊國公兩浙都招討使始鎮潤州留其子知訓爲行軍副使秉政而大事温遥決之冬潛楊林江水中出

火可以燃十三年宿衛將李球馬謙挾隆演登樓取庫兵以誅知訓陣于門橋知訓與戰頻却朱瑾適自外來以一騎前視其陣曰此不足爲也因反顧一麾外兵爭進遂斬球謙而亂兵皆潰十四年徐温徙治金陵十五年遣王祺會洪袁信三州兵攻虔韶久之不克祺病以劉信代之四月副都統朱瑾殺徐知訓瑾自殺潤州徐知誥聞亂率兵入殺唐宣諭使李儼以止亂遂秉政徐氏之專政也隆演幼懦不能自持而知訓尤凌侮之嘗飲酒樓上命優人高貴卿侍酒

知訓爲參軍隆演鶉衣髽髻爲蒼鶻知訓嘗使
酒罵坐語侵隆演隆演愧恥涕泣而知訓愈辱
之左右扶隆演起去知訓殺吏一人乃止吳人
皆仄目知訓又與朱瑾有隙瑾已殺知訓攜其
首馳府中示隆演曰今日爲吳除患矣隆演曰
此事非吾敢知遽起入內瑾忿然以首擊柱提
劍而出府門已闔踰垣折其足遂自刎死米至
誠聞瑾殺知訓被甲率其家兵至天興門問瑾
所在聞瑾死乃還徐溫疑至誠助瑾遣使殺之
嚴可求懼事不克使人僞從湖南境上來告軍

捷召諸將入賀擒至誠斬之劉信克虔州執譚
全播以歸十六年春二月溫率將吏請隆演即
天子位不許夏四月溫奉玉冊寶綬尊隆演即
吳王位建宗廟社稷設百官如天子之制改天祐
十六年爲武義元年大赦境內追尊行密孝武王
廟號太祖渥景王廟號烈祖拜溫大丞相都督中
外諸軍事封東海郡王以徐知誥爲左僕射參知
政事嚴可求爲門下侍郎駱知祥爲中書侍郎殷
文圭沈顏爲翰林學士盧擇爲吏部尚書李宗陳
章爲左右雄武統軍柴再用錢鏢爲左右龍武統

軍王令謀爲內樞密使江西劉信征南大將軍
鄂州李簡鎮西大將軍撫州李德誠平南大將
軍廬州張崇安西大將軍海州王綰鎮東大將
軍文武以次進位封宗室皆郡公溫之徙鎮金
陵也以其養子知誥守潤州嚴可求嘗謂溫曰
二郎君非徐氏子而推賢下士人望頗歸若不
去之恐爲後患溫不能用其言及知誥秉政其
語泄知誥出可求於楚州可求懼詣金陵見溫
謀曰唐亡於今十二年而吳猶不敢改天祐可
謂不負唐矣然吳所以征伐四方而建基業者

常以興復爲辭今聞河上之戰梁兵屢衄若李
氏復興其能屈節乎宜於此時先建國以自立
溫深然之因留可求不遣方謀迫隆演僭號二年五月
隆演卒隆演少年嗣位權在徐氏及建國稱制
非其意常快快酣飲稀復進食遂至疾卒年二
十四謚曰宣弟溥立僭號追尊爲高祖宣皇帝
陵曰肅陵

溥行密第四子也隆演建國封丹陽郡公隆演
卒弟廬江公濛次當立而徐氏秉政不欲長君
乃立溥七月改昇州大都督府爲金陵府拜徐

温金陵尹明年二月改元順義赦境内冬十一月祀天於南郊御天興樓大赦拜徐温太師嚴可求右僕射三年唐莊宗滅梁遣司農卿盧蘋使于唐嚴可求密條數事授蘋以行蘋見洛陽莊宗問之蘋次第以對皆如所授四年溥至白沙閱舟師徐温來見以白沙爲迎鑾鎮五年唐遣諫議大夫薛昭文使福州假道江西劉信出勞之謂曰亞次聞有信否昭文曰天子新有河南未執公名也信曰漢有韓信吳有劉信君還其語亞次當來較射於淮上也乃酌大卮望牙

伯

旗鏃首百步謂昭文曰一發而中願以此卮爲壽否則亦以自罰言訖而箭已穿矣六年追爵大丞相徐温四代祖考立廟於金陵左僕射徐知誥爲侍中右僕射嚴可求同平章事是歲莊宗崩五月丁卯詔爲同光主輟朝七日七年大丞相徐温率吳文武上表勸溥即皇帝位溥未許而温病卒十一月庚戌溥御文明殿即皇帝位改元曰乾貞大赦境内追尊行密武皇帝渥景皇帝隆演宣皇帝以徐知誥爲太尉兼侍中拜温子知詢輔國大將軍金陵尹治温舊鎮諸

子皆封王二年正月封東海爲廣德王江瀆廣源王淮瀆長源王馬當上水府寧江王采石中水府定江王金山下水府鎮江王六月荆南高季興來附封季興秦王九月季興敗楚師於白田獲其將吏三十四人來獻三年十一月金陵尹徐知詢來朝知誥誣其有反狀留之不遣以爲左統軍斬其客將周廷望以徐知諤爲金陵尹溥加尊號睿聖文明孝皇帝大赦境内改元大和以徐知誥爲中書令二年册其子江都王璉爲太子三年以徐知誥爲金陵尹以其子景

伯

通爲司徒及左僕射王令謀右僕射宋齊丘皆平章事四年封知誥東海王五年建都於金陵六年閏正月金陵火罷建都議臨川王濛爲歷陽公知誥遣親信王宏以兵守之拜令謀司徒宋齊丘司空知誥召景通還金陵爲鎮海軍節度副使以其子景遷爲太保平章事與令謀等執政七年九月溥加尊號曰睿聖文明光孝應天弘道廣德皇帝大赦改元天祚知誥進位太師天下兵馬大元帥封齊王二年景遷病以次子景遂爲門下侍郎參政事三年知誥建齊國

立宗廟社稷置左右丞相已下以金陵爲西都
廣陵爲東都冬十月溥遣江夏王璘奉冊禪位
於齊王十二月溥卒於丹陽年三十八謚曰睿
昇元六年李昪遷其子孫於海陵號永寧宫
嚴兵守之絶不通人久而男女自爲匹偶吴人
多哀憐之顯德三年世宗征淮南下詔撫安楊
氏子孫而李景聞之遣人盡殺其族周先鋒都
部署劉重進得其玉硯馬腦椀翡翠瓶以獻楊
氏遂絶

徐温

徐温字敦美海州朐山人也少以販鹽爲盜行
密起合淝隸帳下行密所與起事劉威陶雅之
徒號三十六英雄獨温未嘗有戰功及行密欲
殺朱延壽等温用其客嚴可求謀教行密陽爲
目疾事成以功遷右衙指揮使始預謀議及行
密病平生舊將皆以戰守在外而温居帳下遂
預立渥之功及弑渥又與張顥有隙使鍾章殺之
章許諾選壯士三十人椎牛享之刺血爲盟温
猶疑章不果夜半使人探其意陽謂曰温有老
母懼事不成不如且止章曰言已出口寧可已

乎温乃安明日鍾章殺顥温因盡殺紀祥等歸
弑渥之罪於顥以其事入白渥母史氏史悖而
泣曰吾兒年幼禍亂若此得保百口以歸合淝
公之恵也隆演立温遂專政遷昇州刺史治舟
師於金陵大將李遇怒温用事出嫚言温使柴
再用族遇於宣州行密舊將人人皆自疑温因
僞下之恭謹如見行密諸將乃安八年温遷行
軍司馬潤州刺史鎮海軍節度使同平章事十
年遣招討使李濤攻越戰于臨安裨將曹筠奔
于越濤敗被執温聞遣人語筠曰吾用汝爲將

汝軍有求吾不能給是吾過也赦筠妻子不誅
厚遇之秋越人攻毗陵温戰于無錫筠感温前
言臨戰奔歸遂敗越兵十二年封温齊國公兼
兩浙招討使始就鎮潤州以昇潤宣常池黄六
州爲齊國温城昇州建大都督府十四年徙治
之以其子知訓輔隆演於廣陵而大事温遥決
之知訓爲朱瑾所殺温養子知誥自潤州先入
遂得政温雖姦詐多疑而善用將吏江西劉信
圍虔州久不克使人説譚全播出降遣使報温
温怒曰信以十倍之衆攻一城不下而反用説

客降之何以威敵國皆其使者而遣之曰吾以笞信也因命濟師遂破全播人有誣信逗留陰縱全播言信將反者信聞之因自歔捷至金陵見溫溫與信博信斂骰子厲聲祝曰劉信欲背吳願爲惡彩苟無二心當成渾化溫遽止之一擲六子皆赤溫慚自以卮酒飲信然終疑之及唐師伐王衍溫急召信至廣陵以爲左統軍託以內備遂奪其地溫客尤見信者惟駱知祥嚴可求可求善筭畫知祥長於財利溫嘗以軍旅問可求國用問知祥吳人謂之嚴駱溫亦自喜爲智詐尤得吳人之心初隨行密破趙鍠諸將皆爭取金帛溫獨據餘囷作粥以食餓者十六年溫請隆演即皇帝位不許又請即吳王位乃許遂建國改元拜溫大丞相都督中外諸軍事封東海郡王隆演卒溫越次立其弟溥順義七年溫又請溥即皇帝位溥未許而溫病卒年六十六追封齊王謚曰武李昪僭號號溫爲義祖

嗚呼盜亦有道信哉行密之書稱行密爲人寬仁雅信能得士心其將蔡儔叛於廬州悉毀行密墳墓及儔敗而諸將皆請毀其墓以報之行密歎曰儔以此爲惡吾豈復爲邪嘗使從者張洪負劍而侍洪拔劍擊行密不中洪死復用洪所善陳紹負劍不疑又嘗罵其將劉信信忿奔孫儒行密戒左右勿追曰信負我者邪其醉而去醒必復來明日果來行密起於盜賊其下皆驍武雄暴而樂爲之用者以此也故二世四主垂五十年及渥已下政在徐溫於此之時天下大亂中國之禍篡弒相尋而徐氏父子區區詐力裴回三主不敢輕取之何也豈其恩威亦有在人者歟

注云據吳錄運歷圖九國志皆云行密以唐景福元年再入楊州至晉天福二年爲李昪所篡實四十六年而舊唐書舊五代史皆云大順二年入楊州至被篡四十七年吳錄徐鉉等撰運歷圖龔頴撰二人皆江南故臣所記宜得實而唐末喪亂中朝文字多差失故今以鉉頴所記爲定

五代史記卷第六十一

五代史記卷第六十二

南唐世家第二

李昪 子景 景子煜

李昪字正倫徐州人也世本微賤父榮遇唐末之亂不知其所終昪少孤流寓濠泗閒楊行密攻濠州得之奇其狀貌養以爲子而楊氏諸子不能容行密以乞徐溫乃冒姓徐氏名知誥及壯身長七尺廣顙隆準爲人溫厚有謀爲吳樓船軍使以舟兵屯金陵柴再用攻宣州用其兵殺李遇昪以功拜昇州刺史時江淮初定州縣吏多武夫務賦斂爲戰守昪獨好學接禮儒者能自勵爲勤儉以寬仁爲政民稍譽之徐溫鎮潤州以昇池等六州爲屬溫聞昪理昇州有善政往視之見其府庫充實城壁修整乃徙治之而遷昪潤州刺史昪初不欲往屢求宣州溫不與旣而徐知訓爲朱瑾所殺溫居金陵未及聞昪居潤州近廣陵得先聞即日以州兵渡江定亂遂得政昪事徐溫甚孝謹溫嘗罵其諸子不如昪諸子頗不能容而知訓尤甚嘗召昪飲酒伏劒士欲害之行酒吏刁彥能覺之酒至昪以

手爪搯之昪悟起走乃免後昪自潤州入覲知訓與飲於山光寺又欲害之徐知諫以其謀告昪昪起遁去知訓以劒授刁彥能使追殺之及於中塗而還紿以不及由是得免後昪貴以彥能爲撫州節度使知訓之用事也嘗凌弱楊氏而驕侮諸將遂以見殺及昪秉政欲收人心乃寬刑法推恩信起延賓亭以待四方之士引宋齊丘駱知祥王令謀等爲謀客士有羈旅於吳者皆齒用之嘗陰使人察視民間有婚喪匱乏者往往賙給之盛暑未嘗張蓋操扇左右進蓋必却之曰士衆尚多暴露我何用此以故溫雖遙秉大政而吳人頗已歸昪武義元年拜左僕射參知政事溫行軍司馬徐玠數勸溫以己子代昪溫遣子知詢入廣陵謀代昪秉政會溫病卒知詢奔還金陵玠反爲昪謀誣知詢以罪斬其客將周廷望以知詢爲右統軍楊溥僭號拜昪太尉中書令大和三年出鎮金陵如溫之制留其子景通爲司徒同平章事以王令謀宋齊丘爲左右僕射同平章事四年封昪東海郡王昪照鑑見白髭顧其吏周宗嘆曰功業已就而吾老

矣柰何宗知其意馳詣廣陵見宋齊丘謀禪代
齊丘以爲未可請斬宗以謝吴人昇黜宗爲池
州刺史吴臨江王濛者怨徐氏捨己而立溥心
嘗不平及昇將謀簒國先廢濛爲歷陽公使吏
以兵守之濛殺守者奔廬州節度使周本本吴
舊將也聞濛至欲納之爲其子祚所止本曰此
吾故主家郎君也何忍拒之遽自出迎祚閉門
遮本不得出縛濛送金陵見殺五年昇封齊王
已而閩越諸國皆遣使勸進昇謂人望已歸天
祚三年建齊國置宗廟社稷以宋齊丘徐玠爲

左右丞相十月溥遣攝太尉楊璘傳位於昇國
號齊改元昇元昇以冊尊溥曰受禪老臣知誥謹
上冊皇帝爲高尚思玄弘古讓皇帝追尊徐温
爲忠武皇帝封子景爲吴王封徐氏子知證江
王知諤饒王周本與諸將至金陵勸進歸而嘆
曰吾不誅簒國者以報楊氏今老矣豈能事二姓
乎憤惋而死二年四月遷楊溥於潤州丹陽宫
以王輿爲浙西節度使馬思讓爲丹陽宫使以
嚴兵守之徐氏諸子請昇復姓昇謙抑不敢忘
徐氏恩下其議百官百官皆請然後復姓李氏

改名曰昇自言唐憲宗子建王恪生超超生志
爲徐州判司志生榮乃自以爲建王四世孫改
國號曰唐立唐高祖太宗廟追尊四代祖恪爲
孝静皇帝廟號定宗曾祖超爲孝平皇帝廟號
成宗祖志孝安皇帝廟號惠宗考榮孝德皇帝
廟號慶宗奉徐温爲義父徐氏子孫皆封王公
女封郡縣主以門下侍郎張居詠中書侍郎李
建勳右僕射張延翰同平章事十一月以步騎
八萬講武於銅橋楊溥卒於丹陽宫溥子璉爲
吴太子時昇以女妻之及昇簒國封其女永興

公主女聞人呼公主則嗚咽流涕而辭宫中皆
憐之溥卒以璉爲康化軍節度使已而以疾卒
三年四月昇郊祀昊天上帝於圜丘禮畢群臣
請上尊號昇曰尊號非古也不許州縣言民孝
悌五代同居者七家皆表門閭復其繇役其尤
盛者江州陳氏宗族七百口每食設廣席長幼
以次坐而共食有畜犬百餘共一牢食一犬不至
諸犬爲之不食四年六月晉安州節度使李金
全叛送款于昇昇遣鄂州屯營使李承裕迎之
承裕與晉將馬全節戰安陸南三戰皆

敗承裕與裨將段處恭皆死都監杜光鄴及其兵五百人被執送于京師高祖厚賜之遣還昇致書高祖復送光鄴等請以敗軍行法高祖又遣之昇以甲士臨淮拒之乃止六年吳越國火焚其宮室府庫甲兵皆盡群臣請乘其弊攻之昇不許遣使弔問厚賙其乏錢氏自吳時素爲敵國昇見天下亂久常厭用兵及將篡國先與錢氏約和歸其所執將士錢氏亦歸吳敗將遂通好不絶昇客馮延巳好論兵大言嘗誚昇曰田舍翁安能成大事而昇志在守吳舊地而已無復

經營之略也然吳人亦賴以休息七年昇卒年五十六謚曰光文肅武孝高皇帝廟號烈祖陵曰永陵子景立

景初名景通昇長子也既立又改名璟徐溫死昇專政以爲兵部尚書參知政事明年昇鎮金陵留景爲司徒同平章事與宋齊丘王令謀居廣陵輔楊溥昇將篡國召景歸金陵爲副都統昇立封齊王昇卒嗣位改元保大尊母宋氏爲皇太后妃鍾氏爲皇后封弟壽王景遂爲燕王宣城王景達鄂王景逷前未王者爲保寧王秋改封

景遂齊王諸道兵馬元帥太尉中書令景達爲燕王副元帥盟於昇柩前約兄弟世世繼立封其子冀南昌王江都尹冬十月破虔州妖賊張遇賢遇賢循州羅縣小吏也初有神降羅縣民家與人言禍福輒中遇賢禱之神曰遇賢是羅漢可留事我是時南海劉龑死子玢初立嶺南盜賊起群盜千餘人未有所統問神當爲主者神言遇賢遂共推爲師遇賢自號中天八國王改元永樂置官屬群賊盜皆絳衣攻剽嶺外問神所嚮神曰當過嶺取虔州遂襲南康節度賈

浩不能禦遇賢據白雲洞造宮室有衆十餘萬連陷諸縣景遣洪州營屯虞侯嚴恩通事舍人邊鎬率兵攻之遇賢問神神不復語群盜皆懼遂執遇賢以降景以馮延巳常夢錫爲翰林學士馮延魯爲中書舍人陳覺爲樞密使魏岑查文徽爲副使夢錫直宣政殿專掌密命而延巳等皆以邪佞用事吳人謂之五鬼夢錫屢言五人者不可用景不納十二月景下令中外庶政並委齊王景遂參決惟陳覺查文徽得奏事群臣非召見者不得入給事中蕭儼上疏切諫不

報侍衛軍都虞候賈崇詣閤求見景曰臣事先朝三十年見先帝所以成功業者皆用衆賢之謀故延接疏遠未嘗壅隔然下情猶有不達者今陛下新即位所信用者何人柰何頓與臣下隔絶臣老即死恐無復一見頰色因泣下嗚咽景爲之動容引與坐賜食而慰之遂寢所下令初宋齊丘爲昪謀篡楊氏最有力及事成乃陽入九華山昪屢招之乃出昪僭號未幾齊丘以病罷相出爲洪州節度使景立復召爲相而陳覺魏岑等皆爲齊丘所引用而岑與覺有隙譖覺

於景左遷少府監齊丘亦罷相爲浙西節度使齊丘不得意願復歸九華山賜號九華先生封青陽公食青陽一縣二年二月閩人連重遇朱文進弑其君王延羲文進自立是時延羲弟延政亦自立於建州國號殷王氏兄弟連兵累年閩大亂景因其亂遣查文徽及待詔臧循發兵攻建州延政聞唐且攻之遣人紿福州曰唐兵助我討賊矣福州信之共殺文進等以降延政遣其從子繼昌守福州文徽軍屯建陽福州將李仁達殺王繼昌自稱留後泉州將留從效亦殺

李昇

其刺史黃紹頗皆送款於文徽四年八月文徽乘勝克建汀泉漳四州景分延平劒浦富沙三縣置劒州遷王延政之族于金陵以延政爲饒州節度使李仁達爲福州節度使留從效爲清源軍節度使景遂欲罷兵而查文徽陳覺等皆言仁達等餘孽猶在不若乘勝盡取之陳覺自言可不用尺兵致仁達等景以覺爲宣諭使召仁達朝金陵仁達不從覺慚還至建州矯命發汀建信撫州兵攻仁達時魏岑安撫漳泉聞覺起兵亦擅發兵會覺景大怒馮延巳等爲言兵

業行不可止乃以王崇文爲招討使王建封爲副使益兵以會之以延魯魏岑陳覺皆爲監軍使仁達送款於吳越吳越以兵三萬應仁達覺等爭功進退不相應延魯與吳越兵先戰大敗而走諸軍皆潰歸景怒遣使者鎖覺延魯至金陵而馮延巳方爲宰相宋齊丘復自九華召爲太傅爲稍解之乃流覺蘄州延魯舒州韓熙載上書切諫請誅覺等齊丘惡之貶熙載和州司馬是歲契丹陷京師中國無主而景方以覺等疲兵東南不暇北顧御史中丞江文蔚劾奏宰

李昇

相馮延巳諫議大夫魏岑亂政與覺等同罪而不見貶黜言甚切直景大怒自答其䟽貶文蔚江州司士參軍亦罷延巳為少傅岑為太子洗馬五年以景遂為太弟景達為元帥封齊王南昌王冀為副元帥封燕王契丹遣使來聘以兵部尚書賈潭報聘六年漢李守貞反河中遣其客將朱元來求援景以潤州節度使李金全為北面行營招撫使兵攻沭陽聞守貞已敗乃還是時漢隱帝少中國衰弱淮北群盜多送款於景景遣皇甫暉出海泗諸州招納之八年福州

大三又六十小九个　五代史文十二　九　山

詠言吳越戍兵亂殺李仁達而遯遣人請建州節度使查文徽文徽與劍州刺史陳誨下舟閩江趣應之福州以兵出迎誨曰閩人多詐難信宜駐江岸徐圖之文徽曰久則生變乘其未定亟取之留誨屯江口進至西門伏兵發文徽被擒誨與越人戰大敗之獲其將馬先進景送先進還越越亦歸景文徽是歲楚王馬希廣為其弟希萼所弒希萼自立九年秋楚人囚希萼於衡山立其弟希崇附于景楚國大亂景遣信州刺史邊鎬攻楚破潭州盡遷馬氏之族于金陵

李昇

景以希萼為洪州節度使以邊鎬為湖南節度使十年分洪州高安清江萬載上高四縣置筠州以馮延巳孫忌為左右僕射同平章事廣州劉晟乘楚之亂取桂管景遣將軍張巒出兵爭之不克楚地新定其府庫空虛宰相馮延巳以克楚為功不欲取費於國乃重斂其民以給軍楚人皆怨而叛其將劉言攻邊鎬鎬不能守遯歸十一年金陵大火踰月十二年大飢民多疫死十三年十一月周師南征詔曰蠢爾淮甸敢拒大邦盜據一方僭稱偽號晉漢之代寰海未

大三又六十小九个　五代史六十二　十　山

寧而乃招納叛亡朋助兇逆金全之據安陸守貞之叛河中大起師徒來為應援迫奪閩越塗炭湘潭至於應接慕容馮陵徐部沭陽之役曲直可知勾誘契丹入為邊患結連并壘實我世讎罪惡難名人神共憤乃拜李穀為行營都部署攻自壽州始是時宋齊丘為洪州節度使景召齊丘還金陵以劉彥貞為神武統軍劉仁贍為清淮軍節度使以距周師李穀曰吾無水戰之具而使淮兵斷正陽浮橋則我背腹受敵乃焚其芻糧退屯正陽是時世宗親征行至圜鎮聞

李昇

毅退軍曰吾軍却唐兵必追之遣李重進急趣
正陽曰唐兵且至宜急擊之劉彥貞等鬭毅退
軍果以爲怯急追之比及正陽而重進先至軍
未及食而戰彥貞等遂敗彥貞之兵施利刃於
拒馬維以鐵索又刻木爲獸號揵馬牌以皮囊
布鐵蒺藜于地周兵見而知其怯一鼓敗之世
宗營于淝水之陽從浮橋于下蔡景遣林仁肇等
爭之不得而周師取滁州景懼遣泗州牙將王
知朗至徐州稱唐皇帝奉書願効貢賦陳兄事
之禮世宗不荅景東都副留守馮延魯光州刺

史張紹鄂州刺史周祚泰州刺史方訥皆弃城
走延魯削髮爲僧爲周兵所獲蘄州裨將李福
殺其刺史王承雋降周景益懼始改名景以避
周廟諱遣其翰林學士鍾謨文理院學士李德
明奉表稱臣獻犒軍牛五百頭酒二千石金銀羅
綺數千請割壽濠泗楚光海六州以求罷兵世
宗不報分兵襲下揚泰景遣人懷蠟丸書走契
丹求救爲邊將所執光州刺史張承翰降周十
四年三月景又遣司空孫晟禮部尚書王崇質
奉表辭益卑服世宗猶不荅前遣鍾謨等并晟

崇質皆留行在而謨等請歸取景表盡獻江北
地世宗許之遣崇質德明等還始賜景書曰自有
唐失御天步方艱六紀于兹瓜分鼎峙自爲聲
教各擅烝黎交結四夷憑凌上國華風不競否
運所鍾凡百有心孰不興憤朕擅一百州之富
庶握三十萬之甲兵農戰交修士卒樂用苟不
能恢復內地申畫邊疆便議班旋真同戲劇至
於削去尊稱願輸臣節孫權事魏蕭詧奉周古
也雖然今則不取但存帝號何爽歲寒儻堅事
大之心必不迫人于險德明等還盛稱世宗英

武景不悅宋齊丘陳覺等皆以割地無益而德
明賣國以圖利景怒斬德明遣元帥齊王景達
與陳覺邊鎬許文縝率兵趣壽春景達將朱元
等復得舒蘄泰三州夏大雨周師在揚滁和者
皆却諸將請要其險隘擊之宋齊丘曰擊之怨
深不如縱之以爲德誡諸將閉壁無得要戰故周
師皆集於壽州世宗屯於渦口欲再幸揚州宰相
范質以師老泣諫乃班師以李重進攻廬壽向訓
守揚州訓請弃揚州併力以攻壽春乃封府庫付
主者遣景舊將按巡城中秋毫不犯而去淮人大

悅皆負糗糧以送周師十五年景達遣朱元等屯紫金山築甬道以餉壽州二月世宗復南征徙下蔡浮橋于渦口爲鎮淮軍築二城以夾淮周師連破紫金諸寨景達雖爲元帥兵事皆决於陳覺覺與朱元素有隙以元李守貞客反覆難信景遣大將楊守忠代元且召之元憤怒叛降于周諸軍皆潰許文縝邊鎬皆被執景達以舟兵奔還金陵劉仁贍病且死其副使孫羽等以壽州降于周世宗班師景遣人焚揚州驅其士庶而去冬十月世宗復南征遂圍濠州刺史郭

廷謂告于周曰臣不能守一州以抗王師然願請命于唐而後降世宗爲之緩攻廷謂遣人請命于景景許其降乃降又取泗州周師步騎數萬水陸齊進軍士作檀來之歌聲聞數十里十二月屯于楚州之北門交泰元年正月大赦改元周師攻楚州守將張彥卿鄭昭業城守甚堅攻四十日不可破世宗親督兵以洞屋穴城而焚之城壞彥卿昭業戰死周兵怒甚殺戮殆盡周師復取海泰揚州世宗幸迎鑾以臨大江景知不能支而恥自屈身去其名號乃遣陳覺奉

表請傳國與其世子而聽命初周師南征無水戰之具已而屢敗景兵獲水戰卒乃造戰艦數百艘使降卒教之水戰命王環將以下淮景之水軍多敗長淮之舟皆爲周師所得又造齊雲船數百艘世宗至楚州北神堰齊雲舟大不能過乃開老鸛河以通之遂至大江景初自恃水戰以周兵非敵且未能至江及覺奉使見舟師列于江次甚盛以爲自天而下乃請曰臣願還國取景表盡獻江北諸州如約世宗許之始賜景書曰皇帝恭問江南國主勞其良苦而已是

時揚泰滁和壽濠泗楚光海等州已爲周得景遂獻廬舒蘄黃畫江以爲界五月景下令去帝號稱國主奉周正朔時顯德五年也初孫晟使于周留不遣而世宗問晟江南虛實不對世宗怒殺晟周已罷兵景乃贈劉仁贍太師追封晟魯國公世宗遣鍾謨馮延魯歸國景復遣謨等朝京師手自書表稱天地父母之恩不可報又請降詔書同藩鎮遣謨面陳願傳位世子世宗遣謨等還國優詔以勞安之景以謨爲禮部侍郎延魯戶部侍郎景爲太子時延魯等皆出入

李昪

東宫禮部尚書常夢錫自昪世屢言不可使延魯等近太子及景立延魯用事夢錫每排斥之景既割地稱臣有語及朝廷爲大朝者夢錫大笑曰君等嘗欲致君如堯舜今日自爲小朝邪鍾謨素善李德明既歸而聞德明由宋齊丘等見殺欲報其寃未能發陳覺齊丘黨也與嚴續素有隙覺嘗奉使周還言世宗以江南不即聽命者嚴續之謀勸景誅續以謝罪景疑之謨因請使于周驗其事景已割地稱臣乃遣謨入朝謝罪言不即割地者非續謀願赦之世宗大驚

大三六六〇 小卅九 五代六十二 十五 山

曰續能爲謀是忠其主也朕豈殺忠臣乎謨還言覺姦詐景怒流覺饒州殺之宋齊丘坐覺黨與放還青陽賜死以太弟景遂爲洪州節度使燕王冀爲太子景困於用兵鍾謨請鑄大錢以一當十文曰永通泉貨謨嘗得罪而大錢廢韓熙載又鑄鐵錢以一當二九月太子冀卒次子從嘉封吴王居東宫鍾謨言從嘉輕肆請立紀國公從善景怒貶謨國子司業立從嘉爲太子世宗使人謂景曰吾與江南大義已定然慮後世不能容汝可及吾世修城隍治要害爲子孫

李昪

計景因營緝諸城謀遷其都于洪州群臣皆不欲遷惟樞密使唐鎬贊之乃升洪州爲南昌建南都建隆二年留太子從嘉監國景遷于南都而洪州迫隘宫府營廨皆不能容群臣日夕思歸景悔怒不已唐鎬慙懼發疾卒六月景卒年六十四從嘉嗣立以喪歸金陵遣使入朝願復景帝號太祖皇帝許之乃謚曰明道崇德文宣孝皇帝廟號元宗陵曰順陵

煜字重光初名從嘉景第六子也煜爲人仁孝善屬文工書畫而豐額駢齒一目重瞳子自太

大三六五一 小卅九 五代六十二 十六 山

子冀已上五子皆早亡煜以次封吴王建隆二年景遷南都立煜爲太子留監國景卒煜嗣立於金陵母鍾氏父名泰章煜尊母曰聖尊后立妃周氏爲國后封弟從善韓王從益鄭王從謙宜春王從度昭平郡公從信文陽郡公大赦境内遣中書侍郎馮延魯修貢于朝廷令諸司四品已下無職事者日二員待制於内殿五年泉州留從効卒景之稱臣於周也從効亦奉表貢獻于京師世宗以景故不納從効聞景遷洪州懼以爲襲己遣其子紹基納貢于金陵而從効

病卒泉人因并送其族于金陵推立副使張漢思漢思老不任事州人陳洪進逐之自稱留後煜即以洪進爲節度使乾德二年始用鐵錢民間多藏匿舊錢舊錢益少商賈多以一鐵錢易一銅錢出境官不可禁煜因下令以一當十拜韓熙載中書侍郎勤政殿學士封長子仲遇清源公次子仲儀宣城公五年命兩省侍郎給事中中書舍人集賢勤政殿學士分夕於光政殿宿直煜引與談論煜嘗以熙載盡忠能直言欲用爲相而熙載後房妓妾數十人多出外舍私

侍賓客煜以此難之左授熙載右庶子分司南都熙載盡斥諸妓單車上道煜喜留之復其位已而諸妓稍稍復還煜曰吾無如之何矣是歲熙載卒煜嘆曰吾終不得熙載爲相也欲以平章事贈之問前世有此比否群臣對曰昔劉穆之贈開府儀同三司遂贈熙載平章事熙載北海將家子也初與李穀相善明宗時熙載南奔吴穀送至正陽酒酣臨訣熙載謂穀曰江左用吾爲相當長驅以定中原穀曰中國用吾爲相取江南如探囊中物尔及周師之征淮也命穀

爲將以取淮南而熙載不能有所爲也開寶四年煜遣其弟韓王從善朝
京師遂留不遣煜手疏求從善還國
太祖皇帝不許煜嘗怏怏以國蹙爲憂日與臣下酣宴愁思悲歌不已五年煜下令貶損制度下書稱教改中書門下省爲左右内史府尚書省爲司會府御史臺爲司憲府翰林爲文館樞密院爲光政院諸王皆爲國公以尊
朝廷煜性驕侈好聲色又喜浮圖爲高談不恤政事六年内史舍人潘佑上書極諫煜收下獄

佑自縊死七年
太祖皇帝遣使詔煜赴闕煜稱疾不行
王師南征煜遣徐鉉周惟簡等奉表
朝廷求緩師不荅八年十二月　王師克金陵
九年煜俘至京師
太祖赦之封煜違命侯拜左千牛衛將軍其後事具國史子世家江南其故老多能言李氏時事云
太祖皇帝之出師南征也煜遣其臣徐鉉朝于京師鉉居江南以名臣自負其來也欲以口舌

馳說存其國其日夜計謀思慮言語應對之際詳矣及其將見也大臣亦先入請言鉉博學有材辯宜有以待之太祖笑曰第去非尔所知也明日鉉朝于廷仰而言曰李煜無罪　陛下師出無名太祖徐召之升使畢其說鉉曰煜以小事大如子事父未有過失柰何見伐其說累數百言太祖曰尔謂父子者爲兩家可乎鉉無以對而退嗚呼大哉何其言之簡也蓋王者之興天下必歸于一統其可來者來之不可者伐之僭僞

假竊期於掃蕩一平而後已予讀周世宗征淮南詔怪其區區攟摭前事務較曲直以爲辭何其小也然世宗之英武有足喜者豈爲其辭者之過歟據湯悅所撰江南錄云景以保大十五年正月改元交泰是歲盡獻淮南十四州畫江爲界保大十五年乃周顯德四年也案五代舊史及世宗實錄顯德四年十月壬申世宗方復南征五年正月丙午始克楚州二月己亥景始尽獻淮南諸州畫江爲界當是保大十六年也悅等南唐故臣記其目見之事何其差繆而九国志紀年通譜之類但以悅書爲正不復參校遂皆差一年至於景滅閩因是保大四年江南錄書於三年亦差一年已具閩世家注或疑景立踰年而改元則滅閩当爲三年周取淮南當爲十五年不差但江南錄誤於景立之年改元保大所以常差一年也今知不然者以諸書參較閩人殺王延羲當晉開運元年周師始伐南唐當顯德二年據景以初立之年即改元則開運元年爲保大二年顯德二年爲保大十三年今江南錄書延羲被殺於二年周師始伐於十三年則是景立之年改元不誤而悅等書滅王氏割淮南自各差一年尔昪自晉天福二年建国至皇朝開宝八年国滅凡三十九年

五代史記卷第六十二

五代史記卷第六十三

前蜀世家第三

王建 子衍

王建字光圖許州舞陽人也隆眉廣顙狀貌偉然少無賴以屠牛盜驢販私鹽爲事里人謂之賊王八後爲忠武軍卒稍遷隊將黃巢陷長安僖宗在蜀忠武軍將鹿晏弘以兵八千屬楊復光討賊巢敗走復光以其兵爲八都都將千人建與晏弘皆爲一都頭復光死晏弘率八都西迎僖宗于蜀所過剽略行至興元逐節度使牛叢自稱留後僖宗即以晏弘爲節度使晏弘以建等八都頭皆領屬州刺史已而晏弘擁衆東歸陷陳許建與晉暉韓建張造李師泰等各率一都西奔于蜀僖宗得之大喜號隨駕五都以屬十軍觀軍容使田令孜令孜以建等爲養子僖宗還長安使建與晉暉等將神策軍宿衛光啓元年河中王重榮與令孜爭鹽池重榮召晉兵犯京師僖宗幸鳳翔二年三月移幸興元以建爲清道使負玉璽以從行至當塗驛李昌符焚棧道棧道幾斷建控僖宗馬冒煙燄中過宿坂

下僖宗枕建膝寢既覺涕泣解御衣賜之僖宗已至興元令孜以謂天子播越由巳致之懼且得罪西川節度使陳敬瑄令孜同母弟也令孜因求爲西川監軍楊復恭代爲軍容使復恭出建爲壁州刺史建乃招集亡命及谿洞夷落有衆八千以攻閬州執其刺史楊行遷又攻利州利州刺史王珙棄城走敬瑄患之以問令孜令孜曰王八吾兒也以一介召之可置麾下乃使人招建東川顧彥朗與建有舊建聞令孜召巳大喜因至梓州謂彥朗曰十軍阿父召我我欲至成都見陳公以求一鎭即以其家屬託彥朗選精兵二千馳之成都行至鹿頭關敬瑄悔召建使人止之建大怒擊破鹿頭關取漢州彥朗聞之出兵助建軍于學射敬瑄遣將句惟立逆建建擊敗之遂攻彭州敬瑄遣眉州刺史山行章將兵五萬屯新繁建又擊敗之虜獲萬餘人橫尸四十里敬瑄發兵七萬益行章與建相持濛陽新都百餘日昭宗遣左諫議大夫李洵爲兩川宣諭和協使詔彥朗等罷兵彥朗請以大臣鎭蜀因爲建求旌節文德元年六月以宰相

王建

韋昭度爲西川節度使分邛蜀黎雅爲永平軍拜建節度使敬瑄不受代昭宗即命昭度將彥朗等兵討之昭宗以建爲招討牙内都指揮使久之不克建謂昭度曰公以數萬之衆困兩川之人而師久無功柰何且唐室多故東方諸鎮兵接都畿公盍歸相天子靜中原以固根本此蠻夷之國不足以留公昭度遲疑未決建遣軍士擒昭度親吏於軍門臠而食之建入白曰軍士飢須此爲食尔昭度大恐即留符節與建而東昭度已去建即以兵扼劒門兩川由是阻絶山

行章屯廣都建擊敗之行章走眉州以州降建建引兵攻成都而資簡戎茂嘉邛諸州皆殺刺史降建建攻成都甚急田令孜登城呼建曰老夫與公相厚何嫌而至此建曰軍容父子之恩心何可忘然兵討不受代者天子命也令孜夜入建軍以節度觀察牌印授建明日敬瑄開門迎建建將入城以張勍爲都虞候戒其軍士曰吾以張勍爲虞候矣汝等無犯其令幸勍執而見我我尚活汝使其殺而後白吾亦不能詰也建入城軍士剽略勍殺百人而止後建遷敬瑄

王建

于雅州使人殺之復以令孜爲監軍既而亦殺之大順二年十月唐以建爲檢校司徒成都尹劒南西川節度副大使知節度事管内觀察處置雲南八國招撫等使東川顧彥朗卒其弟彥暉立唐遣宦者宗道弼賜彥暉東川旌節綿州刺史常厚執道弼以攻梓州建遣李簡王宗滌等討厚自彥朗死建欲圖并東川而未有以發及李簡等討厚戒曰兵已破厚彥暉必出犒師即與俱來無煩吾再舉也簡等擊敗之鍾陽厚走還綿州以唐旌節還道弼而出之彥暉已得

節辭疾不出犒軍乾寧二年建遣王宗滌攻之十二月宗滌敗彥暉於楸林斬其將羅璋遂圍梓州三年五月昭宗遣宦者袁易簡詔建罷兵建收兵還成都黔南節度使王肇以其地降于建四年宗滌復攻東川别遣王宗侃宗阮等出峽取渝瀘州五月建自將攻東川昭宗遣諫議大夫李洵判官韋莊宣諭兩川詔建罷兵建不奉詔乃責授建南州刺史以鄭王爲鳳翔節度使李茂貞代建爲西川節度使茂貞拒命乃復建官爵冬十月建攻破梓州彥暉自殺彥暉將

顧彥瑤顧城已危謂諸將吏曰事公當生死以之指其所佩寶鐵劒曰事急而有叛者當齒此劒及城將破彥瑤與彥暉召集將吏飲酒遂與之俱死建以王宗滌爲東川留後唐即以宗滌爲節度使於是并有兩川之地是時鳳翔李茂貞兼據梁洋秦隴數以兵侵建天復元年梁太祖兵誅宦者宦者韓全誨等刼天子幸鳳翔梁兵圍之茂貞閉城拒守經年力窘求與梁和建間遣人聘茂貞許以出兵爲援勸其堅壁勿和遣王宗滌將兵五萬聲言迎駕以攻興元執其節度使李繼業而武定節度使拓拔思敬遂以其地降于建於是并有山南西道是時荆南成汭死襄州趙匡凝遣其弟匡明襲據之建乘其間攻下夔施忠萬四州三年八月唐封建蜀王四年唐遷都洛陽改元天祐建與唐隔絶而不知故仍稱天復六年又取歸州於是并有三峽七年梁滅唐遣使者諭建建拒而不納建因馳檄四方會兵討梁四方知其非誠實皆不應是歲正月巨人見青城山六月鳳凰見萬歲縣黃龍見嘉陽江而諸州皆言甘露白鹿白雀龜龍

之瑞秋九月己亥建乃即皇帝位封其諸子爲王以王宗佶爲中書令韋莊爲左散騎常侍判中書門下事唐襲爲樞密使鄭騫爲御史中丞張格王鍇皆爲翰林學士周博雅爲成都尹蜀恃險而富當唐之末士人多欲依建以避亂建雖起盜賊而爲人多智詐善待士故其僭號所用皆唐名臣世族莊見素之孫格濬之子也建謂左右曰吾爲神策軍將時宿衛禁中見天子夜召學士出入無間恩禮親厚如寮友非將相可比也故建待格等恩禮尤異其餘宋玭等百餘人並見信用武成元年正月祀天南郊大赦改元以王宗佶爲太師宗佶本姓甘氏建爲忠武軍卒時掠得之養以爲子後以軍功累遷武信軍節度使後建所生子元膺等稍長宗佶以養子心不自安與鄭騫等謀求爲大司馬摠六軍開元帥府凡軍事便宜行而後聞建以宗佶創業功多優容之唐襲本以舞僮見幸於建宗佶尤易之後爲樞密使猶名呼襲襲雖內恨而外奉宗佶愈謹建聞之怒曰宗佶名呼我樞密使是將反也宗佶求大司馬章三上建以問襲

襲因激怒建曰宗佶功臣其威望可以服人心陛下宜即與之建心益疑宗佶入奏事自請不已建叱衛士撲殺之并賜襲死六月以遂王宗懿爲皇太子建加尊號英武睿聖皇帝七月騶虞見武定二年頒永昌曆廣都嘉禾合穗三年八月有龍五十見洵陽水中十月麟見壁州十二月大赦改明年爲永平元年岐王李茂貞自爲梁所圍而山南入于蜀地狹勢孤遂與建和以其子娶建女因求山南故地建怒不與以王宗侃爲北路都統宗佑宗賀唐襲爲三面招討使以攻岐戰于青泥宗侃敗績退保西縣爲茂貞兵所圍建自將擊之岐兵敗解去建至興元而還加尊號曰英武睿聖光孝皇帝二年又加號曰英武睿聖神功文德光孝皇帝初田令孜之爲監軍也盜唐傳國璽入于蜀而埋之三月尚食使歐陽柔治令孜故第穿地而得之以獻五月梁遣光祿卿盧玭來聘推建爲兄其印文曰大梁入蜀之印宰相張格曰唐故事奉使四夷其印曰大唐入某國之印今梁已兄事陛下柰何卑我如夷狄建怒欲殺梁使者格曰此

梁有司之過爾不可以絕兩國之懽已而梁太祖崩建遣將作監李紘弔之遂刻其印文曰大蜀入梁之印劍州木連理六月麟見文州十二月黃龍見富義江三年正月麟見永泰五月騶虞見壁山有二鹿隨之秋七月皇太子元膺殺太子少保唐襲元膺建次子也初名宗懿後更名宗坦建得銅牌子于什仿有文二十餘字建以爲符讖因取之以名諸子故又更曰元膺元膺爲人猳喙齵齒多材藝能射錢中孔嘗自抱晝毬擲馬上馳而射之無不中年十七爲皇太子判六軍創天武神機營開永和府置官屬建以元膺年少任重以記事戒之令一切學朕所爲則可以保國又命道士廣成先生杜光庭爲之師唐襲建之嬖也元膺易之屢謔于朝建懼其交惡乃罷襲樞密使出爲興元節度使已而襲罷歸元膺廷疏其過失建益不悅是月七夕元膺召諸王大臣置酒而集王宗翰樞密使潘峭翰林學士毛文錫不至元膺怒曰集王不來峭與文錫教之耳明日元膺白建峭及文錫離間語建怒將罪之元膺出而襲入建以問之襲曰

王建

太子謀作亂欲召諸將諸王以兵錮之然後舉
事爾建疑之襲請召營兵入衛元膺初不爲備
聞襲召兵以爲誅已乃與伶人安悉香軍將喻
全殊率天武兵自衛遣人擒峭及文錫而笞之
幽於其家召大將徐瑤常謙率兵出拒襲與襲
戰神武門襲中流矢墜馬死建遣王宗賀以兵
討之元膺兵敗皆潰去元膺匿躍龍池檻中明
日出而丐食蜀人識之以告建遣宗翰招諭之
宗翰未至爲衛兵所殺建乃立其幼子鄭王宗
衍爲太子白龍見邛州江四年荊南高季昌侵

蜀巫山遣嘉王宗壽敗之于瞿唐八月殺黔南
節度使王宗訓冬南蠻攻掠界上建遣夔王宗
範擊敗之于大河渡麟見昌州五年起壽昌殿
於龍興宮畫建像於壁又起扶天閣畫諸功臣
像十一月大火焚其宮室遣王宗儔等攻岐取
其秦鳳階成四州至大散關梁叛將劉知俊在
岐於是特以其族來通正元年遣王宗綰等率
兵十二萬出大散關攻岐取隴州八月起文思
殿以清資五品正員官購群書以實之以內樞
密使毛文錫爲文思殿大學士黃龍見大昌池

王建

十月大赦改明年元曰天漢國號漢天漢元年
殺劉知俊十二月大赦改明年元曰光天復國
號蜀光天元年六月建卒年七十二建晚年多
內寵賢妃徐氏與妹淑妃皆以色進專房用事
交結宦者唐文扆等干與外政建年老昏耄文
扆判六軍事無大小皆決文扆及建疾以兵入
宿衛謀盡去建故將故將聞建疾皆不得入見
久之宗弼等排闥入言文扆欲爲變乃殺之建
因以老將大臣多許昌故人必不爲太子用思
擇人未得而疾亟乃以宦者宋光嗣爲樞密使

判六軍而建卒太子立去宗名衍
衍字化源建十一子曰衛王宗仁簡王元膺趙
王宗紀豳王宗輅韓王宗智莒王宗特信王宗
傑魯王宗鼎興王宗澤薛王宗平而鄭王宗衍
最幼其母徐賢妃也以母寵得立爲皇太子開
崇賢府置官屬後更曰天策府衍爲人方頤大
口垂手過膝顧目見耳頗知學問能爲浮豔之
辭元膺死建以豳王宗輅貌類已而信王宗傑
於諸子最材賢欲於兩人擇立之而徐妃專寵
建老昏耄妃與宦者唐文扆教相者上言衍相

王建

最貴又諷宰相張格贊成之衍由是得爲太子建卒衍立謚建曰神武聖文孝德明惠皇帝廟號高祖陵曰永陵建正室周氏號昭聖皇后後建數日而卒衍因尊其母徐氏爲皇太后后妹淑妃爲皇太妃太后太妃以教令賣官自刺史以下每一官闕必數人並爭而入錢多者得之通都大邑起邸店以奪民利衍年少荒淫委其政於宦者宋光嗣光葆景潤澄王承休歐陽晃田魯儔等以韓昭潘在迎顧在珣嚴旭等爲狎客起宣華苑有重光太清延昌會真之殿清

和迎仙之宮降真蓬萊丹霞之亭飛鸞之閣瑞獸之門又作怡神亭與諸狎客婦人日夜酣飲其中嘗以九日宴宣華苑嘉王宗壽以社稷爲言言發泣涕韓昭等曰嘉王酒悲爾諸狎客共以慢言謔嘲之坐上諠然衍不能省也蜀人富而喜遨當王氏晚年俗競爲小帽僅覆其頂俛首即墮謂之危腦帽衍以爲不祥禁之而衍好戴大帽每微服出游民間民間以大帽識之因令國中皆戴大帽又好裹尖巾其狀如錐而後宮皆戴金蓮花冠衣道士服酒酣免冠其髻髽然更施

王建

朱粉號醉粧國中之人皆効之嘗與太后太妃游青城山宮人衣服皆畫雲霞飄然望之若仙衍自作甘州曲述其仙狀上下山谷衍常自歌而使宮人皆和之衍立之明年改元乾德乾德元年正月祀天南郊大赦加尊號爲聖德明孝皇帝二年冬北巡至于西縣旌旗戈甲連亘百餘里其還也自閬州浮江而上龍舟畫舸照耀江水所在供億人不堪命三年正月還成都五年起上清宮塑王子晉像尊以爲聖祖至道玉宸皇帝又塑建及衍像侍立於其左右又於正殿

塑玄元皇帝及唐諸帝備法駕而朝之六年以王承休爲天雄節度使天雄軍秦州也承休以宦者得幸爲宣徽使承休妻嚴氏有絶色衍通之是時唐莊宗滅梁蜀人皆懼莊宗遣李嚴聘蜀衍與俱朝上清而蜀都士庶簾帷珠翠夾道不絶嚴見其人物富盛而衍驕淫歸乃獻策伐蜀明年唐魏王繼岌郭崇韜伐蜀是歲衍改元曰咸康衍自立歲常獵于子來山是歲又幸彭州陽平化漢州三學山以王承休妻嚴氏故十月幸秦州群臣切諫衍不聽行至梓潼大風發

壘拔木太史曰此貪狼風也當有敗軍殺將者衍至縣谷而唐師入其境衍懼遽還唐師所至州縣皆迎降衍留王宗弼守縣谷遣王宗勳宗儼宗昱率兵以拒唐師宗勳等至三泉望風退走衍詔宗弼誅宗勳等宗弼反與宗勳等合謀送款於唐師衍自縣谷還成都百官及後宮迎謁七里亭衍雜宮人作回鶻隊以入明日御文明殿與其群臣相對涕泣而宗弼亦自縣谷馳歸登太玄門收成都尹韓昭宦者宋光嗣景潤澄歐陽晃等殺之函首送于繼岌衍郎

上表乞降宗弼遷衍于天啓宮魏王繼岌至成都衍君臣面縛輿櫬出降于七里亭莊宗召衍入洛賜衍詔曰固當列土而封必不薄人于險三辰在上一言不欺衍捧詔忻然就道率其宗族及僞宰相王鍇張格庾傳素許寂翰林學士李昊等及諸將佐家族數千人以東同光四年四月衍至秦川驛莊宗用伶人景進計遣宦者向延嗣誅其族衍母徐氏臨刑呼曰吾兒以一國迎降反以爲戮信義俱弃吾知其禍不旋踵矣衍妾劉氏鬒髮如雲而有色行刑者將免之

劉氏曰家國喪亡義不受辱遂就死宗弼本姓魏名弘夫建録爲養子建攻顧彥暉宗弼常以建語泄之彥暉者彥暉敗建待之如初建病且卒宗弼守太師兼中書令判六軍輔政衍巳降宗弼以蜀珍寶奉魏王及郭崇韜求爲西川節度使魏王曰此我家物也何用獻爲居數日爲崇韜所殺宗壽許州民家子也建以同姓録之爲子宗壽好學工琴奕爲人恬退喜道家之術事建時爲鎮江軍節度使衍既立宗壽爲太子太保奉朝請以鍊丹養氣自娱衍爲淫亂獨宗壽

常切諫之後爲武信軍節度使唐師伐蜀所在迎降魏王嘗以書招之獨宗壽不降聞衍巳銜璧大慟從衍東遷至岐陽以賂賂守者得入見衍衍泣下霑襟曰早從王言豈有今日衍死宗壽走澠池聞莊宗遇弑亡入熊耳山天成二年出詣京師上書求衍宗族葬之明宗嘉其忠以爲保義軍行軍司馬封衍順正公許以諸侯禮葬之宗壽得王氏十八喪葬之長安南三趙村嗚呼自秦漢以來學者多言祥瑞雖有善辨之士不能祛其惑也予讀蜀書至於龜龍麟鳳騶

虞之類世所謂王者之嘉瑞莫不畢出於其國異哉然考王氏之所以興亡成敗者可以知之矣或以爲一王氏不足以當之則視時天下治亂可以知之矣龍之爲物也以不見爲神以升雲行天爲得志今僵然暴露其形是不神也不上于天而下見於水中是失職也然其一何多歟可以爲妖矣鳳凰鳥之遠人者也昔舜治天下政成而民悅命夔作樂樂聲和鳥獸聞之皆鼓舞當是之時鳳凰適至舜之史因并記以爲美後世因以鳳來爲有道之應其後鳳凰數

至或出於庸君繆政之時或出於危亡大亂之際是果爲瑞哉麟獸之遠人者也昔魯哀公出獵得之而不識蓋索而獲之非其自出也故孔子書於春秋曰西狩獲麟者譏之也西狩非其遠也獲麟惡其盡取也狩必書地而哀公馳騁所涉地多不可徧以名舉故書西以包衆地謂其舉國之西皆至也麟人罕識之獸也以見公之窮山竭澤而盡取至於不識之獸皆搜索而獲之故曰譏之也聖人已沒而異端之說興乃以麟爲王者之瑞而附以符命讖緯詭怪之言

鳳嘗出於舜以爲瑞猶有說也及其後出於亂世則可以知其非瑞矣若麟者前有治世如堯禹湯文武周公之世未嘗一出其一出而當亂世然則孰知其爲瑞哉龜玄物也汙泥川澤不可勝數其死而貴於卜官者用適有宜爾而戴氏禮以其在宮沼爲王者難致之瑞戴禮雜出於諸家其失亦以多矣騶虞吾不知其何物也詩曰吁嗟乎騶虞賈誼以謂騶者文王之囿虞虞官也當誼之時其說如此然則以之爲獸者其出於近世之說乎夫破人之惑者難與爭於

篤信之時待其有所疑焉然後從而攻之可也麟鳳龜龍王者之瑞而出於五代之際又皆萃于蜀此雖好爲祥瑞之說者亦可疑也因其可疑者而攻之庶幾惑者有以思焉據前蜀書運曆圖九国志皆云建以唐大順二年入成都爲西川節度使天祐七年九月建號明年正月改元武成今以爲定惟舊五代史云龍紀元年入成都天祐五年建號改元者繆也至後唐同光三年蜀滅則諸書皆同自大順二年至同光三年凡三十五年

五代史記卷第六十三

五代史記卷第六十四

後蜀世家第四

孟知祥 子昶

孟知祥字保胤邢州龍岡人也其叔父遷當唐之末據邢洺磁三州爲晉所虜晉王以遷守澤潞梁兵攻晉遷以澤潞降梁知祥父道獨留事晉而不顯及知祥壯晉王以其弟克讓女妻之以爲左教練使莊宗爲晉王以知祥爲中門使前此人爲中門使者多以罪誅知祥懼求佗職莊宗命知祥薦可代已者知祥因薦郭崇韜自代崇韜德之知祥遷馬步軍都虞候莊宗建號以太原爲北京以知祥爲太原尹北京留守魏王繼岌伐蜀郭崇韜爲招討使崇韜臨訣白曰即臣等平蜀陛下擇帥以守西川無如孟知祥者已而唐兵破蜀莊宗遂以知祥爲成都尹劒南西川節度副大使知祥馳至京師莊宗戒有司盛供帳多出内府珍奇諸物以宴勞之酒酣語及平昔以爲笑樂歎曰繼岌前日乳臭兒爾乃能爲吾平定兩川吾徒老矣孺子可喜然益令人悲尒吾憶先帝弃世時疆土侵削僅保一隅豈知今日奄有天下九州四海珍奇異產充牣吾府因指以示知祥曰吾聞蜀土之富無異於此以卿親賢故以相付同光四年正月戊辰知祥至成都而崇韜已死魏王繼岌引軍東歸先鋒康延孝反攻破漢州知祥遣大將李仁罕會任圜董璋等兵擊破延孝知祥得其將李肇侯弘實及其兵數千以歸而莊宗崩魏王繼岌死明宗入立知祥乃訓練兵甲陰有王蜀之志益置義勝定遠驍銳義寧飛棹等軍七萬餘人命李仁罕趙廷隱張業等分將之初魏王之班師也知祥率成都富人及王氏故臣家得錢六百萬緡以犒軍其餘者猶二百萬任圜自蜀入爲相兼判三司素知蜀所餘錢是冬知祥拜侍中乃以太僕卿趙季良爲官告賜之因以爲三川制置使督蜀犒軍餘錢送京師且制置兩川征賦知祥怒不奉詔然知祥與季良有舊遂留之樞密使安重誨頗疑知祥有異志思有以制之初知祥鎮蜀莊宗以宦者焦彥賓爲監軍明宗入立悉誅宦者罷諸道監軍彥賓已罷重誨復以客省使李嚴爲監軍嚴前使蜀既歸而

獻策伐蜀蜀人皆惡之而知祥亦怒曰焦彥賓以倒罷而諸道皆廢監軍獨吾軍置之是嚴欲以蜀再爲功也掌書記毋昭裔及諸將吏皆請止嚴而無内知祥曰吾將有以待其來嚴至境上遣人持書候知祥知祥盛兵見之冀嚴懼而不來嚴聞之自若天成二年正月嚴至成都知祥置酒召嚴是時焦彥賓雖罷猶在蜀嚴於懷中出詔示知祥以誅彥賓知祥不聽因責嚴曰今諸方鎮已罷監軍公何得來此目客將王彥銖執嚴下斬之明宗不能詰初知祥鎮蜀遣人

迎其家屬于太原行至鳳翔鳳翔節度使李從曮聞知祥殺李嚴以爲知祥反矣遂留之明宗既不能詰而欲以恩信懷之乃遣客省使李仁矩慰諭知祥并送瓊華公主及其子昶等歸之知祥因請趙季良爲節度副使事無大小皆與參決三年唐徙季良爲果州團練使以何瓚爲節度副使知祥得制書匿之表留季良不許乃遣其將雷廷魯至京師論請明宗不得已而從之是時瓚行至緜谷懼不敢進知祥乃奏瓚爲行軍司馬是歲唐師伐荆南詔知祥以兵下峽

知祥遣毛重威率兵三千戍夔州已而荆南高季興死其子從誨請命知祥請罷戍兵不許知祥諷重威以兵鼓譟潰而歸唐以詔書劾重威知祥奏請無劾由是唐大臣益以知祥爲必反四年明宗將有事于南郊遣李仁矩責知祥助禮錢一百萬緡知祥覺唐謀欲困已辭不肯出久之請獻五十萬而已初魏王繼岌東歸留精兵五千戍蜀自安重誨疑知祥有異志聽言事者用已所親信分守兩川管内諸州每除守將則以精兵爲其牙隊多者二三千少者不下五百人

以備緩急是歲以夏魯奇爲武信軍節度使分東川之閬州爲保寧軍以李仁矩爲節度使又以武虔裕爲緜州刺史仁矩與東川董璋有隙而虔裕重誨表兄由是璋與知祥皆懼以謂唐將致討自璋鎮東川未嘗與知祥通問於是璋始遣人求婚以自結而知祥心恨璋欲不許以問趙季良季良以爲宜合從以拒唐知祥乃許於是連表請罷還唐所遣節度使刺史等明宗優詔慰諭之長興元年二月明宗有事于南郊加拜知祥中書令初知祥與璋俱有異志而重

誨信言事者以璋盡忠於國獨知祥可疑重誨
猶欲倚璋以圖知祥是歲九月董璋先反攻破
閬州擒李仁矩殺之是月應聖節知祥開宴東
北望再拜俯伏嗚咽泣下沾襟士卒皆爲之歔
欷明日遂舉兵反是秋明宗改封瓊華公主爲
福慶長公主有司言前世公主受封皆未出降
無遣使就蕃冊命之儀詔有司草具新儀乃遣
秘書監劉岳爲冊使岳行至鳳翔聞知祥反乃
旋明宗下詔削奪知祥官爵命天雄軍節度使
石敬瑭爲都招討使夏魯奇爲副知祥遣李仁

罕張業趙廷隱將兵三萬人會璋攻遂州別遣
侯弘實將四千人助璋守東川又遣張武下峽
取渝州唐師攻劒門殺璋守兵三千人遂入劒
門璋來告急知祥大駭遣廷隱分兵萬人以東
已而聞唐軍止劒州不進喜曰使唐軍急趨東
川則遂州解圍吾勢沮而兩川揺矣今其不進
吾知易與爾十二月敬瑭及廷隱戰于劒門唐
師大敗張武已取渝州武病卒其副將袁彥超
代將其軍又取黔州二年正月李仁罕克遂州
夏魯奇死之知祥以仁罕爲武信軍留後遣人

馳魯奇首示敬瑭軍敬瑭乃班師利州李彥珂聞
唐軍敗東歸乃弃城走知祥以趙廷隱爲昭武軍
留後李仁罕進攻夔州刺史安崇阮弃城走以趙
季良爲留後是時唐軍涉險以餉道爲艱自潼關
以西民苦轉饋每費一石不能置一斗道路嗟
然而敬瑭軍亦旋所在守將又皆弃城走明宗
憂之以責安重誨重誨懼遽自請行而重誨亦
以被讒得罪死明宗謂致知祥等反由重誨失
策及重誨死乃遣西川進奏官蘇愿進奏軍將
杜紹本西歸招諭知祥具言知祥家屬在京師

者皆無恙知祥聞重誨誅死而唐厚待其家屬
乃邀璋欲同謝罪璋曰孟公家屬皆存而我子
孫獨見殺我何謝爲知祥三遣使往見璋璋不
聽乃遣觀察判官李昊説璋璋益疑知祥賣已
因發怒以語侵昊昊乃勸知祥攻之而璋先襲
破知祥漢州知祥遣趙廷隱率兵三萬自將擊
之陣鷄距橋知祥得璋降卒衣以錦袍使持書招
降璋璋曰事已及此不可悔也璋軍士皆譟曰
徒曝我於日中何不速戰璋即麾軍以戰兵始
交璋偏將張守進來降知祥乘之璋遂大敗走

過金鴈橋麾其子光嗣使降以保家族光嗣哭
曰自古豈有殺父以求生者乎寧俱就死因與
璋俱走知祥遣趙廷隱追之不及璋走至梓州
見殺光嗣自縊死知祥遂并有東川然自璋死
知祥卒不遣使謝唐唐樞密使范延光曰知祥雖
已破璋必借朝廷之勢以爲兩川之重自非屈
意招之彼亦不能自歸也明宗曰知祥吾故人
也本因閒諜致此危疑撫吾故人何屈意之有
先是克寧妻孟氏知祥妹也莊宗已殺克寧孟
氏歸于知祥其子瓌留事唐爲供奉官明宗即

遣瓌歸省其母因賜知祥詔書招慰之知祥兼
據兩川以趙季良爲武泰軍留後李仁罕武信
軍留後趙廷隱保寧軍留後張業寧江軍留後
李肇昭武軍留後季良等因請知祥稱王以墨
制行事議未決而瓌至蜀知祥見瓌倨慢九月瓌
自蜀還得知祥表請除趙季良等爲五鎭節度
其餘刺史已下得自除授又請封蜀王且言福
慶公主已卒明宗爲之發哀遣閤門使劉政恩
爲宣諭使政恩復命知祥始遣其將朱晃來朝
四年二月癸亥制以知祥檢校太尉兼中書令

行成都尹劍南東西兩川節度管內觀察處置
統押近界諸蠻兼西山八國雲南安撫制置等
使遣工部尚書盧文紀册封知祥爲蜀王而趙
季良等五人皆拜節度使唐兵先在蜀者數萬
人知祥皆厚給其衣食因請送其家屬明宗詔
諭不許十一月明宗崩明年正月知祥乃即皇
帝位國號蜀以趙季良爲司空同中書門下平
章事中門使王處回爲樞密使李昊爲翰林學
士三月唐潞王舉兵於鳳翔愍帝遣王思同等
討之思同兵潰山南西道節度使張虔釗武定

軍節度使孫漢韶皆以其地附于蜀四月知祥
改元曰明德六月虔釗等至成都知祥宴勞之
虔釗奉觴起爲壽知祥手緩不能舉觴遂病以
其子昶爲皇太子監國知祥卒謚爲文武聖德
英烈明孝皇帝廟號高祖陵曰和陵
昶知祥第三子也知祥爲兩川節度使昶爲行
軍司馬知祥僭號以昶爲東川節度使同中書
門下平章事知祥病昶監國知祥已卒而秘未
發王處回夜過趙季良相對泣涕不已季良正
色曰今彊侯握兵專伺時變當速立嗣君以絕

非望泣無益也處回遂與季良立昶而後發喪
昶立不改元仍稱明德至五年始改元曰廣政
明德三年三月熒惑犯積尸昶以謂積尸蜀分
也懼欲禳之以問司天少監胡韞韞曰按十二
次起井五度至柳八度爲鶉首之次鶉首秦分
也蜀雖屬秦乃極南之表爾前世火入鬼其應
在秦晉咸和九年三月火犯積尸四月雍州刺
史郭權見殺義熙四年火犯鬼明年雍州刺史
朱齡石見殺而蜀皆無事乃止昶好打毬走馬
又爲方士房中之術多採良家子以充後宫樞

密副使韓保貞切諫昶大悟即日出之賜保貞
金數斤有上書者言臺省官當擇清流昶歎曰
何不言擇其人而任之左右請以其言詰上書
者昶曰吾見唐太宗初即位獄吏孫伏伽上書
言事皆見加納柰何勸我拒諫耶然昶年少不
親政事而將相大臣皆知祥故人知祥寬厚多
優縱之及其事昶益驕蹇多踰法度務廣第宅
奪人良田發其墳墓而李仁罕張業尤甚昶即
位數月執仁罕殺之并族其家是時李肇自鎮
來朝杖而入見稱疾不拜及聞仁罕死遽釋杖

而拜廣政九年趙季良卒張業益用事業仁罕
甥也仁罕被誅時業方掌禁兵昶懼其反乃用
以爲相業兼判度支置獄于家務以酷法厚斂
蜀人蜀人大怨十一年昶與匡聖指揮使安思
謙謀執而殺之王處回趙廷隱相次致仕由是
故將舊臣迨盡昶始親政事於朝堂置匭以通
下情是時契丹滅晉漢高祖起於太原中國多
故雄武軍節度使何建以秦成階三州附于蜀
昶因遣孫漢韶攻下鳳州於是悉有王衍故地
漢將趙思綰據永興王景崇據鳳翔反皆送欵

于昶昶遣張虔釗出大散關何建出隴右李廷
珪出子午谷以應思綰昶相毋昭裔切諫以爲
不可然昶志欲窺關中甚銳乃遣安思謙益兵
以東已而漢誅思綰景崇虔釗等皆罷歸而思
謙恥於無功多殺士卒以威衆昶與翰林使王
藻謀殺思謙而邊吏有急奏藻不以時聞輙啓
其封昶怒之其殺思謙也藻方侍側因并擒藻
斬之十二年置吏部三銓禮部貢舉十三年昶
加號睿文英武仁聖明孝皇帝封子玄喆秦王
判六軍事次子玄珏褒王弟仁毅夔王仁贄雅

王仁裕嘉王十八年周世宗伐蜀攻自秦州昶以韓繼勳爲雄武軍節度聞周師來伐歎曰繼勳豈足以當周兵邪客省使趙季扎請行乃以季扎爲秦州監軍使季扎行至德陽聞周兵至遽馳還奏事昶問之季扎惶懼不能道一言昶怒殺之乃遣高彥儔李廷珪出堂倉以拒周師彥儔大敗走青泥於是秦成階鳳復入于周昶懼分遣使者聘於南唐東漢以張形勢二十年世宗以所得蜀俘歸之昶亦歸所獲周將胡立于京師因寓書于世宗世宗怒昶無臣禮不荅

二十一年周兵伐南唐取淮南十四州諸國皆懼荊南高保融以書招昶使歸周昶以前嘗致書世宗不荅乃止昶幼子玄寶生七歲而卒太常言無服殤無贈典昶問李昊昊曰昔唐德宗皇子評生四歲而卒贈楊州大都督封肅王此故事也昶乃贈玄寶青州大都督追封遂王二十五年立秦王玄喆爲皇太子昶幸晉漢之際中國多故而據險一方君臣務爲奢侈以自娛至於溺器皆以七寶裝之

宋興已下荊潭昶益懼遣大程官孫遇以蠟丸

書間行東漢約出兵以撓中國遇爲邊吏所得

太祖皇帝遂詔伐蜀遣王全斌崔彥進等出鳳州劉光乂曹彬等出歸州詔八作司度右掖門南臨汴水爲昶治第一區凡五百餘間供帳什物皆具以待昶昶遣王昭遠趙彥韜等拒命昭遠成都人也年十三事東郭禪師智諲爲童子知祥嘗飯僧於府昭遠執巾履從智諲以入知祥見之愛其惠黠時昶方就學即命昭遠給事左右而見親狎昶立以爲捲簾使樞密使王處回致仕昶以樞密使權重難制乃以昭遠爲

通奏使知樞密使事然事無大小一以委之府庫金帛恣其所取不問昶母李太后常爲昶言昭遠不可用昶不聽昭遠好讀兵書以方略自許兵始發成都昶遣李昊等餞之昭遠手執鐵如意指揮事自比諸葛亮酒酣謂昊曰吾之是行何止克敵當領此二三萬雕面惡少兒取中原如反掌爾昶又遣子玄喆率精兵數萬守劒門玄喆輦其愛姬攜樂器伶人數十以從蜀人見者皆竊笑全斌至三泉遇昭遠擊敗之昭遠焚吉柏江浮橋退守劒門軍頭向韜得蜀降卒

言來蘇小路出劍門南清彊店與大路合全斌遣偏將史延德分兵出來蘇北擊劍門與全斌夾攻之昭遠彥韜敗走皆見擒玄喆聞昭遠等敗亦逃歸劉光乂攻夔州守將高彥儔戰敗閉牙城拒守判官羅濟勸其走彥儔曰吾昔不能守秦川今又奔北雖人主不殺我我何面目見蜀人乎又勸其降彥儔不許乃自焚死而蜀兵所在奔潰將帥多被擒獲昶問計於左右老將石頵以謂東兵遠來勢不能久宜聚兵堅守以敝之昶歎曰吾與先君以溫衣美食養士四十

年一旦臨敵不能爲吾東向放一箭雖欲堅壁誰與吾守者邪乃命李昊草表以降時乾德三年正月也自興師至昶降凡六十六日初昊事王衍爲翰林學士衍之亡也昊爲草降表至是又草焉蜀人夜表其門曰世脩降表李家當時傳以爲笑昶至京師拜檢校太師兼中書令封秦國公七日而卒追封楚王其母李氏爲人明辯甚見優禮詔書呼爲國母嘗召見勞之曰母善自愛無戚戚思蜀佗日當送母歸李氏曰妾家本太原儻得歸老故鄉不勝大願是時劉鈞

尚在太祖大喜曰俟平劉鈞當如母願昶之卒也李氏不哭以酒酹地祝曰汝不能死社稷苟生以取羞吾所以忍死者以汝在也吾今何用生爲因不食而卒其餘事具國史

知祥興滅年數甚明諸書皆同蓋自同光三年乙酉入蜀至皇朝乾德三年乙丑國滅凡四十一年惟舊五代史云同光三年丙戌至乾德三年乙丑四十年者繆也

五代史記卷第六十四

五代史記卷第六十五

南漢世家第五

劉隱 弟龑 龑子玢 玢弟晟 晟子鋹

劉隱其祖安仁上蔡人也後徙閩中商賈南海因家焉父謙爲廣州牙將唐乾符五年黄巢攻破廣州去略湖湘閒廣州表謙封州刺史賀江鎮遏使以禦梧桂以西歲餘有兵萬人戰艦百餘艘謙三子曰隱台巖謙卒廣州表隱代謙封州刺史乾寧中節度使劉崇龜死嗣薛王知柔代爲帥行至湖南廣州將盧琚覃玘作亂知柔

不敢進隱以封州兵攻殺琚玘迎知柔知柔辟隱行軍司馬其後徐彥若代知柔表隱節度副使委以軍政彥若卒軍中推隱爲留後天祐二年拜隱節度使梁開平元年加檢校太尉兼侍中二年兼靜海軍節度安南都護三年加檢校太師兼中書令封南平王隱父子起封州遭世多故數有功於嶺南遂有南海隱復好賢士是時天下已亂中朝士人以嶺外最遠可以避地多遊焉唐世名臣謫死南方者往往有子孫或當時仕宦遣亂不得還者皆客嶺表王定保倪

曙劉濬李衡周傑楊洞潛趙光裔之徒隱皆招禮之定保容管巡官曙唐太學博士濬崇望之子以避亂往衡德裕之孫唐右補闕以奉使往皆辟置幕府待以賓客傑善星曆唐司農少卿因避亂往隱數問以災變傑恥以星術事人常稱疾不起隱亦客之洞潛初爲邕管巡官秩滿客南海隱常師事之後以爲節度副使及龑僭號爲陳吉凶禮法爲國制度略有次序皆用此數人焉乾化元年進封隱南海王是歲卒年三十八弟龑立

龑初名巖謙庶子也其母段氏生龑於外舍謙妻韋氏素妬聞之怒拔劒而出命持龑至將殺之及見而悸劒輒墮地良久曰此非常兒也後三日卒殺段氏養龑爲己子及長善騎射身長七尺垂手過膝隱爲行軍司馬龑亦辟薛王府諮議參軍隱鎮南海龑爲副使隱卒龑代立乾化二年除清海節度使檢校太保同平章事三年加檢校太傅末帝即位悉以隱官爵授龑龑封南海王唐末南海最後亂僖宗以後大臣出鎮者天下皆亂無所之惟除南海而已自隱始亦

自立是時交州曲顥桂州劉士政邕州葉廣略容州龐巨昭分據諸管盧光稠據虔州以攻嶺上其弟光睦據潮州子延昌據韶州高州刺史劉昌魯新州刺史劉潛及江東七十餘寨皆不能制隱攻韶州龑曰韶州所賴者光稠擊之虔人必應應則首尾受敵此不宜直攻而可以計取隱不聽果敗而歸因盡以兵事付龑龑悉平諸寨遂殺昌魯等更置刺史卒出兵攻敗盧氏取潮韶又西與馬殷爭容桂殷取桂管虜士政龑取容管逐巨昭又取邕管隱龑自梁初受封爵亶正朔而已貞明三年龑即皇帝位國號大越改元曰乾亨追尊安仁文皇帝謙聖武皇帝隱襄皇帝立三廟置百官以楊洞潛爲兵部侍郎李衡禮部侍郎倪曙工部侍郎趙光胤兵部尚書皆平章事光胤自以唐甲族恥事僞國常怏怏思歸龑乃背爲光胤手書遣使間道至洛陽召其二子損益幷其家屬皆至光胤驚喜爲盡心焉龑性聰悟而苛酷爲刀鋸支解刳剔之刑每視殺人則不勝其喜不覺朵頤垂涎呀呷人以爲真蛟蜃也又好奢侈悉聚南海珍寶以爲

玉堂珠殿二年祀天南郊大赦境內改國號漢龑初欲僭號憚王定保不從遣定保使荆南及還懼其非已使倪曙勞之告以建國定保曰建國當有制度吾入南門清海軍額猶在四方其不取笑乎龑笑曰吾備定保久矣而不思此宜其譏也三年冊越國夫人馬氏爲皇后馬氏楚王殷女也四年春置選部貢舉放進士明經十餘人如唐故事歲以爲常七年唐莊宗入汴龑懼遣宮苑使何詞入詢中國虛實稱大漢國王致書大唐皇帝詞還言唐必亂不足憂龑大喜又性好夸大嶺北商賈至南海者多召之使升宮殿示以珠玉之富自言家本咸秦恥王蠻夷呼唐天子爲洛州刺史是歲雲南驃信鄭旻遣使致朱鬃白馬以求婚使者自稱皇親母弟清容布燮兼理賜金錦袍虎綾紋攀金裝刀封歸仁慶侯食邑一千戶持節鄭昭淳昭淳好學有文辭龑與游宴賦詩龑及群臣皆不能逮遂以隱女增城縣主妻旻八年作南宮王定保獻南宮七奇賦以美之龑初名巖又更曰陟九年白龍見南宮三清殿改元曰白龍又更名龑以應

劉隱

龍見之祥有胡僧言讖書滅劉氏者龔也龑乃
採周易飛龍在天之義爲龑字音儼以名焉四
年楚人以舟師攻封州封州兵敗於賀江龑懼
以周易筮之遇大有遂赦境内改元曰大有遣
將蘇章以神弩軍三千救封州章以兩鐵索沈
賀江中爲巨輪於岸上築隄以隱之因輕舟逆
戰陽敗而奔楚人逐之章舉巨輪挽索鎖楚舟
以彊弩夾江射之盡殺楚人三年遣將李守鄘
梁克貞攻交阯擒曲承美等承美至南海龑登
儀鳳樓受俘謂承美曰公常以我爲僞廷今反

面縛何也承美頓首伏罪乃赦之承美顥子也
克貞又攻占城掠其寶貨而歸四年愛州楊廷
藝叛攻交州刺史李進進遁歸龑遣承旨程寶
攻廷藝寶戰死五年封子耀樞邕王龜圖康王
洪度秦王洪熙晉王洪昌越王洪弼齊王洪雅
韶王洪澤鎮王洪操萬王洪杲循王洪暐思王
洪邈高王洪簡同王洪建益王洪濟辯王洪道
貴王洪昭宣王洪政通王洪益定王九年遣將
軍孫德晟攻象州不克十年交州牙將皎公羨
殺楊廷藝自立廷藝故將吳權攻交州公羨來

刘隱

乞師龑封洪操交王出兵白藤以攻之龑以兵
駐海門權已殺公羨逆戰海口植鐵橛海中權
兵乘潮而進洪操逐之潮退舟還轢橛者皆覆
洪操戰死龑收餘衆而還十五年龑卒年五十
四謚天皇大帝廟號高祖陵曰康陵子玢立
玢初名洪度封秦王龑子耀樞龜圖皆早死玢
次當立龑病臥寢中召右僕射王翻與語呼洪
度洪熙小字曰壽雋雖長然皆不足任吾事惟
洪昌類我吾欲立之柰何吾子孫不肖後世如
鼠入牛角勢當漸小爾因泣下歔欷翻爲龑謀

出洪度以邕州洪熙容州然後立洪昌爲太子
議已定崇文使蕭益入問疾龑以告之益諫曰
少者得立長者爭之禍始此矣由是洪度卒得
立更名玢改元曰光天尊母趙昭儀爲皇太妃
以晉王洪熙輔政玢立果不能任事龑在殯召
伶人作樂飲酒宮中裸男女以爲樂或衣墨縗
與倡女夜行出入民家由是山海間盜賊競起
妖人張遇賢自稱中天八國王攻陷循州玢遣
越王洪昌循王洪杲攻之遇賢圍洪昌等於錢
帛館裨將萬景忻陳道庠力戰挾二王潰圍而

走玢莫能省嶺東皆亂洪熙日益進聲妓誘玢爲荒恣玢亦頗疑諸弟圖已敕宦官守宮門入者皆露索洪熙洪杲洪昌陰遣陳道庠養勇士劉思潮譚令禋林少彊少良何昌廷等習爲角觝以獻玢玢宴長春宮以閱之玢醉起道庠與思潮等隨至寢門拉殺之盡殺其左右玢立二年年二十四謚曰殤帝晟立

晟初名洪熙封晉王既弑玢遂自立改元曰應乾以洪昌爲兵馬元帥知政事洪杲副元帥劉思潮等封功臣晟既殺兄立不順懼衆不伏乃

益峻刑法以威衆已而洪杲屢請討賊陰勸晟誅思潮等以止外議晟大怒使使者夜召洪杲洪杲知不免乃留使者入具沐浴詣佛前祝曰洪杲誤念來生王宮今見殺矣後世當生民家以免屠害泣與家人訣别然後赴召至則殺之冬晟祀天南郊改元曰乾和群臣上尊號曰大聖文武大明至道大光孝皇帝二年夏遣洪昌祠襄帝陵於海曲至昌華宮晟使盜刺殺之晟自殺洪杲由是與諸弟有隙而洪昌最賢襲素所欲立者晟尤忌之故先及害鎮王洪澤居

邕州有善政是歲鳳皇見邕州晟怒使人酖殺之而諸弟相次見殺三年殺其弟洪雅又殺劉思潮等五人思潮等死陳道庠懼不自安其友鄧伸以荀悅漢紀遺之道庠莫能曉伸罵曰憨獠韓信誅而彭越醢皆在此書矣道庠悟益懼晟聞之大怒以道庠伸下獄皆斬之於市夷其族以右僕射王翻爲英州刺史使人殺之於路

五年晟弟洪弼洪道洪益洪濟洪簡洪建洪暐洪昭同日皆見殺六年遣工部郎中知制誥鍾允章聘楚以求婚楚不許允章還晟曰馬公復

能經畧南土乎是時馬希廣新立希蕚起兵武陵湖南大亂允章具言楚可攻之狀晟乃遣巨象指揮使吳珣内侍吳懷恩攻賀州已克之楚人來救珣鑿大穽於城下覆箔於上以土傅之楚兵迫城悉陷穽中死者數千楚人皆走珣等攻桂州及連宜嚴梧蒙五州皆克之掠全州而還九年冬又遣内侍潘崇徹攻郴州李景兵亦在與崇徹遇戰大敗景兵於宜章遂取郴州晟益得志遣巨艦指揮使暨彥贇以兵入海掠商人金帛作離宮遊獵故時劉氏有南宮大明昌

華甘泉玩華秀華玉清太微諸宮凡數百不可悉紀宦者林延遇宮人盧瓊仙內外專恣爲殺戮晟不復省常夜飲大醉以瓜置伶人尚玉樓項拔劍斬之以試劍因幷斬其首明日酒醒復召玉樓侍飲左右白已殺之晟歎息而已十年湖南王進逵以兵五萬率谿洞蠻攻郴州潘崇徹敗進逵於蠔石斬首萬餘級十一年晟病甚封其子繼興衛王璇興桂王慶興荊王保興祥王宗興梅王十二年晟親耕藉田交州吳昌濬遣使稱臣求節鉞昌濬者權子也權自龔時據

交州龔遣洪操攻之洪操戰死遂弃不復攻權死子昌岌立昌岌卒弟昌濬立始稱臣於晟晟遣給事中李璵以旌節招之璵至白州濬使人止璵曰海賊爲亂道路不通璵不果行晟殺其弟洪邈十三年又殺其弟洪政於是龑之諸子盡矣顯德三年世宗平江北晟始惶恐遣使脩貢於京師爲楚人所隔使者不得行晟憂形於色又嘗自言知星未年月食牛女間出書占之歎曰吾當之矣因爲長夜之飲十六年卜葬域於城北運甓爲壙晟親臨視之是秋卒年三十

九謚曰文武光聖明孝皇帝廟號中宗陵曰昭陵子鋹立

鋹初名繼興封衛王晟卒以長子立改元曰大寶晟性剛忌不能任臣下而獨任其嬖倖宦官宮婢延遇瓊仙等至鋹尤愚以謂群臣皆自有家室顧子孫不能盡忠惟宦者親近可任遂委其政於宦者龔澄樞陳延壽等至其群臣有欲用者皆閹然後用澄樞等既專政鋹乃與宮婢波斯女等淫戲後宮不復出省事延壽又引女巫樊胡子自言玉皇降胡子身鋹於內殿設帳

幄陳寶貝胡子冠遠遊衣紫霞裾坐帳中宣禍福呼鋹爲太子皇帝國事皆決於胡子盧瓊仙龔澄樞等爭附之胡子乃爲鋹言澄樞等皆上天使來輔太子有罪不可問尚書左丞鍾允章參政事深嫉之數請誅宦官宦官皆仄目二年鋹祀天南郊前三日允章與禮官登壇四顧指麾宦者許彥真望見之曰此謀反爾乃拔劍升壇允章迎叱之彥真馳走告允章反鋹下允章獄遣禮部尚書薛用丕治之允章與用丕有舊因泣下曰吾今無罪自誣以死固無恨然吾二

子皆幼不知父冤俟其長公可告之彥真聞之罵曰反賊欲使而子報仇邪復入白鋹并捕二子繫獄遂族誅之陳延壽謂鋹曰先帝所以得傳陛下者由盡殺群弟也勸鋹稍誅去諸王鋹以爲然殺其弟桂王璇興是歲建隆元年也鋹將邵廷琄言於鋹曰漢乘唐亂居此五十年幸中國有故干戈不及而漢益驕於無事今兵不識旗鼓而人主不知存亡夫天下亂久矣亂久而治自然之勢也今聞

真主已出必將盡有海内其勢非一天下不能已勸鋹修兵爲備不然悉珍寶奉中國遣使以通好鋹懵然莫以爲慮惡廷琄言直深恨之四年芝菌生宮中野獸觸寢門死中年吐珠井旁石自立行百餘步而仆樊胡子皆以符瑞諷群臣入賀五年鋹以宦者李托養女爲貴妃專寵托爲内太師居中專政許彥真既殺鍾允章惡龔澄樞等居已上謀殺之澄樞使人告彥真反族誅之七年王師南伐克郴州晟所遣將暨彥贇與其刺史陸光圖皆戰死餘衆退保韶州鋹始思廷琄言遣廷琄以舟兵出洸口抗

王師會王師退舍廷琄訓士卒脩戰備嶺人倚以爲良將有譖者投無名書言廷琄反鋹遣使者賜死士卒排軍門見使者訴廷琄無反狀不能救爲立祠於洸口八年交州吳昌文卒其佐呂處玶與峯州刺史喬知祐爭立交趾大亂驩州丁璉舉兵擊破之鋹授璉交州節度九年南海民妻生子兩首四臂是時

太祖皇帝詔李煜諭鋹使稱臣鋹怒囚煜使者龔慎儀十三年詔潭州防禦使潘美出師師次白霞鋹遣龔澄樞等守賀州郭崇岳守桂州李托守韶州以備是歲秋潘美平賀州十月平昭州又平桂州十一月平連州鋹喜曰昭桂連賀本屬湖南今北師取之足矣其不復南也其愚如此十二月平韶州開寶四年正月平英雄二州鋹將潘崇徹先降師次瀧頭鋹遣使請和求緩師二月師度馬逕鋹遣其右僕射蕭漼奉表降漼行鋹惶迫復令整兵拒命美等進師鋹遣其弟祥王保興率文武詣美軍降不納龔澄樞李托等謀曰北師之來利吾國寶貨爾焚爲空城師不能駐當自還也乃盡焚其府庫宮殿鋹

以海船十餘悉載珍寶嬪御將入海宦官樂範竊其舟以逃歸師次白田鋹素衣白馬以降獻俘京師赦鋹爲左千牛衛大將軍封恩赦侯其後事具國史（隱興滅年世諸書皆同蓋自唐天祐二年隱爲廣州節度使至皇朝開寶四年國滅凡六十七年舊五代史以梁貞明三年龔僭號爲始故曰五十五年尒）

五代史記卷第六十五

大六十八小六十　十三

五代史記卷第六十六

楚世家第六

馬殷　子希聲　希範　希廣

馬殷字霸圖許州鄢陵人也唐中和三年蔡州秦宗權遣孫儒劉建峯將兵萬人屬其弟宗衛略地淮南殷初爲儒裨將宗衛等攻楊行密於楊州未克梁兵方急攻宗權宗權數召儒等儒不欲還宗衛屢趣之儒怒殺宗衛自將其兵取高郵遂逐行密出行密據宣州儒以兵圍之久不克遣殷與建峯掠食旁縣儒戰敗死殷等無所歸乃推建峯爲帥殷爲先鋒轉攻豫章略虔吉有衆數萬乾寧元年入湖南次澧陵潭州刺史鄧處訥發邵州兵戍龍回關建峯等至關降其戍將蔣勛建峯取勛鎧甲被先鋒兵張其旗幟直趨潭州至東門東門守者以爲關兵戍還開門內之遂殺處訥建峯自稱留後昭宗授建峯湖南節度使殷爲馬步軍都指揮使蔣勛求爲邵州刺史建峯不與勛率兵攻湘鄉建峯遣殷擊勛於邵州建峯庸人不能帥其下常與部曲飲酒讙呼軍卒陳贍妻有色建峯私之贍怒以

大三三廿二小八　一　君

鐵撾擊殺建峯軍中推行軍司馬張佶爲帥佶將入府乘馬輒踶齧傷佶髀佶卧病語諸將曰吾非汝主也馬公英勇可共立之諸將乃共殺贍磔其尸遣姚彥章迎殷於邵州殷至佶乘肩輿入府殷拜謁於廷中佶召殷上乃率將吏下北面再拜以位與之時乾寧三年也唐拜殷潭州刺史殷遣其將秦彥暉李瓊等攻連邵郴衡道永六州皆下之桂管劉士政懼遣其將陳可璠王建武等率兵守全義嶺殷遣使聘于士政使者至境上可璠等不納殷怒遣瓊等以兵七千攻

之擒可璠等及其兵二千餘人悉坑之遂圍桂管虜士政盡取其屬州殷表瓊桂管觀察使四年拜殷武安軍節度使初孫儒敗於宣州殷弟賨爲楊行密所執行密收儒餘兵爲黑雲都以賨爲指揮使賨從行密攻戰數有功爲人質重未嘗自矜行密愛之問賨誰家子賨曰馬殷弟也行密大驚曰汝兄貴矣吾今歸汝可乎賨不對他日又問之賨謝曰臣孫儒敗卒也幸公待以不死非殺身不足報湖南隣境朝夕聞殷動靜足矣不願去也行密歎曰昔吾愛子之貌今

吾得子之心矣然勉爲吾合二國之懽通商賈易有無以相資亦所以報我也乃厚禮遣賨歸殷大喜表賨節度副使行密遣將劉存等攻杜洪圍鄂州殷遣秦彥暉許德勳以舟兵救之已而杜洪敗死存等遂攻殷殷遣彥暉拒於上流偏將黃璠以舟三百伏瀏陽口存等屢戰不勝乃致書於殷以求和殷欲許之彥暉曰淮人多詐將怠我師不可信急擊之存等退走黃璠以瀏陽舟截江合擊大敗之劉存及陳知新戰死彥暉取岳州梁太祖即位殷遣使脩貢太祖拜

殷侍中兼中書令封楚王荊南高季昌以兵斷漢口邀殷貢使殷遣許德勳攻其沙頭季昌求和乃止楊行密袁州刺史呂師周來奔師周勇健豪俠頗通緯候兵書自言五世將家懼不能免常與酒徒聚飲醉則起舞悲歌慷慨泣下行密聞之疑其有異志使人察其動靜師周益懼謂其裨將綦毋章曰吾與楚人爲敵境吾常望其營上雲氣甚佳未易敗也吾聞馬公仁者待士有禮吾欲逃死於楚可乎章曰公自圖之章舌可斷語不泄也師周以兵獵境上乃奔於楚

綦毋章縱其家屬隨之殷聞師周至大喜曰吾方南圖嶺表而得此人足矣以爲馬步軍都指揮使率兵攻嶺南取昭賀梧蒙龔富等州殷表師周昭州刺史朗州雷彥恭召吳人攻平江許德勳擊敗之殷遣秦彥暉攻朗州彥恭奔於吳執其弟彥雄等七人送于梁於是澧州向瓌辰州宋鄴溆州昌師益等率溪洞諸蠻皆附于殷殷請升朗州爲永順軍表張佶節度使殷乃請依唐太宗故事開天冊府置官屬太祖拜殷天冊上將軍殷以其弟賨爲左相存爲右相廖光圖

等十八人爲學士末帝時加殷武昌靜江寧遠等軍節度使洪鄂四面行營都統唐莊宗滅梁殷遣其子希範修貢京師上梁所授都統印莊宗問洞庭廣狹希範對曰車駕南巡才堪飲馬爾莊宗嘉之莊宗平蜀殷大懼表求致仕莊宗下璽書慰勞之明宗即位遣使修貢幷賀明年正月荊南高季昌執其貢使史光憲殷遣袁詮王環等攻之至其城下季昌求和乃止殷初兵力尚寡與楊行密成汭劉龑等爲敵國殷患之問策於其將高郁郁曰成汭地狹兵寡不足爲吾患

而劉龑志在五管而已楊行密孫儒之仇雖以萬金交之不能得其懽心然尊王仗順霸者之業也今宜内奉朝廷以求封爵而外誇隣敵然後退脩兵農畜力而有待尒於是殷始脩貢京師然歲貢不過所產茶茗而已乃自京師至襄唐郢復等州置邸務以賣茶其利十倍郁又諷殷鑄鉛鐵錢以十當銅錢一又令民自造茶以通商旅而收其筭歲入萬計由是地大力完數邀封爵天成二年請建行臺明宗封殷楚國王有司言無封國王禮請如三公用竹冊乃遣尚

書右丞李亭持節以竹冊封之殷以潭州爲長沙府建國承制自置官屬以其弟賨爲靜江軍節度使子希振武順軍節度使次子希聲判内外諸軍事姚彥章爲左相許德勳爲右相李鐸爲司徒崔穎爲司空拓拔常爲僕射馬珙爲尚書文武皆進位謚其曾祖筠曰文肅祖正曰莊穆父元豐曰景莊立三廟于長沙長興元年殷卒年七十九詔曰馬殷官爵俱高無以爲贈謚曰武穆而已子希聲立

希聲字若訥殷次子也殷建國以希聲判内外

諸軍事荆南高季昌聞殷將高郁素教殷以計
策而楚以彊患之嘗使諜者行間於殷殷不聽
希聲用事諜者語希聲曰季昌聞楚用高郁大
喜以爲亡馬氏者必郁也希聲素愚以爲然遽
奪郁兵職郁怨曰吾事君王久矣亟營西山將
老焉犬子漸大能咋人矣希聲聞之矯殷令殺
郁殷老不復省事莫知郁死是日大霧四塞殷
怪之語左右曰吾嘗從孫儒每殺不辜天必大
霧豈馬步獄有冤死乎明日吏以狀白殷拊膺
大哭曰吾荒耄如此而殺吾勳舊顧左右曰吾

校三四十三　五史六十六　六　君

亦不久於此矣明年殷薨希聲立授武安靜江
等軍節度使希聲嘗聞梁太祖好食雞慕之乃
日烹五十雞以供膳葬殷上潢希聲不哭泣頓
食雞肉數器而起其禮部侍郎潘起譏之曰昔
阮籍居喪而食蒸豚世豈乏之賢邪長興三年希
聲卒追封衡陽王弟希範立
希範字寶規殷第四子也殷子十餘人嫡子希
振長而賢其次希聲與希範同日生而希聲母
袁夫人有美色希聲以母寵得立而希振棄官
爲道士居于家希聲卒而希範以次立襲殷官

馬殷

爵封楚王清泰二年賜以弓矢冠劒天福四年
加希範天冊上將軍開府承制如殷故事希範
好學善詩文士廖光圖徐仲雅李臯拓拔常
等十八人皆故殷時學士希範性奢侈光圖等
皆薄徒飲愽懽呼獨常沉厚長者上書切諫光
圖等惡之襄州安從進安州李金全叛晉高祖
詔希範出兵希範遣張少敵以舟兵趨漢陽漕
米五萬斛以饋軍金全等敗少敵乃旋溪州刺
史彭士然率錦獎諸蠻攻澧州希範遣劉勍劉
全明等以步卒五千擊之士然大敗勍等攻溪

校三四十　五代史六十六　七　君

州士然走獎州遣其子師暠率諸蠻酋降于勍
溪州西接牂柯兩林南通桂林象郡希範乃立
銅柱以爲表命學士李臯銘之於是南寧州酋
長莫彥殊率其本部十八州都雲酋長尹懷昌
率其昆明等十二部牂柯張萬濬率其夷播等
七州皆附於希範希範作會春園嘉宴堂其費
鉅萬始加賦於國中拓拔常切諫以爲不可希
範又作九龍殿以八龍繞柱自言身一龍也是
時契丹滅晉中國大亂希範牙將丁思覲廷諫
希範曰先王起卒伍以攻戰而得此州倚朝廷

馬殷

以制隣敵傳國三世有地數千里養兵十萬人
天子囚辱中國無主真霸者立功之時誠能悉
國之兵出荆襄以趨京師倡義於天下此桓文
之業也柰何耗國用而窮土木爲兒女之樂乎
希範謝之思覲嗔目視希範曰孺子終不可教
也乃扼喉而死開運四年希範卒年四十九謚
曰文昭希廣立
希廣字德丕希範同母弟也希範平生惡拓拔
常諫諍常入謁希範呼閽者指常曰吾不欲見
此人勿復内也乃謝絶之及卧病始思常言以

爲憾召之託以希廣希範卒常數勸希廣以位
奉其兄希萼希廣不從希萼爲朗州節度使希範
之卒希萼自朗州來奔喪希廣將劉彦瑫謀曰
武陵之來其意不善宜出兵迎之以備非常使
其解甲釋兵而後入張少敵周廷誨曰王能與之
則已不然宜早除之希廣泣曰吾兄也焉忍殺
之分國而治可也乃以兵迎希萼於砆石止之
於碧湘宮厚賂以遣之希萼憤然而去乃遣使
詣京師求封爵請置邸稱藩漢隱帝不許降璽
書慰勞講解之希萼怒送款於李景舉兵攻長

沙希廣遣劉彦瑫許可瓊等禦之彦瑫敗希萼
於僕射洲希萼去誘溪洞諸蠻寇益陽希廣遣
崔洪璉以步卒七千屯湘鄉王潭以遏諸蠻劉
彦瑫以舟兵趨武陵攻希萼彦瑫敗於湄洲希
廣大懼遣使請兵於京師漢隱帝不能出師希
萼舟兵沿江而上自號順天將軍攻岳州刺史
王贇堅城不戰希萼呼贇曰吾昔約君同行今
何異心乎贇曰君王兄弟不相容而責將吏異心
乎願君王入長沙不傷同氣臣不敢不盡節希
萼乃去下湘鄉止長沙屯水西劉彦瑫許可

瓊屯水東彭師暠登城望水西軍入白希廣曰
武陵兵驕雜以蠻蜑其勢易破請令可瓊等陣
山前臣以步兵三千自巴溪渡江趨岳麓候夜
擊之希廣以爲可而可瓊已陰送款於希萼遂
沮其議明日師暠詣可瓊計事瞋目叱之曰視
汝文不在面豈欲投賊乎拂衣而出急白希廣
請殺之希廣不聽希萼攻長樂門牙將吴宏楊
滌戰于門中希萼少卻已而許可瓊奔于希萼
宏滌聞之皆潰希廣率妻子匿于慈堂明日擒
之希萼見之惻然曰此鈍夫也豈能爲惡左右

慼之尔顧其下曰吾欲活之如何其下皆不對
遂縊死之乾祐三年希萼自立明年漢隱帝崩
京師大亂希萼遂臣於李景景冊封希萼楚王
希萼悉以軍政事任其弟希崇希崇與楚舊將
徐威陸孟俊魯綰等謀作乱希萼置酒端陽門
希崇辭以疾威等縱惡馬十餘匹以壯士執檛
隨之突入其府刼軍兵縛希萼迎希崇以立希
崇遣彭師暠廖偃囚希萼於衡山師暠奉希萼
爲衡山王臣於李景希崇懼亦請命於景景遣
邊鎬入楚盡遷馬氏之族于金陵時周廣順元

年也封希萼楚王居洪州希崇領舒州節度使
居揚州顯德三年世宗征淮下揚州下詔撫安
馬氏子孫已而揚州復入于景希崇率其兄弟
十七人歸京師拜右羽林統軍希能左屯衛大
將軍希貫右千牛衛大將軍希隱希濬希知希
朗皆爲節度行軍司馬

劉言

劉言吉州廬陵人也王進逵武陵人也言初事
刺史彭玕從玕奔楚言事希範爲辰州刺史
進逵少爲静江軍卒事希萼爲指揮使希萼攻

希廣以進逵爲先鋒陷長沙長沙遭亂殘毀希
萼使進逵以静江兵營緝之兵皆愁怨進逵因
擁之夜以長柯巨斧斫關奔歸武陵希萼方醉
不能省明日遣將唐翥追之及于武陵翥戰大
敗而還進逵乃逐出留後馬光惠迎言於辰州
以爲帥進逵自爲副已而希萼將徐威等作亂
縛希萼而立希崇湖南大亂李景遣邊鎬入楚
遷馬氏于金陵因并召言言不從遣進逵與行
軍司馬何景真等攻鎬於長沙鎬敗走周廣順
三年言奉表京師以邀封爵又言長沙殘破不

可居請移治所於武陵周太祖皆從之乃升朗
州爲武平軍在武安軍上以言爲節度使因以
武安授進逵進逵自以言己所迎立不爲之下
言患之二人始有隙欲相圖進逵謀曰言將可
用者不過何景真朱全琇尔召而殺之言可取
也是時劉晟取楚梧桂宜蒙等州進逵因白言
召景真等會兵攻晟言信之遣景真全琇往至
皆見殺乃舉兵襲武陵執言殺之奉表京師周
太祖即以進逵爲武平軍節度使世宗征淮南
授進逵南面行營都統進逵攻鄂州過岳州岳

州刺史潘叔嗣進逵故時同列待進逵甚謹進逵左右就叔嗣求賂叔嗣不與左右譏其短進逵面罵之叔嗣慚恨語其下曰進逵戰勝而還吾無遺類矣進逵入鄂州方攻下長山叔嗣以兵襲武陵進逵聞之輕舟而歸與叔嗣戰武陵城外進逵敗見殺

周行逢 子保權

周行逢武陵人也與王進逵俱爲靜江軍卒事希萼爲軍校進逵攻邊鎬行逢別破益陽殺李景兵二千餘人擒其將李建期進逵爲武安軍節度使拜行逢集州刺史爲進逵行軍司馬進逵與劉言有隙行逢爲畫謀襲殺言進逵據武陵行逢據潭州顯德元年拜行逢武清軍節度使權知潭州軍府事潘叔嗣殺進逵或勸其入武陵叔嗣曰吾殺進逵救死而已武陵非吾利也乃還岳州遣其客將李簡率武陵人迎行逢於潭州行逢入武陵或請以潭州與叔嗣行逢曰叔嗣殺主帥罪當死以其迎我未忍殺爾若與武安是吾使之殺王公也召以爲行軍司馬叔嗣怒稱疾不至行逢怒曰是又欲殺我矣乃

陽以武安與之召使至府受命至則殺之行逢故武陵農家子少貧賤無行多慷慨大言及居武陵能儉約自勉勵而性勇敢果於殺戮麾下將吏素恃功驕慢者一以法繩之大將十餘人謀爲亂行逢召宴諸將酒半以壯士擒下斬之一境皆畏服民過無大小皆死夫人嚴氏諫曰人情有善惡安得一槩殺之乎行逢怒曰此外事婦人何知嚴氏不悅紿曰家田佃户以公貴頗不力農多恃勢以侵民請往視之至則營居以老歲時衣青裙押佃户送租入城行逢往就見之勞曰吾貴矣夫人何自苦邪嚴氏曰公思作户長時乎民租後時常苦鞭扑今貴矣宜先期以率衆安得遂忘壠畝間乎行逢彊邀之以羣妾擁升肩輿嚴氏卒無留意因曰公用法太嚴而失人心所以不欲留者一旦禍起田野間易爲逃死爾行逢爲少損建隆三年行逢病召其將吏以其子保權屬之曰吾起隴畝爲團兵同時十人皆以誅死惟衡州刺史張文表獨存然常怏怏不得行軍司馬吾死文表必叛當以楊師璠討之如其不能則嬰城勿戰自歸於朝

廷行逢卒子保權立文表聞之怒曰行逢與我起微賤而立功名今日安能北面事小兒乎遂舉兵叛攻下潭州保權乞師於
朝廷亦命楊師璠討文表告以先人之言感激涕泣師璠亦泣顧其軍曰汝見郎君乎年未成人而賢若此軍士奮然皆思自效師璠至平津亭文表出戰大敗之初保權之乞師也
太祖皇帝遣慕容延釗討文表未至而文表爲師璠所執延釗兵入朗州保權舉族朝于京師其後事具

國史 殷自唐乾寧三年入湖南至周廣順元年凡五十七年餘具年譜注

大三ラ九十 小廿八 十四 君

五代史記卷第六十六

五代史記卷第六十七

吳越世家第七

錢鏐 子元瓘 元瓘子佐 佐弟俶

錢鏐字具美杭州臨安人也臨安里中有大木鏐幼時與羣兒戲木下鏐坐大石指麾羣兒爲隊伍號令頗有法羣兒皆憚之及壯無賴不喜事生業以販鹽爲盜縣錄事鍾起有子數人與鏐飲博起嘗禁其諸子諸子多竊從之游豫章人有善術者望牛斗閒有王氣牛斗錢塘分也因遊錢塘占之在臨安乃之臨安以相法隱市中陰求其人起與術者善術者私謂起曰占君縣有貴人求之市中不可得視君之相貴矣然不足當之起乃爲置酒悉召賢豪爲會陰令術者徧視之皆不足當術者過起家鏐適從外來見起反走術者望見之大驚曰此真貴人也起笑曰此吾旁舍錢生尓術者召鏐至熟視之顧起曰君之貴者因此人也乃慰鏐曰子骨法非常願自愛因與起訣曰吾求其人者非有所欲也直欲質吾術尓明日乃去起始縱其子等與鏐游時時貸其窮乏鏐善射與槊稍通圖緯諸

大三ラ六三 小十三 一 志

錢鏐

書唐乾符二年浙西裨將王郢作亂石鑑鎮將董昌募鄉兵討賊表鏐偏將擊郢破之是時黃巢衆已數千攻掠浙東至臨安鏐曰今鎮兵少而賊兵多難以力禦宜出奇兵邀之乃與勁卒二十人伏山谷中巢先鋒度險皆單騎鏐伏弩射殺其將巢兵亂鏐引勁卒蹂之斬首數百級鏐曰此可一用爾大衆至何可敵邪乃引兵趨八百里八百里地名也告道旁媪曰後有問者告曰臨安兵屯八百里矣巢衆至聞媪語不知其地名曰嚮十餘卒不可敵況八百里乎遂急

引兵過都統高駢聞巢不敢犯臨安壯之召董昌與鏐俱至廣陵久之駢無討賊意昌等不見用辭還駢表昌杭州刺史是時天下已亂昌乃團諸縣兵爲八都以鏐爲都指揮使成及爲靖江都將中和二年越州觀察使劉漢宏與昌有隙漢宏遣其弟漢宥都虞候辛約屯兵西陵鏐率八都兵渡江竊取軍號斫其營營中驚擾因焚之漢宥等皆走漢宏復遣將黃珪何肅屯諸曁蕭山鏐皆攻破之與漢宏遇戰大敗之殺何肅辛約漢宏易服持膾刀以遯追者及之漢宏

曰我宰夫也舉刀示之乃免四年僖宗遣中使焦居璠爲杭越通和使詔昌及漢宏罷兵皆不奉詔漢宏遣其將朱褒韓公玫施堅實等以舟兵屯望海鏐出平水成及夜率奇兵破褒等於曹娥埭進屯豐山施堅實等降遂攻破越州漢宏走台州台州刺史執漢宏送於鏐斬于會稽族其家鏐乃奏昌代漢宏而自居杭州光啓三年拜鏐左衛大將軍杭州刺史昌越州觀察使是歲畢師鐸囚高駢淮南大亂六合鎮將徐約攻取蘇州潤州牙將劉浩逐其帥周寶寶奔常

州浩推度支催勘官薛朗爲帥鏐遣都將成及杜稜等攻常州取周寶以歸鏐具軍禮郊迎館寶於樟亭寶病卒稜等進攻潤州逐劉浩執薛朗剖其心以祭寶然後遣其弟銶攻徐約約敗走入海追殺之昭宗拜鏐杭州防禦使是時楊行密孫儒爭淮南與鏐戰蘇常間久之儒爲行密所殺行密據淮南取潤州鏐亦取蘇常唐升越州威勝軍以董昌爲節度使封隴西郡王杭州武威軍拜鏐都團練使以成及爲副使及字弘濟與鏐同事攻討謀多出於及而鏐以女妻

及子仁琇鏐乃以杜稜陽結顧全武等爲將校沈崧皮光業林鼎羅隱爲賓客景福二年拜鏐鎭海軍節度使潤州刺史乾寧元年加同中書門下平章事二年越州董昌反昌素愚不能決事臨民訟以骰子擲之而勝者爲直妖人應智王温巫韓媪等以妖言惑昌獻鳥獸爲符瑞牙將倪德儒謂昌曰曩時謠言有羅平鳥主越人禍福民間多圖其形禱祠之視王書名與圖類因出圖以示昌昌大悅乃自稱皇帝國號羅平改元順天分其兵爲兩軍中軍衣黃外軍衣白

銘其衣曰歸我副使黃碣切戒昌以爲不可昌大怒使人斬碣持其首至罵曰此賊負我好聖明時三公不肯作乃自求死邪投之圂中昌乃以書告鏐鏐以昌反狀聞昭宗下詔削昌官爵封鏐彭城郡王浙江東道招討使鏐曰董氏於吾有恩不可遽伐以兵三萬屯迎恩門遣其客沈滂諭昌使改過昌以錢二百萬犒軍執應智等送軍中自請待罪鏐乃還兵昌復拒命遣其將陳郁崔温等屯香嚴石侯乞兵於楊行密行密遣安仁義救昌鏐遣顧全武攻昌斬崔温昌

所用諸將徐珣湯臼袁邠皆庸人不知兵遇全武輒敗昌兄子真驍勇善戰全武等攻之逾年不能克真與其裨將刺羽有隙羽譖之昌殺真兵乃敗全武執昌歸杭州行至西小江昌顧左右曰吾與錢公俱起鄉里吾嘗爲大將今何面復見之乎左右相對泣下因瞋目大呼投水死昭宗以宰相王溥鎭越州溥請授鏐乃改威勝軍爲鎭東軍拜鏐鎭海鎭東軍節度使加檢校太尉中書令賜鐵券恕九死鏐如越州受命還治錢塘號越州爲東府光化元年移鎭海軍於

杭州加鏐檢校太師改鏐鄉里曰廣義鄉勳貴里鏐素所居營曰衣錦營婺州刺史王壇叛附于淮南楊行密遣其將康儒應壇因攻睦州鏐遣其弟銶敗儒於軒渚壇奔宣州昭宗詔鏐圖形淩煙閣升衣錦營爲衣錦城石鑑山曰衣錦山大官山曰功臣山鏐游衣錦城宴故老山林皆覆以錦號其幼所嘗戲大木曰衣錦將軍天復二年封鏐越王鏐巡衣錦城武勇右都指揮使徐綰與左都指揮使許再思叛焚掠城郭攻內城鏐子傳瑛及其將馬綽陳爲等閉門拒之

錢鏐

鏐歸至北郭門不得入成及代鏐與綰戰斬首百餘級綰屯龍興寺鏐微服踰城而入遣馬綽王榮杜建徽等分屯諸門使顧全武備東府全武曰東府不足慮可慮者淮南爾綰急必召淮兵至患不細矣楊公大丈夫今以難告必能閔我鏐以爲然全武曰獨行事不必濟請擇諸公子可行者鏐曰吾嘗欲以元璙婚楊氏乃使隨全武如廣陵綰果召田頵於宣州全武等至廣陵行密以女妻元璙亟召頵還頵取鏐錢百萬質鏐子元瓘而歸天祐元年封鏐吳王鏐建功臣堂

立碑紀功列賓佐將校名氏於碑陰者五百人四年升衣錦城爲安國衣錦軍梁太祖即位封鏐吳越王兼淮南節度使客有勸鏐拒梁命者鏐笑曰吾豈失爲孫仲謀邪遂受之太祖嘗問吳越進奏吏曰錢鏐平生有所好乎吏曰好玉帶名馬太祖笑曰眞英雄也乃以玉帶一匣打毬御馬十匹賜之江西危全諷等爲楊渥所敗信州危仔倡奔於鏐鏐惡其姓改曰元開平二年加鏐守中書令改臨安縣爲安國縣廣義鄉爲衣錦鄉三年加守太保楊渥將周本陳章圍蘇

錢鏐

州鏐遣其弟鋸鏢救之淮兵爲水柵環城以銅鈴繫網沈水中斷潛行者水軍卒司馬福多智而善水行乃先以巨竹觸網淮人聞鈴聲遽舉網福乃過入城中其出也亦然乃取其軍號內外夾攻號令相應淮人以爲神遂大敗之本等走擒其將閭丘直何明等四年鏐游衣錦軍作還鄉歌曰三節還鄉兮掛錦衣父老遠來相追隨牛斗無孛人無欺吳越一王駟馬歸乾化元年加鏐守尚書令兼淮南宣潤等道四面行營都統立生祠於衣錦軍鏐弟鏢居湖州擅殺戍

將潘長懼罪奔于淮南二年梁郢王友珪立冊尊鏐尚父末帝貞明三年加鏐天下兵馬都元帥開府置官屬四年楊隆演取虔州鏐始由海路入貢京師龍德元年賜鏐詔書不名唐莊宗入洛鏐遣使貢獻求玉冊莊宗下其議於有司群臣皆以謂非天子不得用玉冊郭崇韜尤爲不可既而許之乃賜鏐玉冊金印鏐因以鎮海等軍節度授其子元瓘自稱吳越國王更名所居曰宮殿府曰朝官屬皆稱臣起玉冊金券詔書三樓於衣錦軍遣使冊新羅渤海王海中諸

錢鏐

國皆封拜其君長明宗即位安重誨用事鏐致書重誨書辭嫚重誨大怒是時供奉官烏昭遇韓玫使吳越既還玫誣昭遇稱臣舞蹈重誨乃奏削鏐王爵元帥尚父以太師致仕元瓘等遣人以絹表間道自陳安重誨死明宗乃復鏐官爵長興三年鏐卒年八十一謚曰武肅子元瓘立

元瓘字明寶少爲質於田頵頵叛於吳楊行密會越兵攻之頵每戰敗歸即欲殺元瓘頵母嘗蔽護之後頵將出語左右曰今日不勝必斬錢郎是日頵戰死元瓘得歸鏐既病召諸大將告之曰吾子皆愚懦不足任後事吾死公等自擇之諸將泣下皆曰元瓘從王征伐最有功諸子莫及請立之鏐乃出筦鑰數篋召元瓘與之曰諸將許爾矣鏐卒元瓘立襲封吳越國王玉冊金印皆如鏐故事王延政自立於建州閩中大亂元瓘遣其將仰仁詮薛萬忠等攻之逾年大敗而歸元瓘亦善撫將士好儒學善爲詩使其國相沈崧置擇能院選吳中文士錄用之然性尤奢僭好治宮室天福六年杭州大火燒其宮室

錢鏐

迨盡元瓘避之火輒隨發元瓘大懼因病狂是歲卒年五十五謚曰文穆子佐立

佐字祐立時年十三諸將皆少佐佐初優容之諸將稍不法佐乃黜其大將章德安於明州李文慶於睦州殺內都監杜昭達統軍使闞璠由是國中皆畏恐王延羲延政兄弟相攻卓儼明朱文進李仁達等自相篡殺連兵不解者數年仁達附于李景已而又叛景兵攻之仁達求救於佐佐召諸將計事諸將皆不欲行佐奮然曰吾爲元帥而不能舉兵邪諸將吾家素畜養獨不肯以身先我乎有異吾議者斬乃遣其統軍使張筠趙承泰等率兵三萬水陸赴之遣將誓軍號令齊整筠等大敗景兵俘馘萬計獲其將楊業蔡遇等遂取福州而還由是諸將皆服佐立七年襲封吳越國王玉冊金印皆如元瓘開運四年佐卒年二十謚曰忠獻弟俶立

俶字文德佐卒弟倧以次立初元瓘質於宣州以胡進思戴惲等自隨元瓘立用進思等爲大將佐既年少進思以舊將自待甚見尊禮及倧立頗卑侮之進思不能平倧大閱兵於碧波亭

錢鏐

方第賞進思前諫以賞太厚倧怒擲筆水中曰
以物與軍士吾豈私之何見咎也進思大懼歲除
畫工獻鍾馗擊鬼圖倧以詩題圖上進思見之
大悟知倧將殺已是夕擁衛兵廢倧因於義和
院迎俶立之遷倧于東府俶歷漢周襲封吳越
國王賜玉冊金印世宗征淮南詔俶攻常宣二
州以牽李景俶治國中兵以待景聞周師將大
舉乃遣使安撫境上皆戒嚴蘇州候吏陳滿不
知景使以謂朝廷已克諸州遣使安撫矣亟言
於俶請舉兵以應俶相國吳程遽調兵以出相
國元德昭以為王師必未渡淮與程爭於俶前
不可奪程等攻常州果為景將柴克宏所敗程
裨將邵可遷力戰可遷子死馬前猶戰不顧程
等僅以身免周師渡淮俶乃盡括國中丁民益
兵使邵可遷等以戰船四百艘水軍萬七千人
至于通州以會期吳越自唐末有國而揚行密
李昪據有江淮吳越貢賦朝廷遣使皆由登萊
泛海歲常飄溺其使顯德四年詔遣左諫議大
夫尹日就吏部郎中崔頌等使于俶世宗諭之
曰朕此行決平江北卿等還當陸來也五年王

錢鏐

師征淮正月克靜海軍而日就等果陸還世宗
已平淮南遣使賜俶兵甲旗幟槖駞羊馬錢氏兼
有兩浙幾百年其人比諸國號為怯弱而俗喜
淫侈偷生工巧自鏐世常重歛其民以事奢僭
下至雞魚卵鷇必家至而日取每笞一人以責
其負則諸案吏各持其簿列于廷凡一簿所負
唱其多少量為笞數以次唱而笞之少者猶積
數十多者至笞百餘人尤不勝其苦又多掠得
嶺海商賈寶貨當五代時常貢奉中國不絕及
世宗平淮南
宋興荊楚諸國相次歸命俶勢益孤始傾其國
以事貢獻
太祖皇帝時俶嘗來朝厚禮遣還國俶喜益以
器服珍奇為獻不可勝數
太祖曰此吾帑中物爾何用獻為太平興國三
年詔俶來朝俶舉族歸于
京師國除其後事具
國史
嗚呼天人之際為難言也非徒自古術者好奇
而幸中至於英豪草竊亦多自託於妖祥豈其

欺惑愚衆有以用之歟蓋其興也非有功德漸積之勤而黠髡盜販倔起於王侯而人亦樂爲之傳歟考錢氏之始終非有德澤施其一方百年之際虐用其人甚矣其動於氣象者豈非其孽歟是時四海分裂不勝其暴又豈皆然歟是皆無所得而推歟術者之言不中者多而中者少而人特喜道其中者歟繆世興滅諸書皆同盖自唐乾寧二年爲鎮海鎮東軍節度使兼有兩浙至皇朝太平興國三年國除凡八十四年

五代史記卷之六十七

五代史記卷第六十八

閩世家第八

王審知 子延翰 子鏻 鏻子繼鵬 延羲 延政

王審知字信通光州固始人也父恁世爲農兄潮爲縣史唐末群盜起壽州人王緒攻陷固始緒聞潮兄弟材勇召置軍中以潮爲軍校是時蔡州秦宗權方募士以益兵乃以緒爲光州刺史召其兵會擊黃巢緒遷留不行宗權發兵攻緒緒率衆南奔所至剽掠自南康入臨汀陷漳浦有衆數萬緒性猜忌部將有材能者多因事殺之潮頗自懼軍次南安潮說其前鋒將曰吾屬弃墳墓妻子而爲盜者爲緒所脅尒豈其本心哉今緒雄猜將吏之材能者必死吾屬不自保朝夕况欲圖成事哉前鋒將大悟與潮相持而泣乃選壯士數十人伏篁竹間伺緒至躍出擒之囚之軍中緒後自殺緒已見廢前鋒將曰生我者潮也乃推潮爲主是時泉州刺史廖彥若爲政貪暴泉人苦之聞潮略地至其境而軍行整肅其耆老相率遮道留之潮即引兵圍彥若逾年克之光啓二年福建觀察使陳巖表潮

泉州刺史景福元年巖卒其壻范暉自稱留後潮遣審知攻暉久不克士卒傷死甚衆審知請班師潮不許又請潮自臨軍且益兵潮報曰兵與將俱盡吾當自往審知乃親督士卒攻破之暉見殺唐即以潮爲福建觀察使潮以審知爲副使審知爲人狀皃雄偉隆準方口常乘白馬軍中號白馬三郎乾寧四年潮卒審知代立唐以福州爲威武軍拜審知節度使累遷同中書門下平章事封琅琊王唐亡梁太祖加拜審知中書令封閩王升福州爲大都督府是時楊行

密據有江淮審知歲使泛海自登萊朝貢于梁使者入海覆溺常十三四審知雖起盜賊而爲人儉約好禮下士王淡唐相溥之子楊沂唐相涉從弟徐寅唐時知名進士皆依審知仕宦又建學四門以教閩士之秀者招來海中蠻夷商賈海上黃崎波濤爲阻一夕風雨雷雹震擊開以爲港閩人以爲審知德政所致號爲甘棠港審知同光三年卒年六十四謚曰忠懿子延翰立

延翰字子逸審知長子也同光四年唐拜延翰節度使是歲莊宗遇弑中國多故延翰乃取司

馬遷史記閩越王無諸傳示其將吏曰閩自古王國也吾今不王何待之有於是軍府將吏上書勸進十月延翰建國稱王而猶稟唐正朔延翰爲人長大美晳如玉其妻崔氏陋而淫延翰不能制審知喪未朞徹其几筵又多選良家子爲妾崔氏性妬良家子之美者輒幽之別室繫以大械刻木爲人手以擊頰又以鐵錐刺之一歲中死者八十四人崔氏後病見以爲祟而卒審知養子建州刺史延稟本姓周氏自審知時與延翰不叶延翰立以其弟延鈞爲泉州刺史

延鈞怒二人因謀作亂十二月延稟延鈞皆以兵入執延翰殺之而延鈞立更名鏻

鏻審知次子也唐即拜鏻節度使累加檢校太師中書令封閩王初延稟與鏻之謀殺延翰也延稟之兵先至已執延翰而殺之明日鏻兵始至延稟自以養子推鏻而立之延稟還建州鏻餞于郊延稟臨訣謂鏻曰善繼先志毋煩老兄復來鏻銜之長興二年延稟率兵擊鏻攻其西門使其子繼雄轉海攻其南門鏻遣王仁達拒之仁達伏甲舟中僞立白幟請降繼雄信之登

舟伏兵發刺殺之梟其首西門其兵見之皆潰去延禀見執鏻誚之曰子不能繼先志果煩老兄復來延禀不能對遂殺之延禀子繼昇守建州聞敗奔于錢塘長興三年鏻上書言楚王馬殷吳越王錢鏐皆爲尚書令今皆已薨請授臣尚書令唐不報鏻遂絶朝貢鏻好鬼神道家之說道士陳守元以左道見信建寶皇宫以居之守元謂鏻曰寶皇命王少避其位後當爲六十年天子鏻欣然遜位命其子繼鵬權主府事既而復位遣守元問寶皇六十年後將安歸守元傳寶皇語曰六十年後當爲大羅仙人鏻乃即皇帝位受册於寶皇以黄龍見真封宅改元爲龍啓國號閩追謚審知爲昭武皇帝廟號太祖立五廟置百官以福爲長樂府而閩地狹國用不足以中軍使薛文傑爲國計使文傑多察民間陰事致富人以罪而籍没其貲以佐用閩人皆怨又薦妖巫徐彦曰陛下左右多姦臣不質諸鬼神將爲亂鏻使彦視鬼於宫中文傑與内樞密使吳英有隙英病在告文傑謂英曰上以公居近密而屢以疾告將罷公英曰柰何文傑

因教英曰即上遣人問公疾當言頭痛而已無佗苦也英以爲然明日諷鏻使巫視英疾巫言入北廟見英爲崇順王所訊曰汝何敢謀反以金槌擊其首鏻以語文傑文傑曰未可信也宜問其疾如何鏻遣人問之英曰頭痛鏻以爲然即以英下獄命文傑劾之英自誣伏見殺英嘗主閩兵得其軍士心軍士聞英死皆怨是歲吳人攻建州鏻遣其將王延宗救之兵士在道不肯進曰得文傑乃進鏻惜之不與其子繼鵬請與之以紓難乃以檻車送文傑軍中文傑善數術自占云過三日可無患送者聞之疾馳二日而至軍士踴躍磔文傑於市閩人爭以瓦石投之臠食立盡明日鏻使者至赦之已不及初文傑爲鏻造檻車以謂古制踈闊乃更其制令上下通中以鐵芒内嚮動輒觸之既成首被其毒龍啓三年改元永和王仁達爲鏻殺延禀有功而典親兵鏻心忌之嘗問仁達曰趙高指鹿爲馬以愚二世果有之邪仁達曰秦二世愚故高指鹿爲馬非高能愚二世也今陛下聰明朝廷官不滿百起居動静陛下皆知之敢有作威福

者族滅之而已鏻慙賜與金帛慰安之退而謂人曰仁達智略在吾世可用不可遺後世患卒誣以罪殺之鏻妻早卒繼室金氏賢而不見荅審知婢金鳳姓陳氏鏻嬖之遂立以爲后初鏻有嬖吏歸守明者以色見倖號歸郎鏻後得風疾陳氏與歸郎姧又有百工院使李可殷因歸郎以通陳氏鏻命錦工作九龍帳國人歌曰誰謂九龍帳惟貯一歸郎鏻婢春鷰有色其子繼鵬烝之鏻已病繼鵬因陳氏以求春鷰鏻怏怏與之其次子繼韜怒謀殺繼鵬繼鵬懼與皇城

使李倣圖之是歲十月鏻饗軍于大酺殿坐中昏然言見延禀來倣以爲鏻病已甚乃令壯士先殺李可殷于家明日晨朝鏻無恙問倣殺可殷何罪倣懼而出與繼鵬率皇城衛士而入鏻聞譟呼聲走匿九龍帳中衛士刺之不殊宮人不忍其苦爲絕之繼韜及陳后歸郎皆爲倣所殺鏻立十年見殺謚曰惠皇帝廟號太宗

繼鵬鏻長子也既立更名昶改元通文以李倣判六軍諸衛事倣有弑君之罪既立昶而心常自疑多養死士以爲備昶患之因大享軍伏甲

擒倣殺之梟其首于市倣部曲千人叛燒啓聖門奪倣首奔於錢塘晉天福二年昶遣使朝貢京師高祖遣散騎常侍盧損冊昶閩王拜其子繼恭臨海郡王損至閩昶稱疾不見令繼恭主之又遣中書舍人劉乙勞損于館乙衣冠偉然騶僮甚盛佗日損遇乙于塗布衣芒屩而已損使人誚之曰鳳閣舍人何偪下之甚也乙羞媿以手掩面而走昶聞之怒損侵辱之損還昶無所荅而其子繼恭遣其佐鄭元弼隨損至京師貢方物致書晉大臣述昶意求以敵國禮相往

來高祖怒其不遜下詔暴其罪歸其貢物不納兵部員外郎李知損上書請籍没其物而禁錮使者於是以元弼下獄獄具引見元弼俯伏曰昶夷貊之君不知禮義陛下方示大信以來遠人臣將命無狀願伏斧鑕以贖昶罪高祖乃赦元弼遣歸昶亦好巫拜道士譚紫霄爲正一先生又拜陳守元爲天師而妖人林興以巫見幸事無大小興輒以寶皇語命之而後行守元教昶起三清臺三層以黃金數千斤鑄寶皇及元始天尊太上老君像日焚龍腦薰陸諸香數斤

作樂于臺下晝夜聲不輟云如此可求大還丹三年夏虹見其宮中林興傳神言此宗室將爲亂之兆也乃命興率壯士殺審知子延武延望及其子五人後興事敗亦被殺而昶愈惑亂立父婢春鷰爲淑妃後立以爲皇后又遣醫人陳究以空名堂牒賣官昶弟繼嚴判六軍諸衛事昶疑而罷之代以季弟繼鏞而募勇士爲宸衛都以自衛其賜予給賞獨厚於佗軍控鶴都將連重遇拱宸都將朱文進皆以此怨激其軍是歲夏術者言昶宮中當有災昶徙南宮避災而

宮中火昶疑重遇軍士縱火內學士陳郯素以便佞爲昶所親信昶以火事語之郯反以告重遇重遇懼夜率衛士縱火焚南宮昶挾愛姬子弟黃門衛士斬關而出宿于野次重遇迎延羲立之延羲令其子繼業率兵襲昶及之射殺數人昶知不免擲弓于地繼業執而殺之及其妻子皆死無遺類延羲立謚昶曰康宗

延羲審知少子也既立更名曦遣使者朝貢于晉改元永隆鑄大鐵錢以一當十曦自昶世倔彊難制昶相王倓每抑折之曦亦憚倓不敢有所發新羅遣使聘閩以寶劒昶舉以示倓曰此將何爲倓曰不忠不孝者斬之曦居旁色變曦既立而新羅復獻劒曦思倓前言而倓已死命發冢戮其尸倓面如生血流被體泉州刺史余廷英嘗矯曦命掠取良家子曦怒召下御史劾之廷英進買宴錢千萬曦曰皇后土貢何在廷英又獻皇后錢千萬乃得不劾曦嘗嫁女朝士有不賀者笞之御史中丞劉賛坐不糾舉將加笞諫議大夫鄭元弼切諫曦謂元弼曰卿何如魏鄭公乃敢彊諫元弼曰陛下似唐太宗臣爲魏

鄭公可矣曦喜乃釋賛不笞曦弟延政爲建州節度使封富沙王自曦立不叶數舉兵相攻曦由此惡其宗室多以事誅之諫議大夫黃峻舁櫬詣朝堂極諫曦怒貶峻漳州司戶參軍校書郎陳光逸上書疏曦過惡五十餘事曦命衛士鞭之百而不死以繩係頸掛于木久而乃絕國計使陳匡範增算商之法以獻曦曰匡範人中寶也已而歲入不登其數乃借於民以足之匡範以憂死其後知其借於民也剖棺斷尸弃之水中曦性既淫虐而妻李氏悍而酗酒賢妃尚

王審知

氏有色而寵李仁遇曦甥也以色嬖之用以為相曦常為牛飲群臣侍酒醉而不勝有訴及私弃酒者輒殺之諸子繼柔弃酒并殺其賛者一人連重遇殺昶懼為國人所討與朱文進連姻以自固曦心疑之常以語誚重遇等重遇等流涕自辯李氏妬尚妃之寵欲圖曦而立其子亞澄乃使人謂重遇等曰上心不平於二公奈何重遇等懼六年三月曦出遊醉歸重遇等遣壯士拉於馬上而殺之謚曰景宗

延政審知子也曦立為淫虐延政數貽書諫之曦怒遣杜建崇監其軍延政遂之曦乃舉兵攻延政為延政所敗延政乃以建州建國稱殷改元天德明年連重遇已殺曦集閩群臣告曰昔太祖武皇帝親冒矢石遂啓有閩及其子孫淫虐不道今天厭王氏百姓與能當求有德以安此土群臣皆莫敢議乃披朱文進升殿率百官北面而臣之文進以重遇判六軍諸衛事王氏子弟在福州者無少長皆殺之以黄紹頗守泉州程贇守漳州許文縝守汀州稱晉年號時開運元年也泉州軍將留從效詐其州人曰富沙王兵收

王審知

福州矣吾屬世為王氏臣安能交臂而事賊乎州人共殺紹頗迎王繼勲為刺史漳州聞之亦殺贇迎王繼成為刺史皆王氏之諸子也文縝懼以汀州降于延政延政已得三州重遇亦殺文進傳首建州以自歸福州裨將林仁翰又殺重遇謀迎延政都福州是時南唐李景聞閩亂發兵攻之延政遣其從子繼昌守福州而南唐兵方急攻延政福州將李仁達謂其徒曰唐兵攻建州富沙王不能自保其能有此土也乃擒繼昌殺之欲自立懼衆不附以雪峯寺僧卓儼

明示衆曰此非常人也被以衮冕率諸將吏北面而臣之已而又殺儼明乃自立送款于李景景以仁達為威武軍節度使更其名曰弘義而景兵攻破建州遷延政族於金陵封鄱陽王是歲景保大四年也留從效聞延政降唐執王繼勲送于金陵李景以泉州為清源軍以從效為節度使景已破延政遣人召李仁達入朝仁達不從遂降于吳越而留從效亦逐景守兵據泉漳二州景猶封從效晉江王周世宗時從效遣牙將蔡仲興為商人間道至京師求貢邸内屬

是時世宗與李景畫江爲界遂不納從効仍臣于南唐其後事具國史晉開運三年丙午南唐保大四年也是歲李景兵破建州王氏滅江南録云保大三年閩王氏之族迁于金陵謬也據王潮實以唐景福元年入福州拜觀察使而後人紀録者乃用騎馬來騎馬去之讖以爲據遂以王潮光啓二年歲在丙午拜泉州刺史爲始年至保大四年歲復在丙午而滅故爲六十一年然其奄有閩國則當自景福元年爲始實五十五年也今諸家記其國滅丙午是也其始年則牽於讖書繆矣惟江南録又差其末年也

五代史記卷第六十八

五代史記卷第六十九

南平世家第九

高季興 子從誨 從誨子保融 保勗 保融子繼沖

高季興字貽孫陝州硤石人也本名季昌避後唐獻祖廟諱更名季興季興少爲汴州富人李讓家僮梁太祖初鎮宣武讓以入貲得幸養爲子易其姓名曰朱友讓季興以友讓故得進見太祖奇其材命友讓以子畜之因冒姓朱氏補制勝軍使遷毅勇指揮使天福二年梁兵攻鳳翔李茂貞堅壁不出太祖議欲收軍還河中季興獨進曰天下豪傑窺此舉者一歲矣今歧人巳憊破在旦夕而大王之所慮者閉壁以老我師此可以誘致之也太祖壯其言命季興募勇敢士得騎士馬景季興受以計引見太祖景曰此行無還理願録其後嗣太祖惻然止之景固請乃行景以數騎馳叩城門告曰梁兵將東前鋒去矣岐人以爲然開門出追梁軍梁兵隨景後以進殺其九千餘人景死之茂貞後與梁和昭宗出贈景官謚曰忠壯季興由是知名明年拜宋州刺史從破青州徙潁州防禦使復姓高

氏當唐之末襄州趙匡凝襲破雷彥恭于荊南以其弟匡明爲留後梁兵攻破襄州匡凝奔于吳匡明奔于蜀乃以季興爲荊南節度觀察留後開平元年拜季興節度使二年加同中書門下平章事荊南節度十州當唐之末爲諸道所侵季興始至江陵一城而已兵火之後井邑凋零季興招緝綏撫人士歸之乃以倪可福鮑唐爲將帥梁震司空薰王保義等爲賓客太祖崩季興見梁日以衰弱乃謀阻兵自固治城隍設樓櫓以兵攻歸峽爲蜀將王宗壽所敗又發兵聲言助梁擊晉以侵襄州爲孔勍所敗乃絕貢賦累年梁末帝優容之封季興勃海王賜以衮冕劍佩貞明三年始復修貢梁亡唐莊宗入洛下詔慰諭季興司空薰等皆勸季興入朝京師梁震以爲不可曰梁唐世爲仇敵夾河血戰垂二十年今主上新滅梁而大王梁室故臣握彊兵居重鎮以身入朝行爲虜尒季興不聽留其二子以騎士三百爲衛朝于洛陽莊宗果欲留之郭崇韜諫曰唐新滅梁得天下方以大信示人今四方諸侯相繼入貢不過遣子弟將吏而

季興以身述職爲諸侯率宜加恩禮以諷動來者而反縻之示天下以不廣且絕四方內向之意不可莊宗乃止厚禮而遣之莊宗嘗問季興曰吾已滅梁欲征吳蜀何者爲先季興曰宜先蜀臣請以本道兵先進莊宗大悅以手拊其背季興因命工繡其手迹於衣歸以爲榮耀季興已去莊宗心悔遣之密詔襄州劉訓圖之季興行至襄州心動夜斬關而出已去而詔書夜至季興歸而謂梁震曰不聽子言幾不免因曰吾行有二失來朝一失放還一失且主上百戰以取河南對功臣誇手抄春秋又曰我於手指上得天下其自矜伐如此而荒于遊畋政事多廢吾哥無慮矣同光三年封南平王魏王繼岌已破蜀得蜀金帛四十餘萬自峽而下而莊宗之難作季興聞京師有變乃悉邀留蜀物而殺其使者韓珙等十餘人初唐兵伐蜀季興請以本道兵自取夔忠萬歸峽等州乃以季興爲峽路東南面招討使而季興未嘗出兵魏王已破蜀而明宗入立季興因請夔忠等州爲屬郡唐大臣以爲季興請自取之而兵出無功不與季興

屢請雖不得已而與之而唐猶自除刺史季興拒而不納明宗乃以襄州劉訓爲招討使攻之不克而唐別將西方鄴克其夔忠萬三州季興遂以荊歸峽三州臣于吳吳冊季興秦王天成三年冬卒年七十一謚曰武信季興子九人長子從誨立

從誨字遵聖季興時入梁爲供奉官累遷鞍轡庫使賜告歸寧季興遂留爲馬步軍都指揮使行軍司馬季興卒吳以從誨爲荊南節度使從誨以父自絶于唐懼復見討乃遣使者聘于楚楚王馬殷爲之請命于唐而從誨亦遣押衙劉知謙奉表自歸進贖罪銀三千兩明宗納之長興元年正月拜從誨節度使追封季興楚王謚曰武信三年封從誨渤海王應順元年封南平王從誨爲人明敏多權詐晉高祖遣翰林學士陶穀爲從誨生辰國信使從誨宴穀望沙樓大陳戰艦于樓下謂穀曰吳蜀不賓久矣願修武備習水戰以待師期穀還具道其語晉高祖大喜復遣使賜以甲馬百匹襄州安從進反結從誨爲援從誨外爲拒絶陰與之通晉師致討從

誨遣將李端以舟師爲應從進誅從誨求郢州爲屬郡高祖不許契丹滅晉漢高祖起太原從誨遣人間道奉表勸進且言漢得天下願乞郢州爲屬漢高祖陽諾之高祖入汴從誨遣使朝貢因求郢州高祖不與從誨怒發兵攻郢州爲刺史尹實所敗漢遣國子祭酒田敏使于楚假道荊南從誨問敏中國虛實以爲契丹之後兵食皆殫意欲以誚敏敏爲言杜重威悉以晉戈甲降虜虜置之鎮州未嘗以北而晉兵皆漢有也從誨不悅敏以印本五經遺從誨從誨謝曰予之所識不過孝經十八章尔敏曰至德要道於此足矣敏因誦諸侯章曰在上不驕高而不危制節謹度滿而不溢從誨以爲譏己即以大卮罰敏荊南地狹兵弱介於吳楚爲小國自吳稱帝而南漢閩楚皆奉梁正朔歲時貢奉皆假道荊南季興從誨常邀留其使者掠取其物而諸道以書責誚或發兵加討即復還之而無媿其後南漢與閩蜀皆稱帝從誨所嚮稱臣蓋利其賜予俚俗語謂奪攘苟得無媿恥者爲賴子猶言無賴也故諸國皆目爲高賴子從誨自求

郢州不得遂自絶於漢踰年復通朝貢乾祐元年十月卒年五十八贈尚書令謚曰文獻子保融立從誨十五子長曰保勳次保正保融第三子也不知其得立之因

保融字德長從誨時爲節度副使兼峽州刺史從誨卒拜節度使廣順元年封渤海郡王顯德元年進封南平王世宗征淮保融遣指揮使魏璘率兵三千出夏口以爲應又遣客將劉扶奉牋南唐勸其內附李景稱臣世宗得保融所與牋大喜賜以絹百匹荊南自後唐以來常數歲一貢京師而中間兩絶及世宗時無歲不貢矣保融以謂器械金帛皆土地常產不足以効誠節乃遣其弟保紳來朝世宗益嘉之初季興之鎭梁以兵五千爲牙兵衣食皆給於梁至明宗時歲給以鹽萬三千石後不復給及世宗平淮故命泰州給之保融性迂緩無材能而事無大小皆委其弟保勗其從叔從義謀爲亂爲其徒高知訓所告徙之松滋而殺之

宋興保融懼一歲之間三入貢建隆元年以疾卒年四十一贈太尉謚曰貞懿弟保勗立

保勗字省躬從誨第十子也保融卒拜節度使三年保勗疾謂其將梁延嗣曰我疾遂不起兄弟孰可付之後事者延嗣曰公不念貞懿王乎先王寢疾以軍府付公今先王子繼冲長矣保勗曰子言是也即以繼冲判內外兵馬十一月保勗卒年三十九贈侍中保融之子繼冲立

繼冲字成和保勗卒拜節度使湖南周行逢卒子保權立其將張文表作亂建隆四年

太祖命慕容延釗等討之延釗假道荊南約以兵過城外繼冲大將李景威曰兵尚權譎城外之約不可信也宜嚴兵以待之判官孫光憲叱之曰汝峽江一民尓安識成敗且中國自周世宗時已有混一天下之志況

聖宋受命

眞主出邪

王師豈易當也因勸繼冲去斥候封府庫以待

繼冲以爲然景威出而歎曰吾言不用大事去矣何用生爲因扼吭而死延釗軍至繼冲出逆于郊而前鋒遽入其城繼冲亟歸見旌旗甲馬布列衢巷大懼即詣延釗納牌印

太祖優詔復命繼冲爲節度使乾德元年有事
于南郊繼冲上書願陪祠九月具文告三廟率
其將吏宗族五百餘人朝于
京師拜武寧軍節度使以卒光憲拜黃州刺史
其後事具
國史季興興滅年世甚明諸書皆同蓋自梁開平元年鎮荆南至。皇朝乾德元年国除
凡五十七年

五代史記卷第六十九

五代史記卷第七十

東漢世家第十

劉旻 子承鈞 承鈞子繼恩 繼元

劉旻漢高祖母弟也初名崇爲人美鬚髯目重瞳子少無頼嗜酒好博嘗黥爲卒高祖事晉爲河東節度使以旻爲都指揮使高祖即帝位以爲太原尹北京留守同中書門下平章事隱帝時累加中書令隱帝少政在大臣周太祖爲樞密使新討三叛立大功而與旻素有隙旻頗不自安謂判官鄭珙曰主上幼弱政在權臣而吾與郭公不叶時事如何珙曰漢政將亂矣晉陽兵雄天下而地形險固十州征賦足以自給公爲宗室不以此時爲計後必爲人所制旻曰子言乃吾意也乃罷上供征賦收豪傑籍丁民以益兵三年周太祖起魏隱帝遇弑旻乃謀舉兵周太祖之自魏入也反狀已白而漢大臣不即推尊之故未敢即立乃白漢太后立旻子贇爲漢嗣遣宰相馮道迎贇于徐州當是時人皆知太祖之非實意也旻獨喜曰吾兒爲帝矣何患乃罷兵遣人至京師周太祖少賤黥其頸上爲

飛雀世謂之郭雀兒太祖見旻使者具道所以立贇之意因自指其頸以示使者曰自古豈有雕青天子幸公無以我爲疑旻喜益信以爲然太原少尹李驤曰郭公舉兵犯順其勢不能爲漢臣必不爲劉氏立後因勸旻以兵下太行控孟津以俟變庶幾贇得立贇立而罷兵可也旻大罵曰驤腐儒欲離間我父子命左右牽出斬之驤臨刑歎曰吾爲愚人畫計死誠宜矣然吾妻病不可獨存願與之俱死旻聞之卽幷戮其妻于市以其事白漢以明無佗已而周太祖果代漢

降封贇湘陰公旻遣牙將李𧦬奉書周太祖求贇歸太原而贇已死旻慟哭爲李驤立祠歲時祠之乃以周廣順元年正月戊寅卽皇帝位于太原以子承鈞爲太原尹判官鄭珙趙華爲宰相都押衙陳光裕爲宣徽使遣通事舍人李𧦬閒行使于契丹契丹永康王兀欲與旻約爲父子之國旻乃遣宰相鄭珙致書兀欲稱姪皇帝以叔父事之而已兀欲遣燕王述軋政事令高勳以冊尊旻爲大漢神武皇帝幷冊旻妻爲皇后兀欲性豪儁漢使者至輒以酒肉困之珙素

有疾兀欲彊之飲一夕而以醉卒然兀欲聞旻自立頗幸中國多故乃遣其貴臣述軋高勳以自愛黃騮九龍十二稻玉帶報聘已而兀欲爲述軋所弒述律代立旻遣樞密直學士王得中聘于述律求兵以攻周述律遣蕭禹厥率兵五萬助旻旻出陰地攻晉州爲王峻所敗是歲大寒旻軍凍餒亡失過半明年又攻府州爲折德扆所敗德扆因取岢嵐軍周太祖崩旻聞之喜遣使乞兵于契丹契丹遣楊衮將鐵馬萬騎及奚諸部兵五六萬人號稱十萬以助旻旻以張

元徽爲先鋒自將騎兵三萬攻潞州潞州李筠遣穆令鈞以步騎三千拒元徽于太平驛元徽擊敗之遂圍潞州是時世宗新卽位以謂旻幸周有大喪而天子新立必不能出兵宜自將以擊其不意自宰相馮道等多言不可世宗意甚銳顯德元年三月親征甲午戰于高平李重進白重贊將左樊愛能何徽將右向訓史彥超居中軍張永德以禁兵衛蹕旻亦列爲三陣張元徽居東偏楊衮居西偏旻居其中衮望周師謂旻曰勍敵也未可輕動旻奮髯曰時不可失無妄言

也衮怒而去旻號令東偏先進王得中叩馬諫
曰南風甚急非北軍之利也宜少待之旻怒曰
老措大毋妄沮吾軍即麾元徽元徽擊周右軍
兵始交愛能徽退走其騎軍亂步卒數千弃甲
叛降元徽呼萬歲聲振川谷世宗大駭躬督戰
士士皆奮命爭先而風勢愈盛旻自麾赤幟收
軍軍不可遏旻遂敗日暮旻收餘兵萬人阻澗
而止是時周之後軍劉詞將之在後未至而世
宗銳於速戰戰已勝詞軍繼至因乘勝追擊之
旻又大敗輜重器甲乘輿服御物皆為周師所

獲旻獨乘契丹黃騮自鵰窠嶺間道馳去夜失
道山谷間得村民為鄉導誤趨平陽得佗道以
歸而張元徽戰歿于陣楊衮怒旻按兵西偏不
戰故獨全軍而返旻歸為黃騮治廄飾以金銀
食以三品料號自在將軍世宗休軍潞州大宴
將士斬敗將樊愛能何徽等七十餘人軍威大
振進攻太原遣符彥卿史彥超北控忻口以斷
契丹援路太原城方四十里周師去城三百步
圍之匝自四月至於六月攻之不克而彥卿等
為契丹所敗彥超戰歿世宗遽班師初周師圍

城也旻遣王得中送楊衮以歸因乞援兵於契
丹契丹發數萬騎助旻遣得中先還至代州代
州將桑珪殺防禦使鄭處謙以城降周并送得
中于周世宗召問得中虜助兵多少得中言送
衮歸無所求也世宗信之已而契丹敗符彥卿
於忻口得中遂見殺旻自敗於高平已而被圍
以憂得疾明年十一月卒年六十子承鈞立
承鈞旻次子也少頗好學工書旻卒承鈞遣人
奉表契丹自稱男述律荅之以詔呼承鈞為兒
許其嗣位初旻嘗謂張元徽等曰吾以高祖之

業賛之究義不為郭公屈爾期與公等勉力以
復家國之讎至於稱帝一方豈獲已也顧我是
何天子爾亦是何節度使故其僭號仍稱乾祐不
改元不立宗廟四時之祭用家人禮承鈞既立始
赦境內改乾祐十年曰天會元年立七廟於顯聖
宮契丹遣高勳助承鈞承鈞遣李存瓌與勳攻
上黨無所得而還明年世宗北伐契丹下三關
契丹使來告急承鈞將發兵而世宗班師乃已
宋興昭義節度使李筠叛命遣其將劉繼冲判
官孫孚奉表稱臣執其監軍周光遜李廷玉送

于太原乞兵爲援承鈞欲謀於契丹繼冲道筠意請無用契丹兵承鈞即率其國兵自將出團柏谷羣臣餞之汾水僕射趙華曰李筠舉事輕易陛下不圖成敗空國與師臣竊憂之承鈞至太平驛封筠隴西郡王筠見承鈞儀衛不備非如王者悔臣之筠因自陳受周氏恩不忍背德而承鈞與周世仇也聞筠言亦不悅遣宣徽使盧贊監其軍筠心益不平與贊多不叶承鈞遣宰相衛融和解之已而筠敗死衛融被執至京師

太祖皇帝問融承鈞所以助筠反狀融言不遜

太祖命以鐵檛擊其首流血被面融呼曰臣得死所矣

太祖顧左右曰此忠臣也釋之命以良藥傅其瘡遣融致書于承鈞求周光遜等約亦歸融太原承鈞不報融遂留京師承鈞謂趙華曰不聽公言幾至於敗然失衛融盧贊吾以爲恨爾承鈞由此益重儒者以抱腹山人郭無爲參議國政無爲棣州人方顙鳥喙好學多聞善談辯嘗衣褐爲道士居武當山周太祖討李守貞于河中

無爲詣軍門上謁詢以當世之務太祖奇之或謂太祖曰公爲漢大臣握重兵居外而延縱橫之士非所以防微慮遠之道也由是太祖不納無爲去隱抱腹山承鈞內樞密使段常識之薦其材承鈞以諫議大夫召之遂以爲相五年宿衛殿直行首王隱劉紹趙鸞等謀作亂事覺被誅其詞連段常乃罷常樞密爲汾州刺史縊殺之自旻世凡舉事必稟契丹而承鈞之立多略契丹遣使者責承鈞改元援李筠殺段常不以告承鈞惶恐謝罪使者至契丹輒見留承鈞奉之愈

謹而契丹待承鈞益薄承鈞自李筠敗而失契丹之援無復南侵之意地狹產薄以歲輸契丹故國用日削乃拜五臺山僧繼顒爲鴻臚卿繼顒故燕王劉守光之子守光之死以孽子得不殺削髮爲浮圖後居五臺山爲人多智善商財利自旻世頗以賴之繼顒能講華嚴經四方供施多積畜以佐國用五臺當契丹界上繼顒常得其馬以獻號添都馬歲率數百匹又於柏谷置銀冶募民鑿山取鑛烹銀以輸劉氏仰以足用即其冶建寶興軍繼顒後累官至太師中書

令以老病卒追封定王
太祖皇帝嘗因界上諜者謂承鈞曰君家與周氏爲世讎宜其不屈今我與爾無所間何爲困此一方之人也若有志於中國宜下太行以决勝負承鈞遣諜者復命曰河東土地兵甲不足以當中國之十一然承鈞家世非叛者區區守此蓋懼漢氏之不血食也
太祖哀其言笑謂諜者曰爲我語承鈞開爾一路以爲生故終其世不加兵承鈞立十三年病卒其養子繼恩立

繼恩本姓薛氏父釗爲卒旻以女妻之生繼恩漢高祖以釗壻也除其軍籍置之門下釗無材能高祖衣食之而無所用妻以旻女常居中釗罕得見釗常怏怏因醉拔佩刀刺之傷而不死釗即自裁旻女後適何氏生子繼元而何氏及旻女皆卒旻以其子承鈞無子乃以二子命承鈞養爲子承鈞立以繼恩爲太原尹承鈞嘗謂郭無爲曰繼恩純孝然非濟世之才恐不能了我家事無爲不對承鈞病卧勤政閣召無爲執手以後事付之承鈞卒繼恩告哀於契丹而後

立繼恩服縗裳視事寢處皆居勤政閣而承鈞故執事百司宿衞者皆在太原府廨九月繼恩置酒會諸大臣宗子飲罷卧閣中供奉官侯霸榮率十餘人挺刃入閣閉戶而殺之郭無爲遣人以梯登屋入殺霸榮并其黨初承鈞之語郭無爲也繼恩怨無爲不助已及立欲逐之而未果故霸榮之亂人皆以謂無爲之謀霸榮死口滅而無知者無爲迎繼元而立之
繼元爲人忍旻子十餘人皆無可稱者當繼元時有鎬鍇錡錫銑於繼元爲諸父皆爲繼元所

殺獨銑以佯愚獲免承鈞妻郭氏繼元兄弟自少母之繼元妻段氏嘗以小過爲郭氏所責既而以它疾而卒繼元疑其殺之及立遣嬖者范超圖殺郭氏郭氏方縗服哭承鈞于柩前超執而縊殺之於是劉氏之子孫無遺類矣繼元立改元曰廣運
王師北征繼元閉城拒守
太祖皇帝以詔書招繼元出降許以平盧軍節度使郭無爲安國軍節度使無爲捧詔色動而并人及繼元左右皆欲堅守以拒命無爲仰天

慟哭拔佩刀欲自裁爲左右所持繼元自下執其手延之上坐無爲曰柰何以孤城拒百萬之王師蓋欲摇動幷人而幷人守意益堅宦者衛德貴察無爲有異志以告繼元繼元遣人縊殺之初

太祖皇帝命引汾水浸其城水自城門入而有積草自城中飃出塞之是時

王師頓兵甘草地中會歲暑雨軍士多疾乃班師

王師已去繼元決城下水注之臺駘澤水已落而城多摧圮契丹使者韓知璠時在太原歎曰

王師之引水浸城也知其一而不知其二若先浸而後涸則幷人無類矣太平興國四年

王師復北征繼元窮窘而幷人猶欲堅守其樞密副使馬峯老疾居于家舁入見繼元流涕以興亡諭之繼元乃降

太宗皇帝御城北高臺受降以繼元爲右衛上將軍封彭城公其後事具

國史旻年世興滅諸書皆同自周廣順元年建號至皇朝太平興國四年滅凡二十八年餘具年譜注

五代史記卷第七十

五代史記卷第七十一

十國世家年譜第十一

嗚呼堯舜盛矣三代之王功有餘而德不足故皆更始以自新由是改正朔矣至於後世遂名年以建元及僭竊交興而稱號紛雜則不可以不別也五代十國稱帝改元者七吳越荆楚常行中國年號然予聞於故老謂吳越亦嘗稱帝改元而求其事迹不可得頗疑吳越後自諱之及旁采閩楚南漢諸國之書與吳越往來者多矣皆無稱帝之事獨得其封落星石爲寶石山制書稱寶正六年辛卯則知其嘗改元矣辛卯長興二年乃鏐之末世也然不見其終始所因故不得而備列錢氏誌五代嘗外尊中國豈其張軌之比乎十國皆非中國有也其稱帝改元與不未足較其得失故並列之作十國世家年譜

		晉	吳	蜀	南漢	楚	吳越	閩	南平
丁卯	梁太祖開平元年	李克用天祐四年	楊渥天祐四年	王建天復七年是歲即位	劉隱開平	馬殷開平	錢鏐開平	王審知開平	高季興開平

戊辰	己巳	庚午	辛未	壬申	癸酉	甲戌	乙亥	丙子	丁丑
二	三	四	乾化元年	二	三 末帝三月即位	四	貞明元年	二	三
五 正月克用卒子存勗立	六	七	八	九	十	十一	十二	十三	十四
五 是歲隆演立	六	七	八	九	十	十一	十二	十三	十四
武成	二	三	永平	二	三	四	五	通正	天漢
			乾化 是歲龔立				貞明		乾亨 是歲龔僭帝號改元
			乾化				貞明		
			乾化				貞明		
			乾化				貞明		

戊寅	己卯	庚辰	辛巳	壬午	癸未	甲申	乙酉	丙戌	丁亥
四	五	六	龍德元年	二	唐莊宗同光元年	二	三	明宗天成元年	二
十五	十六	十七	十八	十九	是歲四月改元同光				
十五	武義 是歲吳王稱制改元	二 是歲溥立	順義	二	三	四	五	六	乾貞 是歲溥僭帝号改元
光天 是歲衍立	乾德	二	三	四	五	六	咸康 是歲蜀云		
二	三	四	五	六	七	八	白龍	二	三
			龍德		同光			天成	
								寶正	二
			龍德		同光		是歲延翰立	天成 是歲鏻立	
			龍德		同光			天成	

大十二 小十二 卌三 ▲五代史七十 ▲四

戊子	己丑	庚寅	辛卯	壬辰	癸巳	甲午	乙未	丙申	丁酉
三	四	長興元年	二	三	十二月愍帝即位	應順元年 末帝清泰元年	二	天福 晉高祖元年	二
二	大和	二	三	四	五	六	天祚	二	南唐昇元 是歲李昪立
						後蜀孟知祥 是歲昶立 明德	二	三	四
大有	二	三	四	五	六	七	八	九	十
		長興 是歲希聲立		是歲希範立		應順 清泰		天福	
三	四	五	六 錢氏權號 … 不見	是歲元瓘立					
		長興			龍啓	二	永和 是歲昶立	通文	二
是歲從誨立		長興				應順 清泰		天福	

大七十七 小九十三 ▲五代史七十一 ▲五

戊戌	己亥	庚子	辛丑	壬寅	癸卯	甲辰	乙巳	丙午	丁未
三	四	五	六	七 出帝六月即位	八	開運元年	二	三	天福十二年 漢高祖
二	三	四	五	六	保大 是歲景立	二	三	四	五
廣政	二	三	四	五	六	七	八	九	十
十一	十二	十三	十四	光天 是歲玢立	應乾 乾和 是歲晟立	二	三	四	五
						開運			是歲希廣立
			是歲佐立						是歲倧立 見廢
三	是歲永隆曦立	二	三	四	是歲延政以建州稱殷 五 天德元	六 是歲曦七 二	天德三	四 是歲延政降南唐 王氏滅	
						開運			

戊申	乾祐元年 隱帝三月即位		六	十一	六	乾祐	是歲俶立		乾祐 是歲保融立
己酉	二		七	十二	七				
庚戌	三		八	十三	八	是歲希蕚立			
辛亥	廣順元年 周太祖	乾祐四年 東漢 劉旻立	九	十四	九	是歲希蕚[illegible]遷廣順于金陵馬氏絶			廣順
壬子	二	五	十	十五	十				
癸丑	三	六	十一	十六	十一	是歲劉言見殺王進逵立			
甲寅	顯德元年 世宗正月即位	七 是歲承鈞立	十二	十七	十二	顯德			顯德
乙卯	二	八	十三	十八	十三				
丙辰	三	九	十四	十九	十四	是歲周行逢立			
丁巳	四	天會		二十	十五				

戊午	五	二		二十一	大寶 是歲鋹立				
己未	六 恭帝六月即位明年正月遜位	三		二十二	二				

或問十國固非中國有也然猶命以封爵而稱中國年號來朝貢者亦有之矣本紀之不書何也曰封爵之不書所以見其非中國有也其朝貢之來如夷狄以夷狄書之則甚矣問者曰四夷十國皆非中國之有也四夷之封爵朝貢則書而十國之不書何也曰以中國而視夷狄夷狄之可也以五代之君而視十國夷狄之則未可也故十國之封爵朝貢不如夷狄則無以書之書如夷狄則五代之君未可以夷狄之也是以外而不書見其自絶於中國焉爾問者曰外而不書則東漢之立何以書曰吾於東漢常異其辭於九國也春秋因亂世而立治法本紀以治法而正亂君世亂則疑難之事多正疑處難敢不慎也周漢之事可謂難矣哉或謂劉旻嘗致書于周求其子贇不得而後自立然則旻之志不以忘漢爲讎而以失子爲讎也曰漢嘗詔

立贇爲嗣則贇爲漢之國君不獨爲旻子也旻之大義宜不爲周屈其立雖未必是而義當不屈于周此其可以異乎九國矣終旻之世猶稱乾祐至承鈞立然後改元則旻之志豈不可哀也哉

十国年世惟楚閩東漢三国諸家之説不同而互有得失最難考正今畧其諸説而正其是者庶幾博覽者不惑而一以年譜爲正也。馬氏據湖湘故事九国志運歷圖並云殷以長興元年卒是歲子希聲立長興三年卒而五代舊史殷列傳云殷長興二年卒享年七十八子希聲立不周歲而卒明宗本紀長興元年書希声除節度使起復三年八月又書希声卒今據九国志殷以大中六年歲在壬申生享年七十九蓋自大中壬申至長興元年庚寅實七十九年爲得其實而希声據湖湘故事九国志運歷圖皆以三年卒与明宗本紀皆合不疑推舊史書殷卒二年及年七十八希声立不周歲卒爲繆尔希蕚希崇之乱南唐尽遷馬氏之族歸于金陵五代舊史云時廣順元年也而運歷圖云乾祐二年馬氏滅者繆也初殷入湖南摭地得石讖云龍起頭猪掉尾蓋殷以乾寧三年歲在丙辰自立於湖南至廣順元年辛亥而滅九国志以乾祐三年爲辛亥湖湘故事以顯德元年爲辛亥者皆繆也惟五代舊史得其實。王氏世次曰潮曰審知曰延翰曰鏻曰昶曰曦曰延政凡七主而潮以唐景福元年歲在壬子始入福州至開運三年丙午而滅實五十五年當云七主五十五年爲得其實而運歷圖云五十六年九国志五代舊史紀年通譜閩中實録閩王列傳皆云七主六十年者皆繆也。審知五代舊史本傳云同光元年十二月卒九国志亦云同光元年卒運歷圖同光三年卒今檢五代舊史莊宗本紀同光二年五月丙午審知加檢校太師守中書令豈得卒於元年也又至四年二月庚子福建副使王延翰奏稱權知軍府事三月辛亥遂除延翰威武軍節度使以此推之審知卒當在同光三年十二月蓋閩去京師遠明年二月延翰之奏始至京師理當然也又據閩王列傳九国志皆云審知在位二十九年審知以唐乾寧四年嗣位是歲丁巳至同光三年乙酉實二十九年則運歷圖爲是而舊史九國志云元年卒者皆繆也。鏻本名延鈞五代舊史本傳云在位十二年九國志云在位十一年閩王列傳紀年通譜皆云在位十年蓋鏻以天成元年殺延翰自立是歲丙戌至清泰二年乙未實十年而卒与閩王列傳合而舊史九國志皆繆也鏻以清泰二年改元永和是歲見殺而舊史九國志運歷圖皆无永和之號又運歷圖書鏻見殺在天福元年丙申者皆繆也。劉旻九国志云乾祐七年十一月旻卒享年六十子承鈞立時年二十九乾祐七年乃顯德元年也而五代舊史周世宗實録運歷圖紀年通譜皆云顯德二年冬旻卒又有旻僞中書舍人王保衡晉陽見聞要録云旻乙卯生卒年六十一子承鈞立承鈞丙戌生立時年二十九保衡是旻之臣其親所見聞所得最實然而頗爲轉寫差誤尔按保衡書旻乙卯生若享年六十一當於乙卯歲卒則是顯德二年也又書承鈞丙戌生立時年二十九則當是顯德元年甲寅歲也豈有旻卒於二年承鈞以元年嗣位理必不然以九国志參較旻享年六十顯德元年卒承鈞以是歲嗣位時年二十九爲得其實但見聞要録衍一字尔其云二年卒者皆繆也九国志又云承鈞立服喪三年至乾祐九年服除改十年爲天會元年當是顯德四年而紀年通譜以顯德三年爲天會元年者繆也晉与梁爲敵国自稱天祐者二十年故首列於年譜其後遂滅梁而爲唐故不列於世家

五代史記卷第七十一

五代史記卷第七十二

四夷附錄第一

嗚呼夷狄居處飲食隨水草寒暑徙遷有君長部號而無世族文字記別至於弦弓毒矢彊弱相并國地大小興滅不常是皆烏足以考述哉惟其服叛去來能爲中國利害者此不可以不知也自古夷狄之於中國有道未必服無道未必不來蓋自因其衰盛雖嘗置之治外而羈縻制馭恩威之際不可失也其得之未必爲利失之有足爲患可不慎哉作四夷附錄

夷狄種號多矣其大者自以名通中國其次小遠者附見又其次微不足錄者不可勝數其地環列九州之外而西北常彊爲中國患三代獫狁見於詩書秦漢以來匈奴著矣隋唐之間突厥爲大其後有吐蕃回鶻之彊五代之際以名見中國者十七八而契丹最盛契丹自後魏以來名見中國或曰與庫莫奚同類而異種其居曰梟羅箇沒里沒里者河也是謂黃水之南黃龍之北得鮮卑之故地故又以爲鮮卑之遺種當唐之世其地北接室韋東鄰高麗西界奚國

而南至營州其部族之大者曰大賀氏後分爲八部其一曰但皆利部二曰乙室活部三曰實活部四曰納尾部五曰頻沒部六曰內會雞部七曰集解部八曰奚嗢部部之長號大人而常推一大人建旗鼓以統八部至其歲久或其國有災疾而畜牧衰則八部聚議以旗鼓立其次而代之被代者以爲約本如此不敢爭某部大人遙輦次立時劉仁恭據有幽州數出兵摘星嶺攻之每歲秋霜落則燒其野草契丹馬多飢死即以良馬賂仁恭求市牧地請聽盟約甚謹

八部之人以爲遙輦不任事選於其衆以阿保機代之阿保機亦不知其何部人也爲人多智勇而善騎射是時劉守光暴虐幽涿之人多亡入契丹阿保機乘間入塞攻陷城邑俘其人民依唐州縣置城以居之漢人教阿保機曰中國之王無代立者由是阿保機益以威制諸部而不肯代其立九年諸部以其久不代共責誚之阿保機不得已傳其旗鼓而謂諸部曰吾立九年所得漢人多矣吾欲自爲一部以治漢城可乎諸部許之漢城在炭山東南灤河上有鹽鐵

之利乃後魏滑鹽縣也其地可植五穀阿保機率漢人耕種爲治城郭邑屋廛市如幽州制度漢人安之不復思歸阿保機知衆可用用其妻述律策使人告諸部大人曰我有鹽池諸部所食然諸部知食鹽之利而不知鹽有主人可乎當來犒我諸部以爲然共以牛酒會鹽池阿保機伏兵其旁酒酣伏發盡殺諸部大人遂立不復代梁將篡唐晉王李克用使人聘于契丹阿保機以兵三十萬會克用於雲州東城置酒酒酣握手約爲兄弟克用贈以金帛甚厚期共擧

兵擊梁阿保機遺晉馬千匹既歸而背約遣使者袍笏梅老聘梁梁遣太府卿高頃軍將郎公遠等報聘逾年頃還阿保機遣使者解里隨頃以良馬貂裘朝霞錦聘梁奉表稱臣以求封冊梁復遣公遠及司農卿渾特以詔書報勞別以記事賜之約共擧兵滅晉然後封冊爲甥舅之國又使以子弟三百騎入衛京師克用聞之大恨是歲克用病臨卒以一箭屬莊宗期必滅契丹渾特等至契丹阿保機不能如約梁亦未嘗封冊而終梁之世契丹使者四至莊宗天祐十

三年阿保機攻晉蔚州執其振武節度使李嗣本是時莊宗已得魏博方南向與梁爭天下遣李存矩發山北兵存矩至祁溝關兵叛擁偏將盧文進擊殺存矩亡入契丹契丹攻破新州以文進部將劉殷守之莊宗遣周德威擊殷而文進引契丹數十萬大至德威懼引軍去爲契丹追及大敗之德威走幽州契丹圍之幽薊之間虜騎遍滿山谷所得漢人以長繩連頭繫之於木漢人夜多自解逃去文進又教契丹爲火車地道起土山以攻城城中鎔銅鐵汁揮之中者

輒爛墮德威拒守百餘日莊宗遣李嗣源閻寶李存審等救之契丹數爲嗣源等所敗乃解去契丹比佗夷狄尤頑傲父母死以不哭爲勇載其尸深山置大木上後三歲往取其骨焚之酹而呪曰夏時向陽食冬時嚮陰食使我射獵猪鹿多得其風俗與奚靺鞨頗同至阿保機稍并服旁諸小國而多用漢人漢人教之以隸書之半增損之作文字數千以代刻木之約又制婚嫁置官號乃僭稱皇帝自號天皇王以其所居横帳地名爲姓曰世里世里譯者謂之耶律名

年曰天贊以其所居爲上京起樓其間號西樓
又於其東千里起東樓北三百里起北樓南木
葉山起南樓往來射獵四樓之間契丹好鬼而
貴日每月朔日東向而拜日其大會聚視國事
皆以東向爲尊四樓門屋皆東向莊宗討張文
禮圍鎮州定州王處直懼且亡晉兵必幷擊己
遣其子郁說契丹使入塞以牽晉兵郁謂阿保
機曰臣父處直使布愚款曰故趙王王鎔王趙
六世鎮州金城湯池金帛山積燕姬趙女羅綺
盈廷張文禮得之而爲晉所攻懼死不暇故皆

留以待皇帝阿保機大喜其妻述律不肯曰我
有羊馬之富西樓足以娛樂今捨此而遠赴人
之急我聞晉兵彊天下且戰有勝敗後悔何追
阿保機躍然曰張文禮有金玉百萬留待皇后
可共取之於是空國入寇郁之召契丹也定人
皆以爲後患不可召而處直不聽郁已去處直
爲其子都所廢阿保機攻幽州不克又攻涿州
陷之聞處直廢而都立遂攻中山渡沙河都告
急於莊宗莊宗自將鐵騎五千遇契丹前鋒於
新城晉兵自桑林馳出人馬精甲光明燭日虜

騎愕然稍卻晉軍乘之虜遂散走而沙河冰薄
虜皆陷沒阿保機退保望都會天大雪契丹人
馬飢寒多死阿保機顧盧文進以手指天曰天
未使我至此乃引兵去莊宗躡其後見其宿處
環秸在地方隅整然雖去而不亂歎曰虜法令
嚴蓋如此也契丹雖無所得而歸然自此頗有
窺中國之志患女真渤海等在其後欲擊渤海
懼中國乘其虛乃遣使聘唐以通好同光之間
使者再至莊宗崩明宗遣供奉官姚坤告哀於
契丹坤至西樓而阿保機方東攻渤海坤追至

慎州見之阿保機錦袍大帶垂後與其妻對坐
穹廬中延坤入謁阿保機問曰聞爾河南北有
兩天子信乎坤曰天子以魏州軍亂命總管令
公將兵討之而變起洛陽凶問今至矣總管返
兵河北赴難京師爲衆所推已副人望阿保機
仰天大哭曰晉王與我約爲兄弟河南天子即
吾兒也昨聞中國亂欲以甲馬五萬往助我兒
而渤海未除志願不遂又曰我兒既沒理當取
我商量新天子安得自立坤曰新天子將兵二
十年位至大總管所領精兵三十萬天時人事

其可得違其子突欲在側曰使者無多言蹊田
奪牛豈不爲過坤曰應天順人豈比匹夫之事
至如天皇王得國而不代豈彊取之邪阿保機
即慰勞坤曰理正當如是爾又曰吾聞此兒有
宮婢二千人樂官千人放鷹走狗嗜酒好色任
用不肖不惜人民此其所以敗也我自聞其禍
即舉家斷酒解放鷹犬罷散樂官我亦有諸部
樂官千人非公宴不用我若所爲類吾兒則亦
安能長久又謂坤曰吾能漢語然絕口不道於
部人懼其效漢而怯弱也因戒坤曰爾當先歸

吾以甲馬三萬會新天子幽鎮之間共爲盟約
與我幽州則不復侵汝矣阿保機攻渤海取其
扶餘一城以爲東丹國以其長子人皇王突欲
爲東丹王已而阿保機病死述律護其喪歸西
樓立其次子元帥太子耀屈之坤從至西樓而
還當阿保機時有韓延徽者幽州人也爲劉守
光參軍守光遣延徽聘于契丹延徽見阿保機
不拜阿保機怒留之不遣使牧羊馬久之知其
材召與語奇之遂用以爲謀主阿保機攻党項
室韋服諸小國皆延徽謀也延徽後逃歸事莊

宗莊宗客將王緘譖之延徽懼求歸幽州省其
母行過常山匿王德明家居數月德明問其所
向延徽曰吾欲復走契丹德明以爲不可延徽
曰阿保機失我如喪兩目而折手足今復得我
必喜乃復走契丹阿保機見之果大喜以謂自
天而下阿保機僭號以延徽爲相號政事令契
丹謂之崇文令公後卒于虜耀屈之後更名德
光葬阿保機木葉山謚曰大聖皇帝後更其名
曰億德光立三年改元曰天顯遣使者以名馬
聘唐幷求碑石爲阿保機刻銘明宗厚禮之遣

飛勝指揮使安念德報聘定州王都反唐遣王
晏球討之都以蠟丸書走契丹求援德光遣禿
餒前剌等以騎五千救都都及禿餒擊晏球於
曲陽爲晏球所敗德光又遣惕隱赫邈益禿餒
以騎七千晏球又敗之于唐河赫邈與數騎返
走至幽州爲趙德鈞所執而晏球攻破定州擒
禿餒前剌皆送京師明宗斬禿餒等六百餘人
而赦赫邈選其壯健者五千餘人爲契丹直初
阿保機死長子東丹王突欲當立其母述律遣
其幼子安端少君之扶餘代之將立以爲嗣然

述律尤愛德光德光有智勇素已服其諸部安
端已去而諸部希述律意共立德光突欲不得
立長興元年自扶餘泛海奔于唐明宗因賜其
姓爲東丹而更其名曰慕華以其來自遼東乃
以瑞州爲懷化軍拜慕華懷化軍節度瑞愼等
州觀察處置等使其部曲五人皆賜姓名罕只
曰罕友通穆葛曰穆順義撒羅曰羅賓德易密
曰易師仁蓋禮曰蓋來賓以爲歸化歸德將軍
郎將又賜前所獲赫邈姓名曰狄懷惠掇列曰
列知恩前剌曰原知感福郎曰服懷造竭失訖

曰乙懷宥其餘爲契丹直者皆賜姓名二年更
賜突欲姓李更其名曰贊華三年以贊華爲義
成軍節度使契丹自阿保機時侵滅諸國稱雄
北方及救王都爲王晏球所敗喪其萬騎又失
赫邈等皆名將而述律尤思念突欲由是卑辭
厚幣數遣使聘中國因求歸赫邈前剌等唐輒
斬其使而不報當此之時中國之威幾振距幽
州北七百里有榆關東臨海北有兎耳覆舟山
山皆斗絕並海東北僅通車其旁地可耕植唐
時置東西狹西淥疇米磚長揚黃花紫蒙白

狼等戍以扼契丹於此戍兵常自耕食惟衣絮
歲給幽州久之皆有田宅養子孫以堅守爲己
利自唐末幽薊割據戍兵廢散契丹因得出陷
平營而幽薊之人歲苦寇鈔自涿州至幽州百
里人迹斷絕轉餉常以兵護送契丹多伏兵鹽
溝以擊奪之莊宗之末趙德鈞鎭幽州於鹽
溝置良鄉縣又於幽州東五十里築城皆戍以
兵及破赫邈等又於其東置三河縣由是幽薊
之人始得耕牧而輸餉可通德光乃西徙橫帳
居揆剌泊出寇雲朔之間明宗患之以石敬瑭

鎭河東摠大同彰國振武威塞等軍禦之應順
清泰之間調發饋餉遠近勞敝德光事其母甚
謹常侍立其側國事必告而後行石敬瑭反唐
遣張敬達等討之敬瑭遣使求救於德光德光
白其母曰吾嘗夢石郎召我而使者果至豈非
天邪母召胡巫問吉凶巫言吉乃許是歲九月
契丹出鴈門車騎連亘數十里將至太原遣人
謂敬瑭曰吾爲爾今日破敵可乎敬瑭報曰皇
帝赴難要在成功不在速大兵遠來而唐軍甚
盛願少待之使者未至而兵已交敬達大敗敬

瑭夜出北門見德光約爲父子問曰大兵遠來戰速而勝者何也德光曰吾謂唐兵能守鴈門而扼諸險要則事未可知今兵長驅深入而無阻吾知大事必濟且吾兵多難久宜以神速破之此其所以勝也敬達敗退保晉安寨德光圍之唐遣趙德鈞延壽救敬達而德鈞父子按兵團柏谷不救德光謂敬瑭曰吾三千里赴義義當徹頭乃築壇晉城南立敬瑭爲皇帝自解衣冠被之册曰咨爾子晉王予視爾猶子爾視予猶父已而楊光遠殺張敬達降晉晉高祖自太

原入洛陽德光送至潞州趙德鈞延壽出降德光謂晉高祖曰大事已成吾命大相温從爾渡河吾亦留此俟爾入洛而後北臨訣執手噓嚱脫白貂裘以衣高祖遺以良馬二十匹戰馬千二百匹戒曰子子孫孫無相忘時天顯九年也高祖已入洛德光乃北執趙德鈞延壽以歸德鈞幽州人也事劉守光守文爲軍校莊宗伐燕得之賜姓名曰李紹斌其子延壽本姓劉氏常山人也其父邧爲蓨縣令劉守文攻破蓨縣德鈞得延壽并其母种氏而納之因以延壽爲子

延壽爲人姿貌妍柔稍涉書史明宗以女妻之號興平公主莊明之世德鈞鎮幽州十餘年以延壽故尤見信任延壽明宗時爲樞密使罷至廢帝立復以爲樞密使晉高祖起太原廢帝遣延壽將兵討之而德鈞亦請以鎮兵討賊廢帝察其有異志使自飛狐出擊其後而德鈞南出吳兒會延壽於西唐延壽因以兵屬之廢帝以德鈞爲諸道行營都統延壽爲太原南面招討使德鈞爲延壽求鎮州節度使廢帝怒曰德鈞父子握彊兵求大鎮苟能敗契丹而破太原雖

代予亦可若翫寇要君但恐犬兎俱斃因遣使者趣德鈞等進軍德鈞陰遣人聘德光求立已爲帝德光指穹廬前巨石謂德鈞使者曰吾已許石郎矣石爛可改也德光至潞州鏁德鈞父子而去德光母述律見之問曰汝父子自求爲天子何邪德鈞慙不能對悉以田宅之籍獻之述律問何在曰幽州述律曰幽州屬我矣何獻之爲明年德鈞死德光以延壽爲幽州節度使封燕王契丹當莊宗明宗時攻陷營平二州及已立晉又得鴈門以北幽州節度管内合一十

六州乃以幽州爲燕京改天顯十一年爲會同元年更其國號大遼置百官皆依中國參用中國之人晉高祖每遣使聘問奉表稱臣歲輸絹三十萬疋其餘寶玉珍異下至中國飲食諸物使者相屬於道無虛日德光約高祖不稱臣更表爲書稱兒皇帝如家人禮德光遣中書令韓熲奉册高祖爲英武明義皇帝高祖復遣趙瑩馮道等以太常鹵簿奉册德光及其母尊號終其世奉之甚謹高祖崩出帝即位德光怒其不先以告而又不奉表不稱臣而稱孫數遣使者責晉晉大臣皆恐而景延廣對契丹使者語獨不遜德光益怒楊光遠反青州招之開運元年春德光傾國南寇分其衆爲三西出鴈門攻幷代劉知遠擊敗之于秀容東至于河陽博州以應光遠德光與延壽南攻貝州德光屯元城兵及黎陽晉出帝親征遣李守貞等東馳馬家渡擊敗契丹而德光與晉相距于河月餘聞馬家渡兵敗乃引衆擊晉戰于戚城德光臨陣望見晉軍旗幟光明而士馬嚴整有懼色謂其左右曰楊光遠言晉家兵馬半已餓死何其盛也

兵既交殺傷相半陣間斷箭遺鏃布厚寸餘日暮德光引去分其兵爲二一出滄州一出深州以歸二年正月德光復傾國入寇圍鎮州分兵攻下鼓城等九縣杜重威守鎮州閉壁不敢出契丹南掠邢洺磁至于安陽河千里之內焚剽殆盡契丹見大桑木罵曰吾知紫披襖出自汝身吾豈容汝活邪束薪於木而焚之是時出帝病不能出征遣張從恩安審琦皇甫遇等禦之遇前渡漳水遇契丹戰于榆林幾爲所虜審琦從後救之契丹望見塵起謂救兵至引去而從恩畏怯不敢追亦引兵南走黎陽契丹已北而出帝疾少間乃下詔親征軍于澶州遣杜重威等北伐契丹歸至古北聞晉軍且至即復引而南及重威戰于陽城衛村晉軍飢渴鑿井輒壞絞泥汁而飲德光坐奚車中呼其衆曰晉軍盡在此矣可生擒之然後平定天下會天大風晉軍奮死擊之契丹大敗德光喪車騎一白橐駝而走至幽州其首領大將各笞數百獨趙延壽免焉是時天下旱蝗晉人苦兵乃遣開封府軍將張暉假供奉官聘于契丹奉表稱臣以脩和

好德光語不遜然契丹亦自厭兵德光母述律嘗謂晉人曰南朝漢兒爭得一向卧邪自古聞漢來和蕃不聞蕃去和漢若漢兒實有回心則我亦何惜通好晉亦不復遣使然數以書招趙延壽延壽見晉衰而天下亂嘗有意窺中國而德光亦嘗許延壽滅晉而立之延壽得晉書僞爲好辭報晉言身陷虜思歸約晉發兵爲應而德光將高牟翰亦詐以瀛州降晉晉君臣皆喜三年七月遣杜重威李守貞張彥澤等出兵爲延壽應兵趨瀛州牟翰空城而去晉軍至城下

見城門皆啓疑有伏兵不敢入遣梁漢璋追牟翰及之漢璋戰死重威等軍屯武強德光聞晉出兵乃入寇鎮州重威西屯中渡與德光夾水而軍德光分兵並西山出晉軍後攻破欒城縣縣有騎軍千人皆降於虜德光每獲晉人刺其面文曰奉敕不殺縱以南歸重威等被圍糧絕遂舉軍降德光喜謂趙延壽曰所得漢兒皆與尒因以龍鳳赭袍賜之使衣以撫晉軍亦以赭袍賜重威遣傅住兒監張彥澤將騎二千先入京師晉出帝與太后爲降表自陳過咎德光遣

解里以手詔賜帝曰孫兒但勿憂管取一喫飯處德光將至京師有司請以法駕奉迎德光曰吾躬擐甲胄以定中原太常之儀不暇顧也止而不用出帝與太后出郊奉迎德光辭不見曰豈有兩天子相見于道路邪四年正月丁亥朔旦晉文武百官班于都城北望帝拜辭素服紗帽以待德光被甲衣貂帽立馬于高岡百官俯伏待罪德光入自封丘門登城樓遣通事宣言諭衆曰我亦人也可無懼我本無心至此漢兵引我來爾遂入晉宮宮中嬪妓迎謁皆不顧夕

出宿于赤岡封出帝負義侯遷于黃龍府癸巳入居晉宮以契丹守諸門門廡殿廷皆磔犬掛皮以爲厭勝甲午德光胡服視朝于廣政殿乙未被中國冠服百官常參起居如晉儀而氊裘左衽胡馬奚車羅列階陛晉人俛首不敢仰視二月丁丑朔金吾六軍殿中省仗太常樂舞陳于廷德光冠通天冠服絳紗袍執大珪以視朝大赦改晉國爲大遼國開運四年爲會同十年德光嘗許趙延壽滅晉而立以爲帝故契丹擊晉延壽常爲先鋒虜掠所得悉以奉德光及其

母述律德光已滅晉而無立延壽意延壽不敢自言因李崧以求爲皇太子德光曰吾於燕王無所愛惜雖我皮肉可爲燕王用者吾可割也吾聞皇太子是天子之子燕王豈得爲之乃命與之遷秩翰林學士張礪進擬延壽中京留守大丞相録尚書事都督中外諸軍事德光索筆塗其録尚書事都督中外諸軍事止以爲中京留守大丞相而延壽前爲樞密使封燕王皆如故又以礪爲右僕射兼門下侍郎同中書門下平章事與故晉相和凝並爲宰相礪明宗時翰

林學士晉高祖起太原唐廢帝遣礪督趙延壽進軍於團柏谷已而延壽爲德光所鏁幷礪遷于契丹德光重其文學仍以爲翰林學士礪常思歸逃至境上爲追者所得德光責之礪曰臣本漢人衣服飲食言語不同今思歸而不得生不如死德光顧其通事高唐英曰吾戒爾輩善待此人致其逃去過在爾也因笞唐英一百而待礪如故其愛之如此德光將視朝有司給延壽貂蟬冠礪三品冠服延壽與礪皆不肯服而延壽别爲王者冠以自異礪曰吾在上國時晉

遣馮道奉册北朝道賫二貂冠其一宰相韓延徽冠之其一命我冠之今其可降服邪卒冠貂蟬以朝三月丙戌朔德光服靴袍御崇元殿百官入閤德光大悦顧其左右曰漢家儀物其盛如此我得於此殿坐豈非真天子邪其母述律遣人賫書及阿保機明殿書賜德光明殿若中國陵寢下宫之制其國君死葬則於其墓側起屋謂之明殿置官屬職司歲時奉表起居如事生置明殿學士一人掌荅書詔每國有大慶弔學士以先君之命爲書以賜國君其書常曰報

兒皇帝云德光已滅晉遣其部族酋豪及其通事爲諸州鎮刺史節度使括借天下錢帛以賞軍胡兵人馬不給糧草遣數千騎分出四野劫掠人民號爲打草穀東西二三千里之間民被其毒遠近怨嗟漢高祖起太原所在州鎮多殺契丹守將歸漢德光大懼又時已熱乃以蕭翰爲宣武軍節度使翰契丹之大族其號阿鉢翰之妹亦嫁德光而阿鉢本無姓氏契丹呼翰爲國舅及將以爲節度使李崧爲製姓名曰蕭翰於是始姓蕭德光已留翰守汴乃北歸以晉内

諸司伎術宮女諸軍將卒數千人從自黎陽渡河行至湯陰登愁死岡謂其宣徽使高勳曰我在上國以打圍食肉爲樂自入中國心常不快若得復吾本土死亦無恨勳退而謂人曰虜將死矣相州梁暉殺契丹守將閉城距守德光引兵破之城中男子無少長皆屠之婦女悉驅以北後漢以王繼弘鎮相州得髑髏十數萬枚爲大冢葬之德光至臨洺見其井邑荒殘笑謂晉人曰致中國至此皆燕王爲罪首又顧張礪曰爾亦有力焉德光行至欒城得疾卒于殺胡林

契丹破其腹去其腸胃實之以鹽載而北晉人謂之帝羓焉永康王兀欲立謚德光爲嗣聖皇帝號阿保機爲太祖德光爲太宗

五代史記卷第七十二

五代史記卷第七十三

四夷附録第二

兀欲東丹王突欲子也突欲奔于唐兀欲留不從號永康王契丹好飲人血突欲左右姬妾多刺其臂吮之其小過輒挑目刲灼不勝其毒然喜賓客好飲酒工畫頗知書其自契丹歸中國載書數千卷樞密使趙延壽每假其異書醫經皆中國所無者明宗時自滑州朝京師遥領武信軍節度使食其俸賜甲第一區宮女數人契丹兵助晉于太原唐廢帝遣宦者秦繼旻皇城

使李彥紳殺突欲于其第晉高祖追封突欲爲燕王德光滅晉兀欲從至京師德光殺繼旻彥紳籍其家貲悉以賜兀欲德光死欒城兀欲與趙延壽及諸大將等俱入鎮州延壽自稱權知軍國事遣人求鎮州管鑰于兀欲兀欲不與延壽左右曰契丹大人聚而謀者詾詾必有變宜備之今中國之兵猶有萬人可以擊虜不然事必不成延壽猶豫不決兀欲妻延壽以爲妹五月朔旦兀欲召延壽及張礪李崧馮道等置酒酒數行兀欲謂延壽曰妹自上國來當一見之

延壽欣然與兀欲俱入食頃兀欲出坐笑謂礪等曰燕王謀反鎖之矣諸君可無慮也又曰先帝在汴州與我筭子一莖許我知南朝軍國事近聞寢疾無遺命燕王安得自擅邪礪等罷去兀欲召延壽廷立而詰之延壽不能對乃遣人監之而籍其家貲兀欲宣德光遺制曰永康王大聖皇帝之嫡孫人皇王之長子可於中京即皇帝位中京契丹謂鎮州也遣使者告哀於諸鎮蕭翰聞德光死弃汴州而北至鎮州兀欲已去翰以騎圍張礪宅執礪而責曰汝教先帝勿用

胡人爲節度使何也礪對不屈翰鏁之是夕礪卒兀欲爲人儁偉亦工畫能飲酒好禮士德光嘗賜以絹數千匹兀欲散之一日而盡兀欲已立先遣人報其祖母述律述律怒曰我兒平晉取天下有大功業其子在我側者當立而人皇王背我歸中國其子豈得立邪乃率兵逆兀欲將廢之兀欲留其將麻荅守鎮州晉諸將相隨德光在鎮州者皆留之而去以翰林學士徐台符李澣從行與其祖母述律相距于石橋述律所將兵多亡歸兀欲兀欲乃幽述律於祖州祖州阿保

機墓所也述律爲人多智而忍阿保機死悉召從行大將等妻謂曰我今爲寡婦矣汝等豈宜有夫乃殺其大將百餘人曰可往從先帝左右有過者多送木葉山殺於阿保機墓隧中曰爲我見先帝于地下大將趙思溫本中國人也以材勇爲阿保機所寵述律後以事怒之使送木葉山思溫辭不肯行述律曰尒先帝親信安得不往見之思溫對曰親莫如后后何不行述律曰我本欲從先帝于地下以子幼國中多故未能也然可斷吾一臂以送之左右切諫之乃斷

其一腕而釋思溫不殺初德光之擊晉也述律常非之曰吾國用一漢人爲主可乎德光曰不可也述律曰然則汝得中國不能有後必有禍悔無及矣德光死載其尸歸述律不哭而撫其尸曰待我國中人畜如故然後葬汝已而兀欲囚之後死于木葉山兀欲更名阮號天授皇帝改元曰天祿是歲八月葬德光於木葉山遣人至鎮州召馮道和凝等會葬使者至鎮州鎮州軍亂大將白再榮等逐出麻荅據定州已而悉其衆以北麻荅者德光之從弟也德光滅晉以

爲邢州節度使兀欲立命守鎮州麻荅尤酷虐多略中國人剝面抉目拔髮斷腕而殺之出入常以鉗鑿挑割之具自隨寢處前後掛人肝脛手足言笑自若鎮定之人不勝其毒麻荅已去馮道等乃南歸漢乾祐元年兀欲率萬騎攻邢州陷内丘契丹入寇常以馬嘶爲候其來也馬不嘶鳴而矛戟夜有光又月食虜衆皆懼以爲凶雖破内丘而人馬傷死者太半兀欲立五年會諸部酋長復謀入寇諸部大人皆不欲兀欲彊之燕王述軋與太寧王嘔里僧等率兵殺兀

欲於大神淀德光子齊王述律聞亂走南山契丹擊殺述軋嘔里僧而迎述律以立述律立改元應曆號天順皇帝後更名璟述律有疾不能近婦人左右給事多以宦者然畋獵好飲酒不恤國事每酣飲自夜至旦晝則常睡國人謂之睡王初兀欲常遣使聘漢使者至中國而周太祖入立太祖復遣將軍朱憲報聘憲還而兀欲死述律立遂不復南寇顯德六年夏世宗北伐以保大軍節度使田景咸爲淤口關部署右神武統軍李洪信爲合流口部署前鳳翔節度使王晏爲益津關部署侍衛親軍馬步都虞候韓通爲陸路都部署世宗自乾寧軍御龍舟艛船戰艦首尾數十里至益津關降其守將而河路漸狹舟不能進乃捨舟陸行瓦橋淤口關瀛漠州守將皆迎降方下令進攻幽州世宗遇疾乃置雄州於瓦橋關霸州於益津關而還周師下三關瀛漠兵不血刃述律聞之謂其國人曰此本漢地今以還漢又何惜耶述律後爲庖者因其醉而殺之

嗚呼自古夷狄服叛雖不繫中國之盛衰而中

國之制夷狄則必因其彊弱予讀周日曆見世宗取瀛漠定三關兵不血刃而史官譏其以王者之師馳千里而襲人輕萬乘之重於萑葦之間以僥倖一勝夫兵法決機因勢有不可失之時世宗南平淮甸北伐契丹乘其勝威擊其昏殆世徒見周師之出何速而不知述律有可取之機也是時述律以謂周之所取皆漢故地不足顧也然則十四州之故地皆可指麾而取矣不幸世宗遇疾功志不就然瀛漠三關遂得復爲中國之人而十四州之俗至今陷於夷狄彼

其爲志豈不可惜而其功不亦壯哉夫兵之變化屈伸豈區區守常談者所可識也初蕭翰聞德光死北歸有同州郃陽縣令胡嶠爲翰掌書記隨入契丹而翰妻爭妬告翰謀反翰見殺嶠無所依居虜中七年當周廣順三年亡歸中國略能道其所見云自幽州西北入居庸關明日又西北入石門關關路崖狹一夫可以當百此中國控扼契丹之險也又三日至可汗州南望五臺山其一峯最高者東臺也又三日至新武州西北行五十里有雞鳴山云唐太宗北伐聞

雞鳴于此因以名山明日入永定關北此唐故關也又四日至歸化州又三日登天嶺嶺東西連亘有路北下四顧冥然黃雲白草不可窮極契丹謂嶠曰此辭鄉嶺也可一南望而爲永訣同行者皆慟哭往往絕而復蘇又行三四日至黑榆林時七月寒如深冬又明日入斜谷谷長五十里高崖峻谷仰不見日而寒尤甚已出谷得平地氣稍温又行二日渡湟水又明日渡黑水又二日至湯城淀地氣最温契丹若大寒則就温于此其水泉清冷草軟如茸可藉以寢而

多異花記其二種一曰旱金大如掌金色爍人一曰青囊如中國金燈而色類藍可愛又二日至儀坤州渡麝香河自幽州至此無里候其所向不知爲南北又二日至赤崖翰與兀欲相及遂及述律戰于沙河述律兵敗而北兀欲追至獨樹渡遂囚述律于撲馬山又行三日遂至上京所謂西樓也西樓有邑屋市肆交易無錢而用布有綾錦諸工作宦者翰林伎術教坊角觝秀才僧尼道士等皆中國人而并汾幽薊之人尤多自上京東去四十里至眞珠寨始食菜明

日東行地勢漸高西望平地松林鬱然數十里遂入平川多草木始食西瓜云契丹破回紇得此種以牛糞覆棚而種大如中國冬瓜而味甘又東行至褭潭始有柳而水草豐美有息雞草尤美而本大馬食不過十本而飽自褭潭入大山行十餘日而出過一大林長二三里皆蕪荑枝葉有芒刺如箭羽其地皆無草兀欲時卓帳于此會諸部人葬德光自此西南行日六十里行七日至大山門兩高山相去一里而長松豐草珍禽野卉有屋室碑石曰陵所也兀欲入祭

諸部大人惟執祭器者得入入而門闔明日開門曰抛盞禮畢問其禮皆秘不肯言嶠所目見因述律葬德光等事與中國所記差異已而翰得罪被鏁嶠與部曲東之福州福州翰所治也嶠等東行過一山名十三山云此西南去幽州二千里又東行數日過衞州有居人三十餘家蓋契丹所虜中國衞州人築城而居之嶠至福州而契丹多憐嶠教其逃歸嶠因得其諸國種類遠近云距契丹國東至于海有鐵甸其族野居皮帳而人剛勇其地少草木水鹹濁色如血

澄之久而後可飲又東女真善射多牛鹿野狗其人無定居行以牛負物遇雨則張革爲屋常作鹿鳴呼鹿而射之食其生肉能釀糜爲酒醉則縛之而睡醒而後解不然則殺人又東南渤海又東遼國皆與契丹畧同其南海曲有魚鹽之利又南奚與契丹畧同而人好殺戮又南至于榆關矣西南至儒州皆故漢地西則突厥回紇西北至嫗厥律其人長大髦頭酋長全其髮盛以紫囊地苦寒水出大魚契丹仰食又多黑白黃貂鼠皮北方諸國皆仰足其人最勇鄰國不

敢侵又其西轄戞又其北單于突厥皆與嫗厥律畧同又北黑車子善作車帳其人知孝義地貧無所產云契丹之先常役回紇後背之走黑車子始學作車帳又北牛蹄突厥人身牛足其地尤寒水曰瓠𤬪河夏秋冰厚二尺春冬冰徹底常燒器銷冰乃得飲東北至韈劫子其人髦首披布爲衣不鞍而騎大弓長箭尤善射遇人輒殺而生食其肉契丹等國皆畏之契丹五騎遇一韈劫子則皆散走其國三面皆室韋一曰室韋二曰黃頭室韋三曰獸室韋其地多銅錢

金銀其人工巧銅鐵諸器皆精好善織毛錦地尤寒馬溺至地成冰堆又北狗國人身狗首長毛不衣手搏猛獸語爲犬嘷其妻皆人能漢語生男爲狗女爲人自相婚嫁穴居食生而妻女人食云嘗有中國人至其國其妻憐之使逃歸與其筯十餘隻教其每走十餘里遺一筯狗夫追之見其家物必銜而歸則不能追矣其說如此又曰契丹嘗選百里馬二十匹遣十人齎乾麨北行窮其所見其人自黑車子歷牛蹄國以北行一年經四十三城居人多以木皮爲屋其

語言無譯者不知其國地山川部族名號其地氣遇平地則溫和山林則寒冽至三十三城得一人能鐵甸語其言頗可解云地名頡利烏于邪堰云自此以北龍蛇猛獸魑魅群行不可往矣其人乃還此北荒之極也契丹謂嶠曰夷狄之人豈能勝中國然晉所以敗者主暗而臣不忠因具道諸國事曰子歸悉以語漢人使漢人努力事其主無爲夷狄所虜吾國非人境也嶠歸錄以爲陷虜記云契丹年號諸家所記舛謬非一莫可考正惟嘗見於中国者可據也據耶律德光立晉高祖冊文據推天顯九年歲次丙申是歲乃晉天福元年推而上之得唐天成三年戊子爲天顯元年去契丹附錄德光与唐明宗同年而立立三年改元天顯与此正合矣又據開運四年德光滅晉入汴肆赦稱會同十年推而上之得天福三年爲會同元年是天顯盡十年而十一年改爲會同矣推此二者其據甚明餘皆不足考也附錄所載夷狄年號多略不書蓋无所用故不必備也

大百六十 百小三 十 中

五代史記卷第七十三

五代史記卷第七十四

四夷附錄第三

奚本匈奴之別種當唐之末居陰涼川在營府之西幽州之西南皆數百里有人馬二萬騎分爲五部一曰阿薈部二曰啜米部三曰粵質部四曰奴皆部五曰黑訖支部後徙居琵琶川在幽州東北數百里地多黑羊馬趣前蹄堅善走其登山逐獸下上如飛契丹阿保機彊盛室韋奚霫皆服屬之奚人常爲契丹守界上而苦其苛虐奚王去諸怨叛以別部西徙嬀州依北山射獵常採北山麝香仁參賂劉守光以自託其族至數千帳始分爲東西奚去諸之族頗知耕種歲借邊民荒地種穄秋熟則來穫窖之山下人莫知其處爨以平底瓦鼎煮穄爲粥以寒水解之而飲去諸卒子掃剌立莊宗破劉守光賜掃剌姓李更其名紹威紹威卒子拽剌立同光以後紹威父子數遣使朝貢初紹威娶契丹女舍利逐不魯之姊爲妻後逐不魯叛亡入西奚紹威納之晉高祖入立割幽州鴈門以北入于契丹是時紹威與逐不魯皆已死耶律德光已立晉北

大三百三十九 一 程元

歸拽剌迎謁馬前德光曰非爾罪也負我者掃
剌與逐不魯爾乃發其墓粉其骨而颺之後德
光滅晉拽剌常以兵從其後不復見於中國自
去諸從嬀州自别爲西奚而東奚在琵琶川者
亦爲契丹所并不復能自見云

吐渾本號吐谷渾或曰乞伏乾歸之苗裔自後
魏以來名見中國居於青海之上當唐至德中
爲吐蕃所攻部族分散其内附者唐處之河西
其大姓有慕容拓拔赫連等族懿宗時首領赫
連鐸爲陰山府都督與討龐勛以功拜大同軍

節度使爲晉王所破其部族益微散處蔚州界
中莊宗時有首領白承福者依中山北石門爲
柵莊宗爲置寧朔奉化兩府以承福爲都督賜
其姓名爲李紹魯終唐時常遣使朝貢中國晉
高祖立割鴈門以北入于契丹於是吐渾爲契
丹役屬而苦其苛暴是時安重榮鎮成德有異
志陰遣人招吐渾入塞承福等乃自五臺入處
中國契丹耶律德光大怒遣使者責誚高祖高
祖恐懼遣供奉官張澄率兵搜索并鎮忻代等
州山谷中吐渾驅出之然晉亦苦契丹思得吐

渾爲緩急之用陰遣劉知遠鎮太原慰撫之終
高祖時承福數遣使者朝貢後出帝與契丹絶
盟召承福入朝拜大同軍節度使待之甚厚契
丹與晉相距于河承福以其兵從出帝禦虜是
歲大熱吐渾多疾死乃遣承福歸太原居之嵐
石之間劉知遠稍侵辱之承福謀復亡出塞知
遠以兵圍其族殺承福及其大姓赫連海龍白
可久白鐵匱等其羊馬貲財鉅萬計皆籍没之
其餘衆以其别部王義宗主之吐渾遂微不復
見初唐以承福之族爲熟吐渾長興中又有生

吐渾杜每兒來朝貢每兒不知其國地部族至
漢乾祐二年又有吐渾何戞剌來朝貢不知爲
生熟吐渾蓋皆微不足考録

達靼靺鞨之遺種本在奚契丹之東北後爲契
丹所攻而部族分散或屬契丹或屬渤海别部
散居陰山者自號達靼當唐末以名見中國有
每相温于越相温咸通中從朱耶赤心討龐勛
其後李國昌克用父子爲赫連鐸等所敗嘗亡
入達靼後從克用入關破黄巢由是居雲代之
間其俗善騎射畜多駝馬其君長部族名字不

可究見惟其嘗通於中國者可見云同光中都
督折文逋數自河西來貢駞馬明宗討王都於
定州都誘契丹入寇明宗詔達靼入契丹界以
張軍勢遣宿州刺史薛敬忠以所獲契丹團牌
二百五十及弓箭數百賜雲州生界達靼盖嘗
常役屬之長興三年首領頡哥率其族四百餘
人來附訖于顯德常來不絶
党項西羌之遺種其國在禹貢析支之地東至
松州西接葉護南界春桑北鄰吐渾有地三千
餘里無城邑而有室屋以毛罽覆之其人喜盜

竊而多壽往往百五六十歲其大姓有細封氏費
聽氏折氏野利氏拓拔氏爲最彊唐德宗時党項
諸部相率内附居慶州者號東山部落居夏州者
號平夏部落部有大姓而無君長不相統一散
處邠寧鄜延靈武河西東至麟府之間自同光
以後大姓之彊者各自來朝貢明宗時詔沿邊
置場市馬諸夷皆入市中國而回鶻党項馬最
多明宗招懷遠人馬來無駑壯皆售而所讎常
過直往來館給道路倍費其每至京師明宗爲
御殿見之勞以酒食既醉連袂歌呼道其土風

以爲樂去又厚以賜賚歲耗百萬計唐大臣皆
患之數以爲言乃詔吏就邊場售馬給直止其
來朝而党項利其所得來不可止其在靈慶之
間者數犯邊爲盜自河西回鶻朝貢中國道其
部落輒邀劫之執其使者賣之佗族以易牛馬
明宗遣靈武康福邠州藥彥稠等出兵討之福
等擊破阿埋韋悉褒勒彊賴埋厮骨尾及其大
首領連香李八薩王都統悉那埋摩侍御乞埋
嵬悉逋等族殺數千人獲其牛羊鉅萬計及其
所劫外國寶玉等悉以賜軍士由是党項之患

稍息至周太祖時府州党項尼也六泥香王子
拓拔山等皆來朝貢廣順三年慶州刺史郭彥
欽貪其羊馬侵擾諸部獨野雞族彊不可近乃
誣其族犯邊太祖遣使招慰之野雞族苦彥欽
不肯聽命太祖遣邠州折從阮寧州刺史張建
武等討之建武勇於立功不能通夷情馳軍擊
野雞族殺數百人而喜玉折思殺牛三族聞建武
擊破野雞族各以牛酒犒軍軍士利其物反劫
掠之三族共誘建武軍至包山度險三族共擊
之軍投崖谷死傷甚衆太祖怒罷建武等選良

吏爲慶州刺史以招撫之其佗諸族散處沿邊界上者甚衆然其無國地君長故莫得而紀次云

突厥國地君世部族名號物俗見於唐著矣至唐之末爲諸夷所侵部族微散五代之際嘗來朝貢同光三年渾解樓來天成二年首領張慕晉來長興二年首領杜阿熟來天福六年遣使者薛同海等來凡四至其後不復來然突厥於時最微又來不數故其君長史皆失不能紀

吐蕃國地君世部族名號物俗見於唐著矣當唐之盛時河西隴右三十三州涼州最大土沃物繁而人富樂其地宜馬唐置八監牧馬三十萬匹以安西都護府羈縻西域三十六國唐之軍鎮監務三百餘城常以中國兵更戍而涼州置使節度之安祿山之亂肅宗起靈武悉召河西兵赴難而吐蕃乘虛攻陷河西隴右華人百萬皆陷于虜文宗時嘗遣使者至西域見甘涼瓜沙等州城邑如故而陷虜之人見唐使者夾道迎呼涕泣曰皇帝猶念陷蕃人民否其人皆天寶時陷虜者子孫其語言稍變而衣服猶不改

至五代時吐蕃已微弱回鶻党項諸羌夷分侵其地而不有其人民值中國衰亂不能撫有惟甘涼瓜沙四州常自通于中國甘州爲回鶻牙而涼瓜沙三州將吏猶稱唐官數來請命自梁太祖時嘗以靈武節度使兼領河西節度而觀察甘肅威等州然雖有其名而涼州自立守將唐長興四年涼州留後孫超遣大將拓拔承謙及僧道士耆老楊通信等至京師求旌節明宗問孫超世家承謙曰吐蕃陷涼州張掖人張義朝募兵擊走吐蕃唐因以義朝爲節度使發鄆州兵二千五百人戍之唐亡天下亂涼州以東爲突厥党項所隔鄆兵遂留不得返今涼州漢人皆其戍人子孫也明宗乃拜孫超節度使清泰元年留後李文謙來請命後數年涼州人逐出文謙靈武馮暉遣牙將吳繼勳代文謙爲留後是時天福七年明年晉高祖遣涇州押牙陳延暉齎詔書安撫涼州涼州人共劫留延暉立以爲刺史至漢隱帝時涼州留後折逋嘉施來請命漢即以爲節度使嘉施土豪也周廣順二年嘉施遣人市馬京師因來請命帥是時樞密使

王峻用事峻故人申師厚者少起盜賊爲兗州牙將與峻相友善後峻貴師厚敝衣蓬首日候峻出拜馬前訴以饑寒峻未有以發而嘉施等來請帥峻即建言涼州深入夷狄中國未嘗命吏請募率府率供奉官能往者月餘無應募者乃奏起師厚爲左衞將軍已而拜河西節度使師厚至涼州奏薦押衙副使崔虎心陽妃谷首領沈念般等及中國留人子孫王廷翰温崇樂劉少英爲將吏又自安國至涼州立三州以控扼諸羌用其酋豪爲刺史然涼州夷夏雜處師

厚小人不能撫有至世宗時師厚留其子而逃歸涼州遂絶於中國獨瓜沙二州終五代常來沙州梁開平中有節度使張奉自號金山白衣天子至唐莊宗時回鶻來朝沙州留後曹義金亦遣使附回鶻以來莊宗拜義金爲歸義軍節度使瓜沙等州觀察處置等使晉天福五年義金卒子元德立至七年沙州曹元忠瓜州曹元深皆遣使來周世宗時又以元忠爲歸義軍節度使元恭爲瓜州團練使其所貢硇砂羚羊角波斯錦安西白氎金星礬胡桐律大鵬砂毦褐

玉團皆因其來者以名見而其卒立世次史皆失其紀而吐蕃不見於梁世唐天成三年回鶻王仁喻來朝吐蕃亦遣使附以來自此數至中國明宗嘗御端明殿見其使者問其牙帳所居曰西去涇州二千里明宗賜以虎皮人一張皆披以拜委身宛轉落其氈帽亂髮如蓬明宗及左右皆大笑至漢隱帝時猶來朝後遂不復至史亦失其君世云

回鶻爲唐患尤甚其國地君世物俗見於唐著矣唐嘗以女妻之故其世以中國爲舅其國本

在娑陵水上後爲黠戛斯所侵徙天德振武之間又爲石雄張仲武所破其餘衆西徙役屬吐蕃是時吐蕃已陷河西隴右乃以回鶻散處之當五代之際有居甘州西州者嘗見中國而甘州回鶻數至猶呼中國爲舅中國答以詔書亦呼爲甥梁乾化元年遣都督周易言等來而史不見其君長名號梁拜易言等官爵遣左監門衞上將軍楊沼押領還蕃至唐莊宗時王仁美遣使者來貢玉馬自稱權知可汗莊宗遣司農卿鄭續持節冊仁美爲英義可汗是歲仁美卒其

弟狄銀立遣都督安千想等來同光四年狄銀卒阿咄欲立天成二年權知國事王仁裕遣李阿山等來朝明宗遣使者册仁裕爲順化可汗晉高祖時又册爲奉化可汗阿咄欲不知其爲狄銀親疎亦不知其立卒而仁裕訖五代常來朝貢史亦失其紀其地出玉犛緑野馬獨峯駝白貂鼠羚羊角硇砂膃肭臍金剛鑽紅塩罽㲲駒騟之革其地宜白麦青麳麥黄麻葱韭胡荽以橐駝耕而種其可汗常樓居妻號天公主其國相號媚禄都督見可汗則去帽被髮而入以爲

禮婦人總髮爲髻高五六寸以紅絹囊之既嫁則加氈帽又有别族號龍家其俗與回紇小異長興四年回鶻來獻白鶻一聯明宗命解縲放之自明宗時常以馬市中國其所齎寶玉皆屬縣官而民犯禁爲市者輒罪之周太祖時除其禁民得與回鶻私市玉價由此倍賤顯德中來獻玉世宗曰玉雖寶而無益却之

于闐國地君世物俗見於唐五代亂世中國多故不能撫來四夷其嘗自通於中國者僅以名見其君世終始皆不可知而于闐尤遠去京師萬里外其國西南近葱嶺與婆羅門爲鄰國而相去猶三千餘里南接吐番西北至疎勒二千餘里晉天福三年于闐國王李聖天遣使者馬繼榮來貢紅鹽鬱金氂牛尾玉㲲等晉遣供奉官張匡鄴假鴻臚卿彰武軍節度判官高居誨爲判官册聖天爲大寶于闐國王是歲冬十二月匡鄴等自靈州行二歲至于闐至七年冬乃還而居誨頗記其往復所見山川諸國而不能道聖天世次也居誨記曰自靈州過黄河行三十里始涉沙入党項界曰細腰沙神點沙至三

公沙宿月支都督帳自此沙行四百餘里至黑堡沙沙尤廣遂登沙嶺沙嶺党項牙也其酋曰捻崖天子渡白亭河至涼州自涼州西行五百里至甘州甘州回鶻牙也其南山百餘里漢小月支之故地也有别族號鹿角山沙陀云朱耶氏之遺族也自甘州西始涉磧磧無水載水以行甘州人教晉使者作馬蹄木澁木澁四竅馬蹄亦鑿四竅而綴之駝蹄則包以犛皮乃可行西北五百里至肅州渡金河西百里出天門關又西百里出玉門關經吐番界吐番男子冠中

國帽婦人辮髮戴瑟瑟珠云珠之好者一珠易一良馬西至瓜州沙州二州多中國人聞晉使者來其刺史曹元深等郊迎問使者天子起居瓜州南十里鳴沙山云冬夏殷殷有聲如雷云禹貢流沙也又東南十里三危山云三苗之所竄也其西渡都鄉河曰陽關沙州西曰仲雲其牙帳居胡盧磧云仲雲者小月支之遺種也其人勇而好戰瓜州之人皆憚之胡盧磧漢明帝時征匈奴屯田於吾盧蓋其地也地無水而嘗寒多雪每天暖雪銷乃得水匡鄴等西行入仲

雲界至大屯城仲雲遣宰相四人都督三十七人候晉使者匡鄴等以詔書慰諭之皆東向拜自仲雲界西始涉醎磧無水掘地得濕沙人置之胷以止渴又西渡陷河伐檉置冰中乃渡不然則陷又西至紺州紺州于闐所置也在沙州西南云去京師九千五百里矣又行二日至安軍州遂至于闐聖天衣冠如中國其殿皆東向曰金冊殿有樓曰七鳳樓以蒲桃爲酒又有紫酒青酒不知其所釀而味尤美其食粳沃以蜜粟沃以酪其衣布帛有園圃花木俗喜鬼神而

好佛聖天居處嘗以紫衣僧五十人列侍其年號同慶二十九年其國東南曰銀州盧州湄州其南千三百里曰玉州云漢張騫所窮河源出于闐而山多玉者此山也其河源所出至于闐分爲三東曰白玉河西曰綠玉河又西曰烏玉河三河皆有玉而色異每歲秋水涸國王撈玉于河然後國人得撈玉自靈州渡黃河至于闐往往見吐蕃族帳而于闐常與吐蕃相攻劫匡鄴等至于闐聖天頗責誚之以邀誓約匡鄴等還聖天又遣都督劉再昇獻玉千斤及玉印降

魔杵等漢乾祐元年又遣使者王知鐸來

高麗本扶餘人之別種也其國地君世見於唐比佗夷狄有姓氏而其官號略可曉其義當唐之末其王姓高氏同光元年遣使廣評侍郎韓申一副使春部少卿朴巖來而其國王姓名史失不紀至長興二年權知國事王建遣使者來明宗乃拜建玄菟州都督充大義軍使封高麗國王建高麗大族也開運二年建卒子武立乾祐四年武卒子昭立王氏三世終五代常來朝貢其立也必請命中國中國常優答之其地產

銅銀周世宗時遣尚書水部員外郎韓彥卿以帛數千匹市銅於高麗以鑄錢六年昭遣使者貢黃銅五萬斤高麗俗知文字喜讀書昭進別叙孝經一卷越王新義八卷皇靈孝經一卷孝經雌圖一卷別叙叙孔子所生及弟子事迹越王新義以爲問目若今正義皇靈述延年辟穀雌圖載日食星變皆不經之說

渤海本號靺鞨高麗之別種也唐高宗滅高麗徙其人散處中國置安東都護府於平壤以統治之武后時契丹攻北邊高麗別種大乞乞仲

象與靺鞨酋長乞四比羽走遼東分王高麗故地武后遣將擊殺乞四比羽而乞乞仲象亦病死仲象子祚榮立因并有比羽之衆其衆四十萬人據挹婁臣于唐至中宗時置忽汗州以祚榮爲都督封渤海郡王其後世遂號渤海其貴族姓大氏開平元年國王大諲譔遣使者來訖顯德常來朝貢其國土物產與高麗同諲譔世次立卒史失其紀

新羅弁韓之遺種也其國地君世物俗見於唐其大族曰金氏朴氏自唐高祖時封金眞爲樂浪郡王其後世常爲君長同光元年新羅國王金朴英遣使者來朝貢長興四年權知國事金溥遣使來朴英溥世次卒立史皆失其紀自晉已後不復至

黑水靺鞨本號勿吉當後魏時見中國其國東至海南界高麗西接突厥北鄰室韋蓋肅愼氏之地也其衆分爲數十部而黑水靺鞨最處其北尤勁悍無文字之記其兵角弓楛矢同光二年黑水兀兒遣使者來其後常來朝貢自登州泛海出青州明年黑水胡獨鹿亦遣使來兀兒

胡獨鹿若其兩部酋長各以使來而其部族世次立卒史皆失其紀至長興三年胡獨鹿卒子桃李花立嘗請命中國後遂不復見云

南詔蠻見於唐其國在漢故永昌郡之東姚州之西僖宗幸蜀募能使南詔者得宗室子李龜年及徐虎虎姪藹乃以龜年爲使虎爲副藹爲判官使南詔南詔所居曰苴咩城龜年等不至苴咩至善闡得其要約與唐爲甥舅僖宗許以安化公主妻之南詔大喜遣人隨龜年求公主已而黃巢敗收復長安僖宗東還乃止同光三

年魏王繼岌及郭崇韜等破蜀得王衍時所俘南詔蠻數十人又得徐鷂自言嘗使南詔乃矯詔還其所俘遣鷂等持金帛招撫南詔諭以威德南詔不納至明宗時巂州山後兩林百蠻都鬼主右武衛大將軍李卑晚遣大鬼主傅能何華來朝貢明宗拜卑晚寧遠將軍又以大渡河南山前卬州六姓都鬼主懷安郡王勿定摽莜爲定遠將軍明年遣左金吾衛將軍馬昭遠爲入蠻國信使昭遠不能達而還

牂牁蠻在辰州西千五百里以耕植爲生而無城郭聚落有所攻擊則相屯聚刻木爲契其首領姓謝氏其名見於唐至天成二年嘗一至其使者曰清州八郡刺史宋朝化冠帶如中國貢草豆蔻二萬箇朱砂五百兩蠟二百斤昆明在黔州西南三千里外地產羊馬其人椎髻跣足披氈其首領披虎皮天成二年嘗一至其首領號昆明大鬼主羅殿王普露靜王九部落各遣使者來使者號若土附牂牁以來

占城在西南海上其地方千里東至海西至雲南南鄰真臘北抵驩州其人俗與大食同其乘

象馬其食稻米水兕山羊鳥獸之奇犀孔雀自前世未嘗通中國顯德五年其國王因德漫遣使者莆訶散來貢猛火油八十四瓶薔薇水十五瓶其表以貝多葉書之以香木爲函猛火油以灑物得水則出火薔薇水云得自西域以灑衣雖敝而香不滅五代四夷見中國者遠不過于闐占城史之所紀其西北頗詳而東南尤略蓋其遠而罕至且不爲中國利害云

五代史記卷第七十四

跋

此宋刊五代史記卽匡貞勖殷讓昫愼敦皆闕
末筆卷十八漢家人傳後有慶元五年魯曾三
異校定一行當爲寧宗時刊本此爲建陽坊刻
書中時有訛奪然佳處正復不少宋吳縝五代
史纂誤於是書糾摘綦詳如唐明宗紀贊其卽
位時春秋已高不邇聲色不樂遊畋在位十年
謂明宗在位止七年七月可強名八年以爲十
年則誤此本固作七年唐家人皇后劉氏傳同
光二年四月己卯皇帝御文明殿遣使册劉氏
爲皇后謂按莊宗紀乃是同光二年二月癸未
立皇后劉氏與此不同未知孰是此本固作同
光二年癸未但脫去二月二字周臣傳贊治君

新五跋　一

之用能置賢知於近謂按上下文意此治君之
用當是治國之君傳寫之誤爾此本固作治國
之君義兒李存孝傳求救于幽州李斥威斥威
兵至謂按王鎔傳乃是李匡威作斥則非此本
固作匡威是可見此所從出之本勝於吳氏所
見如謂曾氏據纂誤改正則吳氏所舉甚多何
僅取此數條耶他如唐莊宗紀下降於李嗣源
嗣源入於汴州不脫下嗣源二字晉出帝紀如
京使李仁廓使於契丹如京下無師字梁家人
皇后張氏傳天祐元年后以疾卒天祐不誤天
福晉家人高祖諸子傳重亂鄭王不誤鄭王宦
者傳漢瓊西迎廢帝於路路不誤潞職方攷秦
成階鳳四州均蜀有不誤漢有南漢劉鋹世家

鋹喜曰昭桂連賀本屬湖南昭桂不誤韶桂皆
與吳蘭庭五代史記纂誤補所訂正者合又周
太祖紀請立武寧軍節度使贇爲嗣武寧不誤
泰寧唐家人皇后劉氏傳後嫁契丹突欲李贊
華突欲不誤突厥康福傳乃拜福涼州刺史朔
方河西軍節度使刺史下不脫朔方二字張彥
澤傳敗契丹於泰州不誤秦州司天攷二天福
五年十一月丁丑月有食之開運元年三月戊
子月有食之顯德三年十二月癸酉月有食之
均不誤日食職方攷衍州周廢不誤周有定州
梁有義武不誤義成南唐李景世家始改名景
不誤璟閩王審知世家唐以福州爲威武軍不
誤武威皆與錢大昕廿二史攷異所訂正者合

新五跋　二

又梁太祖紀一天子復位不誤復立紀二赦流
罪以下囚不誤以下因梁末帝紀劉鄩爲兗州
安撫制置使以討之制置下不脫使字唐家人
太祖諸子傳以兵圍其第而誅之不誤族之郭
崇韜傳彥章圍之不誤圖之蘇逢吉傳獄上中
書不誤獄中上書楚馬希範世家開府承制不
誤開封皆與王鳴盛十七史商榷所訂正者合
此外尚有武英殿本及各本之訛誤前人皆未
覺察亦賴有此本始得攷見者如梁太祖紀二
注克丹州無主將姓名不脫克字按若無克字
則似謂丹州無主將姓名而正文之首惡王行
思爲不可通矣周世宗紀殺左羽林大將軍孟
漢卿不誤漢瓊按舊五代史本紀亦作漢卿又

武英殿本考證監本脫瓊字今增正是則此瓊字爲館臣所增又及見淤口關止置寨不誤上置按世宗下三關瓦橋益津二關皆建爲州惟淤口關則但置寨故以作止爲是郭崇韜傳梁兵日掠澶相取黎陽衞州不脫取字按本書梁末帝紀龍德二年八月段凝攻衞州執其刺史李存儒舊五代史梁末帝紀下龍德二年八月段凝張朗攻衞州下之蓋衞州本屬唐此時爲梁所奪故當有取字周德威傳以功遷衙內指揮使袁建豐傳明宗爲衙內指揮使義兒李嗣昭傳爲衙內指揮使均不誤內衙按唐末至宋初各鎮將多以親子弟爲衙內官宋代尙有某衙內之稱其明證也張延朗傳以租庸吏爲鄆

州糧料使不作租庸使按下文梁興始置租庸使領天下錢穀是租庸使爲掌度支最高之職似無降爲鄆州糧料使之理則當以租庸吏爲是張敬達傳自雁門入旌旗相屬五十餘里五十不誤五千按此爲契丹救太原之師由雁門至太原安得有五千里之遙又按四夷附錄一九月契丹出雁門車騎連亘數十里將至太原知不當作五千矣李罕之傳遣子顥送于梁以乞兵不作遣子頎按下文罕之子名頎者早留於晉罕之背晉歸梁晉王幾欲殺頎則是往梁乞兵者必是顥非頎無疑袁象先傳末帝卽遣人之魏州以謀告楊師厚師厚遣裨將王舜賢至洛陽疊見師厚二字按如不疊見則似末帝徑自遣王舜賢至洛陽矣高行周傳契丹滅晉留蕭翰守汴翰又棄去不脫下翰字按如無下翰字則似契丹將汴棄去矣史圭傳爲寧晉樂壽縣令寧晉不誤晉寧按寧晉與樂壽在唐時同屬河北道地望相近新唐書昆州有縣四晉寧居其一然昆州在蠻州之列隸戎州都督府且舊唐書又作普寧則作晉寧者非矣南平高季興世家季興因請夔忠等州爲屬郡屬不誤蜀按屬郡謂以夔忠等州爲己所屬之郡也作蜀者非南漢世家篇末注皇朝開寶四年不誤宋開寶東漢劉承鈞世家太祖皇帝嘗因界上諜者繼元世家太祖皇帝以詔書招繼元出降又太祖皇帝命引汾水浸其城又太宗皇帝御

城北高臺受降均不脫皇帝二字此蓋未經後人刪改猶足考見歐徐原文以上諸條僅及一二其他疵纇殆不勝舉他日當別爲詳錄以資考證卷首序目原有闕葉改用北宋殘本卷三十五第九葉卷五十九第九葉卷六十第三四葉卷六十二第四葉卷七十四第六至十七葉均寫補附識於此海鹽張元濟